ELFRIEDE Jelinek

DAS SCHWEIGENDE MÄDCHEN
ULRIKE MARIA STUART

ZWEI THEATERSTÜCKE Rowohlt Taschenbuch Verlag

Originalausgabe
Veröffentlicht im Rowohlt
Taschenbuch Verlag, Reinbek
bei Hamburg, Juni 2015
Copyright © 2015 by Rowohlt
Verlag GmbH, Reinbek bei Hamburg
Alle Rechte vorbehalten;
sämtliche Aufführungsrechte
(Bühne, Film, Funk, Fernsehen)
beim Rowohlt Theater Verlag,
Reinbek bei Hamburg
Gesetzt aus der Adriane Text
bei Dörlemann Satz, Lemförde
Druck und Bindung
CPI books GmbH, Leck, Germany
ISBN 978 3 499 27056 7

Das für dieses Buch verwendete FSC®-zertifizierte Papier
Lux Cream liefert Stora Enso, Finnland.

Seite 7
Ulrike Maria Stuart
Königinnendrama

Seite 151
Das schweigende Mädchen

ULRIKE MARIA STUART
KÖNIGINNENDRAMA

Die Uraufführung von «Ulrike Maria Stuart» war am 28. Oktober 2006 am Thalia Theater Hamburg in der Regie von Nicolas Stemann.

Grundsätzliches, mit einem schönen Gruß, einem gehörigen Schuß von der Autorin: Ein Problem wird sein, daß die fast immer «gebundene» Sprache des Textes (Jamben, Trochäen) eine «Höhe» herstellt, die unbedingt konterkariert werden muß von der Regie. Die Figuren müssen sozusagen fast jeden Augenblick von sich selbst zurückgerissen werden, um nicht mit sich selbst ident zu werden. Der Gegenstand, sie selbst, zu dem sie immer wieder zurückkehren wollen, obwohl sie ihn selber gemacht haben und wissen müßten, daß er ihr eigenes Konstrukt ist, ein schiefes, schlecht zusammengezimmertes Brettergerüst, muß vielfältig gebrochen werden wie die Äste eines Baumhauses, wo das Ganze übrigens gut spielen könnte, denn diese Figuren sind ja nicht «sie selbst», sondern, nein, auch nicht einfach die berühmten, mir inzwischen längst lästigen Sprachflächen, sondern Produkte von Ideologie. Das muß also so inszeniert werden, daß die Figuren quasi neben sich selber herlaufen, daß eine Differenz erzeugt wird, und zwar von ihnen selber. Es steht nicht der reine Mensch vor uns, sondern seine Absonderung und seine Absonderlichkeit, wie Gestank, der ihn umweht; es darf keinesfalls vornehm oder dichterisch sein, es muß alles runter runter runter. Runter die Hosen, runter die Röcke! Die Königinnen können über ihrer Kleidung etliche schmutzige, befleckte Unterhosen tragen, die sie sich runterreißen, das ist nur ein Beispiel. Sie müssen auf erschreckende Weise, aber auch komisch, bis ins Groteske hinein (man denke in der Bildenden Kunst an Mike Kelley und Paul McCarthy!, dessen riesige Köpfe, die sie verkehrt aufgesetzt haben, so daß sie sich selber huckepack tragen, denn sie sind ja nicht sie selber, sie tragen sich, aber eben: verkehrt rum) mit sich selber den Boden aufwischen, auf dem sie nicht stehen können, denn sogar der ist ja schief, sie krallen sich an, fallen aber doch immer wieder runter und werden im Lauf der Handlung nicht reiner, sondern dreckiger. Und sogar der Dreck rutscht ab (und die DarstellerInnen an ihm). Die Figuren können mit allem, was sie haben, aufeinander losgehen, vor allem mit sich selbst. Ich möchte, daß Chaos, Schmutz, Unordnung zurückbleiben und daß das Schöne oder Hohe von Idealen uns sukzessive verläßt, bis sogar die Ironie am Schluß verschwindet (tut sie sowieso) und die Figuren vor sich selbst das Weite suchen, das aber nur eine Zelle und ein Strick aus Handtuchfetzen ist. In der Höhe der Ideologie, die ja falsch ist und eine Lüge, das ist ihre genetisch einprogrammierte Eigenschaft – dafür kann sie nichts, deswegen wird sie nie unschuldig sein, und das will sie ja auch nicht, dagegen arbeitet sie an, gegen die Unschuldigkeit – in der Höhe der Ideologie, aus der die Figuren sich er-lesen haben, ist dann nur noch ein Fensterkreuz, an dem man den Handtuchstrick festknoten kann. Und irgendwas rennt aus den Figuren auf und davon. Es sucht eben: das Weite, aber das gibt es nicht, es soll sehr hermetisch wirken, mit Dreck und Gestank und allem, was dazugehört. Die sollen sich in ihrer eigenen Scheiße wälzen! Also.

1. Teilstück

Ein Käfig mit den Prinzen im Tower, verschiedene Stimmen, deren Urheber man aber nicht sieht.

DIE PRINZEN IM TOWER:
Väter, sagt uns, ist die Mutter tot?

CHOR DER GREISE:
Nein, Kinder. Sie ist heimgesucht, doch euer Heim sucht sie nicht mehr und hat sie, glaube ich, im Grunde nie gesucht. Ihre Wohnadresse ist verloren, wohl für immer. Das Schafott fürchtet die Mutter und fürchtet sie auch wieder nicht. Wer kann in ihren Kopf hineinsehn? Nur der Strick, und auch der Strick sieht ihn von außen. Ihr papiernes Haupt steckt jetzt in eurem Wohnzimmer im Rahmen, auch auf Postämtern kann man es finden und in Polizeistationen, und von dort zumindest kann es nicht mehr fliehn, das ist die Strafe, und es wird noch dicker kommen. Sie, die Mutter, ist ein Bund, dem niemand bietet mehr die Hände. Niemals loskommt vom Verderben der Unzähligen, die ihren Tod am Wegrand fanden, aufgefressen von den Schweinen, diese Frau mit durchgestochnen Augen, die immer noch nur Elend sehen können, auch weil sie doch geblendet worden sind, ich weiß nicht mehr, von wem, vielleicht ist wütend sie auf sich, weil sie nichts sehen kann. Keines ihrer Augen will das andere begleiten, stellen Sie sich vor, Sie hätten dieses Leiden! Selbst wenn

sie nichts als Mauern sehen, diese Augen, überschätzen sollte man sie auch nicht, eure Mutter, ihre Theorien sind nur auf Sand gebaut, wahrscheinlich hat sie keine und behauptet alles, ohne vorher auch nur einmal nachzudenken, denn für die Frau stellt sich das Sinnproblem viel unausweichlicher und auch massiver als für Männer, ja, die Fraun haben ein Emanzipationsproblem dazu, wie eure Mutter, die den Gatten endlich los ist, Freude bringt das nicht, so sieht es für uns aus, denn wir sind alt und wissens besser: Die Ärmste torkelt ohne Ziel herum, das heißt, ein Ziel, das hat sie, und das weiß sie auch, nur kennt sie es noch immer nicht nach all den Jahren, da sie es beschrieb für keinen, der es wissen wollte. Nur Verdammte dieser Erde (oder solche, die es gerne wären, doch nur ihre Stimmung halten und nichts sonst) folgen ihr, wohin den Weg sie weist, doch wer erkennt schon selbst den Weg, den er beschreibt, sie ist ja keine Reiseführerin! Na, mein liebes Deutschland, einmal hast du Bruderstaaten, und im nächsten Augenblick hast nicht mal Schwestern du, bist nirgends mehr rot angestrichen wie mit Blut, das unterm Zirkel fließt, und nicht mal ausgestrichen aus den Listen all der Staaten, die es nicht mehr gibt (wer macht sich schon die Mühe, sie zu zählen!), du bist mit Nachdruck auf den Platz verwiesen, der, bedeckt mit roter Asche, falls man einmal Sport auf ihm betreiben möchte, für dich vorgesehen war. Außer uns, den Ältesten, nimmt keiner sich mehr deiner an, der außer sich geraten möchte, liebes armes Land. Sie werden stets woandershin getrieben, die Verdammten, diese armen Kreaturen, die mit Kuba, Chile, Vietnam umhergeworfen haben wie ein Kind mit Bauklötzen, dort besucht sie sie, die liebe engagierte Frau, die eine, eure Mutter war – wer hat sie engagiert? Und ja, sie schmäht sie, diese Vollidioten, die von ihrer lächerlichen Revolution – sogar für die warn sie zu faul, diejenigen, die Terror machten und sich auf sich selbst als einem Instrument begleitet hatten – so bezaubert waren, daß sie nicht mal mehr die eignen Bilder sehen konnten. Jetzt besuchen diese Heimatlosen ihrer Länder dafür uns, wenn sie mal Lust dazu bekommen, so wie eure Mutter einst in umgekehrter Richtung, nein, die darf uns nie mehr kommen mit dem Schmus, na Gott sei Dank, die sind wir los, was wollt ich vorhin sagen, jetzt besuchen dafür die, die kein Zuhause haben, uns, das sagt ich schon, doch bei uns ist nichts zu holen, wir haben selbst noch nie genug gekriegt, den Hals haben wir noch lang nicht voll, den Hals, der, von Verfolgungen beschwert, das Leichtgewicht von eurer Mutter nicht mehr halten kann und ihr das Leben abpreßt, Hände hoch!, denn wir sind doch viel mehr verdammt als sie, verdammt zu grober Unzulänglichkeit, ja auch zu Untätigkeit, um nicht zu sagen Untat, und das ganz ohne Lohn, denn wir sind alt. Was unternehmen wir, was solln wir tun? In ihre Mitte die Verräter sind gemischt, so floh sie aus dem Reiche, schnell. Doch kam sie irgendwann zurück, die spinnt doch wohl, so ist das mit Fanatikern.

ULRIKE:
Die Mutter, liebe Kinder, hat bestimmt kein Glücklicher beschützt. Und auch kein unglücklicher und auch noch linker Vollidiot, der niemand schützen will und nur sein Lebtag unter seinen Freunden saß, wer andrer war nicht zugelassen als der Klassenfreund, der nichts tut, als die andren von der Wut, die in ihm tobt, in Kenntnis auch zu setzen. So diskutierte ohne Sinn und Zweck die Mutter mit der Gruppe. Steht nun auf und leiht mir euer Ohr, nein, bleibt von mir aus lieber sitzen! Könnt eh nicht aufstehn. Käfighaltung bitter schwarz und tragisch, aber für euch nötig, sonst rennt ihr auch noch weg von mir. Nicht ein-

mal euer Tod würde der Mutter ihren Thron vergällen, auf den sie sich gesetzt hat, doch grade um den Thron herrscht immer ein Verdrängungswettbewerb, und wenn es dafür Neuwahlen geben muß, die niemals etwas andres bringen als das Alte! Also bleibt ruhig, wo ihr seid! Geht nicht in dieses schrecklich überfüllte Waisenhaus dort drüben in Jordanien! Bleibt, liebe Kinder, bleibt! In dieser Hölle werdet ihr dann irgendwann brutal, wie weltweit nur die Israelis sind, man nannte früher Juden sie, das darf man jetzt wohl nicht mehr sagen, dort werdet ihr erschossen, ich meine in Jordanien, alle beide, wenn ihr ausnahmsweise mal zusammenbleibt, ihr Kinder, so daß die eine Kugel alle zwei auf einmal euch erwischen kann, oder es fliegt gleich das ganze Lager, ihr dazu, mit allem, was darin ist, in die Luft, das kann ich euch schon heute garantieren, also seid schön folgsam, geht, wohin man es euch heißt, denn euer Name hängt euch ewig an! Laßt euch also holen, bleibt dort nur ja nicht, sonst bleibt ihr für immer, kommt nie mehr zurück zu eurem unglücklichen Vater, der die Zeit für Bessres zu verwenden hat, als eure Gräber auszuheben! Denn der Vater sagt, wie einst die Tochter: Unbegraben bleibt ihr nicht, das ist verboten!

DIE PRINZEN IM TOWER:
Was weint ihr denn so oft und schlagt die Brust, ihr lieben Alten, die ihr sie noch kanntet? Sie wäre irgendwann ja selber alt geworden. Nun, sie wird es nicht. Was ruft ihr sinnlos: O Ulrike Maria, Unglückselge? Was seht ihr, wenn ihr in die linke Ecke schaut? Und überhaupt: Was nennt ihr uns die armen, ausgestoßnen Waisen, wenn unsre edle Mutter doch am Leben?

CHOR DER GREISE:
Ihr artgen Kinder mißversteht uns ganz, das macht die Ganztags-Umerziehung wohl durch eure Mutter. Ihr könnt nichts dafür. Und so passierts, daß nachts was angezündet wird, tagsüber jedoch auch, doch Nacht und Tag sind eins für die kaputte Wirtschaft. Wer Arbeit kriegt, der lebt in China oder Indien, und er lebt nicht schlecht, verglichen mit all denen, die bereits gestorben sind. Dort zieht die Arbeit hin jetzt, schwer ist ihr Koffer mit den Lohnkosten befrachtet, und sie wirft auf ihrem Wege alles ab, vor allem diese Kosten, bis sie endlich landet, ganz befreit. Doch das passiert nun leider nicht bei uns, bei uns sind alle frei, doch niemand wird befreit, auch nicht von sich. Dort drüben lebt die Arbeit jetzt, die wankelmütige Touristin, weiß jetzt noch nicht, wo sie ihr Zelt aufschlagen wird, in dreißig, vierzig Jahren, so lange dauerts noch, und sie ist immer noch nicht angekommen – auch heute, immer ist sie auf dem falschen Dampfer, mit dem falschen Fuß und noch dazu im falschen Fluß erwischt, die stille brave Arbeit, fährt noch ziellos in der Welt umher und schaut, wos Wetter besser ist; doch irgendwann, in Indien, China, Bangladesh, da darf sie sich dann austoben, man kann jetzt schon darauf wetten, und alles fällt dann allgemeiner Gier zum Opfer, Gier der Unternehmer selbstverständlich, und die Menschen klagen sinnlos drüber, denn es gibt kein Amt, das sie erhört und ihre Hoffnung nährt. Uns ists egal, wir sind ein Unternehmen, unternehmungslustig bis zur Allmacht selbstgewählter Ferien. Bald gibts dazu nur noch ein Deutschland, und das ist nicht einig, dafür ists bewaffnet, keine Ahnung, was es dann für Waffen haben wird, wahrscheinlich eine dicke fette Staatsschuld und ein Defizit und hohe Arbeitslosigkeit und grauenhaftes Elend, das dafür im BMW daherkommt, unvergleichliches Gehorchen ohne Freund und ohne Feind, ein grauenvolles düstres

Land, haha, die Leute glauben das auch noch! Zwei wie derzeit wären besser, dann wärens nämlich zwei, die gegen alle andren antreten mit ihren Todesbataillonen, die gefolgt von Totenbataillonen, Totenköpfe überall, wohin man schaut, am Flughafen ein Massengrab, wer liegt denn dort schon wieder drin?, egal, an dieses einig Land wolln wenden wir uns in der Zukunft, die ist noch nicht angebrochen, dafür schon längst gegessen, komisch, wenden wir uns Deutschland zweifach Vaterland zu, denn wir haben ja kein drittes, na, das hätt uns noch gefehlt, es sind ja zwei zuviel, doch immerhin, wir haben sie, na gut, wir nehmen das im Westen, klarerweise, dort ists schön, denn außer Stränden lachen uns im Urlaub Berge sowie noch mehr Strände, alles ist bequem, wenn auch zu Fuß nicht zu erreichen, außer einer wohnt in Garmisch-Partenkirchen oder halt auf Sylt, das sind auch schon die größten Gegensätze, die es heut in Deutschlands Westen gibt. Der Job ist schwierig, eure Mutter macht schon wieder eine Leseliste, stellt sie sich zusammen aus dem eignen Heimgebirge von Gedrucktem, aus dem heraus ihr Feuer lodert, ohne daß es je verbrennt. Trotzdem, es wolln die Arbeiter wohl nicht so recht. Sie können dich in Unannehmlichkeiten bringen, falls du dich mal für sie einsetzt, und du kannst dann Schwierigkeiten kriegen, wenn du deinen Job machst, dieser Job, er heißt für eure Mami und in den ereignisreichen Märchen ihrer Terrorbande: Revolution, lest nach, wenn ihr schon lesen könnt, in dieser gelben Reihe, die ein stark politisierter Buchverlag, weils derzeit Mode ist, herausbringt, keinesfalls umsonst und doch umsonst! Gewerkschaft, ja, die gibt ein Infoblatt heraus, das tun wir auch, das tun wir alle, wichtig Zeug steht drin, so steht es hier, doch kein Verhältnis ist privat, das haben wir euch beigebracht, und das des Vaters zu der Mutter ist nicht mehr zu politisieren, das ist verbrannt wie Menschenfleisch im

Fieber. Wichtig wäre allerdings, so hat sies auch gesagt, daß wir mal endlich Klarheit bringen in Beziehungen, das Verhältnis, noch bevor man eines hat, politisiert, politisch wirds ja doch, bloß etwas später. Eins steht fest: Man muß halt immer Bücher lesen, wie gesagt, wo man das Leben lernt, damit man es verlernen kann. Wir wolln keine Bücher und Broschüren lesen, wenn wir sehn, wie jemand ein Verhältnis und ein Feuer hat im Herzen. Wolln nicht länger hören, was wir dauernd hören, oh, die Wirtschaft steckt in Schwierigkeiten, nicht möglich!, was, schon wieder? Bedeutets diesmal Revolution? Nein, wieder nichts, denn wann und wo tut sie das nicht, die Wirtschaft, wahrlich, wir, wir Alten sagen euch: Nichts steckt ja derart ausdauernd in Schwierigkeiten wie die Wirtschaft, denn die Wirtschaft IST die Schwierigkeit persönlich, die leidet immer unter was, nur die Besitzer dieser Ungastwirtschaft, die Besitzer leiden nie, ja, immer hat sie was, dann hat sie wieder nichts, aber nur kurz, vielleicht ist sie ein Hypochonder, diese Wirtschaft, boomen tut sie anderswo, wo wir nie sind, das ist so ihre Art, so kriegen wir nichts mit, sie will uns nicht beunruhigen, und daß die überhaupt noch lebt, das wundert uns jetzt schon. Sie stirbt, wann tut sie das denn nicht? Der Hypochonder lebt am längsten, aber einmal stirbt er doch, wann tut er das denn nicht?, er stirbt schon tausend Tode, wenn er gar nicht krank ist. Auch die Wirtschaft stirbt wahrscheinlich mal, jetzt seh ich das noch nicht, doch sie ist krank und stirbt wohl irgendwann mal in dem blutgen Streit der Kronen und der Währungen, wieso lebt sie denn immer noch, die Untotste der Toten, wie? Ach so, sie lebt, weil viele andre von ihr leben?! Das ist so ein Märchen, an das alle glauben wollen, sogar die Mama hat Respekt vor ihr, der Wirtschaft. Und zwar stirbt zuerst im Supermarkt der alten Zwietracht unglückselge Glut der Marken, welche friedlich sich vermählten einst auf den Regalen. Sogar Geiz wird einmal geil sein, derzeit sinds nur wir mit unsren Magazinen, die wir mit einem Klicken unsren Augenwaffen einschieben, allein die vielen nackten Frauen, die dermaßen grinsen, als ob sie ihren eignen Körper lieben würden! Vielleicht tun sie das, und zwar als einzige, der Körper, der gehört ja schließlich ihnen, was solln sie denn machen, immerhin, der ist ihr Eigentum. Doch andre wolln ihn vielleicht auch, die wollen einen, der genauso ist, sie müssen nur noch rechnen, was das kostet und ob sichs rechnet, daß man dafür so viel ausgibt, denn die meisten Körper bringen gar nichts ein und müssen sich verschenken, falls sie einer gratis nimmt. Die Menschen werfen mit dem Geld um sich oder wollens doch zumindest einmal können, wenn auch nur auf dem Papier, das ist wie Reisen. Kataloge werden aufgeschlagen und auch wieder zu, doch wieviel wir von ihnen kaufen, diese Waren sind auf einem schlimmen Pfad und nehmen einen strengen Lauf wie das Gesetz, doch kein Gesetz gibt es, das Waren etwas vorschreibt. Erst Europa, ganz Europa wird das schaffen, doch das dauert noch, das dauert Jahre noch, bis endlos langer Schlaf die Lagerflächen und der Mensch die Liegeflächen flieht, weil er dann endlich einen Job hat, doch es fragt sich nur noch, welche Flächen, ja, das wird noch dauern, bis Europa einig ist und dafür nicht mehr leben will, weil es zu gut lebt in den Schuhen völlig fremder Menschen, die, wie Fähnchen, dieses Element des Winkens, neben diesen Schuhen gehen, weil sie selbst anstatt der Schuhe eingeschnürt sind (ja, selbst wenns einig ist, Europa, wird einig es nie sein, sagen wir so nebenher, das kann auch weggelassen werden) und die Revolte niemand nötig mehr befindet, die hat noch nicht mal einen Keim, den man ersticken könnte, die ist eine Totgeburt. Ach ja, und Terror wird dann nicht mehr Terror sein, man wird ihn, wenn man ihn verstaatlicht, doch zur Zeit ist noch Privatisierung angesagt, den Terrorismus nennen, was nur Übermut von jungen Menschen ist, die nichts als Coca-Cola trinken möchten in den fernsten Ländern und dazugehören, keine Ahnung haben wir, die Alten, wer zu wem gehören möchte, aber bitte, solln sie halt dazugehören, solange wirs nicht sind, wir sind der Tod, zu dem wolln Sie doch sicher nicht, Sie haben da ne falsche Abkürzung erwischt, da uns und unsresgleichen niemand wollen kann. Ihr glaubt mir nicht, ihr kleinen Prinzen? Wollt es selber ausprobieren? Ihr werdet noch an unsre Worte denken. Auf schlimmem Weg zum Immergleichen sind die Waren unausweichlich, das ist heut schon abzusehen wie Europas Grenzen, von denen es zusammenströmt, ein Meer von unblutigen Händen, die in den Zement sich graben, in den Gips oder in Farbe oder auch in mürbes Fleisch, für das ein Heim sich niemand leisten mag, das Umbringen ist für vieles eine Lösung, eure Mutter samt Genossen haben das sehr wohl gewußt. Schon damals, wie sies heute wissen, sogar wir Toten haben das einmal geglaubt. Dafür sehn wir am Horizont die Flammen neuer Bürgerkriege steigen, diesmal heißts nicht Bürger gegen Bürger, sondern Bürger gegens nackte Nichts, gegen das, was sie nicht haben und auch nie kriegen werden, gegen das, von dem man nicht mal Nacktheit sehen kann, doch keine Angst, sie sinken wieder, nicht die Bürger, ja, die auch, doch mehr die Kriege, wenn man lang genug nur wartet oder gleich die Kriege wartet mit ner Kanne Öl oder all die Brände austritt, die man lieber trinken mag als treten, Himbeer oder Kirsch, Tschetschenien oder Irland irgendwo im Norden dieser Zivilisation, schaut euch andre Länder an, es ist doch überall das gleiche. Nein, sie steigen nicht, die Preise, derzeit fallen sie, wir meinen vielleicht ganz was andres mit dem Steigen und dem Fallen!? Steigen tut auf jeden Fall die Auflage der bunten Blätter, ein jedes Blatt, es steht für alle, so wie jeder Mensch, wie jede Revolution, und auch die Aktien, manche, andre steigen wieder nicht. Neinnein, sie sinkt, sie sinkt, die Auflage, was macht ihr jetzt, ihr Macher? Was macht ihr bloß, die DDR sind wir bald los, die das noch zahlt, was unsre Linke derzeit lesen darf, das sehn wir heut schon kommen, und dann zahlt uns keiner was dafür, daß wir dagegen sind, denn dagegen ist dann bloß ein Stoppschild oder eine Mauer, wahlweise ein Baum. Es bleibt sich gleich, am Ende bleibt die Anstrengung, ein Mensch zu sein, wir haben das schon aufgegeben und uns in aller Ruhe für den Tod entschieden, denn: Wozu ein Mensch sein, Mensch ist man von selber. Und Menschen wandern ohne Ziel, im Gegensatz zum Kapital, das eins nur weiß: Bloß weg von unsren Taschen! Und Finger weg von all den schönen Dingen! Sonst gibt es eins drauf. Doch manche haben eins, sie haben ein gewisses Ziel, es gibt so viele Ziele, jeder findet seins, wenn mans ihm anständig erklärt und einen Plan ihm gibt. Wohin auch immer Menschen ziehn, es wandert eure Mutter mit, zu den Verlorenen, darunter tut sies nicht, damit auch sie ein Ziel bekommen und dann stillhalten, wie wir. Und wo die Massen sind, wo sie am Ziel sind endlich, dort irrt eure Mutter jetzt herum, sie irrt umher, die Massen irren auch, wohl mangels Masse, mangels Maßstabs. Oder der, den sie schon haben, ist für sie zu groß. Wo die Verlornen sind, dort will auch sie sein, das ist logisch. Sagst du Heim zu ihr, meint sie Erziehungsheim, und nicht das ihre, schöne, das sie jetzt schon hat, allein die neuen Möbel und die Villa an der Elbe! Völlig Unbekannten bietet sie die Hände, eure Mutter, sie mit starkem Arm vor Armut ab sofort zu retten, rasch, nur raus, woraus auch immer, denn sie muß befreien, wen auch immer. Tastet fremde Leben ab mit ihren fühllosen Fühlern, die noch dazu verkehrt rum sitzen, leider nicht am Kopf: Ob sie Tod dort findet noch im Leben? Rasch, Beeilung! Und ihr, nehmt euchs zum Vorbild, bleibt nie, wo ihr seid, wenn auch nicht freiwillig, seid ja Kinder noch. Aus jeder noch so fremden Fremde kommt ihr wieder her zu uns zurück, zum Glück, das können wir bestätigen. Wißt ihr, was in dem Flüchtlingslager euch erwartet hätte? Nur der Tod, ihr wäret in die Luft geflogen, nichts hätt euch dort retten können, na, seid froh, daß ihr jetzt wieder hier seid! Wir alte Leute haben das vorhergesehn und holn euch heim, das heißt, wir lassen holen euch, um für den Rest des Lebens dann in euren Augen euren Kampf zu sehen um die Mutter, die jetzt weg ist, eurer Seele Kampf, denn euer Mutter Mund, der wagte es, die Wünsche auszusprechen, die die andren stets verborgen halten, Wünsche nur für andre, in Wahrheit für sich selbst, behaupten wir, der Revolutionär ist doch der nächste Blutsverwandte des unheilbar ichfixierten Egoisten, und gleich ihm ertrinkt er irgendwann in seinem Blut, der Hypochonder glaubt es nur, daß er gleich sterben muß, doch wer ein Kämpfer ist, stirbt richtig und in Echtzeit und auch in Person, nein, der läßt nicht andre für sich sterben, doch, läßt er schon, doch nur, damit in ihnen dann er selber sterben kann mit jedem Mal und furchtbar trauern, das ist doch auf Dauer ziemlich anstrengend, findet ihr das nicht, so viele Tode, schaut nur uns an!, und so viele hat es schon gegeben, denn der Tod ist kreativ wie eine Kinderbastelgruppe. Keiner überblickt das noch. Wir sagens euch noch einmal: Der Kämpfer ist ein unheilbarer Hypochonder seiner selbst. Das Richterschwert, womit der Mann sich ziert, verhaßt ists in der Frauen Hand, und grad die Frauen sind die militantesten, weil ihre Körper viel mehr durchzustehen haben, allgemein und im speziellen, die sind das von Geburt an ja gewöhnt, daß sie gebären müssen, und dann sind sie dafür von uns Männern wohl verwahrt und gut verwöhnt den

Rest der Zeit, den sie noch haben; sicher ist es schwerer für den Mann, in dieser Hinsicht Leistung zu erbringen, das geht manchmal ziemlich weit, wenn ers versucht. Da robbt im roten Spielhöschen er durch den Sand dort in Jordanien, Gott, ist das heiß und trocken, wo ist Mineralwasser, schau an, da resigniert er schon, wir habens euch vorhergesagt, eh er begonnen, denn die Frau ist auch in diesem Fall viel militanter noch als er, der lieber selber Kind dann bleibt und bleiben darf, ein Kind auf ewig für die Frau, die seine Mutter werden darf, auch dies auf ewig, bis in diese Schule für die Revolutionäre er dann kommt, die Mutter schmiert sein Pausenbrot und legt noch einen Apfel ihm dazu voll Liebe und voll Stolz auf ihren kleinen Racker, um ihn unter Essen zu begraben. Menschen, ihr bedenkt die Unterschiede doch, bedenket auch die Pyramide der Gewalt, wir Greise sind ganz unten, daher kennen wirs, betrachtet all die Mechanismen und die Zwänge, die bei der Erziehung wesentlich, und zwar der Zwang, ein Kind zu sein, nicht Zwang brauchts zum Erwachsenwerden, das ist doch der Punkt, und das Gefängnis sei die Schule für euch Revolutionäre. So, ihr lieben Kinder, Früchte ihres Leibes, dieses Weibes, soll sie leben oder was? Nein, leben soll sie nicht, an die Gerechtigkeit des Weibes glauben wir schon lange nicht, wir Alten glauben nur an Deutschland, so wie früher, an sonst nichts. Dies Land, es scheint uns derzeit und in Zukunft ein Ideal zu sein, und der Prozeß gegen die Staatsverbrecher, sein so festliches Gepräng will uns als kühner Frevel nicht erscheinen wie so vielen andren, den Prozeß erwarten wir geradezu. Sobald ein Weib das Opfer wird, kann niemals mehr ein Richter von Gerechtigkeit dann sprechen, dann lieber Täter sein! Und das gilt allgemein! Das Weib hat kein Gewissen, und dieses, eure Mutter, hat erst recht keins. Das hat sie damals gegen das Atom verloren auf diesen Demos, das ist nun wirklich keine Schande, gegen das Atom verlirn wir alle, das ist uns zu stark als Gegner, suchen wir uns einen leichteren. Nur die Gnade kann ihr jetzt noch helfen, und die kriegt sie nicht, ihr lieben Kinder, ihr könnt sie vergessen, beides, Gnade euch wie eurer Mutter, der nur ein Gott noch gnaden kann, vergeßt sie!, doch was machen wir jetzt mit euch Kindern, zum Erziehen sind wir wohl zu alt, wer würde euch uns anvertraun? Ein andrer müßte euch jetzt nehmen, wir haben keine Zeit. Wir kümmern uns ja schon um die Vertriebenenverbände aus dem Osten, die halten uns ganz schön auf Trab, die haben uns schon eingewickelt, die Verbände, für die in Zukunft schreiben werden wir verstärkt, das kommt aus tiefster Überzeugung, wir kennen schließlich noch die alte Heimat, oder etwa nicht? Da war doch was? Wahrscheinlich nicht, wir haben keine Überzeugung, das liegt hinter uns, und auch als Rechte werden wir beinahe völlig ignoriert, na Hauptsache, uns Vätern aller Väter macht es Spaß im Vaterland. Was macht ihr da? Kommt aus der fremden, fernen Stadt erst mal zurück, na, so fern ist sie wieder nicht, kommt her, ihr armen Kinder, ihr seid ja heute schon Vertriebene. Immer nach Hamburg kommt ihr gern zurück. Wieso denn ausgerechnet Hamburg? Was seht ihr in dieser Stadt? Hamburgs Luxus pur, das ist doch Humbug, oder? Der ist vergänglich, allerdings auch vorzüglich, wenn man ihn denn genießen kann, die Mutter konnte es zumindest eine Zeitlang, das steht fest! Es wäre allerdings nicht Hamburg, wenn ihr dort was sehen könntet, weil dort einfach alles bereits da ist, und das vor der Schöpfung. Dort herrscht meistens Nebel, denn es gibt zuviele Magazine, alles da, jawohl, die vielen knallend bunten Blätter, einfarbigen Blätter, Bäume ohne Blätter, Quatsch mit Soße oder ohne, je nach Wunsch, und all die Speicher, schicken, angesagten (denn ohne daß euchs einer ansagt, alles vorsagt, findet ihr sie niemals!) In-Lokale, wo einem das Aas im Mund gefriert beim Italiener, dort, wo man es in Nudeln und mit Trüffeln eingelegt hat, was es ganz gewiß nicht haltbar machen wird. Der Bissen welk im Mund und müd, dafür ist knackfrisch der Salat, bevor er überhaupt noch über eure gierig zugespitzten Lippen treten kann und alles überflutet, auch die Blusen, auch das jüngste Hauptgericht, das selber schon trompeten kann. Danach ist alles eins und Brei, vor allem was ihr sprecht. Wir Väter konnten ursprünglich ja euer Mutter Glauben an Reformen teilen, daß man jetzt mit mehr Olivenöl als Butter kochen soll, doch dann folgten wir ihr nicht mehr weiter, es war uns nicht mehr möglich. Schließlich hätte sie uns folgen müssen, die Erfahrung liegt auf unsrer Seite. Was sagt ihr dazu? Ihr wärt gar nicht in Hamburg, hätte man euch nicht zwangsweise geholt? Warum bliebt ihr nicht fort? Ihr wolltet nicht ins Waisenhaus? Da habt ihr recht. Bei uns daheim im Altersheim ist es viel schöner. Gut, daß ihr zurückgekommen seid. Wir zeigen euch jetzt alles, führen euch herum, damit ihr jetzt schon wißt, wie es im Jenseits aussieht, und damit das Bürgertum und seine Freuden, die so viele, die gern üppig täten, wenn sie könnten, unter ihre matten Arme nehmen würden, diese Freuden, damit die Armen vielleicht fliegen lernen. Etwas Auftrieb wär schon gut, ein leichter Aufwind würde also unter Flügel fahren, unter die dem Häßlichen nie einer greift. Dabei könnt grade der es brauchen.

ULRIKE:
Wieso habt ihr euch billig kaufen lassen, liebe Kinder?
Warum hab ich euch bloß zum Einkaufen geschickt?
Ich glaub, das hab ich gar nicht. Ich habe euch niemals geschickt, ich hab euch mitgenommen. Und ihr weint, da ihr keine Mutter habt, um Hamburgs Italiener Cuneo, wo

wir einst saßen und diktierten, bis man uns gelesen oder nicht, das blieb sich gleich, obwohl ich sagen muß, daß damals echte Menschen uns gelesen haben, Information war damals Diskussion, heut ist sie Ware an den Tischen, wo wir einstmals, noch bevor wir es dann niederschrieben, bis es nicht mehr aufstand, miteinander sprachen endlos, nichts, was vor Gericht man vorzuweisen hätte als Beweis und nichts dagegen, es wär sinnlos, etwas vorzubringen. Tiefer Sinn wohnt wohl in diesen alten Bräuchen, doch sie warn schon immer sinnlos, oder besser: sinnentleert, wir haben uns bloß eingebildet, etwas hätte einen Sinn, doch wußten wir schon lang nicht, was das sein wohl könnte: Menschen glücklich machen. Einkaufen, essen, dann zum Italiener, noch mal essen, ja, auch wenn man gar nichts braucht, holt man sichs trotzdem, und wärs nur ein Porsche oder ein Mercedes. Essen gehen. Essen gehen. Dann ist es zu Ende, doch hat man immerhin gegessen vorher, um die Zustimmung der Massen zum bewaffnet dann geführten Kampf bewirken wohl zu können und damit die Emanzipation der Massen in die Gänge kann gebracht sein endlich, wann ist endlich endlich? Ist es denn das Gegenteil von zeitlich? Denn nur mit Gequatsche kann man die Szene des Politischen doch nicht verändern, jedenfalls nicht grundlegend, und schon gar nicht durch den Kampf einiger weniger in Waffen, aber das wolln wir nicht wissen, müssen wir auch nicht, die Kämpfer darf nämlich nie etwas ablenken von ihrem Vorgehn und der Weise ihres Vorgehns, die darin besteht, daß sie uns eben vorgehn. Und dann sind sie weg. Beamte haben sie von weitem kommen sehn und sie kassiert wie Kleingeld, das zu nichts mehr gut ist.

CHOR DER GREISE:
Na, dann verteilt sie halt, die schönen Waren, bevor ihr selbst verurteilt seid, und dann laßt sie darum kämpfen, das macht Spaß! Wie soll die Revolution denn sonst in ihre Gänge kommen, doch wir können jetzt schon sagen, daß der Terror eurer Leute und die radikalste Spielart, euer Terrorismus, nicht als sozialistisch angesehen werden kann, nein, das ist keine linke Politik, das ist, im Gegenteil, Gefährdung linker Politik, Gefährdung ihrer eignen Existenz- und Handlungsmöglichkeit, was wollten wir gleich sagen außer dieser Binsenweisheit? Habt ihr denn nicht selbst den Eindruck, daß sie selbst das irgendwann geahnt? Sie konntens allerdings nicht zugeben, denn eine Zugabe gibts nicht im Knast, dort gibt es gar nichts extra, was man nicht bestellt hat, und das dauert, bis das Feld einmal bestellt ist, dieser Samen kommt wahrscheinlich nie hinein, das Feld liegt brach, bald sind sie alle tot, das kann man unschwer prophezeien. Wen habt ihr da schon wieder eingeholt, es wird der Neid doch stets den siegend Glücklichen verfolgen, oder etwa nicht? Warum hat man euch eingeholt? Für uns wars nicht! Wir hätten gut auf euch verzichten können! Viel lieber spielen wir im Grab mit unsern eignen Knochen.

ULRIKE:
Niemals erlöschen wird mein Haß gegen die Väter, vor deren Anspruch Ruhe ich mir niemals schaffen kann. Und auch mein Mißerfolg hat viele Väter, und dort hinten seh ich mehr, noch viel mehr Väter, ich glaube, außer mir sind alle Menschen Väter. Das sag ich, die Mutter, die sich als Mutter nicht betragen will, denn für die höheren Beträge ist meist der Vater zuständig. Warum hat man euch geholt, so spricht er da schon wieder. Bloß weil ihr da wart, das heißt fort? Den Fehler hat schon diese Königin, wie üblich

ganz sie selbst, die ich nicht sein möcht, auch gemacht. Einen weißen Pulli einholen, nur weil er grade da war, und er hat ihr wohl gefallen, genau die runden Bündchen, die sie sich gewünscht. Jetzt hat sie es, doch den Pullover hat sie nicht, noch immer nicht, jetzt muß sie betteln drum, ich hoffe, sie hat ihre eignen Väter, die ihr einen kaufen, auch um diese warmen Kniestrümpfe muß sie herumrutschen, nur endlos betteln auf Beton, doch ohne Sicht, das nennt man dann den Sichtbeton, nein, doch nicht, Sichtbeton heißt, daß man einfach nirgends raussieht, und ein Fliegengitter ist jetzt auch davor, daß man sich nicht zu weit ins Licht hinaus dann lehnen oder beugen kann, es ist dann wie in einem Flugzeug, aussteigen ist streng verboten, und es ist auch sinnlos, Höhenflüge sind gestrichen, und deutsche Botschaften sind nicht mal Außenposten, denn es gibt bald gar kein Ausland mehr, ihr werdets sehen, es wird dann, wo wir sind, Europa sein, und Europäer sind wir alle dann. Wir tragen uns als solche überall herum wie Schmutz, der von den Schuhen abfällt, denn wir selbst sind nichts, wir sind Europas Abfall, und der Arbeiter ist niemand, der ist ja der erste, der längst abgefallen ist, das ist der letzte, der für Disziplin, geschweige denn in einer Gruppe, sorgen kann. Ach, welch ein Wahnsinn! Ich bin nun bald seit einem Monat tot, das kann wohl jeder irgendwann von sich behaupten, daß er bald seit nem Monat tot gewesen sein wird. Und die Königin wünscht sich die neue Jacke, und zwar diesen Lumber-Jack, weißt du, mit so gestrickten Bünden um den Hals und an den Ärmeln und der Taille, Wildleder und schwarz, das unbedingt, in Größe 46, das gibts jetzt in etlich Läden, Selbach beispielsweise, sonst noch Wünsche? Sonst fehlt Ihnen nichts? Es müßte sich ein bißchen Mühe geben jemand, der die Jacke kaufen will, denn ich hoffe, daß ein, wenigstens ein Stück warme und zivile Kleidung sogar mir mal zugebilligt wird, so spricht die Königin, und diese Jacke soll nicht grade billig sein, das bin ich nicht gewöhnt, daß etwas billig ist, was ich besitze, denkt sie. Sonst hat sie wohl keine andren Sorgen? Wer spricht in den Text hinein, wer sucht ihn zu verwischen mit der eignen Stimme? Ich kenn mich jetzt nicht mehr aus, wer spricht, es ist ja alles sinnlos, unverständlich, allerdings, da kann man doch nur noch Waffe zeigen und die Flagge, falls man eine hat. Ihr lieben Kinder, sagt dem Journalisten, wenn er mit der Schießübung mittels kleinstkalibriger lächerlicher Luftdruckflinte fertig ist, die Übung sei hiermit beendet, sonst entsteht ein Schaden an dem PKW, auf den er schießt. Doch der ist ohnedies schon hin. Was ihr danach noch vorhabt, liebe Kinder, nein, ihr könnt es mir jetzt selber sagen: Da ist dieser Schreiber nun, na klar, aus Hamburg, woher sonst, schon wieder der!, der keinem Wortgefecht mehr unterworfen ist, weil alle andren bereits unterworfen sind von ihm, der Mann hat euch geholt, ihr Kinder, könnt ihm dankbar sein, wie ich heut weiß, und da, schaut her, vor lauter Angst hat er sich glatt doch ein Gewehr gekauft, wenn auch nur von diesem Kleinkaliber! Wo ist denn diesmal das Problem? Der Ärmste lebt davon, daß er Probleme sieht, wo welche sind, nur sieht er leider immer nur die falschen. Immerhin, Probleme sind ja immer reichlich da, er soll sich nur bedienen, denn die Bourgeoisie will ja bedient sein, und das Tag und Nacht, das ist die Aufgabe des Schreibers, nein, das Schießen ist es nicht, dafür ist er sein eigenes Kaliber, das zu klein ist, das muß ihm genügen. Hat es auch, denn nie mehr hat er damit auf ein Autowrack gezielt zum Üben, nur dies eine Mal, die Polizei war nachsichtig, mit Nachsicht kann der immer rechnen, denn auf Menschen hätt niemals er angelegt, der Liebe, Gute. Ihr hättet außerdem nicht mitgehen müssen! Doch da hatt die Flinte er noch nicht, als er euch traf, und ihr wart noch viel zu klein, um eine Finte zu erkennen. So seid doch endlich froh, daß ihr bei mir noch seid, genießt es! Wer spricht da eigentlich? Wahrscheinlich bin ichs selbst! Im Namen eures Vaters: Jetzt könnt ihr jedenfalls in Frieden aufwachsen und selber schreiben, wenn ihr wollt und was ihr wollt und gegen wen ihr wollt, auch wenn ihr gar nicht wollt, und keiner da, auf den ihr eifersüchtig sein müßt. Eure Mutter kommt euch lebend kaum mehr vor Augen. Jetzt haben euch die Väter, macht ja nichts, ihr seid doch liebe Kinder, unverdorben von der Mutter, und den Rest gewöhnen sie euch auch noch ab, na gut. Ich hör schon auf. Die Frau muß immer richten, ohne das Gesetz zu kennen, das kommt davon, daß sie immer alles reparieren muß im Haushalt und im Leben, denn der Vater hat doch niemals Zeit dafür. Die Frau, die schwingt sich auf zu Unerhörtem, deshalb wird sie wohl so selten nur gehört. Ich mußt euch zwischendurch genauso aufziehn, Kinder, deshalb weiß ich, was ich sage. Dieser Mann hat euch geholt, sagt danke. Immer danke sagen brav, auch zu den unkonventionellsten Menschen, grad zu denen, denn es fällt ihnen besonders schwer, etwas zu tun! Im Namen und zum Nutzen irgendeiner Person, die Rechte vergibt an die Krone – an den Bundesanwalt oder einen Dritten, den man später abknallt –, daß man gerichtlich gegen sie verfahre, auch noch danke sagen, daß der Schreiber euch gerettet hat. Ich will mir gar nicht vorstelln, was ohne ihn aus euch geworden wäre, Blut und Matsch, und keiner hätte euch erkannt, nicht mal der eigne Vater, bin das ich? Wahrscheinlich. Nein, doch nicht, ich bin vielleicht die Mutter, keine Ahnung. Und des Schreibers Chef schreibt es dann auf, damit es endlich wahr wird. Irgendwann darf wohl der Schreiber selber schreiben, weil sein Chef dann tot sein wird. Was nicht von ihm gezeigt, gesagt und auf das Cover schön gemalt wird, stimmt so nicht. Was nicht in unserm kleinen bunten Blatt konkret gesagt wird, stimmt schon gar nicht. Was niemals geschrieben wurde, hatte niemals eine Chance zu stimmen, einzustimmen in den Chor der Meute, die sich selber hetzt, weil sie sich derart wichtig nimmt. Sie ist es nicht. Am wenigsten stimmt das Geschriebne selbst. Wie das? Und welches denn? Es liest ja keiner. Also könnt es durchaus stimmen auch. Muß sich die Mühe gar nicht machen, falsch zu sein. Es wird verschlungen. Damit die Herzen reißen vor den Qualen Fremder, mit denen wir das eigne Leben schmücken wie mit dem Foto eurer Mutter an der Wand. Bis in den Tod die Schuldigen verfolgen, und da bewiesen ist, egal, wieso seid ihr schon wieder hier? Wieso hat der Schreiber dieses stinkenden gemeinen Machwerks bloß sein schlimmes Ziel mit euch erreicht und euch auch noch zurückgebracht? Wieso hat er euch nicht überhaupt gleich abgeschlachtet? Das Schießen, es ist gutes Recht! Und natürlich darf geschossen werden! Es darf doch auch zurückgeschossen werden. Warum dann nicht als erster schießen? Es ist ganz natürlich, daß das Reich des Lebens wie des Todes ihr, der Königin, gehört, worin sie schamlos jetzt als eine Gefangne schmachtet, recht geschieht ihr.

EIN VERSPRENGTER ENGEL AUS AMERIKA, AUS DER ZUKUNFT KOMMEND, WILD, WENN AUCH SINNLOS MIT DEN FLÜGELN SCHLAGEND:
Ich möchte jetzt die These euch erläutern, daß der individuelle Terrorismus dieser Gruppe und auch andrer Stadtguerilla-Gruppen nicht als radikale Spielart linker Politik verstanden werden kann, daß er vielmehr und objektiv der Reaktion nur in die Hände arbeitet. Und zwar möcht ich, vor allem an dem Beispiel dieser längst verstummten Leute, auf die Grundirrtümer und die wahnhaften Verzerrungen der Wirklichkeit euch hinweisen, die dem

Terrorismus als einer Verzweiflungsform der sozialistisch sich nicht nennenswerten Praxis oder einer sozialistisch wenigstens gemeinten Praxis seit den Anfängen zugrunde lagen, bevor zugrund gegangen sie dann sind endgültig, und ich möchte dann, zum zweiten, auf ein paar der Mechanismen weisen, die dazu beigetragen haben, daß eine Form, die einst als sozialistisch wohl gemeint war, doch in illegale Praxis abgedriftet ist, auch objektiv in nichts als Nähe, ich kann es nicht anders sagen, der Gewaltkriminalität von rechts gerückt ist, schaut euch euren Vater an, ihr Kinder, für wen schreibt der?, der schreibt jetzt für Ostpreußen, das es nicht mehr gibt, und was von seinen Menschen übrig ist, die alle nicht mehr leben, die es auch längst nicht mehr gibt, und für ein Land, das ebenfalls zum Glück schon lange nicht mehr existiert, und doch glaubt er, wie eure Mutter damals hat geglaubt an ihres, glaubt der Vater, daß dies wunderbare Deutschland einig sein muß, na, das werden wir womöglich auch erleben, jene, die noch leben, ja, und noch ein Stück von Deutschland, und dann: Wolln Sie noch ein Stück, ja bitte, gern, das Sahnestück, von dem schon lange keiner mehr gehört hat, keiner greift danach, dies Land, es macht euch niemand streitig. Denn das ist ein Ort, der seit Jahrzehnten nicht mehr da ist, stellt euch das mal vor, und dieser Trottel, euer Vater, ich kann es kaum glauben, ausgerechnet zu diesem Mann, der nur Bekanntes tönt, doch wems bekannt ist, fragt er nicht, zu dem wollt ihr zurück, nein, ihr wollt nicht, aber ihr müßt, ich raff das nicht so recht, was wird der wohl aus euch machen, frag ich mich. Ich sage, Irrtum ist mir lieber als die Illusion, daß die Bewegungen der Basis in der Dritten Welt, ich schwörs euch, daß die funktionieren, irgendwie zumindest, nein, ich sehe grad, daß die tot sind, die gehn ein, bevor ich es noch schreiben kann, daß sie gestorben sind, bis auf die armen Cocabauern oder durch dieselben, einer hier, der andre drüben. Daß Modelle also, die an den Bewegungen zur Freiheit dort gewonnen wurden, auf die Metropolen und Verhältnisse der hochindustrialisierten, parlamentarisch und dazu noch demokratisch ausgerichteten Gesellschaft niemals anzuwenden sind und aus. Was für die Cocabauern und die ungesetzlichen Vertreter, die sie sich genommen haben oder die sich sie als Geisel dort genommen haben, gültig sein mag, denn der Mais, die ganzen Feldfrüchte, die bringens nicht, die sind grad zum Verhungern oder, eine klitzekleine Spur verändert, für Monsanto profitabel, den berühmten Eßkonzern – natürlich heißt das nicht, daß man den essen kann! –, der ganze bäuerliche Sozialismus, will ich sagen, ist nicht brauchbar für die großen Städte. Dort muß man was andres machen, aber was? Nur Jahreszeiten ziehen leise an den Ausgebeuteten vorbei. Von unsereins erwartet man sich etwas mehr.

ULRIKE:
Ach, die Medea soll ich euch jetzt geben, eure Rabenmutter! Na, dann geb ich halt auch die. Hab eh schon alles hingegeben, warum nicht auch die Mutterschaft? Ihr seht mich selber, Kinder, bald seht ihr nur noch mein Bild, wie euer Vater sagt. O welchen Schatz bewahrt er doch, der gut trainierte Körper! Er bewahrt sich selbst, und das genügt ihm schon! Der Königin zu Füßen will sofort ich werfen mich oder jemand andrem aus der Gruppe, je nachdem, wen ich erwische, wer vorbeikommt, viel Platz ist ja nicht, vor dem hau ich mich auf den Boden, denn das tut nicht weh. Ja, Lord Leicester oder wie er heißt, den nehm ich auch, wenn er vorbeikommt, ganz gleich, wie ihr ihn nennt, den Onkel Hans, diesen Opportunisten seiner selbst, den ganz besonders, und hoffentlich erhört er mich, nein, leider nicht, er zieht die Königin mir ständig vor, das ist

gemein, er hört mir auch nie zu, denn hören kann der schon mal überhaupt nicht. Fragen kann er, hören kann er leider nicht. Der will nur immer reden, und dann will er immer etwas machen, von dem er nicht mal ahnt, was es denn sein soll, blinder Aktionismus!, alle raus jetzt, auch durchs Fenster, was halt offen ist, da muß man durch. Man soll ins Offene nicht kommen, sondern durchs Offene, notfalls durch das Glas, durch das Dazwischen. Man soll ihn mir doch einmal wenigstens, Stirn gegen Stirne, vorführn! Dann werden wirs sehen. Begreif ich wohl, daß man die Freiheit mir nicht schenken kann, doch vielleicht Achtung könnt ich noch von ihnen kriegen, Hans und Grete: ihre Namen. Und die vielen andren Namen, nur zur Tarnung, ich selbst nenn mich Anna. Namen sind ja Schall und Rauch wie einst die vielen, die verschwunden sind, doch erst muß man sie noch verbrennen, das macht nun erstens Arbeit, zweitens Arbeit, drittens noch mehr Arbeit, das heißt: falls man es hinkriegt. Achten könnten sie mich schon, die beiden, Hans und Grete, findet ihr das nicht? Ihr habt es also nicht gefunden, auch gut! Ich beharre selbst schon dringend auf Vollstreckung meines Urteils an mir selbst, doch etwas Achtung könnten sie schon noch für mich haben, weil ich so viel schrieb! So viel schrieb und schrieb und schrieb und dachte und schrieb und dachte und schrieb! Und schrieb, bevor ich dachte, und dachte noch, bevor ich schrie, nein, schrieb, bevor ich dachte, schrieb sogar beim Pferderennen, innerlich geschrieben, ohne Hut, der hätte grade noch gefehlt, doch weiß, schneeweiß in meinen schönen Handschuhen und mit der dunklen Kette um den Hals, ganz genau wie später einmal, da ich den Menschen einst als Schnörkel, das sie gar nicht brauchen, nur zur Verzierung ist es da, da ich den Menschen also tapfer in die Wege trat wie später nie mehr wieder, da hab ich mich geirrt, denn etwas war um meinen

Hals, nur wars ein Strick, und Menschen hab ich keine mehr gesehn, nie wieder, das ging sukzessive, daß ichs gar nicht merkte. Auf einmal war ich weg, getrennt sogar von mir. Wer hat mit mir dafür noch was am Hut? Wohl keiner. Was ließ der Kerker noch von meinem Schönheitsglanze, ganz verloren ist das Ganze. Doch noch umfließt mich Licht und Leben, auch wenns kein echtes Licht hier drinnen gibt, denn das, was künstlich ist, das ist kein Licht. Ich kann auch nicht mehr lesen, nie mehr setz ich meinen Fuß auf diese Schwelle, die für mich zu hoch ist. Sie reden nicht mit mir, die beiden, Hans und Grete, wer auch immer, schneiden mich. Ich bin ganz isoliert. Auch von den andren. Sie hören nicht auf mich. Sie dürfens nicht mehr hören, denn ihr Baby hats verboten, ja, das Kind, es ist erwachsen, seine Mutter hat ihm nie mehr was zu sagen, sie hat nur zu melden, nichts zu sagen, bei den Menschen draußen ists ja umgekehrt. Sie sagen viel, doch haben sie wohl nichts zu melden, man hält ewig in Reserve sie wie einen Feuerlöscher. Wie furchtbar naht Entscheidung mir, noch dunkler als das Dunkel, noch toter als der Tod. Nie mehr vor Lust entzückt, euch anzuschauen, Kinder! Mit jeder Stunde dringet die Gefahr. Aber die Königin. Wißt ihr, was die noch will? Die Königin will ein möglichst lustig Foto von dem eignen Kind, dem Sohn, wie aus dem Leben gierig rausgegriffen, rausgerissen soll es sein. Auch ihren Sohn hat sie zurückgelassen ohne Reue. Dafür nennt Andreas sie ihr Baby, was wollt ich noch sagen? Sie nennt ihren Andi, diesen Feigling, wie sie in Jordanien ihn in lautem Einvernehmen alle nannten, Baby, sie nennt ihren Hans ihr Baby, und sie heißt ihn so, sie gab ihm diesen Namen, der ist jetzt ihr Kind, die Frauen sind ja immer stärker als die Männer, und am stärksten sind sie wohl als Mütter. Mütter bleiben sie. Und auch als Revolutionärin sind sie stark, das ist das Gegenteil von Mutter, die aus ihrem Stolz heraustritt, wenns ums Kind geht, die sich selbst vergißt, bevor sie sich gekannt hat, komisch, hier geht das zusammen, bei der Königin geht das zusammen, ja, die schafft das, und das Nationale noch dazu, den Kampf um Deutschland, die kann solche Gegensätze mühelos verbinden, ich bewundre sie dafür. Diese Frauen! Mutter müssen sie ja immer sein, egal von wem. Bei der Genossin Grete wars ihr Baby Hans, der nichts so sagen konnte, wie er wollte, und es anders auch nicht sagen konnte, überhaupt nichts sagen konnte, sprechen erst von ihr, der Mama, lernen mußte, doch sie liebte ihn gerade dafür, daß er sprachlos war, nur immer Fotze Fotze Fotze sagen, wie ein Automat, wenn man den Knopf drückt, das konnte er, das kann ich bezeugen, ihr Fotzen, ihr seid doch nur stark, wenn ihr eure Männer anschrein könnt, das hat er dann gesagt, ihr Baby, brüll brüll brüll und schrei und kreisch und brüll und schrei in unbeschreiblich warmen Tönen, die ich nicht mal malen könnte, wenn ich könnte, nicht mal, wenn ich müßte, schreien, brüllen war die Hauptsache für ihn, das war wohl seine Muttersprache, nicht einmal die Königin, nein, er selber wars, aus dem es stets herausschrie wie die Springflut, wenn sie kommt und wenn man ausnahmsweise selber kommt, was nur passiert, wenn man mal Glück hat, der Hans war also Haupt- und Nebenwiderspruch in einem. Ja, das Baby Hans, das war ihr Kind, hat nur aus ihr heraus gelebt und sie aus ihm, denn keiner, keine ist je stärker als Die Mutter. Doch die ist widerlich, es tut mir leid, ich hasse Mütter, und obwohl ich selber eine bin, kann ich den Kindern nicht mehr antworten, kann auf einmal nicht mehr, auch als sie den schönen Kalender zu Advent mir eigenhändig bastelten und noch dazu auf meinen Wunsch. Ich konnt ihn nicht mehr nehmen, Annahme verweigert für den armen selbstgemachten Wandschmuck, dessen Fenster wohl die

Tage bis zur Weihnacht zählen sollten, gesehen hab ichs nie, mein eigner Zähler läuft, ich seh ja auch aus keinem Fenster, Annahme verweigert, was soll denn eine, die kein Fenster hat, mit einem solchen Zimmerschmuck fürs Jesuskind wohl anfangen? So blöd sind Kinder, daß sie Fenster basteln, wo gar keine sind, das kommt wahrscheinlich davon, daß sie keine Mutter haben, bei den Palästinaflüchtlingen im Waisenhaus wärn besser sie ganz sicher aufgehoben als bei ihrem Vater, wo sie in der kargen Freizeit blöde Sachen für die Zellenwände ihrer Mutter basteln sollen. Konnt ihnen einfach nicht mehr antworten, den Kindern keine Antwort, zurückgeschickt die Bastelei, Annahme verweigert, geht retour. Die Mutter spricht nicht, doch sie schickt, und sie schickt meistens fort, es kann auch sein, daß sie es festhält, doch diese hier, die holt nichts mehr, sie holt nichts her und schickt nur fort, sie lehrt die Kinder unaufhörlich selber sprechen, bloß damit sies dann erst recht nicht können. Oder nur, damit sie sprechen, als wärn sie der Staat persönlich, sozusagen offiziell. Das ist ja ganz wie aus dem Leben: immer raus, wenn man mal drin ist. Ist man draußen, will man wieder rein ins Leben. Für mich ists zu spät. All das ist schon längst nicht mehr das Leben, denn ein andrer hats daraus gegriffen, und für uns wars Theorie. Die Geschichtlichkeit stimmt immer, denn sie ist gleichzeitig die Vergangenheit für immer, was sagt Mutter nun dazu? Sie sagt, das Sprechenlernen ist ja leicht, aber das Leben nehmen schwer, grade das, was schwer ist, interessiert uns ganz besonders. Lesen Sie doch Freud, mein liebes Leben, dann werden Sie gleich sehen, daß der Bürger, der den Humanismus ernst nimmt, was er sowieso nie tut, denn er nimmt ja nur sich selber ernst, daß der Bürger also merken muß, will er humanitär sein, daß dem Humanismus jede Menge Wirklichkeit doch fehlt! Wie soll er nehmen, was doch fehlt? Die Königin hats vorgemacht, das eigne Kind hat sie verlassen und den andren, den Hans, dafür an Kindes Statt genommen, damit er was über Geschichtlichkeit erfährt, was nun naturgemäß bedeutet, daß er so enden wird wie alle, wie wir alle, und sein Leben erst im Rückblick dann betrachten kann, das heißt: wohl gar nicht. Da hört für ihn die Welt dann auf wie für den Bürger, und er geht allein ins Nichts. Herausgegriffen aus dem Leben, und auch dies will er noch selber machen, dieses Baby ist zur Emanzipation verzogen, und so hat die Emanzipation es nie erreicht, das Baby wohnte damals schon woanders, nein, das führt auch sonst zu gar nichts, das sieht doch ein jeder. Selber aus dem Leben rausgegriffen! Selber muß man greifen, bevor von der Gesellschaft so brutal nach uns gegriffen wird, ach Kinder, lassen wirs! Was soll ich noch mit euch? Was ist mit eurem Foto, darf ich das nicht haben? Nein, ich brauch es doch nicht. Allein die jahrelange Eifersucht eures Vaters, natürlich bloß auf meine vielen Leser, hat mich langsam angeödet. Und jetzt ihr! Springt über diese Hecken, wie es sich gehört, zerschrammt eure Knie beim Revolutionsspielen, froh zerzauste Hunde? Doch die Revolution ist nie ein Spiel, die Freiheit wird uns nicht geschenkt. Mißhandlungen, die können haben wir, und gratis noch dazu, aber die Freiheit nie. Das, was am wenigsten uns kosten würde, diese Freiheit, die nur faul herumliegt, wolln wir nicht und kriegen wir auch nicht, wir müssen uns das Teurere dann nehmen, und das Teuerste, das ist nun mal das Leben. So. In ewgem Kerker will man mich bewahren und meine Rache, meinen Rechtsanspruch mit mir verscharren in Gefängnisnacht. Königin, hilf! Sprich mit mir! So hilf mir doch! Sprich doch mit mir, ein einzges Mal! Warum sprecht ihr nicht mehr mit mir, Grete? Hans? Wer auch immer? Sprecht! Wo seid ihr? In der Nachbarzelle? Unter meiner, ober meiner gilt nicht, über meiner unter meiner sieht man nichts! Sprecht mit mir, flachst wenigstens mit mir am Fenster, Königin, wo bist du, denn ich seh dich derzeit nicht? Sprichst du schon wie dein Baby, das heißt so haßerfüllt wie alle Kinder gegen ihre Eltern? Nein. Warum wollt fertigmachen ihr mich jetzt? Was hab ich euch getan? Durch falsches Zeugnis glaubte niemals ich zu retten mich, was also werft ihr mir jetzt vor?

CHOR DER GREISE:
Wir hatten Kinder auch! Wir waren sogar Kinder selber einst. Wir kennen das, nur ist es lange her! Ihr Kinder! Wo immer ihr nun seid, ihr kommt doch immer wieder, wenn auch nicht ganz freiwillig. Zwei Bumerangs. Könnt ihr nicht endlich einmal bleiben, wo ihr fort seid? Euer Mutter Krankheit jammern wir, und ihr Verlust macht Sorge uns. Ob tot oder lebendig, trauern kann schon mal nicht schaden.

DIE PRINZEN IM TOWER:
So wißt ihr, Väter, Greise, sie ist tot! Oder ist sie nicht tot, oder ist sie tot? Oder doch nicht? Oder doch? Lebend tot? Tot lebendig? Wer ist darum zu schelten, daß sie jetzt nicht da ist? Sie sollte unter Menschen gehn, die liebe Mutter! Doch es geht nicht. Sie geht niemals fort. Sie kann nicht, ist ja leider eingesperrt. Dann würde ihr der Ausstieg doch vielleicht ermöglicht, wenn sie bloß nicht eingesperrt im Kerker wäre. Wenn sie nur nicht eingesperrt wär, dann wär Ausstieg möglich. Wenn nur die Zelle fahren könnte, wär auch Ein- und Ausstieg möglich. Doch sie nimmts nicht wahr. Man stellt ihr Augenzeugen gegenüber, doch sie schaut sie gar nicht an, man muß ihr erst den Nacken kitzeln, daß sie ihren stolzen Kopf hebt für die Kamera des Staates, für dessen Erkennungsdienst, den Strick, den Galgenstrick, den tun wir nachher rum in aller Ruhe,

wenn die Zeugen fort sind. Dafür schauen die jetzt aus der Wäsche dumm, die Zeugen! Warum ihr eine Gunst, ein Recht verweigern, das man dem Mörder nicht versagt? So eine Gemeinheit, vor allem gegen uns, denn Mörder sind wir schließlich auch! Ein Mörder ist doch jeder, da ist nichts dabei, das geht ganz schnell. Wir sind allein und bleiben so zurück. Sie alle werden wissen, daß zurückgeblieben sind sie, auf des Staates Stärke sie zu Recht berufen sich, das ist für Häftlinge wohl nicht so günstig, wenn die Leute abfallen, wenn der Kampf vergessen wird.

ULRIKE:
Ich bin die Schwache, sie die Mächtgen, wer auch immer, Hans und Grete, oder wie sie sich gerade nennen. Sie brauchen die Gewalt, sie töten mich. Sie töten mich. Der Staat muß gar nichts tun. Sie töten mich schon selber, die Genossen, debattieren klassisch, und dann töten sie. Wer sich auf Geschichtlichkeit verläßt und ihre schrecklichen Gesetze, der ist ganz verloren, denn er hat nichts mehr davon, was immer sie beschließen, die Gesetze, heute richtig, morgen falsch, Hans oder Grete, wer auch immer, bald doch sind sie selber tot, ich schwörs euch. Diese Königin, nicht auf der Stärke schrecklich Recht berufen soll sie sich, ich sagt es schon: Den Biedermann, den sie für typisch hielt, hat sie verachtet stets, sie hat gesagt, daß er das eine und doch immer nur dasselbe ist und alles unter einem Dach, an das den Docht sie halten möchte, daß es brennt. Und doch hat sie gerichtet ihre Worte stets an diesen Biedermann. Die andren wußten ohnedies, wovon sie sprach, nur die, dies noch nicht wußten, sollten hören und dann notfalls fühlen. Sowas fühlt auch sie, die hohe Frau. Und dem Kläger die Beklagte vorzustellen ist er schon wieder da, Herr und Frau Mustermann, grüß Gott. Wer hat schon Tugend und Gewissen, wo gibts das zu kaufen? Gäbs

das Zeugs zu kaufen, viele hätten es, in allen Preisklassen und in Qualitäten und in jeder Menge, die beliebt, wohin es paßt. Erlöschen wird auch unser Haß einmal, wir schaffen das, wir wissen nur noch nicht, auf wen den weißen Schaum in unsren Mundwinkeln wir richten sollen, nein, wir wissens nicht mehr, doch ganz sicher haben wirs einmal gewußt, wen wir da haßten. Und es waren viele. Macht nichts. Gott wirds rächen. Der macht das schon für uns, der machts doch glatt an unserer Statt, tja, wenn wir das nur glauben könnten, bloß sehen wir das nicht mehr, denn wir sind doch tot dann auch. Ich höre von den Kindern, sie wollten in ihn dringen, ihren Gott, wer das auch war, mit ihrem eifrigen Gebet um einzig dies, um ihre Mami! Heut noch hör ich ihr Gequengel! Mami, hör mal, warum ließest du uns stundenlang im Schlamm und auch noch ohne Gummistiefel waten, während ihr da drinnen endlos Reden hieltet? Ach, wie oft hab ichs gehört, mir staubt es aus den Ohren, das Gequengel! Hans und Grete, haut mir auf den Kopf, damit ich aufwach, meine Tränen, diese schrecklich weibliche Gewalt, die rührn sie nicht, jawohl, euch meine ich, den Herrscher und die Herrscherin, eurer Sicherheit bringt ihr kein Opfer, recht habt ihr. Ich bin selbst das Opfer, und selbst ist das Opfer, dieser Heimwerker an seinem eignen Körper, diese Aufgabe, die hat er ja inzwischen delegiert an seine Peiniger, er will sich nicht mehr länger quälen, ja, ich weiß es schon, ihr müßt mir das nicht eigens sagen, als sprächt ihr zu all den Geringsten, die ihr vor euch hattet, je geringer, desto stolzer wart ihr! Aber nicht auf die Geringen! Auf euch, nur auf euch! Warum stießest du uns aufgrund deiner Überzeugungen dauernd aus deinem Gemach, das sagten meine Kinder mir, jetzt ists zu spät, über die Kinder stets Gerechtigkeit geübt hab ich, niemals bloß Macht wie du, Frau Königin, über uns alle! Und was ist eigentlich mit deinem

Sohn, dem leiblichen, dem echten, Blut von deinem Blut, das frag ich dich? Den hattest du doch auch und hast ihn weggeschmissen wie die leere Wursthaut, die der Mensch nicht essen mag, solang ihr Innerstes er hat zum Fressen gern. Ist gar nichts drinnen mehr bei ihm, frißt er die Haut allein, auch Gras und Wurzeln, denn der Mensch hat immer Hunger, keine Ahnung, was er will! Es frißt ja auch die Revolution ihr eignes blödes Kind, ein klügeres konnt sie nicht kriegen, wohl bekomms, denn ich an ihrer Stelle würde ausspucken die Revolution wie eine Gräte, die man sorgsam an den Rand des Tellers legt. Warum hast du es zum Schluß sogar mit einer Frau denn noch getrieben, also wirklich, Mami? Fragen die mich glatt. Ging das nicht zu weit? Das haben sie im Ernst gefragt. Nein, diese Frage, die beantworte ich nicht, die ist mir zu persönlich, liebe Kinder, mit der Frau, da mein ich mich schon selber, denn das ist mein gutes Recht, mein Recht zu lieben, nicht euch beide, euch, das Königspaar! Sich der verhaßten Feindin zu entledigen, nein, der Freundin ehemals, das könnte euch so passen. Ja, das paßt zu euch, ich gebs ja zu. Wer ist Freundin, wer ist Feindin, und wer soll das dann noch wissen, sie sind nicht zu unterscheiden.

DIE PRINZEN IM TOWER:
Hast dich mit ihr eingeschlossen, Mami, stundenlang, was habt so lange ihr dort drin gemacht, still, nur still, wir wissens schon?! Mit uns hast du dich niemals eingeschlossen, immer nur mit dieser Frau! Das war wohl neu für dich, wie schön für dich, das kannst du hüten wie ein teures Kleinod, bis du selbst gehütet wirst rund um die Uhr. Uns hast du immer ausgeschlossen, denn wir warn nicht deinesgleichen, wir waren unter dir, doch nicht als Unterdrückte. Jetzt siehst du selbst, was du an Nachteil davon hast: Du hast nun keine Kinder mehr, Medea. Denn wir

besuchen dich nicht mehr, dies allerdings auf deinen ausdrücklichen Wunsch! Du bist jetzt die Medea, die von ihren Kindern überlebt wird, recht geschieht ihr. Warum auf schlimmem Weg verfolgtest du dein Ziel, du liebe Mami? Warum war immer abwesend die liebe Mutter, du, wenn wir dich brauchten? Warum hast du dich nicht mehr um uns gekümmert? Sag es uns! Warum nahmen unsre Unterhaltungen nie den gewünschten Verlauf? Verliefen sich im eignen Dunkeln? Mami! Warum verlaufen wir uns selbst im Dunkeln, so wie du, nur anders. Ach, wie gerne hätten wir die repressiven ideologischen Apparate selber noch erlebt, doch diese Offensivposition gabs nur für dich, wir hatten nicht die Wahl. Sonst hätten für die Illegalität wir uns ja auch entscheiden können. Hättest du gewußt, daß dreißig Jahre später Illegalität ganz ausgestorben wäre, wenn sich überhaupt noch einer dran erinnert, daß es sie gegeben hat, dann wär in jedem Fall sie nur fürs Kapital erlaubt, das offshore tummelt sich an wunderbaren Stränden, wo die Sonne niemals untergeht, nicht doch für dessen Gegner, die auf ewig, ohne je befreiendes Gebiet erreicht zu haben, heimatlos geworden sind, wer weiß, wie du dich in diesem Fall entschieden hättest. Vielleicht wären offshore alle wir gegangen wie das Geld in seinem schönen Urwald, wo von Baum zu Baum sichs schwingt, von keinem Raubtier je gerissen, weils das allerschnellste Tier ist und von Anfang an gerissener als wir, von keinem andern je erreicht, und sich vermehrt sogar im Dreck, den all die Armen machen, den sie höchstens atmen, weil nichts Besseres damit sie anzufangen wissen, denn zähmen läßt sichs nicht, das Tier. Doch ihr, wie Gramsci sagt, das finden wir nicht ganz so gut, ihr tickt das einfach nicht, der Gramsci ist schon in den Dreißigern, nein, nicht in seinen, in denen vom Jahrhundert, unter dem Jahrhundert tat ers nicht, und wir tuns auch nicht, na, egal wann, im

Gefängnis eingesperrt krepiert, du, Mami, sagst, inzwischen sei was weiter, wärn wir alle weiter, na, du spinnst wohl! Gramsci war schon kein Guerilla, und wenn doch, wär er im Urwald wie das Kapital gewesen, ja, dem hätte er sich angeschlossen, insgeheim will ja der Revolutionär unter den Siegern sein, doch keine Angst, er ist es nie. Sie ist niemals die Siegerin, die Revolution, und wenn doch, dann heißt sie plötzlich anders und macht vor sich, die von sich selbst, doch niemals mit sich handelt, kehrt. Du weißt doch, Mami, dort im Dschungel ist es ja viel schöner, wer außer uns, die wir nicht dürfen, will dort keine Ferien machen? Keine kommunistisch umgefärbten Slogans für die Massen, Stille nur und wieder, hört ihrs nicht, Geschrei von all den Tieren, die vom Kapital sich nähren, das von andern Tieren abgefallen ist, im Dung nährt sich das eine von dem andern, schaut nicht nach, was oder wens da frißt, na ja, da dients dann einem guten Zweck, das Kapital, wenigstens etwas, daß man das kapiert, ist etwas, das zur Theorie der deutschen Arbeiterbewegung leider überhaupt nichts beiträgt.

ULRIKES STIMME:
(*off*) Das wollt ich nicht – beim großen Gott des Himmels! Wann hätt ich das gewollt? Wo sind die Proben? Was ist das Problem?

DIE PRINZEN IM TOWER:
Ach, wir proben doch schon, Mutter! Proben, wissen aber nicht, für welches Stück, wir wissen nur den Ort, der immer ein Gerichtssaal ist. Dank dir. Nichts tröstet uns. Nur, daß die Königin über eine königsblaue Wildlederjacke stolpern wird, die Knarre drin. Das ist alleine ihr Problem. Wer legt die schöne Jacke zur Seite, wie du zur Seite uns gelegt hast? Gefangen und erwischt! Die roten

Stellen bedeuten nach Einfärbung einen bösen Zahnstein, später Karies, und das heißt: Gefahr! Die Jacke ist verdammt schwer, sagt die Verkäuferin zur Königin Kundin. Königin, wo ist das Blut im Schuh? Es ist noch in der Waffe. Die Königin verkörpert Kundschaft, ist Kundschaft an sich, die Herrscherin, vor lauter Botschaften fast Funken sprühend, daß man ihr kein neues Kleidungsstück mehr anvertrauen würde, dieser Königin, in enger Cordhose und mit hohen Schnürstiefeln, und sie probiert und sie probiert, sie weiß es ja nicht besser. Was probiert sie an? Den weißen Shetland-Pulli, der ihr in der Auslage so gut gefallen hat. Will wohl, wie früher, wieder reine Unschuld werden, diese Kuh. Die Königskuh. Hat unsre Mami echt und lang kaputtet, Länge hier mal Breite dort, und sie lebt weiter dann ein Weilchen, wenn auch nicht sehr still, noch lang hat sie gelebt und schrie und schrieb und schrie und schrieb und schrie und schrieb. Hat Eitelkeit sie ins Geschäft Linette getrieben oder die Furcht, erkannt zu werden? Niemand wird es wissen, und die Königin wird immer lügen, wenn die Rede darauf kommt.

ULRIKE:
Na, endlich ist es still. Wir haben echt geglaubt, es kommt noch was. Nur von dem einen Herrn darf diese Königin in aller Öffentlichkeit ihrer Gruppe angeherrscht werden, und zwar nur von diesem einen, einzigen, dens für sie gibt! Mit blauen Augen, dieser König, der in Wirklichkeit ein Kind ist, ja, ein Kind, mein Kind, mein Kind, mein liebes Kind, so spricht die Königin, sie sagt: Der hat nur mich, sonst keinen, dieser Kinderkönig, der zum Anherrschen ist wie geboren, mein Baby! Sagt sie immer. Vom Anherrschen und zum Herrschen ist ihr Baby immer wieder neu geboren, dazu muß den Boden er nicht mal berühren, dieser liebe Babykönig, denn der Revolutionär will schließlich

nichts als herrschen über seine kleine Gruppe, die deswegen K-Gruppe genannt wird, weil sie eben klein ist, und angeherrscht natürlich nur von ihr, nur sie, die Königin, durft ihn gebären, den Erlöser unser aller Notdurft, der in Wirklichkeit ihr Kind ist. Diese Königinnen haben immer Kinder, ganz egal, wie sie sie kriegen, das gehört einfach dazu, sie brauchen einfach Nachfolger, die gleichzeitig noch dazu mit ihnen leben, damit sie, diese Königinnen, was von ihnen haben. Ihm, dem Königskind, werden Verfehlungen nicht angestrichen werden von der Herrscherin.

DIE PRINZEN IM TOWER:
Sie warn nicht nett zu unsrer Mama, unsre Mami war zur Königin wohl leider nicht bestimmt, im Kerker schmachten alle jetzt, wir alle, was macht es für nen Unterschied. Die ist eine Fotze, sagt der König, manchmal schreibt er es mit einem V am Anfang, noch viel öfter sagt er es. Der rohen Stärke blutiges Erkühnen, solch Gauklerspiel betrüge nicht die Welt, nein, doch, die Welt, sie will betrogen sein, auch von Gewalt, ja grade und besonders auch von der. Ermorden kann sie, diese Königin, der König auch, doch niemals richten!

ULRIKE:
Nur keine Sorge: Richten tu ich mich schon selber, weiß nur nicht, nach wem, nach was, ich wußte sowas früher immer, jetzt weiß ich nichts mehr, auch egal, ich borge mir den Strick und richte mich, habt keine Angst, ich mache das schon richtig, das muß kein andrer übernehmen, zeitig früh wird man mich finden, leblos hängend an dem Gitter meines linken Zellenfensters, das Gesicht zur Zellentür gewandt, wenn man mal einen Arzt braucht, ist er niemals da, das ist wirklich typisch, doch jetzt, nur sechs Minuten

später, kommt er eilig angewieselt, Dr. Helmut Henck, jetzt kann auf einmal sich beeilen er und konstatiert, daß dieser Körper, der trotz allem mir gehört und immer mir gehören wird, auch dann, wenn nur ein Sack voll Knochen übrig ist, auch wenn er nicht mehr atmet, lange schon, bereits total erkaltet ist, dazu entstellen Leichenflecken ihn, das schaut ja sicher eklig aus, ein Glück, daß ichs nicht selber anschaun muß, doch noch bis zehn Uhr dreißig läßt man mich dort hängen, denn Spuren wollen sammeln sie und noch ein letztes Mal von allen Seiten fotografiern jene, die seit Monaten, ja Jahren schon, wenn mans genau nimmt, überall, in jedem Postamt hängt, auf jeder Polizeistation und in Behörden, jeder kennt mich, kann ich ohne Übertreibung sagen, doch das waren nicht die neuesten der Fotos, diese, die jetzt grade frisch gemacht sind, sind die neuesten und letzten, die kann man doch keinem zeigen, wozu werden die gebraucht, sie haben uns doch längst schon selber! Es war gar nicht leicht, mich für die Fotos schön zu positionieren, das Bett, das unterm Fenster stand, mußt vorher ich beiseite schieben, dann legt ich die Matratze vor das Fenster, stellte darauf den Schemel, den ich hatte, Schmach und Schemel, ist ja schon egal, die waren beide zuverlässig da, dann riß ein blau und weißes Anstaltshandtuch ich sorgfältig in Streifen, knotete sie aneinander, diese Streifen, band sie fest um meinen Hals. Und schließlich stieg ich auf den Schemel, knotete das Ende dieses selbstgebauten Strickes um das Fenstergitter, und dann sprang ich ab ins Ungewisse und bewies damit, daß in den wohlgerüstet Schützengräbern dieses Metropolenimperialismus, keine Ahnung, was das sein soll, doch so steht es hier, daß in den Gräbern, ach, ich meine Gräben jeder Krieg unmöglich ist geworden, es hat ja keiner Platz dafür, sich zu bewegen, das ist historisch wohl gelaufen, das ist aus, und ab mit mir, historisch war das schon gelaufen vor dem Startschuß, und kein Sieger kam durchs Ziel, ein Ziel gabs wohl, doch keiner sah es außer uns, kann man nichts machen, so, wir liefen los, doch liefen wir allein, die vielen, die noch gehen können, laufen ebenfalls jetzt los, doch blieben sie in Wahrheit stehn von Anfang an. Den Stellungskrieg hab ich verloren, und die Illegalität, die hat mir auch nicht recht gefallen. An das Handtuch knüpft ich mich wie eine Perle in der Kette dieser vielen, die auch bereits tot sind, diesmal richt ich mich und richt mich nur nach mir, ist ja kein andrer da. Ich gebs jetzt auf, mit des Verbrechens Früchten diesen heilgen Schein der Tugend zu vereinen. Jetzt verein ich mich allein mit mir im selbstgemachten Strick, wo andre bloß ein schickes Strickensemble tragen wie ich früher auch und gar nicht selten, ihr wolltet mich ja nicht, ihr wolltet mich nicht lebend, liebe Deutsche, ja, was wollt ihr denn statt dessen? Wollt ihr lieber den totalen Krieg der Toten, den hattet ihr doch schon und schaut, was draus geworden ist! Ein Sieg der Lebenden, ist das nicht fein?! Was immer auch geworden ist, für mich ist hier kein Platz. Die Revolution frißt jetzt ein Kind, und das bin ich, ich sage dazu, wohl bekomms! Vielleicht kommt ja sie mit mir zurecht, die liebe Revolution, ich konnt es nie. Ich bin ja nie mit mir zurechtgekommen, also geb ich mich der Revolution, vielleicht kann die mich brauchen, und das Volk erhebt sich, wenn ich tot bin, dessen bin ich mir fast sicher, oder doch nicht? Was, erheben wollt ihr euch und dann auch wieder nicht? Na dann, von mir aus, eben nicht. Mir ists gleich. Ihr habt mich nie verstanden, das ist schade. Ihr wart viel zu jung, ihr lieben Kinder. Und ihr, Genossen, ihr erfüllt den Knast mit häßlichen Gerüchten über mich, ihr macht mich einfach fertig, wißt ihr das? Ihr zwei? Das ist der Kummer von euch, König, Königin, daß diese Stifterin des Unheils, das im Denken liegt, noch nicht gestorben ist, noch nicht gestorben war, noch ehe ihre Kinder Wüstenboden konnten aufwühlen wie unsereins den Geist, ein Geistgestöber wie bei einer Kissenschlacht, und all der Geist, er führt zu nichts, der Aufwand führt zu nichts, es ist vergeblich, nur noch ein paar Jahre, sicher nicht mehr viele, keiner wird mehr denken dann, wie einer, jeder Revolution zu helfen wäre, nicht einmal das Wort wird kennen man, nur Quatsch wird alles sein, Gerede, Achtlosigkeit den Sätzen gegenüber, die uns heilig waren früher, und Rechtfertigung wird ausgeschlossen sein für immer. Und was sie sind, die Königin, der König, das wagen sie zu scheinen auch, ich scheine nicht mehr, ich gebe auf. Ja, das ist wirklich kompliziert. Wer angebliche Spannungen herausliest zwischen mir und Königin und König, Hans und Grete, der hat keine Ahnung. Was ist nun davon wahr, was nicht? Das weiß wohl keiner. Doch ich häng nicht sinnlos an dem Strick, noch häng am Geschriebenen ich mehr, ich streif es ab wie Spinnweben, das dauert seine Zeit, und irgendwann, da ist es endlich weg, und ich fühl mich wie neugeboren, wenn die Worte alle weg sind, abgeschabt von mir, wie ich von ihnen abgeschabt jetzt endlich bin. Jawohl, von bloßen Worten bin ich endlich frei, die haben jetzt die Aufgeklärten und die grünen Caritas-Alternativen, die lieber ne Gefangene aufs Korn von ihren Wohltätigkeitsflinten nehmen als sich selbst, und auch ich selbst bin jetzt ich selber bloß, nichts sonst, mehr hab ich nicht als mich, ich bin entblößt von allem, nur noch eine Hülse, doch für mich sind sie nicht bloß, die Worte, für mich sind sie schön, wunderschön angezogen, immer neu, so wie ich früher, schöne Worte, schöne Worte, und da stehn sie, schöne Worte, an die ich mich halt klammre, weil nichts andres da ist, so, da stehn sie also, jedes einzelne, und ich hab nichts andres mehr als sie: So halt die Fresse, sagen sie zu mir, die Worte und die Gruppe, halt sie, bis du was verändert hast, oder geh endlich zum Teufel! Ja, das steht hier, der Satz, so liebevoll und frei und diszipliniert, wie der Revolutionär im Ganzen ganz gewiß zu sein zumindest hätte, wie geschrieben steht. So häng ich mich halt auf, das Fensterkreuz im Fadenkreuz des Staates, ein Kreuz, das es nicht gibt, es wird wohl halten wie Geschriebenes nicht halten kann, das ist zu weich, und sieh mal an: Der Sicherheitsbeamte spricht die Worte, sagt, daß Frau M. nicht sehn er kann, weil Frau M. jetzt tot ist und aus seinem Blickfeld. Als ob jemals er mich hätte wirklich sehen wollen! Ich war für ihn bloß durchsichtig, weshalb hat er dann dauernd mich durchsucht? Egal, er hat ja nie etwas gefunden. Wußte nicht, daß es genügt hätt, einfach durch mich durchzuschauen, es wär so leicht gewesen, mir bis auf meinen tiefsten Grund zu schauen, den ich niemals hatte, das hätt er sehen können, doch das hat er nicht gewußt, aber vielleicht hätt er den tiefsten Grund an meiner Statt gesehen, das wäre intressant gewesen, möglich wärs gewesen, daß er ihn mich auch mal sehen läßt, nur einen Blick auf mich, das wäre schön gewesen. Leider sagt er nichts zu mir, er sagt nicht: Leider ist sie tot, denn es tut ihm nicht leid, endlich aus, die widerliche Schimpferei und, von meiner Seite her gesehen jetzt, obwohl das keinen interessiert, die Isolation. Wer wacht in seiner Zelle heut von meiner letzten Platte auf, die klingt wie von den Engeln selbst gesungen, meiner Lieblingsplatte, die ich aufgelegt hab, wer spricht noch von Identität oder Bewußtsein? Keiner mehr, es spricht jetzt keiner mehr, sie sprechen alle, doch sie sind dann keiner, weil sie mich verdrängt und abgeschoben haben dieses kleine Stück ins Nichts, das sie dann auch noch abgedichtet haben. Falls ich noch ein wenig mehr zu atmen wünsche, ist das nicht erlaubt, das ist verständlich, doch nur keine Angst, ich atme gar nicht mehr, denn das wünsch ich auch meinem Feind nicht, daß er atmen muß und atmen atmen atmen, damit hör ich jetzt auf, das ist ganz sicher besser so.

DIE PRINZEN IM TOWER:
Was löcherst du uns immer, Mami? Was löcherst du uns, wenn auch ohne Knarre? Was sollen wir dir sagen? Wir haben hier ne Königin, die momentan zufällig Kundin ist, die Königin ist, sagt die Verkäuferin in der Boutique, aber mit einer Pistole in der wilden Lederjacke, oder sagt man Wildleder dazu?! Was sollen wir machen? Was sollen wir tun? Was machen wir jetzt? Was machen wir nun? Wir halten sie mal hin, es wird sie dann schon einer nehmen. Die Polizei, sie wird gleich kommen, sie ist alarmiert. Ist es nicht ein Glück, daß sie drauf wartet, daß die Polizei kommt, diese Königin? Daß sie so lang sich vor dem Spiegel dreht? Na, so ein Glück! Erst müssen wir uns noch um eine andre Kundin kümmern, die auch Königin ist, bei uns ist das grundsätzlich jede Kundin, ja, auch wir sind schon mit einem Grundsatz aufgewachsen, und der lautet, jede soll das Beste machen doch aus ihrem Typ, nein, nicht aus ihrem Typen, nur aus ihrem Typ, aus ihrem eignen. So spricht die Verkäuferin und weiter: Warten Sie, Moment, wir sind ja gleich bei Ihnen, allerwerteste Frau Königin und treue Kundin! Was ist hier los? Wo ist die Frau mit der Pistole? Gebt sie unverzüglich her, die Frau, ja, die Pistole auch! Der Streifenbeamte stürzt über die Streifen, alle müssen vor ihm stehenbleiben. Andre stürzen auch, beim Übergang ins Nichts, auch dort sind Räder, unter die der Mensch geraten kann. Die Königin, nicht du, Mami, wir reden von der Königin persönlich, von dir werden wir oft genug noch reden, bist du erst in Ruhe tot und eingegraben und noch betoniert, damit den Leichnam sie nicht etwa stehlen und dann schänden auch noch können, wo sind jetzt die Zeiten, da man fürs Begraben von dem eignen

Bruder kämpfen mußte wie ein Antigen gegen, ach, Entschuldigung, Antigone, was für ein blöder Witz, wo warn wir, warn wir nicht grad hier? Wir finden uns nicht wieder in dem Märchen, das jedoch verbürgt ist: Diese Königin versucht da noch, mit unbeteiligter Miene an den zwei Beamten, die nur ihre Pflicht tun für den Staat, in dem sie knietief waten und Beförderung ersehnen Tag für Tag und Nacht für Nacht, sich irgendwie vorbeizuschieben. So, da drückt sie sich vorbei und fragt noch: Was ist denn los? Als wüßte sie es nicht genau! Die Königin fragt trotzdem, und es ist ihr unverzüglich dann zu antworten, wenn sie fragt, das ist verbrieftes Recht, dafür schreibt all die Briefe schließlich sie an die bereits genug gereizte Presse. Na, was tun? Sie müssen gar nichts tun als antworten, das Rückporto liegt bei. Sie alle, ja, die ganze Gruppe, doch das wissen nur die wenigsten, sind ein Produkt und gleichzeitig das Opfer dieser Operation oder Aktion Wasserschlag. Da ham sie alles aufgeboten, was sie hatten in dem Staat, sogar die Feuerwehr, die mußte ran und jedes ausgediente Auto, das ne Uniform jemals von fern auch nur gesehn hat, alles alles, und die Treiber schlugen an die Bäume, daß die Tiere kämen aus dem von den Mittelsleuten ausgesuchten Wohnungsunterschlupf, der meistens ein Matratzenlager, doch dazu meist noch ein schönes Vorlegzimmer als Besteck, falls mal wer zum Essen kommt, mit echten Möbeln hat zur Tarnung; die Treiber ziehn voran sich selbst, sie ziehn die Schlinge, jene Schlinge, die gemacht ist aus Verfolgern, zu, der Zweck ist, daß diejenigen, die lang im Untergrund schon lebten, endlich mal nervös und fahrig werden, eingeschlossen wie sie sind von all den Fahrzeugen, die sie nicht kennen. Sie sind ja bereits gefangen, wissens nur noch nicht, gefangen schon, bevor in Banden sie gelegt. Und können nur noch schwärmen von der Freiheit. Na, jetzt ham sie sie gefaßt, doch nicht die Freiheit, aus der

Freiheit hat noch keiner je geschafft, eine Notwendigkeit zu machen, das ist das Verhängnis all des Elends in den Metropolen, wo die Produktivkräfte bis in den Himmel wachsen, doch wer braucht sie, heute nicht, und morgen wird man sie schon gar nicht brauchen, niemals mehr, die Menschen werden überflüssig, aber flüssig sind sie leider nicht mehr, wer zahlt jetzt die Raten für den Kühlschrank und die Fernsehzimmergarnitur? Wer zahlt für das, was sich vom Staat die Öffentlichkeit wünscht? Die Zuständigkeit ist längst geklärt, der Spielstand niemals ausgeglichen. Der Staat tut jetzt den nächsten Zug und nimmt ihn gleich, der Staat nimmt alles, ganz egal in welcher Reihenfolge, ohne Industrialisierung gibts ja keine Revolution, das ist mal klar, doch bald sind wir total industrialisiert, nur Menschen brauchen wir nicht mehr, wir sehn das heute schon, die Menschen sind mehr tot als lebend, denn fürs Leben reicht es kaum, doch Leben ist nicht alles, ohne Uni, Schauspielhaus und Oper wird es nie komplett sein, dieses Leben, denn der Mensch lebt nicht vom Brot allein, o Gott, wo führt das hin, wer hat die Karte, die zum Royal Flash, zum Royal Crash noch fehlt? Gebt sie schon her, wir kennen uns sonst nicht mehr aus, denn da steht was von Brot und von allein, wo von allein doch gar nichts steht, wir haben uns total verfranzt!, trotz Wohlfahrtsstaat, der nicht mehr, gar nicht mehr zu finanzieren ist, wo warn wir eben noch?

ULRIKE:
Keine Ahnung, statt das Nötige zu tun, tut jetzt der Staat den übernächsten Zug noch vor dem nächsten, die Schlinge zieht sich langsam zu, bei der Grete geht es schneller, bei mir gehts auch noch irgendwie, sie zieht sich langsam, aber stetig zu, die Schlinge, wie gesagt, beim sogenannten Wasserschlag, da kriegen sie uns alle innerhalb von Tagen,

Wochen, innerhalb von kurzer Zeit, ich schätze mal drei
Wochen, dann sind gefaßt wir mit den scharfen Zähnen,
die dem Staat gehören, diesem allerletzten Aufgebot, dem
niemals eine Hochzeit folgt, denn der kann uns dann alle
aufbieten, wenn nötig, aufgebracht hat er die Menschheit
längst, nicht gegen sich, das Unbehagen und das Mißtraun
richten sich gegen uns, nur gegen uns, die Unmenschen,
denn allzu hoch beladen ist er ja, der Staat, von all den
Sorgen aller Menschen, da ist es nur gerecht, daß er die
Schlimmen, ja, die Schlimmsten unter ihnen fassen darf,
und das sind wir. Das Glück findt keiner in den Netzen
dieses Staates, so weidet er sich denn an unserm Unglück,
das das Seine ist, nur weiß er es noch nicht, es gibt den
rettend Kahn nicht, der ihn aus den Netzen des Sozialen
mal entführt und in ein bessres fallen läßt, bei dem die
Maschen halten, da können fragen Sie die Fische, wenn Sie
außerhalb von Ihrem Teller welche finden! Sind die mal
gefangen, bleiben sie auch drinnen, gehen nicht vor ihre
Tür, obwohl dort frisch gekehrt ist, was bleibt ihnen andres übrig als die Kehre, doch da warten sie schon auch.

DIE PRINZEN IM TOWER:
Der Staat kriegt alle, und der kriegt sein Leichenfett, wenn
er es nur richtig will, und diesmal wollte er, da hat er
alles aufgebracht, was bislang noch nicht aufgebracht war
gegen ihn, obwohl es jeden guten Grund dazu wohl hätte,
was und wer auch immer. Die Frau Königin, die kriegt
die Panik, als sie sich von Treibern ganz umzingelt sieht,
egal, obs stimmte oder nicht, sie stürzt in die Boutique,
warum jedoch muß den Pullover sie zuvor probieren, na,
ein ungelöstes Rätsel mehr, sie hätten sie auf jeden Fall
gekriegt, ob früher oder später, doch hätte sie vielleicht
vorher geschossen, keiner weiß es. Auf jeden Fall hätt sie
zum Zahlen Zeit gebraucht, was ist? Die traut sich nicht,

bei der Linette den weißen Pulli einfach sich zu klauen, das wär doch auch schon wurst gewesen, Diebstahl ist bei den Verbrechen als Treuegabe inkludiert, und andre Diebstähle haben sich ganz sicher besser ausgezahlt, die haben sich gelohnt. Frei in den Lüften ist die Bahn des Adlers wie des Urlaubers, der diese Reise oder jene hier gewonnen hat, doch jene Menschen, die von allen andren Urlaub nehmen wollten, die sind jetzt gefaßt, das heißt, gefaßt, das sind sie nicht, man hat sie jetzt erwischt, die leben drin im Knast wie andre in nem Schrebergartenhäuschen, und das ganzjährig, was eigentlich gar nicht erlaubt ist, ihre Scheiße bringen sie in Plastiktüten fort. Es gibt in dieser Zeit kein größeres Verbrechen, als die Königin zu sein und kein Verbrechen zu begehen, so sehn das viele, die aufs Mögliche sich konzentrieren und nicht wissen, daß doch alles möglich ist, nur nicht mehr für sie, denn jede offensive Taktik richtet sich natürlich auch noch gegen sie.

ULRIKE:
Inzwischen haben wirs gelernt, wer jetzt noch will, der kriegt die Analyse von dem Sartre, diesem altgedienten Denkerdandy, doch zum Dandy reicht es bei ihm nicht, dazu ist er zu häßlich und schlecht angezogen, dieser Denker, der im Knast mit diesem Anwalt uns besucht hat, was er sagt zu Vietnam, das ist Vergangenheit, das ist schon nicht mehr wahr, selbst während Vietnam noch brennt und in der Säure und im Feuer brodelt, doch grad über die Vergangenheit sollt ihr ja sprechen! Denn die Gegenwart ist schrecklich, und die Zukunft, die wird noch viel fürchterlicher, und zwar aus dem einen Grund, daß in der Zukunft es uns leider nicht mehr geben wird, daher ist sie so öde heute schon für uns. Vietnam zum Glück dann auch nicht, ihr schafft zwei, drei, viele Vietnams dazwischen, wenn ihr deren Zutaten denn findet, weil ihr sonst nichts

mehr zu tun habt, recht so, und das erste sieht man dann schon nicht mehr, es ist gar so häßlich und entlaubt, doch gar ist es noch nicht und wird es auch nie sein, der Rest von ihm ist tot, wie wir bald auch. Was ihr da alles tut, was andre nicht so gut wohl finden, das ist jetzt getan und bis zum Ende, da kommt nur wenig nach an Generationen zwei und drei, von Nummer drei weiß man nicht mal, ob die vom Staat nicht extra ist zur Abschreckung erfunden worden, doch ein Ende gibt es irgendwann, wen kümmerts, welche vorher enden, doch, ein Ende, das gibts sicher: Dieses Ende wird das Eure sein. Die Sünden der Väter – armselig dagegen und in der Zukunft ausradiert, als wärn sie nie gewesen!

DIE PRINZEN IM TOWER:
Die Königin wehrt sich aus Leibeskräften. Steckt ihre rechte Hand noch in die Jackentasche, der Beamte reißt den Arm ihr hoch. Was denkt der sich? Vergreift sich an der Herrscherin! Erst nachdem der zweite Streifenwagen eingetroffen ist, gelingt es, diese Königin zu überwältigen. Aus ihrer Jacke zieht der Gegenstand des Bullenhasses, der als sein Opfer sich wohl selber sieht, einen Revolver Smith & Wesson, Kaliber 38 Special. Aus der Handtasche der Königin eine Pistole FN High Power. Der Königin werden die Abdrücke der Finger abgenommen auch noch, ja, den Rest, den hat sie abgegeben, hat sie müssen. Tatsächlich, wir traun unsren Augen nicht, wir trauen nur den Fingern: Es ist sie, die Königin. Die Echte in Originalverpackung! Die hatt keine Zeit mehr, sich noch umzuziehn. Das hätten wir ja nie gedacht, daß wir die so kampflos kriegen. Sie regiert allein der andern Vorteil, das behauptet sie zumindest. Und daß der eigne sie nicht interessiert hat. In der Umkleidekabine hat sie sich allzu lang zurückgelehnt, damit der Spiegel für sie zeugen mag, ob ihr der Pulli wirk-

lich steht. Die Zofen, Werktätige, im Gegensatz zu ihr, die meutern. Wagen es zu meutern! Wie behandelt diese Frau uns denn? Wir arbeiten doch bei Linette! Wir arbeiten nicht bei Karstadt! Nicht bei C&A, nicht bei Peek und Cloppenburg oder im Kaufhof! Wir sind doch auch nicht irgendwer! Statt ihr den Pulli über den Kopf zu ziehen, sind wir die ganze Zeit nicht irgendwer und verpassen so den Augenblick, mal mehr zu sein als irgendwer, mal mehr als was Besonderes.

CHOR, IRGENDEINER, WER HALT NOCH VORRÄTIG IST:
(*off?*) Sie dürfen nicht mehr leben, das steht fest. Egal, wie wir das machen, falls die das nicht selber bringen, machen wirs. Sie dürfen nicht mehr leben, nimmermehr. Dies, nur dies ists, was die Königin beängstigt, daß ein andrer nämlich lebt und sie nicht mehr. Sie treibt die denkende Rivalin, es ist kaum zu fassen: die denkt auch!, die treibt sie vor sich her wie Wind das Laub, das ist doch nicht erlaubt, das ist nicht mal von Agent Orange und von Napalm, diesem Gift, dem schrecklichen, entlaubt, verkohlt, da werden Sie mir zustimmen. Sie will, daß dieses Weib ein Opfer wird, na gut, dann wird sies halt. Die Welt, die glaubt nicht an Gerechtigkeit, wenn sie vom Weibe kommt, wie jedes Kind es kann, das kennt den Ein- und Ausgang, und für zwei davon ist eh kein Platz, zwei Weiber sind zuviel, auch wenn sie nur beisammen stehn, wir schaffen also beide ab. Umsonst, daß je die Richter nach Gewissen sprechen, tun sie sowieso nicht, wenn ihr mich schon so fragt. Strengen Lauf, den lassen sie nur den Gesetzen, und für uns gibts nicht mal freien Auslauf. Sogar der Schlaf, er flieht ja täglich unser Lager, nächtlich auch. Ex und hopp und aus und weg mit dieser Frau, in ihren Augen ihrer Seele Kampf, den wollen wir nie wieder sehn, nein, ist der ekelhaft!, wir sehn ihn ohnedies nicht, Umschluß gibts nicht mehr, sie

ist allein. Sie ist allein. Sie ist allein. Die Irre ist allein, und vielbedeutend fragt mit stummem Blick sie, wo wir alle bleiben. Na, wo solln wir bleiben, da sie doch allein ist, mit uns wär sie natürlich nicht allein. Ja, ganz recht, wir sind nicht da, wir sind hier nicht zu Hause. Ist unter all den Schließern keiner, der die verhaßte Wahl uns spart, sie einfach wegzumachen?, die in ewger Furcht vor ihrem Denken uns läßt zittern? Und wer kann schon denken, wenn die Wände dröhnen, wenn der Schädel rauscht, die Pillen in dem Blut dermaßen brüllen, daß man nicht versteht, was man da zu sich selber spricht, die Pillen, mit denen wir uns, man uns zugedröhnt? Ist da denn keiner, der sie einfach liquidiert, dann haben wir vor solchen Leuten endlich Ruh, das sagen echte Menschen, wir erwidern: Habt nur keine Sorge, diese Ruh kommt von alleine, früher oder später, notfalls erst nach dreißig Jahren, denn ein paar, die sitzen immer noch, nachdem die Zeit geendet hat. Zuerst fällt die eine in den Strick, neinnein, nicht in die Zeit, das wär ja wohl ein Irrtum, eigentlich wollt sie woandershin ja fallen, die Maria, vielleicht auf die Knie, und dann im Jahr darauf, in ganz genau derselben Zelle dann die andre, armes Fensterkreuz, was mußt du alles tragen! Königinnen, alle beide, nein, die andre wars entschieden mehr, die eine, die war gar nichts mehr, die arme Frau, die erste von den beiden, die Maria, die zuerst wurde geschnappt, doch leider: Uns gehört der Thron, besetzt ist der doch schon, nur die Maria weiß es nicht, die ist jetzt solo! Weiß noch nicht, daß bald auch tot sein werden all die andren, nur etwas Geduld noch, na, fast alle, nur noch eine kleine Weile, die Gesellschaft ist nicht reformierbar, und Gewalt kann noch viel weniger etwas bewirken. Derzeit uns gehört der Thron, nur die Gewalt gehört uns nicht, die bleibt beim Staat, legal, egal, wie sehr wir an ihr zerren, wie solls auch anders gehen, jawohl, so wird es bleiben, und so bleibt es auch, bevor der Kugel und dem Strick aus dieser vollgeräumten Gasse unsrer Akten ein eigner kleiner Knast gebaut wird, wo sie unterschlüpfen können, diese lieben kleinen Dinger für die eigene Ermordung, und zwar in Löchern, die von Anwälten hineingeschnitten wurden, jawohl, die Hohlräume, die meinen wir, da geht die Wumme doch mit Leichtigkeit hinein, und dann wird Putz von Wänden flink gekratzt, sie ist ja deutsche Wertarbeit, die Mauer, nicht mal wenn man fest dagegen klopft, hört man die Hohlräume dahinter, wir haben Höhlen in den Putz gekratzt, auf den wir dauernd hauen, wir können nicht anders, dies das Zeichen, daß am Leben wir noch sind, wir haben Löcher reingebohrt, wo sollen wir denn hin mit unsern Waffen? Und die Wachteln hauen ihrerseits natürlich kräftig auf den Putz, das können sie, soviel sie wollen, die finden unser Arsenal doch nie! Wir unterwerfen uns zum Schein, der Jan, der Treueste der Treuen, der ist ein technisches Genie, der macht euch aus nem Plattenteller eine Heizung, eine Klimaanlage, eine neue Waffe, auch ein Radio, einen Fernseher und dazu noch nen Griller für die Nahrung, die sonst fade schmeckt, einfach nach nichts, und wir haben doch Ansprüche ans Essen aufgebaut im Lauf der Jahre, da die Banken Geld uns in die aufgehaltnen Säcke warfen, als wärs Müll. Wo die Pistole spricht, wo sie den Todespulli hinhält, bis man endlich reinschlüpft, dort wird alles andre Müll. Wir unterwerfen uns, wir habens schon gesagt, doch nur zum Schein, nein, nicht einmal zum Schein, wir unterwerfen uns nur der Geschichte, keinem sonst. Und alle andren tun das auch, ja, alle Menschen, doch all die andern sind längst tot, auch wenn sie leben, sind bereits unterworfen, von der Geschichtlichkeit nun ganz verlassen, die wir ihnen selber schufen und dann zeigten, doch denen war das ganz egal, die haben uns ja nie gebraucht, die haben uns auch nie geglaubt. Da kann man nichts mehr machen. Jetzt ist es zu spät. Ganz nebenbei: Das ist, was unsere Spiegel-Gesellschaft, falls Sie es nicht wissen, das ist eine Zeitschrift, vollgefüllten Mundes, so wie sies immer tut, bevor sie alles ausspuckt, deterministisch nennt, doch das ganz nebenbei. Neinnein, es ist schon alles gut so, wie es ist. Ganz genauso muß es sein. Neinnein, es ist doch alles schlecht so, wie es ist. Und ganz genauso muß es sein. Neinnein, es ist schon alles gut so, wie es ist. Und ganz genauso muß es sein. Neinnein, es ist doch alles schlecht so, wie es ist, und ganz genauso muß es sein. Bald sind wir alle tot, hurra!

DIE KÖNIGIN:
Ich darf mich nicht beklagen. Habe selber Scheiße bloß im Hirn. Hatte nicht richtig getickt. Im Laden nur Scheiße im Hirn gehabt, erregt, verschwitzt etcetera. Sonst hätte ich ticken müssen, ich hab aber gepennt, ging auch irre schnell. Da probier ich eine halbe Stunde, und dann gehts irre schnell. Die Tasche laß ich draußen. Die Knarre laß ich in der Tasche. Die andre Knarre laß ich in der Jacke. So ein schöner Pulli, doch wurde er mir zum Verhängnis. Kleidung konnte ich noch niemals widerstehn. Dem lauten Ruf aus blauen Augen konnte ich auch nicht wiederstehn. Der Not der Ausgebeuteten konnte ich noch niemals widerstehen, obwohl kaum einen ich von denen je gesehen habe. Denn in meinen Kreisen kommen die doch gar nicht vor. Den Wünschen, wenn sie von der Basis kamen, konnte ich nie widerstehen, und auch den Verhältnissen, die der Privatbesitz mit sich bringt, konnte ich niemals widerstehen, die mußte ich kritisieren, ob ich wollte oder nicht, denn dem schönen Antlitz des Besitzes war ich immer schon verfallen, nichts andres hatte ich im Schädel als den Stempel, der sich Schönheit nennt und sich ins Fleisch brennt, wie man das Schlachttier vor dem Tod

noch zeichnet, wie man alles zeichnet, das von Anfang an für seinen Tod und die Gesundheit, die noch vor dem Tod kommt, ohnehin bereits gezeichnet ist. Der revolutionären Gruppe, jeder Gruppe, konnte ich, wenn ich sie sah, noch niemals widerstehen. Und der Gewalt im allgemeinen wie auch im besonderen, der konnte ich schon gar nicht widerstehen. Nein, ich kann es einfach nicht, auch heute nicht. Ich glaube, das wär alles. So. Mehr fällt mir dazu nicht mehr ein. Die da sagen, sie meinten es so gut mit ihrem Staat, mit ihrer Königin, die wissen nicht, wovon sie reden, und dann das! Unbestechlich, wachsam, unermüdlich, und dann das! Niemals der eigne Nutzen treibt sie an, die Königin, der gemeine Nutzen, der regiert sie, kurz Gemeinnutz auch genannt. Paßt nur auf, daß nicht der Nutzen des Staats euch als Gerechtigkeit erscheine! Paßt bloß auf! Ich hab leider kurz nicht aufgepaßt. Ich hab gepennt, sonst wär die Magd jetzt tot, diese Verkäuferin, das ganze mühsam werktätige Personal, tot tot tot, ich auch tot, ein, zwei Bullen – auch die wären jetzt tot. Sie alle wären tot. Vielleicht nicht alle. Vielleicht nur ein paar. Soweit die zutreffende Schilderung der Verhaftung der Königin. In ihren eigenen Worten, wenn auch leicht geändert und naturgemäß zu ihren Gunsten.

DIE PRINZEN IM TOWER:
Warum mußten wir deinen entsetzlichen Bekanntenkreis überhaupt kennenlernen, Mami? Wir hätten gut darauf verzichten können! Wir wolln beten! Gott im Himmel! Sag doch was! Kein Wunder, daß wir dich nicht hören können, wo die Mami immer redet, daß man niemand sonst verstehen kann!

ULRIKES STIMME:
(off) He, Mäuse! Denkt nicht, daß ihr traurig sein müßt, daß ihr eine Mami habt, die im Gefängnis ist! Es ist überhaupt besser, wütend zu werden als traurig zu sein.

CHOR DER GREISE:
Still, Kinder, still! Denn wir, die Könige, wenn auch außer Dienst, wir haben euch nun doppelt lieb. Und eine Elternhälfte, bestehend aus Erfahrung mühevoller Jahre voll des stillen Dastehns und des Duldens neuer schreckensvoller Bräuche, die muß euch genügen. Denn es ist die bessre Hälfte, die erst nach dem Tod man findet. Unschuldige, harmlose Kleinen ihr, in eurer Einfalt könnt ihr nicht erraten, wer eurer Mutter Tod verschuldet haben wird: sie selbst und keine andre. Die Sünden eurer Mütter, ja, auch die Mariens, die sogar besonders, werden an den Kindern heimgesucht, sie finden dort natürlich auch kein Heim und rennen quäkend weiter, zu den Vätern, zu den Alten, und retour, ganz kopflos rennen sie umher, die Sünden wie die Kinder, da, jetzt haben sie den Kopf gefunden, der sie trägt und sich dann in die Schlinge steckt. Die Last der Sünde ist zu schwer für einen, wir brauchen dafür die ganze Gruppe, und alle jetzt gemeinsam ziehen an dem Stamm, aus dem sie sind, die sind aus deutschem Holz geschnitzt! Das ist von ihnen noch das beste, was man sagen kann.

ULRIKE:
Ihr seid mit dem Schweinesystem der Hochverräter einverstanden und mit seinen Mordgesellen, jeder Tag ein Mord, jede Woche sieben Morde, mindestens, und wir lenken aus dem Kerker planvoll die Verschwörung, so klagt man uns an. Ihr lieben Kinder! Spielt schön! Schaut euch an, wie schön sie spielen! Ich geh jetzt ihre Knie verbin-

den, das werde ich wohl noch dürfen. Was will eure Mutter?, fragt er dauernd, euer Vater. Gehts ihr denn nicht gut bei euch, ihr lieben Kinder? Ich weiß es nicht, was sie noch wollen könnte, eure Mutter. Wo doch alles eins ist. Ich, die Mutter selbst, ich weiß nicht, was ich will, doch weiß ich, daß ichs tun muß, hab vergessen oder nie gewußt, was es denn ist. Die Menschen sterben sowieso, die wir ermordet, keiner weiß, wie lang sie ohne uns gelebt noch hätten. Andre sind da klüger, und sie können nicht begreifen, daß, was wir tun, die Stadtguerilla, als ne Art besonders radikalisierter Politik der Linken anzusehen wäre, das ist eine Unverschämtheit, immer öfter hör ich jetzt, daß zwischen unsrer Strategie und der der Linken, als obs die je gegeben hätte!, ein ganz klarer Trennungsstrich zu ziehen sei, um nicht die Handlungsmöglichkeit der Linken durch die Solidarisierung mit uns einzuschränken, also soll man lieber unsre Hoffnungsmöglichkeit beschränken, denn das tut dann keinem andren weh als uns. Doch wir scheißen drauf, wenn man mal eine Hoffnung braucht, so ist man schon verloren und dem innern Feind verfallen. Ich habe sowieso mit diesen Linken, die sich bloß so nennen und nicht handeln, nichts am Hut, jawohl, ihr könnt es ruhig von mir hören, ihr, die Unbestechlichen, die sich schon vor einer Nähnadel, die fleißig gegen andre stichelt, fürchten und den Schrei des Unwillens, wenn sie ihn denn wagen, nur auf dem Klo aus ihren runden braunen Kehlen pressen, die mit einem engen Gummiband noch zusätzlich verschnürt sind, denn es kommt ja nie was raus, und ihre Augen, die sind offen auf das Fernsehbild gerichtet, während sich der Feind dort draußen rüstet und bereits erhebt. Doch es ist nicht an uns, das Zeichen für die Revolution zu geben! Wenn das Volk sich nicht von selbst erhebt, ist alles sinnlos, und warum das Volk bewachen, das hat ebenfalls gar keinen Sinn, das Volk schläft nie, wir schlafen auch nicht, und wenn wir schliefen, glaubten wir, der Feind, der fiele tot von seinem Ast, geschossen wie ein Vogel, hörte auf zu singen, wenn wir ihn auch nur erblickt, denn schon ein Blick von uns ist tödlich. Na, ich glaub, es ist soweit: Man stelle mir die Zeugen gegenüber, damit ich rasch hinausgehn kann, wenn ich sie seh! Doch halt! Wer hält mich da? Sie sollen gegenüberstehn, damit ich niemals rette mich. Wo ist die Königin, ich will sie sprechen! Doch das ist ne Mutter, die spricht nur mit ihrem Baby, mit sonst keinem, nur mit ihrem Sohn, dem Heiligen, schon ehe er geboren, ja, schon damals hat er Frauen total fertiggemacht, buchstäblich zur Sau. Die Frau ist eine Fotze oder eine Sau, was andres ist sie nicht, das spuckt ihr Baby uns wie aufgezogen vor die Füße, diesen unverdauten Brei, nur ne Mutter darf sie sonst noch sein, doch nie die eigene, ich meine leibliche. Diese Fraun sind alle Fotzen, nur die Königin ist keine, denn sie ist die einzige, die eine hat, jedoch das Baby nicht herauspreßt, sondern zu sich nimmt auf ewig und die so heiß ersehnte, sagen wir: Geschichtlichkeit für ihn brav auf ihrer heißen Herdplatte dann zubereitet, als hätt sie Geschichte da zu einer Soße persönlich angerührt, weil die Geschichte selber keinen rührt. Als hätt sie die Geschichte ihm gestrickt wien warmes Jäckchen, bitte, so und so ist es geworden, denn so war es nie, es ist geworden, weil der Mensch Geschichte selber machen kann, wenn er nur will, doch keiner frißt sie freiwillig, das ist ihr ganz egal, der Schwarzen Köchin. Was wollt ihr hier noch, eigentlich könnt ihr genausogut die Schnauze halten, das ist für die Herrschenden vollkommen richtig und nötig sowieso, ein erster Schritt ist, die Geschichtlichkeit zu stricken und zu häkeln und zu nähen, meinetwegen eben auch zu rühren, denn die Waffe jeder Republik, die ist der Schrecken und die schärfste Waffe nicht die Nadel, nicht der Löffel, sondern eure

Tugend, was soll das denn sein, die Tugend? Ohne diese Tugend ist der Schrecken sehr verderblich, den wir jeden Tag verbreiten, doch die Art von Tugend wolln wir nicht, wir dulden Schrecken nicht als Ausfluß unserer Tugend, wir erlauben Ausfluß nur in unsrer Hose, wenn wir tot sind, Kriegsgefangene im Kerker der Despoten, die mit ihrer sanften Peitsche über eure weichen kollektiven Rücken streicheln, bis ihr in den Dreck beißt: Jeder zweite Pulli hält doch länger als der Mensch, für den er einst gefertigt. Tja, die Dialektik, die ist keine grade Linie, die ist bloß ein Faden, in den der Mensch sich immer mehr verstrickt, bis er zum eigenen Pulli wird, darunter kann in Ruhe er verschwinden, drunter ist er frei. Er wird nicht fehlen, dieser Mensch, wir werden auch nicht fehlen, das weiß ich heute schon. Die Hauptsache: Das Sklavenbewußtsein ist geknackt, der Hauptwiderspruch ist überwunden, der Nebenwiderspruch, der zählt nicht, das macht den Revolutionär nicht satt und nicht die Unterdrückten. Entweder du bist in dieser antikolonialistischen Kommission oder in jener, oder du springst hervor und bist Revolutionär, das ist die Grundentscheidung des Subjekts, und für uns ist die Entscheidung längst gefallen, denn auf alles andre kann man scheißen, ja, auch auf die traditionellen Arbeiterapparate, man nennt sie wohl Gewerkschaften, die an den Instrumenten stehen und den Flötenhauch aus sich herausspein, denn sie wissen nicht: Das ist ihr eigner Atem, der vergeht, und an Fäden ziehen sie, wie sie es können, meistens schlecht, weil sie an andrer Stelle nie gelernt haben: Die Situation der Linken, überall nur Feinde, ist nicht gut, denn alles, alles dient doch nur der Festigung von Herrschaft, in der Legalität, so wie wir sie sehn, ist nichts mehr zu erreichen. So, jetzt ist es gut, ich strick noch etwas an dem Lebensfaden weiter, und dann schneid ich oder beiß ihn ab, und ab dem Zeitpunkt herrscht

Bewußtlosigkeit, die im Grunde jetzt schon herrscht, wo man nur hinschaut.

ULRIKES STIMME:
(off) Darf ich euch in den Arm nehmen, meine Mäuse? Wollt ihr das überhaupt? 50 Pfennig Taschengeld in der Woche ist ein Skandal! Ich will, daß ihr monatlich mindestens 100 Mark bekommt, damit ihr finanziell unabhängig seid! Aber auf mich hört ja keiner mehr. Und das Kapital schon gar nicht.

DIE PRINZEN IM TOWER:
Wir wissen, liebe Väter, wer bald wem den Tod von unserer Mutter schulden wird, weil er nichts schuldig bleiben will, wir sind ganz sicher nicht so blöde und so kindisch, wie wir aussehen! Also ist geschehn wie folgt: Der angemaßte König, von der Königin gereizt, sann Klagen aus, sandte die Kraftfahrzeuge aus, um verhaftet selbst zu werden. Sandte Bewaffnete aus. Sandte Späher aus. Sandte Spitzel aus. Sandte akademische Sympathisanten aus und andere aus einem Patientenkollektiv, das Kranke und Beknackte sammelte wie andre Leute Marken oder Türme, die aus Streichhölzern geleimt, zuerst muß man die Hölzer sammeln, damit dann diese Türme unter fleißigen geschickten Händen sich nach Jahren mal erheben, geleimt sind sie doch immer selber, diese flinken Hände, leimverklebt, in Türme, ausgerechnet Türme, so verliebt. Was ham die alle mit den blöden Türmen? Ganz besessen sind sie ja von denen! Und der König, unser Vater, wo ist der eigentlich, was hat denn der gemacht? Was macht er jetzt? Er sandte Zeitungen aus. Jahrelang. Der wollte das, die nackten bunten Frauenbilder, die dem Bild von einer Frau, das wir uns machen, nie entsprechen! Mehr hat nie getan der Vater, er wurd auch nie verhaftet, zumindest nicht, soweit wir

wissen, denn ein Unrecht hat er nie getan. Er ist ein guter Mann und glaubt ans neue Deutschland, na, ans neue vielleicht nicht, er fängt wohl mit dem alten an, dem er zu seinem Recht verhelfen will nach jahre-, nein, jahrzehntelangem Unrecht. Und danach glaubt er fest ans neue, so ists gut. Und als du, Vater, uns das damals sagtest, weintest du wie später nur ums Vaterland, ums teure. Bedauertest uns und küßtest uns auf die Wangen. Hießest uns auf dich vertrauen als einen Vater. Du wolltest lieb uns haben, was natürlich ist, als deine Kinder. Und was tut ihr dafür, ihr Alten, die ihr uns (und denen vor uns auch, ganz nebenbei gesagt) Erziehung schuldig seid? Laßt unsere Mutti töten! Na, vielleicht tut ihrs nicht selber, doch ihr laßt es zu! Jaja, wir wissen schon, ihr konntet, könnt ja nie was machen! Schaut euch zum Beispiel eure Aussagen von heute an! Das ist gemein. Damit verratet ihr doch unsre Mutti! Ihr solltet es besser wissen, tragt ihr doch Verantwortung für viele tote Jahre! Nein, kein einzges Wort mit euch, ihr seid für uns gestorben, was, das seid ihr wirklich? Umso besser noch, denn später werden wir, wir ahnen es, doch nur mehr dich zum Reden haben. 100 Mark Taschengeld oder kein einziges Wort mehr. Bist nicht in Gebelaun heut, Vater? Dann gehn wir zu den Opas, die sind ohnehin noch da, die ganze Zeit! Zwischen unsrer kleinen Bitte und dem vom Alter abgewetzten Denken schlägt ein Hammer sinnlos in die Luft, denn er hat ja keinen Amboß. Und das Denken ist der Hammer, unter dem sichs selber duckt. Kinder, eure Mutter denkt, sie denkt jetzt in der Tat, ihr dürft sie nur nicht stören, sagen sie, die Alten, wenn sie selber ihre Ruhe haben möchten. Und der Hammer fällt.

Strahlendes Licht auf die Prinzen im Käfig des Towers.

Geschehn ist die tyrannisch blutge Tat, der ärgste Greuel jämmerlichen Mords, den jemals noch dies Land verschuldet hat. Die angestellt zu diesem Streich ruchloser Schlächterei, zwar eingefleischte Schurken, blutge Hunde, doch gleichzeitig vor Zärtlichkeit und mildem Mitleid schmelzend, weinten wie wir Kinder bei der traurigen Geschichte. O so liegen wir, wir zartes Paar, mutterlos, soso, na gürten wir uns halt mit unschuldigen Alabasterarmen: vier Rosen eines Stengels unsre Lippen, die wir uns in unserer Sommerschönheit küßten. Mami! Das wandelt doch fast deinen Sinn, haben wir recht oder nicht? Komm bitte doch zu uns zurück, wir warten schon so lang! Doch ach, die Teufel! Sie würgten hin das süße Werk der gütigen Natur, die Mutter, uns, alles, was seit Anbeginn der Schöpfung je gebildet. Nicht einmal Gewissensbisse habt ihr! Ihr Schweine! Mami! Wieso haben wir nichts zu sagen? Mami! Wer geht hin und bringt dem blutgen König den Bericht? Seht ihr selbst, daß wir tot sind? Gut, wenn ihr es selbst gesehen habt, könnt ihr es später auch berichten.

2. Teilstück

GUDRUN:
Jetzt weiß ich nicht mal mehr, wer aus mir spricht. Bin ich die eine oder diese andre? Was bestimmt mir ist: Ich bin die Königin. Bin momentan total von meiner besten Rolle, auf einer Schaumrolle bin ich sogar schon ausgerutscht, die Rolle weg, der Kinderkönig ist gerettet durch der Frauen Hand, er ist befreit, na Gott sei Dank, es hat sich kaum gelohnt, denn bald, ganz bald wird er schon tot sein, so wie wir, das ist die letzte Freiheit, die wir dann noch haben, auch die Denkerin schon längst hingerafft, weil sie nichts tickt. Die rafft nun gar nichts, sag ich euch. Und ich. Die Stifterin des Unheils doch. Die Königin. Da wird man allerdings als erste von Verwünschungen, vom Haß des Volks getroffen, und dann Schmuck auf den Kopf und Türen auf und raus auf den Balkon!, oder man fährt mit uns Schlitten, mit uns können sies ja machen, schön sind die Prinzessinnen auf den Knien in jeder Menge, jeder Größe, ja, sogar im Sonderangebot auf bunten Bildern, wir warn damals immer nur in Schwarz und Weiß, als hätt es Farben nicht gegeben als Geschenk des Hauses für zwei Rosen, nein, nicht Lancaster, nicht Leicester und nicht York, ich meine ganz normale Rosen. Wer vermischt denn heut das Blut der Toten, wer verteilt es, trennt auf schmalem Flußbett all die Kämpfenden in ihren Wellentälern, auch sie alle tot, wir haben unsre Hände an der Knarre, wir sind ja unser eigner Feind und gleichzeitig der Feind,

jawohl, der sind wir auch, der dieses Land bedrängt, das sowieso schon immer nach Vernichtung strebt, Vernichtung auf den schiefen Rodelbahnen mit den zugebauten Kurvenschrägen oder durch Lawinen, Straßensperren, mal was andres, Straßensperren wegen der Natur, die allzu grausam ist. Ich bin nicht grausam, ich tu nur, was nötig. Außer ich hab Demütigungen zu vergeben an diese oder jene, die auch gern was zu vergeben hätten, doch sie haben nichts, schon gar nichts zu vergeben, daran sind sie selber schuld, so wie auch ihnen nie vergeben wird, und wir selbst vergeben schließlich denen, die uns nicht verstanden, nur als letzte oder gar nicht. Sie ist tot, die, wie sag ichs schonend: die, ach ja, so nennt man sie: Arbeiterklasse. Ich habs satt, die Sklaverei, Verdunkelung, die mich mit einschließt. Seltsam, wie er uns genügt, der Dienst am Volk, das mich nicht will. Herrschen, was ich auch nicht will. Will nichts. Gar nichts. Etwas im Interesse der Beherrschten und für sie zu tun, das über Selbstbeherrschung eine Spur auch nur hinausgeht, ich bin total satt davon. Will nicht. Will mich auch nicht mehr. Ich bleibe mir als letzte übrig. Bleib mir selber überlassen, bevor ich anderen was überlasse. Meinen Körper haben sie. Was ich behandle, das ist unweigerlich verloren. Bin eine böse Ärztin bloß. Was ich behandle, ist verfallen, kaum daß ich es angegriffen. Trotzdem, handeln muß ich, damit sie alle mir gehören, diese Handlungen, die haben 24 Stunden auf, der Rest der Zeit wird nur für mich verbraucht, von welcher Zeit?, egal, das Recht der Handlungen wird eigens aufgesperrt. All diese Handlungen sind nur für mich bestimmt, die andren sind auf unbestimmte Dauer ab sofort geschlossen. Niemand will ja handeln, aber man muß es doch, das ist der Schluß des Satzes, der ohnedies mehr Zeit bekommen hat, als er gebraucht. Man muß sich fremden Menschen zuwerfen wie ein Geschenk, das aus dem Jeep geworfen wird, und Bibliothekare oder Bullen abknallen, je nachdem, wir machen alles, was von uns bestellt wird, jawohl, von mir aus knalln wir alle Angestellten auch noch ab, na meinetwegen, und Chauffeure auch und Bodyguards, die soll gefälligst selber mit sich Schlitten fahrn, die Menschheit, die von sich behauptet, daß die ganze Welt gerade sie als allererstes braucht im Roten Meer, in welches wir das Volk verwandeln, nur damit es sich dann einmal selber teilt, und zwar vor uns. Darin, es wurde eigens ja für uns von uns geschaffen, wird keiner außer ihnen dann krepieren, so ist nun mal die Klassenlage, da gibt es das Proletariat, die Proletarisierung, Deklassierung, dann Erniedrigung, Beleidigung, Enteignung, Unfreiheit und auch Armut, ja, die gibt es auch bei uns, Sie brauchen sich nur umzuschauen, wo die Mülltonne in ihrem Häuschen friedlich schläft, sogar wenn grad in ihr gewühlt wird, ja, dort, hinter Ihrer Schulter dann, als graue Schemen, sehen Sie, ja, schauen Sie nur hin!, wie die letzten Reiter vor dem Allerjüngsten Richter, oder ists der älteste?, ich meine vor dem Richter Prinzing oder einem andern, egal vor welchem, sehen Sie, ich weiß schon nicht mehr was, vielleicht die vollständige Durchdringung aller Beziehungen von Menschen im Imperialismus durch den Markt und im Prozeß der fortschreitenden Verstaatlichung, ich wollte sagen der Privatisierung, aber Staat, das ist seit langem schon privat, durch Repression des Staatsapparats, der surrend über Wangen fährt, bis diese glatt sind, glatter noch als glatt, denn glatt ist alles heute, was es nicht ist, das muß eingeebnet werden, muß dem Erdboden sich annähern, doch nicht mal der Boden ist für alle gleichermaßen glatt, die einen rutschen aus, die andern wieder stolpern, das Ergebnis ist am Ende doch dasselbe. Und da gibt es keinen Ort und keine Zeit, wo du noch sagen könntest: Von da geh ich aus. Was ist die Geschichte schon, was soll sie sein, wer hat sie denn gemacht, wenn jedem vor ihr graust und nicht mal wir sie in die Hände nehmen wollen? Ich geh jetzt dort und dorthin. Es gibt nur die Illegalität, und es gibt dann noch befreite Flächen, wo wir weggekehrt uns haben, nein, wo weggekehrt wir wurden, und die Illegalität als Offensive für die Revolutionäre findest du doch auch nicht vor, das kannst du dir abschminken, an den Hut dir stecken, diese Illegalität ist ein Monument des Angriffs, und der braucht kein Monument, der ist zu kurz da, um in Stein gehauen zu werden, da haut man lieber erste und auch letzte Steine dann auf uns, am Schluß den Grabstein drauf und aus, so seh ich das, nein, halt!, es heißt wohl ein Moment des Angriffs, ein Moment ist gar nichts, er ist nicht vorhanden, würd ich sagen, quasi. Die Befreier brauchen mir nichts hinzutragen, keinen Stapel Bücher, das ist völlig unnötig! Ich trage eine Waffe für den Freigänger bei mir, und zwar damit sein Gang noch freier wird. Die spuckt ja jetzt schon wieder. Was hat sie bloß gefressen? Hat sie die Flecken meiner Geburt, die Fetzen meiner Nachgeburt im Pfarrhaus, tropfend noch, etwa verschlungen? Oder was hat, Schwester, unser beider Wachsen dort im Pfarrhaus, jede in dem ihren, dieses Wachsen zu dem Ungeheuer, das wir sind, zu dieser Ungeheuerlichkeit, zu dem Monster, das wir wurden, was hat das bewirkt? Was es auch war, sie spuckt es wieder aus, die Schwester. Das verbreiten sie auch weiter, und sie ruhen nicht, die Pfarrhäuser, die Wohlstand prinzipiell für alle wollen, doch wie soll das gehn? Die Knechte Gottes, die die Knechte des Kapitalismus physisch und mit eigner Hand vernichten wollen, wie stelln die sich sowas vor? Es muß doch einer machen! Nun zu uns: Uns hat man dafür unsre Psyche aus dem Leib gerissen, noch tropfend, blutend, wie ne Nachgeburt, die Mutter aber ist gesund, zum Glück, gesund, ganz wie ein Pfarrer. Doch hat man sie herausgerissen uns, die Seele oder Psyche oder sonstwas, und in den Dienst der universellen Interessen aller, drunter tun wirs nicht, ja: aller Menschen eingestellt in den Garagenstellplatz unsrer Körper, und wir haben die Interessen gierig auch noch zu den eigenen gemacht, gefressen mit den Räuberlippen von den Lippen andrer Räuber. Niemals genug davon konnten wir kriegen, sie sind uns vom Kinn geronnen, die Interessen fremder Menschen. Wir haben unsere Chance gesehen, wir haben sie ergriffen: Wir waren alle! Da haben wir doch viel zu lang blöd zugeschaut, wir Jungscharführerinnen, wie ringsherum die Menschen ohne irgendein Bewußtsein von sich selbst herangewachsen sind und dann sofort mit ihren Wassertrieben wucherten, was hätten sonst sie dafür nehmen sollen, das Blut hat grade noch gefehlt, hier ist es schon, na fein, fällt dir dazu etwas ein, die Menschen tun von sich aus nichts, findest du nicht?, die eine Blöße, die wir in späteren Jahren immer nur bedecken wollten, indem wir selber etwas taten und ein Blutgericht, in dem wir selbst die Richter waren, feierlich eröffneten mit schnellen schlanken eleganten illegalen Autos, damit wir alle unsere Filialen innerhalb von einer Stunde noch erreichen konnten, ja, auch mit dem Kinderwagen, der kommt in den Kastenwagen, weil wir ihn ganz dringend noch benötigen dann werden, denn der Kinderwagen ist der Angelpunkt für jeden Kinderlieben, dem jedes kleine Kind viel lieber ist als wir, für den bremst der Berufskraftfahrer automatisch, und das bereute er inzwischen sehr, wenn ers noch könnte, denn jetzt weiß er nämlich, auch wenn er es keinem sagen kann: Nicht nur die Kinder, auch Erwachsene sind nicht viel wert unter gewissen Umständen. Und jede Blöße, taucht sie einmal auf, wird schon bedeckt, und Fehler werden wohl vermieden werden müssen, hört uns Unbestechliche, hört, wie wir zustechen mitten hinein in all die vielen armen

Blößen andrer. Ja, so schamhaft sind wir wohl im Grunde.
Wir zwei Idealistinnen. Beide wolln wir einen von den
Räubern küssen, aber nur einer nimmt den Kuß entgegen.
Andreas. Hans und Grete. Wo hab ich den Ententeich-
Kassiber? Wo hab ich ihn hingetan? Da kam er dann ins
Spiel, mein lieber König, bis zum Schluß und ging nicht
mehr, jedenfalls nicht, ohne erst noch den Gewinn geholt
zu haben. Ohne ihn soll dieses Haupt von mir aus fallen
oder auch durchlöchert werden. Ich will keinen Frieden
haben! Ich beneide dich um ihn, ich beneide dich um dich.
Und ich will keinen Frieden geben. Meinen Frieden gebe
ich euch, sagt Jesus und lügt dann auch schon feste weiter in die Taschen von dem Lendenschurz, der keine hat,
denn schon das vorletzte Gewand hat keine Taschen. Darauf kann ich ganz gewiß verzichten, auf den Frieden. Diese
Dornenkrone steht mir nicht, da nehm ich lieber die
Perücke mit den Locken. Und ich sage: Keinen Frieden geb
ich euch! Denn ohne Neugier schweif ich durch Regal-
reihen, wo noch mehr Handlungen herumliegen zum
alleinigen Gebrauch, jede der Handlungen eröffnet unverzüglich eine neue, Handlungen sind stets neutral, der
Mensch wählt aus und nimmt sich, was er will, und seine
Absicht, was er damit macht, tut nichts zur Sache, denn
er kann die Dinge so und so verwenden, doch meistens
enden sie in Feindschaft zu der selbstgewählten Freiheit,
ja, ich sage Freiheit, ich sage nicht Abhängigkeit, denn
die hat der Mensch sich nicht gewählt, gewählt hat er die
Ware, die ihn unfrei macht und ihn zum Mißbrauch an-
regt, weil er so viel gar nicht braucht, wie ursprünglich
er einmal geglaubt hat. Jeder Lasterhafte ist der Freiheit
deshalb so gefährlich, weil er durch seine Laster und das
Zeugs, das er für diese Laster kaufen muß, sich unfrei
macht, denn diese Waren, die erweisen scheinbar Dienste
ihm, in Wirklichkeit jedoch erweist er Dienste nur dem

Dienstgeber, damit der wieder neue Waren kaufen kann. Nein, das war wohl keine gute Handlung, diesen Pulli kaufen, das seh ich jetzt klar und deutlich, doch es ist zu spät. Nur Andreas, der von Lastern frei, denn Laster stiehlt er nicht, er stiehlt nur BMW und Porsche, diesen Witz hab ich schon oft gemacht, ich muß ihn ja zum Glück nicht hören, also geb ich dem Andreas meine Handlungen dazu, er darf alles haben, was ich habe, und noch mehr, das ist wohl klar. Bei keinem andren Rat und Trost in dieser großen Sache, das ist ja ebenfalls wohl klar. Man überlasse mich mir selbst, und Andreas, meinem Baby, überlasse dafür ich mich ganz! Das ist euch allen doch wohl klar, das müßt ihr euch jetzt merken und sonst nichts. Indem man mich mir selbst läßt, überläßt man mich auch dem Andreas. Und man läßt Andreas mir allein, mir ganz allein. Mein Baby mir, nur mir! Die Volksgunst brauche ich nicht, auf die kann ich verzichten, aber den Andreas brauche ich, die Mädelführerin von früher, jetzt darf ich auch die Buben führen, ich habe extra einen Schein gemacht dafür. Wir sind dieselben, die wir niemals waren. Niemand kann in unserer Nähe bleiben. Auch du nicht, Schwester. Ja, ich weigere mich, deine Weigerung zu sehen, Schwester. Schwester. Schwester. Ich sehe nur deinen Wunsch dabeizusein, bei uns, dem ganz speziellen auserwählten Volk, das wir uns aus dem Katalog bestellt und das nur leider viel zu groß ist, als daß wir alle in dies Volk noch mit hineingingen, da blieben wir nicht unversehrt. So gehen wir, da es uns nicht hineinläßt, also von ihm aus, und auch wenn ich heut deine Seele von dir fordern würde, Schwester, würdest du nicht weggehn. Du klebst ja so an uns! Du bist mit gar nichts wegzubringen, Schwester, für dich gibts kein Tipp-Ex, keinen Fleckentferner! Doch ich will dich nicht, was soll ich machen. Andreas will dich auch nicht. Niemand will dich. Nicht mal vergesellschaften kann man dich als Produktionsmittel, denn was du produzierst, das wollten wir am Anfang nie, und das wollen wir auch jetzt nicht mehr, warum sollten wir ausgerechnet jetzt die blöde Schreibe brauchen, die du absonderst wie Hunde den Urin an jeder Ecke. Schwester, siehst du, so, ich reiß dein Paper mittendurch, wir reißen beide, ich und Andreas, jeder dort an seinem Ende, bevor noch unser eignes Ende kommt, wir wolln das nicht, was du da hinschmierst, außerdem hast wieder den Termin du überzogen, zu dem wir dieses ganz bestimmte Paper brauchten und verlangten. Wir wollen ja auch sonst nicht viel, doch das heißt: alles. Aber dich wolln wir am wenigsten von allem, das steht fest, daran ist nicht zu rütteln. Du willst ne Einfrau-Industrie sein. Und warst doch immer bloß ein Ehefrauen-Heimatwerk, das sich in fremde Angelegenheiten hat verstrickt im Strickkreis. Du bist für uns zu schwer geworden, Schwester. Du bist kaum noch wegzuschieben, du mit dem gelblichen Sekret im Zwickel, woher das denn wohl kommt, da werden sie noch lange rätseln, wer soll dich schon wollen? Wer würde dich schon vergewaltigen mit und auf dem Dachschaden, den du ganz offenkundig hast? Na schön. Du bist jetzt tot und hängst und hängst. Wir haben dich ganz sicher hängenlassen. Einfach so, das macht ja nichts. Die sagten, daß sie dich da hängen sahen, waren andre, denen trauen wir doch nicht, niemals, wir wissens besser, auch wenn wir nun einmal gar nichts wissen. Wir konnten nicht dort rein wie diese Flecken deines armen Ausflusses im Zwickel deiner Unterhose, die warn, wie wir heut wissen, deine letzte Spur auf Erden, wer soll da noch Argwohn haben, wo doch niemand wohnen darf und wir schon gar nicht, und wenn überhaupt, dann müssen, wennschon – dennschon, alle dann im Argen wohnen, uns zur Hilfe rufend, doch wir kommen nicht, wir müssen uns wohl abfinden, daß unsre Kämpfe ohne Konsequenz sind, und

Kämpfe ohne Konsequenzen sind unmöglich auf die Dauer, so wie deine armseligen Fotzendürftigkeiten, die Bedürfnisse du nennst, wo sind die jetzt, wohl in die Hose reingegangen, die Bedürfnisse oder Bedürftigkeiten oder was? Willst wohl alles, was du tust, dem einzgen Ziel, dem Überleben, opfern, doch da liegst du schief im Boot, das unser eigen ist, wir sind ja alle eingestiegen, wenn auch nicht zur gleichen Zeit, sonst wär das Boot der Zeit gekippt, die Zeit dazu, wir könnten uns jetzt selbst von unten anschaun, was wir ohnehin bald können werden, hör mal, Anna: Du kriegst den Befehl nicht, den du wohl von uns erwartest, weil wir keinen fangen, der Gefangener nicht sein will, nein, Gefangne machen wir nicht mehr, die sind wir selber, merk dir das, du brauchst von uns keinen Befehl, das ist inzwischen jedem klar, denn du tust nichts als dich zum Opfer stilisieren, das macht uns, die ganze Gruppe, wahnsinnig. Wenn Stammheim das Idyll ist, kann Maria was nur sein? Ein Opfer, vielleicht auch bloß verrückt, sie hat vielleicht ne Macke – das ist deine Linie seit, ich weiß nicht wann, doch kommt es ungefähr so dick seit vielen Wochen uns von deiner Seite so, und das ununterbrochen, das ist, wie schon gesagt, wohl deine Linie, Schwester, doch die ist längst schon eingebrochen oder umgedreht. Erobert ist sie sicher. Du bist mit deiner Linie gegen uns, die Gruppe, plötzlich vorgerückt, du hast dich umgedreht, du schäumst wie Kinder in der Wiege, denen Milch aus dem Gesicht quillt, anstatt in den Mund hineinzufließen, und in dem Gefecht geht es von deiner Seite gegen uns. Es ist jetzt also alles umgekehrt, und die Millionen, die wir zählen wollten, damit sie alle auf uns zählen können, bleiben ungezählt für immer, fallen unter diesen scharfen Sicheln, die ein Hammer niemals schärfer machen könnt, als sie schon sind. Wo wär denn unsre eigne Ausflucht aus dem argen Wohnen, die hat uns hierher geführt, es ist die letzte Flucht, und du hast sie gewählt: die Ausflucht und den Ausfluß. Will nicht. Muß meine eigenen Flecken jeden Tag bedecken, und zwar die Flecken der Geburt, ich kenne keinen andren Ausdruck. Man soll einfach nicht mehr da sein, nicht geboren sein, geliebt schon gar nicht, wo die ganze Menschheit keine Aussicht mehr auf Liebe hat. Für eine Aussicht müßten Menschen auf Matratzen steigen, so wie du, oder auf Berge. Dein Kopf, er soll zuerst ins Seil falln, noch vor meinem, doch der kommt ihm nach, es ist ein Schnitter, der heißt Tod, wir haben ihn bezahlt bis jetzt, nur ist er uns aus der Kontrolle wohl geraten, pendelt ziellos hin und her, das macht doch nichts, die Massen merkens kaum, wenn einer, etwas fehlt, wenn uns was aus dem Rahmen rauskommt, wo es hingehören würde. Wir sind zuwenige, das ist der Punkt, und die Moral ist wie ein schweres Fieber, alles alles fällt unter dem Messer oder in den Strick. Bitte, mein eigner Kopf, von mir aus soll er fallen, aber wennschon, deiner kommt zuerst und dann, von mir aus, meiner, und zwar beide in derselben Zelle, stellt euch das mal vor, nur ein Jahr später in derselben Zelle, ist das nicht unglaublich und ein Zufall, nein, ein Zufall ist das sicher nicht. So enden alle früher oder später, denn der Mensch harrt bei den Menschen aus, ob von ihnen noch was kommt, ob noch was abfällt, ein paar Brocken, Hauptsache, er kann sich schmiegen an die andren, keine Ahnung, was ihn immer wieder hin zu denen führt, die ihn letztlich doch nicht wollen. Keiner geht je weg, und keiner bleibt. Es fehlt der Mut zu der Entscheidung wohl den meisten, doch den haben wir, den Mut, ich staune manchmal selber. Und mit der von uns genannten Lösung kann nach Sachlage nichts andres als die Selbsttötung gemeint sein, darüber werden wir uns noch verständigen, und ihr könnt sicher sein, wir haben Mittel der Verständigung wie solche der Verkündigung, denn beides ist für uns so ziemlich eins und eines und dasselbe. Worüber wir uns irgendwann verständigt haben, das wird auch verkündet, und schon morgen stehts auf irgendwelchen Zetteln, ungezählten Zetteln, vollgekritzelt bis zum Rand, den wir nicht halten können. Nicht mal ohne Stimme schweigen wir. Wir haben nichts als der Papierindustrie geholfen, weil wir soviel Blätter vollgeschmiert. Habt keine Angst vorm Tod, nicht einmal das Gesetz des Todes soll uns herrschen, denn wir wollten, daß es kein Gesetz gibt, gar keins, soviel kann ich immerhin euch flüstern, denn indem wir töten, ist der Tod von uns als Ganzes abgeschafft! Wir sind das Volk, wir sprechen für das Volk, das leider heute nicht mehr selber sprechen kann, es hat das wohl verlernt und ist heut nicht zu Hause, es ist nie da, wenn mans braucht; die Telefone sind kaputt, wir wollen, wie gesagt, daß kein Gesetz sei, ergo ist schon dieser Wille, kaum ham wir ihn ausgesprochen, das Gesetz, im Namen des Gesetzes gibt es kein Gesetz mehr. Diese Angst, die Angst vor unserm, jedem Tod soll endigen. Sie kann ja schließlich jederzeit durch keine Angst vor jedem Leben ersatzlos ausgestrichen, nein, ich mein: ersetzt werden, und auch das wär dann Gesetz, weil wir es sagen. Weigern kann ich mich auch selber, doch wozu, es gibt ja kein Gesetz mehr, dazu, daß ich alles abschaffe, dazu brauch ich dich ja überhaupt nicht, Schwester, das mach ich schon von alleine. Bloß die Gründe sind es, die mir Kopfzerbrechen machen. Doch die Gründe, die sind gut, die kommen von uns Unbestechlichen, die Gründe, die sind meine Kapitalanlage, meine Gründe, die verzinsen sich. Das Humankapital liegt vor mir, zu groß für Menschen, zu klein fürs Humane. Für dich, du Todesschwester ohne ein Schwadron, das dich beschützen würde, hab ich gar nichts mehr, das mußt du einsehn, denn ich hab doch alles für die anderen schon verbraucht und vor allem für mein Baby. Hab mich ja bereits geweigert, als du noch in den warmen Kuhlen drin gesessen bist, in deinem Heim, du Schwester, die du sitzt im durch Anonymität gut abgesichert Wespenschlupf, dazu von oben runter obergescheit Reden, ja, das kannst du, oder ist es untergefreit wie einst der Führer Deutschlands? Deine Reden, eingegossen wohlig in die Form, war es die Form des Sofas, auf dem man sich räkeln kann und Reden schreiben? Reden, die grad lang genug, daß sie auf eine Seite draufgehn, bevor wir das dann selber machen: draufgehn. Immer Reden auf den Lippen, untendran die kurzen Röcke, die wie Lügen draus hervorquelln aus dem Reden, spitze Pumps, durchs ganze Hamburg und durch die Umgebung dieser Stadt getragen, auch sogar zum Rennen, sehr, sehr elegant, das kannst du ja, du kennst dich aus, du weißt, wie du dich anziehn mußtest. Und ich weiß es auch. Mit all der Kleidung können wir die Blöße allen Unrechts nicht bedecken, aber sie ist wichtig, diese Kleidung, denn nur mit Kleidung sieht man uns. Boutiquen sind sogar besonders wichtig, damit erkannt wir werden können, wenn wir von dort mal wieder raukommen, endlich erkennt man uns, erkannt sind wir von allen, nur nicht von den Massen, denn die sind und bleiben blind. Wir müssen irgendwann mal wieder rauskommen aus diesen schicken Läden, aber aus den Massen müssen wir herausragen wie unsre Lederjacken oder Babys schnelle Autos. Neu sind unsre Kleider also, bis wir uns mit ihnen dann im Staub und Dreck der Straße wälzen und den Schierlingsbecher, den wir endlich trinken wollen, nicht erreichen, weil die Bullen ganz genau auf diese Stelle ballern, wo er steht, auf dieser eleganten Theke, ausgerechnet dort müssen sie ihr Scheibenschießen machen. Was auch immer dort passiert ist: Danach gehen wir zum Shoppen. Und Linette ist einfach von den Läden allen mein Ideal, sie ist die Schickste,

Schönste, als wär sie meine Tochter, denn das eigne Kind ist immer doch das Schönste, oder auch als wär sie meine eigne Mutter, an die ich mich aber nicht erinnern kann, das Blut von dieser Heiligen, es komme trotzdem über mich, zum weißen Pulli würde es gut passen, diesem Pulli von Linette, den ich jetzt wohl nie kriegen werde. Da hätt ich mich doch früher nicht mal reingetraut, doch jetzt sind wir schon lang berühmt, wir waren jeden Tag doch in der Zeitung. Vor mir und meinem gellend blonden Deutsch-Rapunzelhaar hat man Respekt, doch waren die Bewunderer vielleicht bloß eine ganz spezielle Art von Jungscharführerinnen in dem Pfarrhaus, wo ich lebte, nur die haben mich unentbehrt und unentwegt verehrt, geschätzt, bewundert vielleicht auch, denn ich war doch recht durchsetzfähig, und das ganz in ihrem Sinn. Inzwischen haben wir es weit gebracht, das können wir nicht leugnen, Schwester. Schau mal her, wo du gelandet bist: Das ganze Weigern kommt von mir, damals warst du noch einverstanden mit uns, jetzt sind wir mit dir nicht mehr einverstanden. Hab mich schon verschlissen beim Versuch, mich zu entthronen, so bin ich den andren Weg gegangen und hab mich raufgesetzt, zu einer Zeit, da warst du schon oben und hast gefeiert und wurdest von andren ebenso gefeiert. Du Gute, der die Sonne scheint! Jeden Tag warst aufgebügelt du von deinem Mann und frisch dressiert, neinnein, so geht das nicht. Es hat doch keinen Sinn und gibt auch keinen. Ach ja, ich hatte mal ein Kind, doch letztlich kam mein Schicksal ganz am Schluß durch eine einfache Verkäuferin, für deren Recht ich immer kämpfen wollte ursprünglich, wann war das gleich noch mal, das hat sie nicht gewußt, diese Verräterin an ihrer Klasse, was arbeitet sie auch bei Linette. So ham sie mich gekriegt, durch diese Frau, der meine Lederjacke viel zu schwer erschien für meinen Körper, der sie trug. Durch diese Knarre in der neuen

Lederjacke flog mein Verdeck, fiel mein Versteck auf. Was mußte ich die auch noch zeigen! Ja, war ich denn verrückt? Was mußte ich dieses ultimative Accessoire, das ich mir selber ausgedacht, auch ausgerechnet in eine Boutique spazierenführen! Die dort auf Ideen noch bringen, die sie sonst nicht hätten, außer was zu welchen Schuhen paßt beziehungsweise welche Schuhe wohl zu welcher Kluft, die längst entstanden war, vor vielen Jahren schon! Wo doch ein Atemzug von diesen Tussen, diesen Wohlstandskühen schon das Röcheln unsrer Revolution bedeutet. So. Und runter jetzt mit dir! Und runter mit meiner Knechtschaft in Gestalt der andren Knechte, runter runter runter! Runter mit der großen Klappe! Runter auf die Kippe mit dem Müll! Und immer auf der Kippe, wo man fühlt, man rutscht schon! Immer reden, weiterreden. So lang Worte horten in den Winkeln deines schönen Haushalts, von wo es aus den Säcken stinkt, als Liebling exklusiven Pösels, ja, des Pöseldorfer Pöbels, so wird man ein der Bourgeoisie zuweilen dick in Schichten aufgetragnes Paar, das aber den Spagat natürlich niemals schafft zwischen dem revolutionären Schick der Bürger und der Wirklichkeit, die immer und am liebsten Kundschaft ist und Kunde gibt davon, was grade angesagt ist und was nicht, das ist nun mal der Tick der Wirklichkeit, und die tickt irgendwann nicht mehr in unserm Takt, die Uhr der Wirklichkeit, die niemals schlägt, ohne der Menschen müden Atem einzusaugen, Atem, der von den Gedanken dieser Menschheit kommt, es ist der letzte, leise Hauch, mehr denkt die Menschheit einfach nicht, ein Hauch und Schluß! Gedanken hab seit vielen Monaten ich selber nicht gehabt. Ich weiß nur: Schlank und noch dazu bedeutend wolln die Menschen gerne sein, sie sind es nie, sie sind es nie genug für all die Maße, die, verwirrend, von den Maßlosen mal lustlos, aber doch in Maßen ausgegeben werden, denen können wir ja nie genügen, also müssen wir sie wohl bekämpfen, doch selbst das Verderben der Unzähligen ist nicht einmal ein einzger Augentropfen für das Kapital, das niemals weint, weil es nicht weinen will und nicht zu weinen braucht und daher auch keinen Tropfen braucht, um Tränen zu erzeugen, um über seinen eignen Rand zu fließen, wo kein Ende abzusehn. Dies arme Kapital, es kann ja gar nichts andres, als nur mehr und immer mehr zu werden. Auf die Linie kanns dabei nicht achten. Wir haben es persönlich öfter mal getroffen zwischendurch, es ist uns nicht gerade ausgewichen, wenns uns sah, doch aufgeweicht hat es sich auch nicht. Nicht einmal ein Treppenhaus darf mich behindern, will ich aufwärtssteigen, auch ein Lift darf mir dann nicht im Weg sein, keine Schwelle darf das, und die Schwelle vor dem Töten darf es dann schon gar nicht, doch es gibt sie, diese Schwelle, sie ist da, so klar wie unsichtbar. Und schon bin ich drüber weg. Kein Berg darf mich verdecken, das ist klar und diesmal sichtbar auch für alle auf dem schneebedeckten Gipfel. So mach ich die Taten und halte mich umgeben fest und brav, wie sichs gehört, von Feinden, je mehr von ihnen, desto besser, wunderbar, man sagt mir grad, die ganze Welt, sie sei mein Feind. Das ist mir recht, und wär es mehr als eine Welt, ich wäre noch zufriedener. Ich sehe jetzt die Scheinwerfer von wütenden Verteilungskriegen in der Ferne, wir als Treibgut obenauf, schön wie ein zarter Hauch, ein Schaum nur immer obenauf, wenn man schon keinen Schimmer hat. Wir halten uns mit einem schnellen Tempo oben, wenn sie uns hinunterzieht, die Tiefe der Gedanken oder eine andre Tiefe, ganz egal. Wer sich nicht nützt, der schadet mir. Es betrifft uns nämlich beide, Schwester, daß wir keines Menschen Beifall zu erfragen brauchen, nur des einen Menschen Beifall, es ist stets nur einer, der des Zöglings, dem dafür am Ende aber wohl der letzte Ernst fehlt. Doch nur er, nur dieser eine, er versteht uns ganz. Er nimmt uns allerdings nicht ernst, weil er nicht mal die eigenen Entschlüsse ernst nimmt, ja, er faßt sie gar nicht erst. Der Lebensschüler, was nicht lebenslänglich Schüler heißt, mit seinen blauen Augen, der doch gar nicht von ganz unten kam und sich auch niemals so benahm, der niemals Arbeiter sein wollte, das versteh ich gut, solang der Arbeiter noch kein Bewußtsein von sich hat, warum sollte man Arbeiter dann sein wolln, was hätte man davon, es ist doch auf den Arbeiter nicht etwas wie eine Belohnung ausgesetzt? Alles hätt mein Hans, mein Baby, werden können, denn er war doch so begabt wie jedes Kind, das uns, der Mutter, ganz allein gehört, und das Gefühl der Menschlichkeit und Schonung hätte er auch so verspüren und versprühen können, jederzeit, doch nichts davon hat er verspürt, bald kann nicht tief genug begraben er für alle Menschen sein, und auch das Grab soll tiefer für ihn sein als für uns andre, kommt mir vor. Doch vielleicht täusch ich mich, und er ist bald vergessen. Ist das nicht das Letzte? Daß man ihn vergessen könnte? Sowas hab ich ihm nicht beigebracht, nein wirklich, so kommt er uns nicht, doch gleich wird er dann wieder zornig, und dann darf er alles, nur daß keine Kluft sich auftut zwischen uns! Nichts will Andreas, will mein Hans wohl weniger, als mal die Rolle eines Untermanns von einer Menschenpyramide freiwillig zu übernehmen, er tut alles freiwillig, nichts unter Zwang, na wennschon, dann will der Untermann der ganzen Menschheit er wohl sein, doch will er nie was tragen, auch in seinen roten Höschen ohne Unterhose in der Wüste wars ihm schon zu anstrengend, das hat er gar nicht schön, nicht lustig dort gefunden, kann ich gut verstehen. In der Wüste fahrn nur selten Autos, und da er nur jeweils die erste Geige spielen will, die andren Instrumente aber auch, wird keine Rolle außer seiner je besetzt sein, denn er selbst besetzt mit sich doch alles, und er steht im hellsten Rednerlicht, auch wenn er gar nicht sprechen kann, wenn er es könnte, würde ichs doch wissen, ich bin seine Mutter, so, die Rolle des gesamten Unten ist derzeit und auch noch auf länger nicht besetzt. Wir haben dafür niemand. Wir haben keinen Rollenträger, der das Oben wie das Unten gleichermaßen spielen könnte, doch genau das wäre nötig, weil wir beides schon seit langem nicht mehr unterscheiden können. Ja, wenn ich mal zweifle, les ichs nach: Es gibt das Oben und das Unten, hier in diesem Buch, da steht es. Aber wir können die Rollen doch nicht willkürlich und irgendwie mit irgendwem besetzen. Wir brauchen zuerst Material, das uns erst mal für diese Rollen vorzusprechen kommt. Wer will schon strahlen vor Gewöhnlichkeit, und wer will an Gewöhnung schließlich sterben? Beides wäre nötig. Wir habens ausprobiert, und zwar von jeder Seite. Diese erste Tat, bei der Gewalt ins Spiel kam, angewendete Gewalt, hat schon die Hände mir gefesselt, ich Fühllose, die keine Ahnung hat. Diese Liebe, die auch fesselt, grade weil sie blind ist und nicht sieht, wie schön Andreas heute wieder ist mit seinen stahldurchtränkten Augen, diesen scharfen Augenschneiden, und er selbst ist jeden Augenblick und noch dazu sich selber darstellt, über sich hinauswächst und zu keinen Kenntnissen gelangen muß, das alles machen wir für ihn, der alle andern gleichermaßen ist für uns, Kind und Genosse. Wir, die Frauen, auch die Männer in der Gruppe tun es gern, wie wunderschön er ist, auch mit der Sonnenbrille noch, wir haben eine Menge Spaß, die Menge, die ist wichtig, und er sieht jetzt auch, wie schön ich bin von meiner Seite her mit meinem immer wieder neu verstärkten Augen-Make-up, bitte schick die Wimperntusche, ohne Härchen, die gewöhnliche, und eine gute Creme auch. Dazu die Afro-Perücke, denn die steht mir gut zu meinem schmalen

ausdrucksvollen Face, zu meinem von dem Hungerstreik
wie ausgemergelt durchsichtigen Kinderkörper, doch das
ist ein Körper, der derzeit modern, deswegen störts mich
nicht, doch Wohlfahrt ist die höchste Pflicht, das heißt die
gute freie Fahrt in andre rein, na, wohl bekomm es denen.
Wir fuhren BMW und Porsche, mindestens, nein, sagen
wir doch lieber: höchstens. Ich zieh mich selbst nach, ganz
ohne Auto, ach, das ist recht mühsam, zieh mich hinter
mir einher wie eine Nachgeburt, damit man mich auch
ächzen sieht beim Einsatz für die Schwachen. Das wird
möglichst leise dann erledigt irgendwann, wenn wir uns
um sie so richtig kümmern können, derzeit haben wir die
Möglichkeit noch nicht, wir müssen uns noch um uns
selber kümmern. Viele, ja, der ganze Staat, die helfen uns
dabei.

ULRIKE:
(*off?*) Was wir machen und gleichzeitig zeigen wollen, ist,
daß solche Auseinandersetzungen, auch mit Waffen, durchführbar sind, daß es möglich ist: Aktionen machen, wo wir
siegen, und nicht, wo dann die andre Seite siegt. Und wo
natürlich wichtig ist, daß sie uns nicht kriegen, das gehört
sozusagen zum Erfolg der Geschichte. Und wir brauchen
den Erfolg wie jeder, der den Terror macht, was hätte er
denn sonst davon? Daß sie uns nachher nicht noch kriegen, auch wenn sie uns schon vorher hatten an den Haken
dieses Staates, das gehört dazu, das ist Voraussetzung.
Sie mußten diejenigen natürlich kriegen, die den Krieg
geführt. Daß wir der starke Arm sind, Andreas jetzt aus
diesem Schloß zu führen, das wir vorher ihm öffnen mit
der Knarre. Wer weiß um den Bund? Sicher irgendeiner
weiß um diesen Bund? Einer weiß es immer, und er sagt
es weiter an die Schweine. So, die Demo lassen wir mal
durch, dann schließen wir uns an. Wieso soll ich mein

Auto in die Lücke schieben? Daß die Lieferanten von der Zeitung nicht mehr durchkommen? Dafür soll ich mein schönes Auto opfern? Dieses Auto? Mensch, das brauch ich doch! Nachher geht das kaputt. Paß auf, Ulrike, sagt der Typ, ich hab ne gar nicht schlechte Grundidee, du machst das so, du stellst das Auto da ganz hinten hin auf diesen Fußweg, ganz dicht an die Hauswand, so, genau. Dann gehört es irgendwie ja immer noch zur Barrikade, aber es blockiert die Ausfahrt nicht direkt, sie können dir dann keinen Strick mehr daraus drehen, und du kriegst kein Strafmandat, kein Knöllchen (das Strafen mußt du später selber übernehmen, doch das hat noch Zeit), der Staat kann dich nicht klagen, diese Lieferwagen kommen mit der widerlichen Zeitung, dieser Fascho-Agentur, dann niemals raus, und alle sind zufrieden. Ich kann mir jetzt schon vorstellen, daß die Königin dann sagen wird, wenn sie an dieser Sache was bedrückt, dann dieses Mißverhältnis zwischen unserm Kopf und unsern Händen, doch das ist der Grundwiderspruch immer schon, und er ists auch in der Welt der Arbeit und der Arbeitsteilung, und auch die wirds nicht mehr geben, weil die Arbeit hier gar nicht mehr stattzufinden hat, wenn einer fragt, die Arbeit ist, dank Ihrer Nachfrage, jetzt gut in China angekommen, nicht mal mit Verspätung, und nimmt unverzüglich ihre Tätigkeit am Turnschuh auf, der Staat hat unverzüglich aufzuhören, er hat auch dann nicht mehr stattzufinden, jedenfalls nicht hier bei uns, der Staat ist doch nur Ausfluß bürgerlicher Klassenherrschaft und unter den Bedingungen der sozialistischen Demokratie zur Gänze überflüssig. Doch, und jetzt paßt auf!

DER VERSPRENGTE ENGEL, DIE AIDSSCHLINGE BEREITS UM DEN HALS UND AUF EINEM SCHEMEL, BEREIT ZUM SPRUNG, TRITT AUF UND SCHREIT DEN REST WÜRGEND AUF DIE BÜHNE, KANN SICH ABER VON SEINER SCHLINGE AM ENDE NOCH EINMAL BEFREIEN:

Da steckt ein ganz verhängnisvoller Irrtum drin, ein Irrtum, der zur Folge hat, daß die Ersetzung der formalen durch ne materiale Form von Demokratie zu gar nichts andrem führt als der Verhinderung des Sozialismus, den wir uns doch so sehr schon wünschen seit Jahrzehnten! Doch es geht auch schließlich um die Form von Selbstbestimmung, und die muß man politisch wohl ganz neu jetzt definieren, nun, was haben wir gelernt? Eine demokratische Verfassung wird nie nie nie nie, ich sage euch persönlich: niemals ihr Versprechen auf die Selbstbestimmung jedes Menschen einlösen, daher kann man getrost der Rechten sie jetzt überlassen, und das heißt dem rechten Terror, denn der kommt bestimmt, ihr könnt drauf warten, er wird grade eingepackt für euch, er wird schon vorbereitet, das kann ich euch sagen, doch, darauf kommt es an: Die Linke könnte ein für alle Mal der Kriminalisierung so entgehen, wenn von Wahnsinn und Gewaltaktionen sie sich glaubhaft distanziert, egal, von welcher Seite dieser Terror kommt. Sie war es nicht. Sie war es nicht und ist es nie gewesen. Sie ist demokratisch wie wir alle, heilig heilig heilig, heilig ist nicht nur der Herr, doch der ist ganz besonders heilig.

GUDRUN:

Auch wenn man mich nicht sehen soll, soll man mich sehen, dann erst recht! Ich bin Volksgut, ich bin schon fast Volkskunst. Mich zu vernichten strebt das ganze gute Volk mal hierhin und mal dorthin. Du hast im Grund dich immer rausgehalten, Anna, widersprich mir nicht, in

Wirklichkeit ham sich die Denker, ja, ihr habt euch immer rausgehalten. Rausgehalten, ob gerettet oder schon verloren. Ich bin ja selber eine Denkerin, doch hab ich das in mir bekämpft. Da hab ich selber immer nur geschrieben, dein Irrtum wars, du hast das noch geglaubt, was du geschrieben hast, und ich habs auch geglaubt, wers glaubt, wird selig, na, nicht unser Irrtum, es haben viele sich geirrt, egal, denn irgendwann gibts nur die Tat! Bei Menschen ist nicht Rat noch Trost in dieser großen Sache, wie ich immer sage, und lesen wollen sie schon gar nicht, falls sie es denn können. Sie lesen nicht mal uns, stell dir das vor! Die Rolle des Herrn Arbeiters wird ab sofort nicht mehr besetzt, und seine Stelle, die bleibt leer, ein leerer Fleck, das schöne bunte Muster, das ich selbst ihm gab, meinem Andreas, dem von mir geliebten Hans, ist jetzt verwischt, unleserlich. Der will am wenigsten den Waffenstillstand mit den Menschen, denn ein jeder, hat er nur die Möglichkeit dazu, ist nur auf Ausbeutung und den Profit bedacht, den er durch Spekulation über ein jedes Maß hinaus dann mehren will, als hätt er nicht genug schon an sich selbst, und in dem kalten Wasser dieses Schreckens, daß das Geld nur immer mehr wird für die wenigen und es den vielen wie vom Sturm getragen aus der Tasche heult wie Hans nach seiner Mama, all das schöne Geld, ertrinke ich, mein Herz bleibt sofort stehn. Der Mensch wird immer abgekühlt von all dem Geld, das wie ein blindgebornes, blindgebliebnes Tier im Umlauf ist und läuft und läuft, und mit dem Menschen selber abgetötet wird auch das Gefühl für jede Art Gerechtigkeit, die ist ihm irgendwann egal, denn wenn er könnte, würde er sofort die andren quälen und tyrannisieren. Seine Rolle trägt der Arbeiter, der Prototyp des Arbeiters, das ist mein Hans, der freiwillig gemeldet sich, die trägt er nun auch selbst, die nimmt ihm keiner ab, und er verdammt dich, und er will mich, und er überläßt sein Reich den Stürmen, und du bist allein. Du bist jetzt ganz allein, Maria. Nicht einmal das brave ehrenhafte Volk versteht dich, bitte, es versteht auch meinen Hans nicht, doch der will ja gar nicht, daß man ihn versteht, da hat er recht, er will nichts als ein großes wildes Beispiel sein. Du bist allein, das sag ich dir, denn du willst immer mehr, nicht mehr besitzen, aber mehr erreichen, doch für uns gibt es kein Mehr, egal wovon! Dir fehlt die Gruppendisziplin, du taugst ja eigentlich zu gar nichts, das sag ich dir jetzt schon seit langem, und ich sags dir immer wieder, und auch Hans hat es dir oft gesagt, du schluckst es ohne Widerstand, das ist wohl der Beweis, daß das so stimmt. Wir sind die Führung, daran darf nun wirklich niemand zweifeln, nein, auch du nicht, du mußt uns als Führung endlich anerkennen, ganz egal, wie unsre Gruppe heißt, Hans sagt dir das jederzeit von sich aus ins Gesicht, dafür brauchen wir keine Sitzung, und hätten wir so eine Sitzung eigens für so nen Schwachsinn einberufen, wär sie jetzt geschlossen, jeder unsrer Schlüsse, die wir daraus zögen, wäre aufgehoben, bevor er noch gefaßt, denn wir sind sowieso allein auf uns gestellt. Mein Hans ist für die Tat, und sogar diese Rolle könnt man höher noch besetzen als mit ihm, doch wüßt ich nicht mit wem, und zwar, weil jeder Arbeiter nichts andres will, und dorthin treibt es ihn, als eine Art Verband um seine Hoffnungen zu schlingen, damit er zwar allein ist, aber sich allein nicht vorkommt, damit er wenigstens sein Blut und seine Innerein behalten darf, doch nein, es wird aus ihm herausgepreßt, was er auch hat, und wärs in Kurzarbeit, damit er schneller ausgepreßt ist, lang braucht man in keinem Fall dafür. Kein Arbeiter würde unsern Hans je als nen Führer anerkennen, das geht sich niemals aus, kein Arbeiter würd ja, um nur ein Beispiel hier zu nennen, mit nem Porsche grundsätzlich gegen die Einbahn fahren, wie der Hans es immer tat, als er noch konnte, wieso stehn kämpfend wir in dieser Welt, wieso? Ganz einfach, es geht nicht, oder wenn, dann nur allmählich, so wie man vom Leben los sich löst, kein Arbeiter hätt einen Porsche, es sei denn, er arbeitet im Porschewerk und darf ihn mal kurz ausprobieren, vielleicht kommt Porsche von probieren, denn von poschieren kommt es nicht, und probieren kommt nicht vorm Studieren, und dann gehört der Wagen ihm ganz sicher nicht, dem, der ihn baute, lest mal die Theorie vom Mehrwert nach, dann wißt ihrs, doch auch das ist jetzt vergebens. Man sieht nun niemand mehr, der Mehrwert darf verbrauchen, Mehrwert, der verschwindet einfach, der versickert irgendwo im Nichts, und keiner sieht ihn, anonyme Züge wie einst die mit Goldkronen und Zähnen, diesmal voll von rein symbolisch aufgeladner Ware, und das Geld ist schließlich auch nur ein Symbol fürs Nichts, das man mit allem füllen kann, mit Müll ist es am billigsten, die Züge fahren also ruckelnd durch das Land, will einer einsteigen, gibts schon von einem Situationsvorsteher, der niemals Zeit hat, diese Situation erst mal zu klären, das Signal zur Abfahrt, er käm sowieso nicht rein, genau der eine, der so gern einsteigen würde, doch die Türen gehen nicht auf, auch das war früher durchaus üblich, da waren in den Zügen da so Menschen drin, was wollt ich sagen, Blut und Scheiße und Urin floß durch die Türen unten raus. Schaun wir uns an, wie ist das heute, ja, was sagt die Gegenwart dazu? Es sickert immer wieder Blut durch bei den Arbeiterverbänden, die sind ja einfach nur noch lächerlich, verbinden nichts, es rinnt das Blut der Ausgebeuteten, wies früher rann aus den Waggons. Gewerkschaften versuchen es mit alten Fetzen von Gewebe, Menschenfleisch, von human tissue, noch zu stoppen, doch alles ist zu spät, es rinnt und rinnt. Der Arbeiter ist heute einfach nicht mehr dicht, so sehr er seine Muskeln zupreßt, es kommt am Ende immer alles raus, und er ist fertig und im Arsch, egal ob mit Verband oder mit ohne. Das Fazit ist, daß er den Arbeiterverbänden traut, das tut er immer noch, er müßte endlich wissen, daß die ihn nicht halten können, halten wollen, wenn er fällt ins Bodenlose, dafür ist ne Besprechung mit der Unternehmensführung angesetzt und aus. Ja, dieses Leben, es ist wie der Tod. Mit einem Mal, schnell augenblicklich muß der Tausch geschehen zwischen Zeitlichem und Ewigem, muß Arbeitskraft in Geld, die größte Anonymität, verwandelt werden, anonym versteckt wie Scheiße im Abort unter Papier von Hakle oder einer andren Marke, in Papier, auf dem so Ziffern stehn, leider kann ich sie nicht lesen, doch ich sehe: Das Papier wird all die Scheiße nicht bedecken können, die es gibt. Ich kann im Grunde ihn recht gut verstehn, den Arbeiter, doch einer sein, das möcht ich lieber nicht. Sein Leben ist ein einzger langer Werktag, Fremde fahren stolz in dem Produkt dahin, das er erzeugt hat, und er sitzt selber mittendrin in seiner ganz privaten Ernst-und-Schwere-Klasse, denn er fährt mit Super, na, das ist doch Fortschritt gegenüber dem Normalen, denn wer keine Arbeit hat, der kann auch nicht mehr fahren und der wird nicht mehr ausgebeutet, dessen Leib wird nie mehr eine einzge Schwiele wie der Leib des Arbeiters, sein Leib verschwindet bald schon unter bunten Joggern, die so fröhlich sind, daß sie schon wieder unsichtbar, die Einheitstracht der Arbeitslosen, und auch sein Schweiß, der Schweiß des Müden wie des Arbeiters wie der des Freizeitläufers, der nur so dahinrast durch die Zeit, die andre für ihn schaffen, nein, der nicht, der Sportler nicht, ich hasse ihn, der Schweiß ist dann das Salz auf jedem Tisch von einem Zwingherrn, der ein Ei auf diesem Tisch hat, das er salzen muß mit Schweiß. Wir alle müssen langsam lernen zu vergessen, wer wir sind, denn wir sind niemand mehr, und keiner ist für uns. Davon spricht heut dafür ein jeder, immerhin, wer heut ein Niemand ist, von dem wird immerhin gesprochen, doch das Sprechen reicht uns nicht, wir wollen Taten sehn und Taten setzen. Sprechen reicht nicht aus, doch warten wir es ab, in ein paar Jahren wird man nur noch sprechen und nichts tun. Sogar durch diese Mauern unsres Kerkers sickert heute schon was durch, versteckt in den Kassibern oder eingepackt in hohle Akten oder Bücher, so gehts dann den umgekehrten Weg herein zu uns. Unter Mörtel tief vergraben, nein, nicht tief, wir haben nicht das Werkzeug, tief zu graben. Hoch zu stapeln, dafür haben wir stets ein Besteck zur Hand, jetzt könnten einen Hausarbeiter wir ganz gut gebrauchen, doch auch unser Jan ist unersetzlich, der kann einfach alles. So. Jetzt baun wir halt allein das ganze technische Gerät für die Bedürfnisse, die wir noch haben dürfen, um, wir türmens auf, was wir noch brauchen. Aus nem stinknormalen Plattenspieler beispielsweise, mit dem können wir auch grillen oder rösten oder Radio hören, auch telefonieren über Wasserleitungen, eine alte Technik im Gefängnis, nur zum Radfahrn taugt er nicht, der Player, im Moment noch nicht, da hat der Jan noch nichts gefunden, aus dem er ein Fitnessrad uns könnte bauen, damit wir endlich auf der Stelle treten dürfen, aber sonst kann er wohl alles, dieser schöne Plattenspieler, macht auch Popcorn und Kartoffelchips, die man zu unserm Nachruhm wird zermalmen können wie uns selbst, doch wir stehn wieder auf, egal von wo, nur keine Sorge!

ENGEL EGAL (WAS SOLL MAN DA MACHEN, DER HÖRT UND HÖRT NICHT AUF! LASSEN WIR IHN HALT IM FERNSEHN AUFTRETEN, DAS IST DER EINZIGE ORT, WO IHM NUN WIRKLICH KEINER ZUHÖRT): Mit schwarzen Flügeln deckt der Klassenfeind, von mir aus, wo ich aus der Höhe alles besser weiß und besser sehe, deckt er also alles zu, uns alle, denn ich rechne mich jetzt mal dazu. Auch ich bin alle! Doch was uns adeln wird und ewig macht, das ist das Letzt, was man dem Tiefgesunkenen gewährt: nicht eine Zeit, um ihn zu weinen, sondern daß man wenigstens den Nachruhm nicht zur Gänze in die Hände dieser Schweine legt, die nur ihr Schweinesystem kennen, in welches sie das gläubig überzeugte Volk (und keineswegs mit Notenschlüsseln!) eingesperrt, genau wie sies mit uns versucht haben, doch das hat diesmal nicht geklappt, es tut uns leid, nur weiß das Volk das nicht, und uns glaubt es schon gar nichts, leider, denn Staatsanwälte sind im Kapitalistenstaat in ihrer Gesinnung nichts als staatstragend, kein Wunder, denn sie tragen ja den Staat auf ihren Schultern, es wird heut nicht mehr geköpft, doch alles andre ist sich, wenn auch abgeschwächt, doch gleich geblieben, ja, auch das ist wohl ihr Werk, daß wir dann tot sind, auf ihr ewig Kampfurteil kann man vertrauen, sie verurteiln uns zum Tod, wir müssen es ausführn, das ist neu, wir hungern uns zu Tode, oder wir holn uns den Tod woanders, wo er grade sitzt und frißt und säuft aus Menschenköpfen, Hauptsache ist doch, wir haben ihn, er ist auf unsrer Seite, ist jetzt unser bester Freund. Wir haben lang schon den Versuch gemacht, das Zeitliche, für das wir ja nichts können, zu berichtigen, doch bleiben wir der Menschen Schuldner, es gibt nichts, was wir ihnen geben könnten, so haben sies zumindest dargestellt in ihrer Schweinepresse, aus der wir frei und freudig uns erheben, jeden Augenblick kanns jetzt so weit sein, stellt euch vor, die Wesen, wesenlos wie sie auf dem Papier erscheinen, heben sich hoch in die Luft als Engel, und sie kommen über euch, von überall, nicht aus Amerika allein. Sie treten an den Rand der Ewigkeit, das ist heut eben noch Amerika, morgen ist es woanders, doch von diesem Rand her treten sie vor ihren Höchsten Richter, das ist der, nein, derzeit noch Präsident Amerikas mit seinen feurig frommen Wünschen, die er ungefragt andauernd über diese Welt versprüht wie Gülle, Jauche, Pisse. Ja, ihr seht, ich plane heut schon für die tote Zeit danach, wenn wir dann selber tot sind, denn kein Zeuge wird da stehn bei uns in unsrer Todesstunde, ob der Tod ein ernster Freund ist oder ein besonders bitterer Feind, das wird niemand erfahren, jedenfalls ganz sicher nicht von uns, da wir doch längst in unsrer Feinde Hände sind und unsre Freunde nicht mehr zu uns kommen dürfen, zumindest werden sie durchsucht, bevor sie kommen, streng durchsucht, den bessren Teil erwählen sie für sich, sie können alles brauchen in dem Wartehäuschen, wo ein jeder einmal, früher oder später, als der Mensch, der er doch ist, die Vorrundenqualifikation wird schaffen müssen, das setzt ein Bewußtsein wohl voraus, daß der Mensch noch das macht, was er machen soll, und das ist: denken, ich versteh darunter, daß die Ursache er von der Folge unterscheiden können muß, die Folge ist, wohin ich schau, nur die zerstörte Psyche, ja, wir sind kaputt, bei uns ist folgendes getrennt: der Kopf vom Fühlen, dann der Kopf noch von der Hand dazu, dann Kopf und Fotze, alles ist getrennt für all die andern. Es macht nichts, daß sie uns nichts geben, nichts mehr durchlassen in unsre Zellen, wir sind inzwischen unsere eigenen Waffen, und mit uns selbst sind wir geschlagen, mit uns selber werden sie uns schlagen, diese Schweine, und wir haun sie dafür in die Fresse, es ist ja kein andrer da, das ist ein Kreislauf all der Güter dieser Erde, doch es ist kein Kreislauf, denn die Güter rennen immer nur davon vor denen, die sie sich ersehnen. Und sie kontrollieren alles, keine Ahnung, wer sie sind, sie kontrollieren auch die Märkte, doch sie könnens trotzdem nicht, so sehr sie sich bemühn, wir haben die Kontrolle, wir wir wir, wir sitzen wie die Spinnen drin in ihrem Schweinesystem, so stellen wir uns das zumindest vor, das ist doch wohl ihr einziges Vermögen, das sie mit ihren eigenen gefrornen Schweinebäuchen machten, dieses Netz, in dem einst wir gefangen wurden, es ist genau dasselbe, das sie für sich selber webten, danke, daß wir es benützen dürfen, nein, wir haben keine Aktien, wenigstens die Aktien können nicht mehr fallen, weil wir keine haben, doch das Netz, und ganz gewiß nicht das soziale, das besteht nur noch aus Löchern. Bloß die Tür ham sie vergessen, dann wär es ein Loch mehr gewesen, doch dafür hatten sie die Mittel nicht, fürs Loch, da reicht das Geld nicht. Für uns gibts hier keinen Ausgang, für uns gibt es nichts. Wir haben keinen Eingang, keinen Ausgang, nur das Netz, in dem wir Bälle sind, die es verschlagen hat. Egal. Das Wort schlägt sich schon selber, auch auf seine Brust, das schwachbrüstige Wort, auf diese weiche Brust, aus der es kam, allein und nackt, aus diesem Wort wird nichts, es ist, wie jedes Wort, ein blinder Einzelgänger, der noch mehr Worte macht für nichts, die Worte sehen nicht, wohin sie sollen, dieses Titelfoto aus der Illustrierten, auf dem Hans so schön in Hochglanz aufgedruckt ist, gut getroffen, möcht ich gerne für mein Album haben, nennt es einen letzten Wunsch von mir aus, dieses schöne Bild allein ist mehr wert als ein Wort, als jedes Wort, denn das Gesicht von Hans, es ist Produkt und Instrument von seiner eignen Herrschaft nur, nicht von der fremden, der er sich nicht beugt und niemals beugen wird, das seh ich ihm noch immer an. Wie er mich von dem Bild her anschaut mit dem Eisesblick, wie schön, du mußt es einmal in der Mitte falten, dieses Titelblatt, damits in dieses DIN A5-Kuvert hineingeht! Das nur nebenbei. Nicht eine Welt in Waffen fürcht ich, solang ich Frieden hab mit meinem Volke. Was, das Volk, es will mich auch nicht? Ja, ist es denn die Möglichkeit! Das hab ich so nicht erfahren, man hat stets andres mir erzählt. Na ja, im Grunde will ichs auch nicht, ich gehör nur mir, das wird einmal ein Schlager sein, ich mein ein Lied aus einem Musical, sogar für Lieder gilt das gleiche wie für uns. Und ach und weh und fort und weg und dann vergessen. Wie lange das nun schon so geht, ganz hoffnungslos, und die Gefühle sind ein Dreck, den man vom Zellenboden schrubbt, nicht daß wir sowas jemals selber täten, das heißt ja noch nicht, daß man versucht, diese Gefühle für sich selbst zu materialisieren, zu märtyrerisieren und zu manipulieren, was bedeutet, sie als Pulli einzuholen, so, und diese Lederjacke wünsche ich mir auch, die ist ja wohl das Neueste derzeit im Handel, nur für kurze Zeit, das ist der Sinn des Neuesten, bald kommt das nächste Neueste, das einstmals Neue schaut dann alt aus. Doch nur dieses Modell darf es heut sein, das irgendwie verbraucht aussieht, bevor man es noch angehabt hat. Alles Neue muß doch alt aussehn und gebraucht, genau wie unser Denken, sonst könnt es sich keiner leisten, und wir selber haben auch nicht viel dafür gezahlt. Die andren, welche andren? Die für uns die andren sind, die zahlen immer Vollpreis, das ist das Geheimnis. Alte Theorien in neuen Kleidern, klassische Debatten zwischen solchen Sozialisten und den andren, die sich Sozialisten nennen auch, doch keine sind, denn es ist schließlich klar, daß das Objekt der blutigen Geschichte nicht automatisch wie mit einem Klick auch zum Subjekt dieser Geschichte werden kann, der Revolutionär muß an sich arbeiten, nein, es genügt ihm keinesfalls, daß er zur Konkretion dann schreiten würde, jawohl, ich mein zur Tat, es ist doch Scheiße, Scheiße ist es immer, daß ein Subjekt es jemals geben könnte, und zwar außerhalb des Subjekts, nicht einmal reden als Subjekt kann Mensch, ach Scheiße, wer kann schon reden als er selbst, es selbst, an sich, für sich. Ich bin die Vorstandsvorsitzende der Ausgebeuteten, soviel steht für mich fest und damit für euch ebenfalls, das soll von nun an meine Rolle sein. Auch wenn kein einziger fertigmontierter Gedanke von mir mehr ausgeht, hier von meinem Band rollt heraus, das steht für mich mal fest, auch wenn ichs nur verlaute in die Stille meiner Zelle, es kommt nicht weit genug über die Lippen, bin so schweigsam jetzt geworden, dafür schreibe ich, an meinen Bruder, wen auch immer, der mir vielleicht zuhört, ja, auch Bisexualität von mir aus brauchbar, alles brauchbar, was kein andrer noch im Mund gehabt hat, er soll es mir geben, oder er solls ausspucken, ich sprech für ihn, das muß ich wohl, denn keiner spricht noch als er selber, wer ist wer, es ist in jedem Fall ein Jammer, wer zu sein. Wir sprechen ohne Unterbrechung, doch wissen wir nicht mehr, von wem die Rede ist. Dazu kommt noch: Wer kennt sich schon? Denn keiner kennt sich. Keiner weiß was. Keiner ist er selbst, er quatscht nur sinnlos vor sich hin, das kommt daher, daß jedem Humanismus, ist er nur behauptet, jede Wirklichkeit wohl fehlt. Wohin ich schau, es gibt nur überall ne Menge Elend, Blut und Scheiße, und dagegen gibts kein Mittel, denn der Souverän des Landes ist nicht souverän in seinem eignen Land, nicht mal in seinem eignen Körper. Nicht erlöschen wird der Haß, bis endlich, ach, ich weiß nicht, was passieren muß, bis endlich was passiert, wir haben alles ausprobiert, doch sie sind alle brüderlich vereint nur gegen uns, es gibt derzeit wohl keinen, der einem, irgendeinem Klassenstandpunkt eines Europäers endlich auf die Beine helfen könnte, keiner ist allein ne Insel, so haben wir uns das gedacht, doch keiner will mit uns auch nur so brüderlich vereint sein wie, sagen wir, mit der Gewerkschaft, die dann doch erst recht nichts für ihn tut. Der Arbeiter hat niemals Druck gemacht, seit Jahren nicht, doch nennt er das, was er in einem Arbeiterverein gemacht hat, halt Gewerkschaftsarbeit. Ach Gewerkschaft, wo ist er bloß hin, dein Druck von einst, als einen starken Arm du hattest, der aus vielen abgehackten, abgeschlagnen sich zusammenstelln hat lassen wie die frisch bereitgestellte und nett arrangierte Garnitur von einem endlos langen Zug für endlos weite Weiten, ein Zug, der letztlich doch nur welkt und fault wie jede andre ursprünglich wohl knackige Gemüsegarnitur. Na wenigstens den einen Arm, den hat man ihr gelassen, der Gewerkschaft. Der andre war von Anfang an schon amputiert? Nur in den Druckwerken ist er noch da, so lächerlich Broschüren, die dann keiner liest, der Staub liegt meterhoch, nur noch unter Druck ist er zu haben, dieser Druck! Und sogar dort ist er verschmiert, unleserlich geworden. Die Gewerkschaft, die besteht doch nur aus lahmen Ärschen. Der Verband macht Arbeiter aus Bauern, nein, die Bauern hat er nicht gemacht, die zählen nicht, die Bauern sind Fabrikarbeiter heute ganz genauso, oder Unternehmer, bald werden sie die Felder senkrecht einbaun in so Hochhäuser, sie einhängen wie Feldmodule, wo war ich, ich hab mich auf diesem fremden Feld verfranzt, der Bauer intressiert mich überhaupt nicht, wir sind nicht in China, haben wir ein Glück!, sie sagen: Der Verband, der macht sie erst, die Arbeiter, man würde sie sonst gar nicht sehen können, doch ist er einmal angelegt, so fesselt er die Hände ihnen, der übt Gerechtigkeit so lang, bis er sie kann, bis er gelernt hat, um sie nicht zu brauchen, die Gerechtigkeit, weil er bestimmt, was sie bedeutet, und wenn Gerechtigkeit, dann immer fest gegen die eignen Leute, deren stummen Auftrag der Verband wohl nie begriffen hat, weil Stummes kein Verband mehr hören mag, was soll er denn der Zeitung oder auch im Fernsehn sagen? So, dann fließt halt Blut, so wie es immer floß, das ist eine Konstante bei den Menschen, sonst haben sie nichts, das pressen wir heraus, das ist morgens zum Frühstück immer frisch gepreßt oder so gut wie, zumindest schmeckts danach, weil echtes Fleisch drin ist, was können wir dafür, der Mund, der uns gewachsen ist zum Sprechen, wagt noch, Wünsche auszusprechen, doch keiner hört uns zu, das hab ich oft gesagt, es wundert niemanden, denn nicht einmal der Mensch hört ja auf seine eignen Wünsche, wieso sollen andre dann auf Menschen hören oder gar auf das, was sie sich wünschen, da die Börsenkurse ihm diktieren, und das besser, als ein andrer Mensch es jemals könnte? So, es ist genug. Doch sprech ich immer weiter, kann mich keiner stoppen, bittebitte? Gut. Applaus an dieser Stelle, na, der endet auch mal wieder, und wir können weitermachen. Schaut: An unsren Augen könnten sie, die Arbeiter, die Kämpfe unserer Seele lesen, wenn sie wollten, wir hättens gerne auch bequemer, als wir es hier jetzt haben, doch der Arbeiter erkennt uns nicht als seinesgleichen, er kann in seiner Vorstellung von sich nicht sehn, daß freiwillig und ohne Zwang ihm einer gleichen mag, so wie er aussieht in der Arbeitskluft, wo er versinkt wie in der Gletscherspalte, tonlos, spurlos. Was brauchen Arbeiter Verbände? Ihre Wunden heilen doch auch so! Unbehandeltes bleibt ohnedies gesünder, weil von der Luft allein es leben kann. Verbände halten bloß die Luft ab. Das Volk weiß selber, was es will, das sehen wir grundsätzlich so, wir sagen es ihm trotzdem vor. Da steht es an den Wegesrändern mit seinen stinkenden Traktoren, diesen Selbstentzündern, die nichts ziehen, nicht einmal ihn selber, den Bauern oder Arbeiter. Da ist er ja schon wieder, unser Arbeiter, komm doch herein, du bist bei uns willkommen! Doch bleibt er sich und bleibt ihm alles gleich, und nirgends kommt er hin, vielleicht noch nach Caorle, man sagt mir, er wird auch auf die Malediven, sogar die Seychellen kommen, doch das kann ich so nicht glauben, ich weiß ja nicht mal, wo die sind, bald wird es jeder wissen, doch damit hat es sich schon, die fernen Reisen folgen später, für uns viel zu spät, dann heben wir vielleicht erst richtig ab, als wärn wir ein Stoß Karten, die zum Spiel gemischt, doch wohl nicht mehr in unserem Jahrzehnt, in dem wir leider sterben müssen. Es ist irgendwie sehr praktisch, daß es die Gewerkschaft gibt, denn alle sind dort ganz genau wie einer, und es ist dieser eine, der er ist, wie Gott, der, der er ist und dazu Humanismus jede Menge, ich glaub, ich muß gleich kotzen. Wird ausdrücklich nicht ein zweites Mal an seinen Arbeitsplatz zurückgebeten, jaja genau, an diesen Arbeitsplatz, der ist wie der und der dort drüben auch, sie sind wie alle, und sie sind auch alle, mehr, als sie sind, gibts nicht. Kommt trotzdem immer wieder von selber, dieser Mann der Tat, des Schleppens, und die Frau des Lötens, die von mir aus auch. Kann kommen. Doch kapiert nicht, seh ich ebenfalls schon kommen, daß man ihn nicht will und ihn nicht braucht, den Arbeiter. Denn jeder Arbeiter wird nicht dort gebraucht, wo er schon ist, sondern woanders, wo er nicht ist. Dort ist er dann von der Straße, mitsamt seiner Wunde, die er zeigt, nur will diese Wunde, ganz im Gegensatz zur Jesuswunde, dort auf diesem nackten Mann, neinnein, mehr seitlich ist die Wunde, niemand sehen, keiner will sie, und die Wunde vom Amfortas, die darf ebenfalls doch keiner sehen, weil keine Wunde jemals jemand wundert oder intressiert, am wenigsten die Wunde unsres workers, dieses universal workers, die will, die darf und soll auch keiner sehen, denn sonst will der gar noch ein Pflaster drauf, wo sind wir denn, wir sind nicht im Spital. Die Wirtschaft ist kein Pflegeheim! Ich meine folgendes: Was jeder sehen könnte, das will keiner sehen, lieber fahrn wir weg und sehen es, genau dasselbe, bloß woanders, denn dort scheint es uns wie neu, dies allerdings nur kurz. Lehrlinge, die werden überfordert, ich weiß aber nicht warum, da sie eh nichts können, da man ohnedies nur einen einzgen Arbeiter für etwas braucht, der dafür ganz umfassend ausgebildet ist an der Maschine, diesen Universalarbeiter von Unilever oder einem andern Mischkonzern, Gillette, Procter and Gamble? Keine Ahnung, wie so oft, ein Universalist, der Liebe, Gute, der trotzdem nichts als seine eigene Entgrenzung produziert, ohne Internationalist zu werden. Schritt für Schritt ist ihm zu langsam, schneller kann er aber auch nicht. Uns fragt er, hätte er Gelegenheit und Lust dazu, die er nicht hat, in welcher Welt wir leben eigentlich, ja, sowas würd er uns fragen, bevor er uns erschlägt, anstatt daß nach dem eignen Schicksal er uns fragt, das nur wir kennen und ihm deuten könnten. Doch er findet bloß, daß wir ganz irreale Vorstellungen haben, mit der brutalen Wirklichkeit von Arbeit habe das nichts mehr zu tun. So antworten wir mit Drohungen, was andres finden wir nicht vor in unserer kleinen Zelle, es wird sich um Entschlüsse der Gefangenen handeln, die irreversibel sind, es geht um Stunden, höchstens Tage noch, und es geht um uns! In ein paar Tagen höchstens werdet ihrs erfahren, was aus uns geworden sein wird, unsre Nerven sind jetzt schon am Ende, eigentlich schon lange, wir sind fast verhungert, und das freiwillig. Was sagt der Arbeiter dazu? Er sagt, wie üblich, nichts. Nur eines weiß er sicher: alles, doch bloß keine Action. Ich dagegen will sie, die Aktion, nein, richtig heißt es: Ich will überhaupt nichts andres. Denn auf bloße, grinsende Geschichtlichkeit und deren Zugzwang verlasse ich mich nicht mehr, das ist jetzt vorbei. Bald bin ich tot, deswegen darf ichs sagen, um ihm vor meinem eignen Anspruch Ruhe zu verschaffen. Schon dieser eine Universalist, Generalist, es ist nur einer, Gott sei Dank, ist von der Revolution ja überfordert! Wie überfordert sind sie dann erst alle! Wir kennen keinen andren als den bürgerlichen Umgang mit Geschichte. Wie das ausgegangen ist, das wissen wir schon längst: Kein Wunder. Sondern Realität. Seine Genossen Verbündete machen ja ihre Bedingungen von ihrer Bequemlichkeit und ihrem Angsthaushalt vor Konsequenzen abhängig! So sind sie also, die Gewerkschaften, die selbsternannten Knechte, nicht einmal zum Herrn ernennen sie sich selbst, vom autonomen Subjekt haben sie noch nie gehört, daher kann alles, was sie unternehmen, da sie keine Unternehmer sind, nur sinnlos sein. Du landest immer, logisch, klar und einfach, bei den allgemeinen Bedingungen, und die haben sie hier aufgeschrieben, du mußt nur noch unterschreiben auf strichlierten Linien. Deren Strichcode, jeder Strich davon, bedeutet, daß im Kern des Arbeiters der innre Frieden für nichts andres als den Mittelklassewagen und das Häuschen wohnt, und in dem Frieden, den er sich mit seinen wunden Ellenbogen hat geschaffen, will er dann weiter arbeiten. Obwohl die ganze Arbeit irgendwann mal aufgebraucht, es gibt dann einfach keine mehr, sie ist verschwunden. Doch er schuftet weiter jeden Tag, der Arbeiter, am Wochenende dann an seinem eignen blöden Fuchsbau, der allerdings nur einen Ausgang hat, wie unsre Zelle, und der Ausgang lautet Tod, und einmal pro Tag, da hat er Ausgang, so wie wir, und bald kommt er zu uns, da ist er richtig. Unser Kern nämlich, der heißt Gewalt, Gewalt und Tod sind eine Einheit. Und jeder Arbeiter hat von Gewalt entschieden ein viel schärferes Bewußtsein als unsereins, nur weiß ers nicht, er kriegt es dann geschenkt, erwacht aus seiner selbsternannten Bewußtseinslosigkeit, der arme Typ, spätestens dann, wenn ihm ein Eisenträger auf den Kopf fällt. Deswegen wollen wir ja Arbeiter auch wieder nicht sein, weil es uns dann bald nicht mehr geben würde, nein, wir wollen mehr sein und doch auch sein wie sie, mehr oder weniger, nur Arbeiter als solche wollen wir nicht sein! Sie sollen auf uns hören, doch so sein wie sie, das wolln wir nie! Wir wollen scharf sein und gehärtet und scharf angezogen wie die Muttern an den Rädern, hart wie Kruppstahl, das kommt uns irgendwie bekannt vor. Siehe Krupps Fabriken, heute Thyssen, Mannesmann und AEG, das ist die Härte überhaupt, doch auch die Härte, jede Härte wirds nicht lang mehr geben, und doch ists nur die Härte, die uns allen bleibt, jawohl, die Härte bleibt, der Kapitalismus frißt die eignen Kinder, wie die Revolution es auch tun würde, hätte sie nur dazu Gelegenheit, die kriegt sie nie, schau, wie sie sich da alle gegenseitig fressen und nicht mal nach dem Namen fragen, einer wird gar Heuschrecken sie dereinst nennen oder etwas andres oder jemand andren, ist ja auch egal, sie fressen alles, alles fressen sie, nachdem sie alles andre auch schon aufgefressen haben! Mehr als alles gibt es nicht. Und dann, am Ende, sind sie selber dran, mmhm, ist das lecker! Halt, wo war ich gleich, ich vergesse doch so leicht? Ja, stimmt: Das Nebenproblem ist, wen er ficken darf und also will, auch das löst der Arbeiter ganz nebenbei. Der brave Arbeitsvater, Arbeitgeber, der ihm all die Arbeit gibt, der haut als erster auf ihn drauf, die Gesellschaft haut sich dann als Ganzes drüber, das Proletariat bei uns verbürgerlicht, um zu entkommen, und zwar auf Kosten ausschließlich der Dritten Welt, ein Preis, den eben wir nicht zahlen wollen, nein, wir zahlen nichts, wir lassen andre zahlen, welche Auschwitz nicht verhindert haben, was? Die zahlen nicht? Die meinen, wir solln zahlen, weil wir den Schaden angerichtet haben? Ja welchen Schaden? Wem sollen wir was zahlen? Diesen Arbeitererbauern des Geschlechts der Menschen, das mit ökonomischer Ohnmacht Schluß macht und dann selber gleich darüber fällt in Ohnmacht, weil es so erschrocken ist, niemals ist Schluß! Da liegt ja noch ein Toter! Komisch, ich seh heute nur noch Tote, wenn die Augen ich mal schließe, bald sind sie für immer zu, die dummen Augen, dummer Augenaugust meiner Seele! Ich kann derzeit schon die Toten nicht mehr unterscheiden, Hilfe!, ich hab Angst, den Toten wärs egal, woran sie sterben, das darf nicht geschehen, wir müssens ihnen immer wieder einbleun, wenn sie es vergessen, daß sie als Subjekt und nicht als Prädikat, ich mein als Opfer sterben sollen, so zum Beispiel, wie mir grade einfällt, hör ich, als wärs gestern noch, ganz deutlich diese Aufforderung, zu zeigen, was er unter seiner Jacke trägt, hierauf hat unser Mann die Jacke weit geöffnet wie der Engel seine Flügel und seine Pistole auf den Polizeibeamten direkt hingerichtet, nein, nicht hingerichtet, das kam später, erst kams noch zu einer wilden blinden Schießerei, in deren Lauf Polizeimeister Sippel in den Kopf getroffen wird, mit dieser schweren Kopfverletzung gleich zu Boden stürzt und dort alsbald verstirbt. Mit welcher Waffe diese Kopfverletzung ausgeführt wurde, kann man später bei Ermittlungen dann nicht mehr feststelln, es fliehen immer wieder Leute nach den Schußwechseln vom Tatort, statt zu warten, na, ich bliebe auch nicht dort! Auf dieser Flucht rauben sie Fahrzeuge, mit denen sie dann unerkannt entkommen. Besser einer mehr ist tot als einer weniger. Es gibt ja viel zuviele Menschen, und die meisten sind Verräter, nur die wenigsten gehörn zu uns, sie zeigens aber nicht, und so wird die Verhandlung vor Gericht, im Gegensatz zu vielen andren, ohne die Beklagten durchgeführt, die wie aus Gewohnheit schon und schuldhaft wohlgemerkt sich in einen die Verhandlungsfähigkeit ausschließenden, sie nennens Zustand ganz bewußt versetzen und dadurch wissentlich die Durchführung einer, jeder, einer jeden Hauptverhandlung so blockieren und verhindern. Ich kann kein Wort verstehn. Wie soll das alles weitergehn? Wer hat denn sowas schon gesehn! Liegt einfach da, der Tote. Und dort drüben liegt schon wieder einer. Da liegen auch wir irgendwann auf unserm Weg, und dieser Weg ist freigeschossen worden, doch es hat uns nichts genützt, der Staat, der freigeräumte Tanzboden mitsamt der einschmeichelnden Musik, war stärker, unsre Füße stampfen ihn seit Jahren wund, er schreit, doch nichts passiert, der Staat wird wohl für immer bleiben, und man wird in vielen Jahren immer noch den Staat ihn nennen. Glaubt ihr, wir sind blöd, daß wir das nicht schon längst getickt? Jetzt haben wir die Aussicht auf die wunderbaren Berge in der Ferne, nein, die ham wir nicht, die ist vergittert und vernagelt und verbrettert, so wie wir es selber sind, die Ferne und die Aussicht. Und so liegen wir da platt vor Ehrfurcht. Will Spanien sich bewaffnen gegen uns? Italien? Griechenland? Die Toscana? Argentinien? Palästina? Gaza, Westbank? Egal, um welchen Berg, um welches Tal, um welche Wüste es sich handeln wird, wir sind ja doch im eignen Inland Ausland, und der Andreas, unser Hans, der ist ganz sicher jedes Berges Gipfel, ja, der ist der Gipfel, ob im Inland oder Ausland, ob das Inland nun im Ausland oder dieses Ausland längst im Inland, in Europa. Wo er auch sein mag, er kann ruhig, er muß in meiner, seiner Mutter Nähe bleiben, der kommt uns hier nicht mehr weg, denn um ihn kreist alles, letztlich auch um mich, das Kind kreist um die Mutter und die Mutter um das Kind, das ist im Universum bereits angelegt. Die Hälfte der Geschichte ist wohl klar, nun gehen wir in Ruhe an die andre. Ist das jetzt wenigstens allein die unsre? Fürchte nicht, ich kann nur sagen, leider. Daß Krankheit uns im Kerker aufgerieben, viel Unglück könnten wir dem

Land ersparen, doch hätte dann der Zufall der Natur dahingerafft uns und mit uns all die Gedanken, wer denn wohl unsre Mörder wären, wenn wir es nicht selber waren, daran wird man lang zu kauen haben, hoffe ich. Na ja, man kann den Menschen nicht verwehrn, zu denken, was sie wollen. Nur denken, egal was, wollen sie halt überhaupt nicht gern, sonst hätten sie bereits geschnallt, daß die Regierung, und nur die allein, verantwortet, daß die fünfeinhalb Jahre Folterpraxis, Mord und Isolierung, der Schauprozeß, die absolut totale Überwachung durch die Elektronik, Tag und Nacht, dann die Tortur durch Drogen, Isolation und auch Zwangsernährung, das müssen Sie sich einmal anschaun, was dem Probanden da passieren kann, wo war ich gleich, daß dieses ganze jämmerliche Ritual, um unsern Willen und auch das Bewußtsein überhaupt uns zu zerbrechen da im Schädel, verantwortlich auch für den Exzeß der unmenschlichen Konzeption, was wollt ich sagen, die perfekte soziale und Geräuschisolation von all den Massen, die nach uns verlangen, nach uns schrein, die Hände schwenken, brüllen, toben, ja, auch schreiben, meinetwegen, daß die Schikanen und die Quälereien, die uns fertigmachen sollen, wo war ich noch gleich, ich stottre schon, ach ja, es ist egal, ich spreche ja nur, spreche spreche, doch ich stoß nun keine Drohungen mehr aus, die Drohungen führn andre aus, uns zu befreien, doch das klappt nicht, denn befreien kann man sich nur selber, fürcht ich, aber das nur nebenbei, wo war ich, Konsequenz aus unserm Handeln würde ja zwangsläufig Eskalation für dieses Land bedeuten, Eskalation von weiß nicht was, von Aufgeblasenheit, die Luft ist jetzt schon raus, das spür ich deutlich, was wollt ich gleich sagen, das Wofür der Bundesrepublik von Deutschland, das wird nie ne Republik, das kann ich euch, hallo, wo seid ihr?!, an des Eides Statt versichern, statt sie zu versichern, damit nicht wieder einer kommt und sie zerstört, die Republik, jetzt ist sie ja noch keine, und sie wird auch keine, was wollt ich noch sagen, also Deutschland, kranke Mutter, schon eine Mutter ist zuviel, wir haben zwei davon, hier bitte, zwei Stück Deutschland, wir sitzen da am Krankenbett und sollten besser draußen spielen, das wär für uns ganz sicher viel gesünder, zwei Stück Deutschland, abgeschnitten von dem großen Laib des Kapitalismus und dessen nationalen Ausprägungen, hier sind die beiden krossen Kanten, so, noch tüchtig Wurst drauf: Soll ichs Ihnen einpacken, oder essen Sies gleich so, wie dick es auch belegt sein mag oder auch wenn selber Sie drauf liegen?, ja, du, du Mutter, fürchtest deine Kinder mehr noch als den Vater, ja, auch deinen, ganz genau, den Vater, der dich schuf mit Knochenhänden aus dem Schutt und aus den Trümmern, bevor er selber einging, viele Filme werden ihm bis in die Zukunft folgen, und auch viele Bücher, Aufsätze, Broschüren, alle werden davon handeln, er, der Vater des modernen Deutschlands, unser Kriegsheld, das bleibt er auf ewig, denn der hat eine völlig neue Form für die Geschichte selbst erfunden und die Geschichte dann gleich in diese Form gesteckt und umgestürzt, da haben wir den Kuchen, nein, nicht den Salat, den Kuchen, da schneiden sie sich eine Scheibe ab, denn dieser Führer wird in jedem Fall viel unsterblicher noch sein als wir, das ist ja keine Kunst, denn wir sind auch bald tot, das haben wir geschafft, der Weg in die Geschichte ist leider schon ziemlich betreten von zuvielen, denn es trampelt dort ein jeder rum, den die Geschichte von der Leine läßt, doch er kann sich von uns sicher nicht mehr abwenden. Und auch Geschichte hat mit der Vernunft ganz sicher nichts zu tun, sie ist die reine Zumutung und als solche ganz unmöglich, es kann sie nicht geben, die Endlichkeit der Kollektivvernunft löst das Problem der Möglichkeit, von der wir einst Gebrauch gemacht, erst aus, jetzt kämpft das Herrschen des Verstands, daß Freiheit nötig ist, gegen die Dienststellung, die Knechtsgestalt des Geistes an, wie soll das je in Einklang kommen? Walten wir etwa eines Dienstes an den Menschen, eines Diensts, durch den der Herr Verstand zu seinem eignen Diener wird und damit nur die Endlichkeit endlos verrät? Ich weiß es nicht, weil der Verstand im Gegenstehenlassen seines Dienstes an den Menschen, was wollt ich sagen nebenbei, ja, stimmt: Das haben wir vergessen, daß wir Diener sind, wir haben uns zu Führern selbst gemacht, vielleicht war das ja unverzeihlich. Jedenfalls, das wollt ich sagen, grad in dieser tiefen Endlichkeit, in dieser seichten Unendlichkeit, in dieser untiefen Endlichkeit von dem, was halt Vernunft wir nennen, lassen wirs einfach so stehen, Sie hören ohnedies schon lange nicht mehr zu, in dieser Endlichkeit tut nun das Denken mühsam seinen Sinn, es zieht den Pflug der kritischen Vernunft, verrät damit die eigne Endlichkeit und kündet die ursprünglichste Bedürftigkeit des Menschen an, daß dessen Wesen, nein, ich glaube, eher nicht des Menschen Wesen, sondern dieses schemenhafte Wesen der Vernunft, ich kann das selber nicht verstehen, daß dieses Wesen, egal wessen Wesen, jedes Wesen endlich, endlich endlich ist und daher aufs schrecklichste bedürftig. Durch Regeln kommt man jedem Wesen näher, und es gibt auch Wesen, denen man nicht nahekommen sollte, siehe Käfig, Raubtier, Schlange der Vernunft. Alle sind bedürftig, das muß nicht eigens ausdifferenziert werden. Wir sinds auch. Bedürftig. Ruhig jetzt! Wir habens ja kapiert. Der Führer hat ganz Deutschland mitgenommen, und er hat es immer noch in unsern Augen, nein, das Stück, der Balken steckt nicht uns im Auge, sondern euch, wir hätten gern vom Rest ein Stück, ein Stückchen Kuchen bitte, selbstgebacken, frisch herausgeschnitten aus dem Land, das würden wir gern haben, weil wirs niemals gernhaben wohl können, da kann der Bernward noch so sehr für seinen blöden Nazi-Dichtervater kämpfen, und die Filme können sich soviel sie wollen, sind sie erst einmal gedreht, um diesen Führer drehn und seine Mannen, was wollte ich noch sagen, also Terrorismus, dieses Wort, das neue, dieser sogenannte Terrorismus, wir haben immer Terror nur gesagt, der Terrorismus, der bedeutet die Prämisse der Entscheidung, daß, was die Regierung noch entscheiden kann, ohne das Volk zu fragen, denn was das Volk gefragt wird bei den Wahlen, das ist lächerlich, was wollt ich sagen, also Terrorismus, das bedeutet, daß, was immer diese läppische Regierung über uns und andre denn beschließen mag, das hat für uns gar keinen Sinn, es hat keine Bedeutung, und wenn es eine hätte, dann hat es für uns so gut wie keine, für uns gilt das alles nicht, was die Regierung sagt, was wollte ich noch selber sagen, ja, das wars: Diese Regierung hält es grundsätzlich mit jeder Meinung der Regierten, die sie selber schließlich hat erzeugt, die Meinung, und die hält es mit den Glücklichen wohl immer, all die andren, diese vielen Unglücklichen, die sich bloß für glücklich nehmen und für glücklich halten, denen wird doch stets der Neid obsiegen, mit dem Glücklichere sie verfolgen, doch dieses Ritterschwert, von dem ich öfter sprach, nur mit verschiednen Worten, dieses Schwert, womit der Mann sich jetzt noch ziert – die Frau ziert sich schon selber, mit sich selber –, verhaßt ists in der Frauen Hand für die normalen Menschen, aber nicht für uns, hier führt die Frau das Schwert des Wortes, und aus dem wird keine Pflugschar, aber nie! Sie redet und sie redet und sie redet, ja, ich rede, was war das noch gleich, was ich die ganze Zeit schon sagen wollte, hören Sie bloß auf zu schreien, ich mach weiter, ganz egal, was sie mir zubrülln oder auf mich werfen! Und dem Gesetz wird allzu gern der freie Lauf gelassen, denn die Massen, die nun einmal irren, und zwar stets gegen uns, mit uns hätten sie sich auch geirrt, aber wenigstens dann in ihrem eignen Interesse, was wollt ich gleich noch sagen, jede Woche wird sich einer von uns töten, so. Es gibt noch andre Wege der Vernunft, doch diese gehn wir nicht. Davon vielleicht noch später, wenn es Zeit wird für den Abgang, denn wir gehen all die andren Wege nicht. Da sind Sie ja, Herr Anwalt, kommen Sie herein, was hast du in der Zwischenzeit gemacht, du Schwein, wieso bist du nicht pünktlich, die Personenkontrolle kann doch nicht so lang gedauert haben. Denen wird doch wohl nicht aufgefallen sein, daß deine Hose, lieber Arndt, im Genitalbereich besonders abstand, nein, das hätte keiner je von dir gedacht, haha, und glaubst du denn, diese Spinatwachtel, der Bedienstete des Vollzugs namens Götz, der hätte sich gedacht, daß du, mein lieber Anwalt, ein besonders großes Geschlechtsteil haben könntest oder einen ganz besonders engen Slip trägst, der die Genitalien so stark abzeichnet, was für ein Schwachkopf der doch ist, da müßten sie doch wohl zusammengedrückt sein und nicht geschwollen von all den Papieren, wo die nächsten Unternehmungen von uns, zum Beispiel «Margarine» oder «Big Money» oder auch das «Big Raushole», letzteres wohl ganz besonders, ausgecheckt und eingeräumt in all die öden Fächer der Gedanken wurden? So haben wir uns das gedacht für diese Kartell-Radaubrüder, die den Staat, der selber ein Kartell ist, ganz nach ihren Vorstellungen gestalten, nach dem Gutdünken von diesen Brüdern des Kartells, doch die Vorstellung kommt jetzt von uns. Sie kommt nur kurz, sie kommt zu kurz, doch immerhin, sie kommt, und sie verändert Deutschland nicht, das weiß ich jetzt schon, und was ich nicht weiß, das kann ich aus den Anlagen ersehen, die wir haben, in die wir uns nie mehr ergießen dürfen, in das helle Grün, die bunten Farben, all die schönen Anlagen sind jetzt für immer uns verloren, sind verboten uns für immer, und was kriegen wir dafür? Daß wir den Fuß jetzt nie mehr auf die Erde setzen dürfen? Wer will denn das verantworten, daß wir, die Kinder Deutschlands, tot sind wie die Toten aus den Kriegen, die ja auch von Deutschland angezettelt wurden, während wir doch bloß Kassiber schreiben auf die Zettel, die noch nicht mal Denkzettel geworden sind, soviel könnten wir gar nicht schreiben, höchstens Memos werden draus, was bleibt uns, wenn wir mit euch mal fertig sind? Ach, egal, ich weiß es nicht. Wie könnt ich es auch wissen, da viel früher ihr mit uns wohl fertig seid geworden!

3. Teilstück

und: action!

GUDRUN:
Wer war es denn, der eine Tiefgebeugte uns hat angekündigt? Eine immer noch zu Stolze finden wir, vom Unglück keineswegs geschmeidig oder untertänig! Wir wären damals gerne effizienter ja gewesen, doch wir waren nicht so weit, das weiß die Anna ganz genau. Wir sind für vieles schuldig, auch uns selber sind wir vieles schuldig noch geblieben, ich bin wohl die erste, die das zugibt, doch wir haben, und drauf bin ich stolz, das CIA-Hauptquartier und auch das Hauptquartier des 5. US-Corps angegriffen und auch das US-Hauptquartier in Heidelberg, na und, ein andres war da nicht. Insofern wir schon seit 1970 gut organisiert warn und in der Gruppe auch gekämpft schon haben, am Prozeß der Konzeption und Politik und der Struktur beteiligt waren, sehe ich nicht ein, warum ich das nicht zugebe, denn ich und die Genossen, wir waren verantwortlich für die Aktionen der Kommandos, nur für eine warn wirs nicht, und das sage ich in aller Deutlichkeit: Der Angriff gegen diese große Zeitung, deren Namen ich nicht nennen muß, denn alle kennen ihn und das dazugehörge Hochhaus, von diesem Angriff haben wir nie was gewußt, das warn wir nicht, wir distanzieren uns in aller Deutlichkeit, das warn wir damals nicht, das war schon damals eine Konzeption, der wir nicht zustimmen und deren Ablauf in

all seinen Einzelheiten wir zurückweisen nur können. Und ich hab auch den Bekennerbrief niemals geschrieben, das war diese andre, die wir mittlerweile ablehnen, das warst du, Ulrike, und wir wissens alle, daß du das warst. Das ging voll in die Hose. Nur eine dumme Kuh wie du kann in ner Zeitung eine Gegnerin bekämpfen. Diese Zeitung und auch andre – sie sind zum Benutzen da! Zum Beispiel dieser Welt-Artikel, schnallst du das? Wenn Stammheim die Idylle – kann Ulrike sein nur was, nur was? Ein Opfer, klar: ein Opfer!, das verrückt, mit Macke – deine Linie, Ulrike, seit ich weiß nicht wann, doch gehts seit Wochen eisern gegen uns von deiner Seite, eisern ohne Unterbrechung gegen uns! Von dir kommt alles gegen uns in diesem letzten der Gefechte. In der schönen Zeitung – dort könnten wir alle doch mit Leichtigkeit veröffent-lichen, hätten alle Platz, wenn nicht um dich allein sich immer alles drehen würde! Hast du daran nie gedacht? Wieso nur du? Wieso nur deine Meinung, wie sie sich diese Meinung einer Terroristin vorstelln, und von irgendwem müssen sies ja haben, das kommt doch von dir! Und dann als armes Schweineopfer für die Kameras posieren! Opfer-schwein! Wir sehen das nicht so, wir waren immer nur dagegen, daß das abläuft, wie es lief. Ich distanziere mich in aller Deutlichkeit von diesem blödsinnigen Attentat, das dieser Zeitung galt, man kann ja nicht mal Attentat es nen-nen, das war blankes Chaos, viel zu viele Mitläufer dabei, die keine Ahnung hatten, mit dem Attentat hab ich und hat die Gruppe nichts zu tun, du weißt es, Schwester oder was du derzeit bist oder vielleicht nur denkst zu sein, doch Denken kann nicht sein, ich glaube, du willst nicht mehr meine Schwester sein, so wie du dich äußerst oder nicht. Jetzt bist du stumm, gibst keinerlei Erklärung ab, bald bist du tot, es ist für uns ganz unmaßgeblich, ob du heut noch lebst oder schon tot bist. Du kommst an diesem Tag nicht zum Prozeß, an dem ich mich von deinem Tun bezüglich dieser Zeitung da in aller Öffentlichkeit distanziere, und deshalb hängst du dich gleich auf? Da wird es doch wohl andre Gründe geben. Ach, von mir aus, mach das doch und häng dich auf! Du nützt in der Zwischenzeit, bis auch wir sterben, gar nichts mehr, du bringst es nicht. So gebe ich den Hut-Befehl: Mach deine Fresse zu und bleib im Loch und steck dir dein Gehirn in Arsch und dann häng dich an das streifenweis zerschnittne Handtuch, denn was andres hast du nicht dafür zu bieten. Oder mach halt sonstwas, zu dem du noch fähig bist, viel ist es nicht, du bist zu nichts mehr gut, der Stachel in dem Fleisch, das uns gehört und das wir sind, bist: du. Und schau, da hängt ja schon dein Leichnam, das ist aber schnell gegangen, hast du den etwa selber hingehängt? Na toll, vielleicht ist er im Tod uns wenigstens noch nützlich, wer kann das schon wissen.

ULRIKE:
So will ich mich noch diesem unterwerfen, Schwester, auch wenn es mir recht schwerfällt, Stolz, fahr hin, ich hab ja ohnedies kein Auto mehr, keine Wohnung, keine Kinder und kein Haus, also kannst von mir aus auch du fahren, lieber Stolz, und meine Seele wird auch wohl dereinst, und das ist bald, dahinfahrn in einem kleinen Segelboot auf all den aufgeplusterten Gebindewassern, Gras und Hundescheiße, ringsum die Blumen unsrer Stadt, Gewässer, die einst lieb mir warn, als ich noch dazugehörte, nicht zum Wasser, aber doch zum Jachtclub, oder wars was andres? Oder war ich gar nicht drin? Ich muß es wohl vergessen und vergessen haben, wo ich war und wer ich bin, anders kann ich mirs nicht vorstelln. Ich will vor dir mich niederwerfen, Schwester, ja, das mach ich glatt, darauf kommt es mir nicht mehr an, den Boden unter meinen Füßen hab ich längst verloren, ich weiß nicht, wohin ich mich da

werfe, und dein Baby ist ja nicht dabei, der liebe Hans, wenn ich zu Boden stürze, mich ins selbstgemachte Seil dann irgendwann mal fallen lasse, bis die Träne stockt und bis kein Anblick, nicht einmal der schöne, freie Ausblick auf das Nichts mich tröstet. Als ich dir damals sagte, daß wir umsichtiger vorgehn müßten und mehr Sicherheitsmaßnahmen brauchten und nicht sinnlos von der einen Stadt in eine andre, fremdere noch fahren könnten und Aktionen starten, ohne mit der Örtlichkeit vertraut zu sein, da hatte ich ganz sicher recht, doch ihr habt nicht auf mich gehört, ihr wolltet immer vorwärts, doch ihr habt nie gesehn wohin. Dieses planlos Rennen dort hinüber, hierhin, dorthin, von hier nach dort und dann zurück und wieder fort, das ganze Hetzen, wenns mal hier nicht klappt, mal dort nicht, dann gehen wir halt schnell in eine andre Stadt und machen da was, was auch immer, man hat sich einfach niemals überlegt, warum was nicht geklappt hat, und das Ganze ist nur sinn- und hirnlos, das ist bloßer Aktionismus, von dem hat keiner jemals was gehabt. Doch ich versteh, daß in der Gruppe niemand auf mich hören wollte, ich versteh das jetzt im nachhinein genau. Ihr braucht mich nicht mehr, und ich brauche euch nicht, wir sind hier in unsrer Hühnersteige, einer wie der andre, und wir gackern auf den ungelegten Eiern, die schon andre unterm Hintern haben uns längst fortgenommen und durch Pappmaché, geklebte Fetzen, die man nicht mehr lesen kann, ersetzt, es ist so sinnlos, alles sinnlos. Ich hab jetzt so lang gelitten, und dafür gehör ich jetzt nicht mehr zu euch, das ist mein Fazit! O, das tut mir leid, denn jetzt bin ich wohl gar nichts mehr, denn ich bin nichts ohne die Gruppe, das steht fest, die Gruppe schließt mich aus in jeder Form, die ich mir auch nur vorstelln kann. Das hab ich nun davon. Ihr stoßt in einen Abgrund mich hinunter, noch bevor ich selber springen kann, ihr laßt mir keine

Wahl. Es stimmt, ich hab das Paper für euch leider nicht mehr fertigmachen können, doch nur, weil ihr mich vorher immer fertigmacht, aus keinem andern Grund, warum könnt nicht einmal gnädig ihr zu mir sein, ich hab doch so vieles für euch aufgegeben, oder etwa nicht? Wer hat das alles eigentlich für dich entschieden, Schwester, eine anständige Verhandlung und ein faires Urteil, das kanns nicht gewesen sein, das wüßt ich doch! Habt ihr die andren Mitglieder gefragt, bevor ihr mich geächtet habt? Nein, habt ihr nicht. Gekrönt von deinem Sieg sei jetzt dein Haupt, es steht dir gut, fast besser als dein eignes Haar, das unter der Perücke schlummert, platt wie eine Flunder. Eine Gottheit oder auch den Teufel bet ich an, die dich erhöht hat, dich und Hans, ich bet zu jedem, Schwester, der dich, und noch dazu so hoch, mal über mich gestellt hat, und ich küß die Erde unter deinen Füßen, wenn du an so etwas überhaupt Intresse hast, ja, von mir aus mach ich das. Sei bitte edelmütig, Schwester, vielleicht ja sogar großmütig, wie soll ichs nennen, was ich mir von dir ersehne, bittebitte! Ja, ich fleh dich an, so tief laß ich mich sinken und noch tiefer, ist das eine Lust, was zu vertiefen, auch wenn man es nur selbst ist! Neinnein, ich spring noch nicht, ich will das auskosten, versuchs noch mal, ein letztes Mal: Gekrönt vom Sieg ist jetzt dein Haupt und laß mich bitte hier nicht schmachvoll liegen, deine Hand, streck sie doch aus und reich mir deine königliche Rechte, Gudrun, ja, auch ich hab Rechte, aber du hast mehr davon, ich meine, du hast alle Rechte, und ich habe keine, nur die eine, die ich vorstrecke dir zum Pfand und nie mehr wiederkriegen werde, das ist mir schon klar. Ich sehe ein, ich hab versagt, ich geb es zu, gib mir die Hand, um mich im letzten Augenblick zu retten vor dem tiefen Fall in diese Schlinge, sie liegt lose um den Hals mir und erdrückt mich dort schon fast, bis mein bislang so blindes Auge mir ertrinkt, soviel die Wimper hält von all der Ungerechtigkeit der Welt. Für mich ist das Zerwürfnis zwischen uns schon wie der Tod im Leben, denn ihr wollt nicht, daß ich noch zu euch gehöre, und damit verlier ich mich im Nichts, verlier ich mich im Selber oder auch im Andern, das ist alles eins in dieser Zelle, die ich selber bin, genau wie du in deiner.

GUDRUN:
Du bleibst an deinem Platz, den du dir selber ausgesucht, und der ist außerhalb von uns, Ulrike, das ist endgültig! Ich bedank mich bei der Gruppe, und die Gruppe, das bin ich mit meinem Baby, die es nicht gewollt hat, daß jetzt ich an deiner Statt zu meinen Füßen liege und bloß flenne, weil ich wieder was nicht richtig hingekriegt hab. Es hat letztlich nur geheißen: du entweder oder ich und Hans, da ist wohl klar, wie sowas ausgeht. Weil dein Ding, bevor es rausging, immerhin auch an die Presse, einen optisch unglaublich verlotterten, ich korrigiere und sag, wie es ist: kaputten Eindruck macht, ich tipp es noch mal ab, bevor ich es hinauslaß, ja, noch mal und lasse diese eine Floskel, die als Muskel, der den Puls schlägt diesem Text, mit unserm eignen Pulsschlag freigiebig hier so herumspritzend, verschließt, die Floskel laß ich also weg, dein Blut sperr ich dir ab, weil diese Wendung gänzlich mißverständlich ist. Nur ich allein bestimme das, denn nur ich hab ja den Überblick über die Totalität, die derzeit aus zwei recht braven Paaren Kniestrümpfen besteht, denn eines reicht mir nicht, man muß ab und zu mal wechseln, und die müssen warm sein, darauf muß ich schon bestehn bei diesem kalten Zellenboden hier, aus dem mein Lebensraum besteht, macht dir das gar nichts aus, du, meine Schwester, oder wechselst du nicht mehr die Unterhose? Wenn man dich so findet, wirst du dich genieren, wenn du

es noch könntest, da kann ich mich ziemlich gut in dich versetzen, denn der Gummi meiner Strümpfe ist gleich Null, sie halten nicht, sie halten nicht, und was sie halten, bin nicht ich. Dafür streich ich auch zwei, drei dieser kniestrumpfweichen, ihrer Funktion nach zeitraubenden, dem Charakter nach vor Luxus triefenden, doch hohlen Füllwörter, die nicht nötig sind, ganz raus, zum Beispiel das Wort «eben», das wir eben gar nicht brauchen, denn es ist, wie es ist, na eben, siehst du! Solche Füllwörter können auch Mittel sein, auch Mörtel, man muß sie nur beherrschen können wie die Menschen, die sich leider selber nie beherrschen. Siehst du: Wörter lassen schwerer sich beherrschen als das Leben selbst, das ganz entleert von Menschen, sind sie mal heraußen, diese Worte, nimmt kein Händler sie zurück, sie müssen eben Präzision vermitteln, was der Mensch nicht kann, der ist vergänglich und zerbrechlich, nichts als ein Stück Dreck, wer sollte das wohl besser wissen als wir beide, Schwester. Hab ich nicht auch grade das Wort «eben» hier geschrieben, so streich ichs eben wieder weg, siehst du, das ist Demokratie, vorausgesetzt, man hat ein Germanistikstudium und kennt sich aus und ist allein, damit man keinen fragen muß.

ULRIKE:
Denk an den Wechsel alles Menschlichen, es leben welche, die dereinst den Hochmut rächen, den du zeigst! Das laß dir von mir gesagt sein. Du solltest sie jetzt fürchten lernen, diese Schrecklichen mit blutbefleckten Händen, wie auch wir sie haben, solche Hände, schau sie an!, doch nur ich, die Ulrike, kanns euch wohl nicht recht mehr machen, denn ich glaub ganz offensichtlich nicht mehr recht an unsre Sache. Ich glaube jetzt an gar nichts mehr, die vielen Tropfen Blut, die da zusammen sind in unsrem Topf, den wir damit gefüllt, die machen niemandem die

Wangen rot, der einzige, der das noch kann, das ist der Müsliriegel und der nette Gummibär im Antlitz eines blonden Vorzeigschnuckels und noch andre Süßigkeiten, die so sind wie sie und er oder so ähnlich, Gummibären mit den Antlitzen von Hans und Grete, wär das nichts? Ich wär vielleicht geschmeichelt. Doch das können sie nicht machen, denn an uns klebt Blut, und dieses Blut sogar floß uns zu langsam, wir warn doch nur die eine kleine Gruppe, viel zu klein, der Zulauf war nicht einmal tröpfelnd, bis er ganz versiegte, nicht einmal so tröpfelnd wie das Blut zum Wochenende auf den Straßen, da klebts überall, das Blut, und schimmert noch im Licht der Scheinwerfer, bevor es stockt. Ich stocke auch, die Waffen sind zu langsam, unser Blut ist fort, vielleicht klebt es in Büchern fest, es rinnt nicht mehr, nicht mehr zu unsren Lebzeiten, um zu gedeihen bräuchten wir wohl einen Platzregen aus Blut, zumindest reinigende Unwetter in Massen, was wollt ich gleich noch sagen, Schwester. So bin ich hier zu deinen Füßen hingestürzt, denn du hast hier die Mehrheit, du hast deinen Hans, und ich hab nichts und niemanden. Ich versuch noch, mich in dir zu ehren, verewigen wär schon zuviel gesagt, versuche, mich in dich hineinzudenken, damit mir wenigstens die eine Frau die Ehre antut, die einst meine Schwester war und das ab heute nicht mehr sein will. Warum bist du grausam und brutal zu mir, ich hab dir nichts getan? Du wirst mir meine Zweifel doch nicht vorhalten, sie sind ja noch das einzige, das ich mir selbst vorhalte, damit ich mich noch überhaupt bewege, sie sind wohl die Karotte an dem Ast, dem ich noch immer hinterherrenne, als wär ich ein dummes Tier, kein Wunder, sie behandeln mich auch so. Ich renn, obwohl bereits mit einem Eifer, welcher schwindet wie das Licht, das ich durch meine eigne Schlinge sehe. Schände nicht das Blut, das wir doch selber lang vergossen haben, ja, auch andre, doch in unserm Namen! Und vergiß nicht, nach uns sind schon andre da, die auf den Einsatz warten! Oder ist da keiner mehr? Wenn du mich jetzt so unglaublich gemein behandelst, schändest du doch unsre eignen Taten, die das letzte sind, was uns noch bleibt, ach Gott im Himmel oder wer auch immer! Steh nicht da, so schroff und unzugänglich, du bist meine Schwester, steh nicht da wie eine Klippe, die emporragt über ihresgleichen und natürlich über alle Bürger auf den eignen Müllkippen, grapschend nach dem Nichts. Hast du geglaubt, das Volk, der große Lümmel, will, daß kein Gesetz mehr sei, das hieße dann, das Volk sich selbst nur überlassen, armes tugendhaftes Volk – das sind dann alle außer uns –, ich lach mich krumm und schief, wie sagte noch der Dichter, Volk, du tust nur deine Pflicht, das heißt, du opferst deine Feinde, das sind wir, jawohl, die Nummer, die vorhin wir uns aus diesem Automat gezogen haben, bevor wir in den Wartesaal der Weltgeschichte uns gesetzt, die Nummer ist jetzt aufgerufen, leuchtend klar in Schrift dort vorn, ja, schau nur, grad hat sie gewechselt, diese Nummer, sind wir denn schon dran? Ich frag mich, denn gleich geht die Tür auf, was es wohl mit uns so machen möchte, dieses Volk? Wenn man es läßt, dann steigt es, da bin ich mir sicher, unter Blitzesstrahlen, Donnergrollen, Sturm und Rauch und Bombenschlägen aus sich selbst hervor und möchte dabei unverletzt doch selber bleiben, für ein jedes Volk ists besser, wenn die andern dran sind, außer es geht um diese oder jene Subvention aus Brüssel, doch noch sind wir nicht soweit, das ist dann eine andre Zeit. Uns bürdet es das alles auf, das Volk: Gesetz, das gar nicht gilt, aus Stein und aus Papier, Gesetz, das niemals gelten wird, aus Wurst und Käse, ja, von mir aus auch Gesetz, das niemals trat in Kraft, aus Milch und Vollkornbrot und Marmorkuchen und aus Sonderangeboten: Fleisch, das mehrmals umgerubelt wurde, dessen Datum, seit das Kalb, das Schwein, das Backhuhn sind getötet worden, schon so oft geändert sind, daß dieses jeweils arme Tier sich nicht mal selbst an den Tag seiner Geburt erinnern könnte, lebte es noch und hätte ein Gedächtnis, na, wir essen alles, Menschen würden ihre eignen Kinder fressen, wenn sie hungern, falls sie welche haben, wenn sie keine haben, ist das Pech. Sag, weißt du noch, warum wir angetreten sind, der Dritten Welt zu helfen und damit auch uns in unsrer eignen Welt? Weißt du es überhaupt noch, schließlich ist so lang das her? Es genügt ja nicht, zu sagen, daß im Namen des Gesetzes kein Gesetz mehr sein soll, denn schon das wär ein Gesetz, aus sowas werden irgendwann mal neue Vorschriften, gegen die wir wieder anrennen dann müßten, ich zum Glück nicht, denn ich bin ja tot. Bin Stein, der Fleisch geworden ist, wär das nichts für eine neue Religion, ich könnt doch glatt ihr Jesus werden, oder etwa nicht? Wir kommen schließlich beide aus dem Pfarrhaus, nicht demselben, aber beide, oder hast du das vergessen? Steh nicht da wie dieser Felsen, der einst Fleisch war und nie wieder Fleisch wird, den die Strandende, ja, ich, vergeblich ringend zu erfassen strebt. Du stößt mich weg, das kanns doch wohl nicht sein?! Mein Alles hängt, mein Leben, mein Geschick, an meinen Worten, die ich hier so schön geschrieben habe, doch du hast sie nicht geduldet, nimmst mir noch mein Wort, mit dem ich mich an die Genossen richte, doch schon wider bessres Wissen, das hast du sehr wohl gesehn, du mußt ja Röntgenaugen haben, Schwester, daß du in deiner Lage sowas siehst. Was ist mit uns geschehn? Meiner Tränen Kraft können dein Herz, das heißt das Herz der Gruppe, nicht mehr rühren, das hab ich schon lang gespürt. Wenn ihr mich anschaut mit dem Eisesblick, den ihr so lang geübt habt, wenn auch nicht an mir, doch ja, jetzt auch an mir, schließt sich das

Herz mir schaudernd zu, der Strom der Tränen stockt, und kaltes Grauen fesselt mir die Worte in der Brust. Und wenn ich sie herauslasse, die schweren, dunklen, mühevollen Worte, jedes eine Riesenarbeit, kommen sie nicht richtig bei euch an, und ihr verstümmelt sie noch weiter, wo ich mir soviel Mühe mit dem Schreiben gab, und Schreiben ist das einzige, was ich noch habe, Schreiben und die Gruppe, und beides fällt mir aus der Hand, sobald und wenn ich mich danach erst bücken muß. Nein, man kann sich gar nichts aufheben, wenn man ins Dunkel geht. Nur manchmal noch hab Sehnsucht ich nach meinen Kindern, doch solche Anwandlungen von Schwäche werden von dir, Königin, ja ganz besonders attackiert. Du bürgerliche Fotze, sagst du ständig, nichts höre ich öfter als das Wort, das Blasen wirft und eitrig unterlegten Schaum aus meiner Möse reißt, die findet sich im Zwickel dieser Hose. Ein kleiner gelber Fleck. Was bleibt mir selber andres übrig? Nichts. Denn da ist gar nichts mehr.

GUDRUN:
Das ist es, was du mir zu sagen hast? Viel ist das nicht, das mußt du selber zugeben. Du willst mich sprechen, doch wenn du mich dann siehst, so laberst du daher nur endlos, aber du sagst nichts, nicht einmal meines Anblicks Trost bringt dir noch was. Dem Trieb zur Großmut folg ich prinzipiell nicht, das solltest du doch wissen, das zumindest nach den Jahren, die zusammen wir verbracht! Ich muß dich leider dem gerechten Tadel aussetzen, auch das gehört zur Gruppendisziplin, bloß du verstehst ja nicht einmal das Wort, und doch gehörts dazu, daß ich und Hans, wir beide tadeln dürfen und sonst keiner, so ist das nun einmal, sonst kommt nur Scheiße raus. Das Volk, zu dessen allerbesten Freunden wir uns aufgeschwungen haben, will uns nicht, versteht uns nicht, womöglich hat es bessre

Freunde, das hat man ihm so lange eingeredet, denn es ist noch nicht soweit, soviel hast sogar du geschnallt, doch mordest du dich selbst in deinem Grimm, wozu? Nur weil wir dich nicht in unsrer Gruppe wollen oder was? Das bildest du dir ein! Sogar du selbst hast vorhin doch gesagt, das Volk braucht bei den Revolutionen keine Führung, es weiß selbst, was es zu tun hat, du hast nicht die Kraft, ihm deine aufzuzwingen, also überlaß das uns gefälligst, wir werden deine Hände führen wie die Hände dieses Volkes, doch im Grunde interessiert uns das nicht mehr, denn unsre Hände sind verschlossen ab sofort von selber, und das nicht nur für dich, die Hände dieses Volkes sind dafür ganz sicher unentrinnbar, was sind schon dagegen unsre? Uns haben sie gekriegt, sie haben uns geschnappt, das Volk will uns, doch will es uns gefesselt und am liebsten tot und gargekocht, zur Schau gestellt in der Vitrine eines Supermarkts. Schau selber, Schwester, ich sags dir zum letzten Mal, daß dieses Volk uns lieber tot sieht als die Feinde, die es nun tatsächlich hat, das Volk wird es noch merken, doch für uns wirds dann zu spät sein. Keiner unsrer Brüder, keine unsrer Schwestern wird die Arme öffnen und uns aufnehmen, wir halten auch kein Blutgericht ab, denn es ist ja keiner da, den wir noch töten könnten, draußen, die Genossen, die versuchens noch, zwei kurze Generationen lang, die immer kürzer werden, irgendwann dann lösen sie sich auf, das prophezeie ich, es ist dies ein kurzer Augenblick und nicht mal einer für die Menschheit, doch für uns ist sie gelaufen, diese Sache, nur noch du bist da, du läufst auch nicht mehr richtig, bringen wir halt dich um, bevor du mit uns dasselbe machen kannst, das nennt man Blutgericht für alle unsre Feinde, wir sind uns selber ganz gewiß am meisten feind, das seh ich schon an dir. Wen immer wir auch morden, eins steht fest: Wir müssen von dem Sockel unsrer Menschlichkeit heruntersteigen, du hast das bloß noch nicht kapiert, daß wir gar keine Menschen sind, wir sind viel mehr, die Menschen wollen wir erlösen in der Zukunft, heute gehts noch nicht, Entschuldigung!, ich sage: leider, und wir könntens auch, wenn du nicht immer, wie ich dir schon mal gesagt, die blöden Füllwörter wie Gips und Stein- und Holzwolle dazwischen stopfen würdest, wo sich eine Lücke in der Argumentation eröffnet, dort kommen sie rein ins Loch, wie ein Tampon. Wer soll sich davon schon erweichen lassen, nein, ich wollte sagen: sich verhärten, denn das ist eigentlich das angestrebte Ziel. Wenn du von Haß sprichst, und das tust du, auch wenn du das Wort niemals verwendest, dann kann ich dir sagen, daß ich spüre: Ja, du haßt uns! Früher hast du uns gehabt, gebraucht, jetzt haßt du uns auf einmal, ich weiß es nicht warum, und es ist mir auch egal, auch unsre Schuld daran ist mir egal, vorausgesetzt, wir hätten eine, denn wir sind die Gruppe, wir wir wir! Und du bist gar nichts, du bist ohne die Gruppe eine Null, ein Nichts, das weißt du auch. Für den Haß, den du empfindest gegen uns, gibts einen ganzen Sack Signale, das kannst du nicht leugnen, der besteht dann nicht so einfach nur in lässig vorgetragener Passivität, im Sich-Entziehn, in deiner absolut kaputten Sprech-Grammatik oder Schreib-Grammatik, da seh ich ja nur den total kaputten Inhalt, nur Zerstörung, Mißverständnisse, die du alleine produzierst etcetera. Das Problem ist, daß du und deine Anhänger, falls du noch welche hast, als die auf fürchterliche Weise desorientierten Schweine, die ihr seid, zu einer echten Last geworden seid für uns. Du willst jetzt was? Du willst jetzt Selbstkritik? Ist das dein Ernst? Das können wir halt nicht, wir kritisieren immer andre, das ist unser Ziel und unsre Aufgabe, das Kritisieren andrer, und die können froh sein, daß sie diesen Sektor Selbstkritik nicht ganz alleine tragen müssen, diese Kritisierten. Würden wir uns selber kritisieren, fiel die ganze Gruppe auseinander in genau dem Augenblick, das muß dir doch klar sein, denn im Knast haben wir nichts als den inneren Zusammenhalt, den willst du sprengen, blöde Fotze! Mit dem, was du die Selbstkritik hochtrabend nennst, damit will nichts zu tun ich haben, nein, und auch mein Hans nicht, und nur ich darf für ihn sprechen, und wir beide wolln das nicht, weil wir es selbstverständlich ganz durchschauen, und daß wir uns selber kritisieren müßten, glaub das bitte nicht, es hätte keinen Sinn! Ihr seid es, du speziell bist es, Maria, die uns fertigmachen möchte, aber das wird euch niemals gelingen, wir sind stärker, wir halten sicher noch ein Jahr, zumindest eins, wenn nicht noch länger, nur darauf läufts hinaus, du machst uns fertig, was die Justiz alleine niemals könnte, die stellt jetzt den Richtblock auf, doch du hast dich ausschließlich nach Hans und mir zu richten, das hab ich dir auszurichten. Ganz egal, wer dich jetzt richtet, du bist schon durch uns hin- und auch hergerichtet für den Tod, merk dir das endlich! Sieh den schwarzen Fleck auf deiner Stirne! Sag mir mal, was soll das Ganze noch? Wie es jetzt ist, hab ich dir nichts mitzuteilen, aber auch schon gar nichts, also halt die Fresse, bis du was verändert hast, oder geh zum Teufel oder zu den letzten der Genossen, die noch auf deiner Seite sind, geh auch von mir aus zu dem Macker, den du hattest, ja, von mir aus auch zu der Tussi, die du hattest, irgendeinem Macker oder zu den Kindern, die sind auch nur eine Ware und nichts weiter, damit solln sie aufhören, dabei muß man ihnen helfen, alles andre ist Fürsorger-Scheiße, fahr zur Hölle, Schwester, hier hab ich den Fahrschein schon für dich gelöst, er ist bereits entwertet, so wie du als Ganzes dich gelöst hast und entwertet bist! Nicht einmal den Schrei des Unwillens riskierst du mehr, du Angepaßte, du hast doch genau wie wir so lang den Feind gesehn und seinen Lärm vernom-

men und den Lärm mit unserm größeren verdeckt, die
Zeitungen schrien es heraus, doch wir warns nicht, die dieses Lärmzeichen dem Volk gegeben, denn das Volk, es tut
nur, was es will, es will sich selbst bewachen, sich selbst
töten, sich auch aufgeben oder wie die Maden in dem
eignen Sonntagsbraten, den sie vom Mund sich abgespart,
herumwimmeln, ganz wie es will, das Volk, es ist der
größte Terrorist; doch uns, die wir das alles lang studierten, läßt es das noch immer nicht erledigen, so muß es
sich selbst mit seinen eignen Waffen schlagen, anders seh
ichs nicht. Wir haben viele Streiche gegen die Schmarotzer,
die Ausbeuter der trägen, müden Massen angeführt, jetzt
sind wir selber müde, du nun ganz besonders, Schwester,
ich sehe es dir an, jeder Streich, den wir jetzt führen, trifft
in erster Linie dich. So duck dich doch! Willst du uns denn
nicht ausweichen? Willst dich nicht ergeben? Du warst
doch schon tot, bevor du uns gesehn hast, meinen Hans,
zum ersten Mal! Ich sag dir jetzt, mit jedem Blick, mit
jedem Wort, das von mir rausgeht, drin wie draußen, geht
es um das Alles, was nicht mehr beschrieben werden muß.
Denn zwischen meinen Hans und mir, da paßt nicht
mal ein Blatt Papier. Auf deinen Hals paßt immerhin ein
Handtuch. Es ist dein Grundirrtum, daß du noch was
beschreibst, es ist nichts zu beschreiben, es ist alles unbeschreiblich, solang Beziehungen der Menschen nichts als
Waren sind wie all ihre Verhältnisse. Niemand sieht das,
niemand glaubt das, jeder glaubt, er liebt oder er liebt
nicht, ist doch egal, was man mit Waren machen kann, ist
wegschmeißen den Scheiß, bekämpfen ihre Hersteller,
oder sein es lassen, wie es ist. Oder auch verändern, das
ist alles eins. Ich hab nichts mehr euch auszuliefern, dir
schon gar nicht, Schwester, ich hab nichts mehr, nein, auch
nichts zu schreiben, denn das, was da geschrieben ist, die
Tonnen, abertausend Tonnen von Geschriebenem, diese

jahrhundert-, ja jahrtausendalte Scheiße, all die Tonnen voller Schrift, man nennt sie Müll-, auch Abfalltonnen, die dienen nur dazu, daß sie, und es wär endlich Zeit dafür, zum Ausdruck selbst des Menschen an sich werden, damit hat genug er dann zu tun. So ist er von der Straße weg und vor dem Fernsehapparat. Nur so zieht er sie wieder aus dem Dreckskübel der Worte, schaut sie an, o Gott, die sind gebraucht, wie eklig! Na, macht nichts, dafür warn sie gratis. Das ist meine Sache, dieses blöde Schreiben über etwas, das ein andrer ausgespuckt hat, und wär sies nicht gewesen, diese Sache, ist sies jetzt. Das bin ich, Das Wort an sich. Und was ich nicht mehr schreibe, was ich schreibe, was die andren schon geschrieben haben oder nicht, all das bin ich. Nicht Frieden, sondern Krieg – das jedem, der was von mir wissen will, wenn er noch Fragen hat.

ULRIKE:
Die RAF oder der Tod, sonst gibt es nichts mehr, denn ich weiß nicht, wann der Anfang war, als ich mich damals scheiden ließ und so zufrieden war mit mir und allen andren auch, vor allem meinem Ex, den war ich los, wo bin ich hingekommen, wie soll ich mich meinen Worten, die so kläglich klingen, stellen, denn du, meine Schwester, sollst doch ergriffen sein, nicht mich verletzen! Aber es ist sinnlos, dieses Herz aus deiner Brust zu reißen und gegen einen andren, irgendeinen andern Motor auszutauschen, der möglicherweise mehr PS hat, Gott, gib meiner Rede Kraft und nimm ihr jeden Stachel, der verwunden könnte, doch die Wahrheit bleibt, ich kann sie nicht mehr ändern, und die Wahrheit ist die Kapitulation. Das ist die Meldung, die im Grunde nur von euch kam und der ich mich jetzt nicht entziehen kann. Mir hat die Augen das geöffnet, wären sie nicht längst schon offen und auf euch gerichtet, dagestanden wie Soldaten, die die Tür verwehren jedem

Fremden. Weißt du, Schwester, was der wahre Name des Verrats ist? Kennst du die Bedingungen, unter denen eine alle andren mit verrät? Das ist genau der Augenblick, da man sich so erniedrigt, daß sogar Bedingungen man stellt, genau das wollten wir doch nie oder nur, wenns um die Befreiung der Genossen ging! Was hast du mir gesagt, was hast du mir dazu gesagt? Als hätt Verrat ich selbst an euch begangen, so hast du zu mir gesprochen ohne jede Solidarität, von Freundschaft ganz zu schweigen, sag, in welcher Hand befinde ich mich nun? Da hätt ich ja bei meinem Mann in unsrer Villa bleiben können! Ich weiß es wirklich nicht, du, Schwester, wirst dich an der Macht noch überheben, und du endest so wie ich, soviel kann ich dir heute schon versprechen, doch du schenkst mir nicht mehr dein Gehör, das seh ich. Und jetzt, da ich dein Auge suche, fliehst du mich und fliehst den Blick. Wenn damals alles anders wär gekommen, diese letzte der Begegnungen, die zwischen uns passiert, geschähe nicht an diesem traurgen Ort, doch andrerseits gäbs keinen Ort, an dem wir uns begegnet wären, außer vielleicht in irgendeinem Pfarrhaus, wo der Frauenkreis, beschäftigt wie er war mit Handarbeiten oder Blumenstecken, einmal in der Woche tagte, doch das ist vorbei, vorbei, du Mädelführerin, nenn mir meine Schuld, wenn du den Mut hast, oder schweig! Einst war ich eine Königin wie du, doch wie hast du zu mir gesprochen? Was hast du zu mir gesagt? Hast du tatsächlich mir gesagt: So weit darf man sich nie herablassen zu der falschen Klasse, der man niemals angehört und niemals angehören will, das muß mit Stumpf und Stiel schon ausgerissen werden, bevor es noch erscheint auf dieser Erde. Du bist eine bürgerliche Fotze, das hast du zu mir gesagt, hast du das, ja oder nein? Und warst denn du was anderes? Es spricht die eine Königin zu einer andern, die sie wohl damit entthront hat, hast du das gesagt, ja oder nein? Du hast gesagt, da gibt es keinen Ausweg, keinen Ausweg, keinen für uns beide und auch keinen für je eine von uns zwein, denn wir müssen beide sterben, Unterschied: Ich weiß das schon, du weißts noch nicht, du ahnst es wohl, du weißt es aber nicht, so wie ichs jetzt im voraus weiß, ich reiß mich selber aus, ich reiß mich aus dem Zellenboden, einmal, einmal will ich noch hinauf. Ich mach mir einen weichen Stiel aus einem Handtuch, und dann reiß ich mich vom Fensterkreuz, aus diesem Kreuz reiß ich mich selbst heraus, damit ich niemals blühe, nicht mal nächsten oder übernächsten Frühling. Kann ich doch für mich selbst nicht sprechen, ohne dich schwer zu verklagen, Schwester, und das will ich nicht, du willst sonst nichts als meinen Tod, doch den willst du ja die ganze Zeit schon, und daher hast du an mir gehandelt, wie es niemals recht sein kann. Ich halt das nicht mehr aus, deine Gemeinheit, deine Hinterhältigkeit, oje, entschuldige, ich hab mich jetzt vergessen, und bis dahin ist wohl noch etwas Zeit, wenn auch nicht viel! Du sagst mir ganz im Ernst, der wahre Sachverhalt sei der, daß statt Ulrike, deiner Schwester, die jetzt nichts als eine deklassierte und gedemütigte Kolumnistin in der Menschenfalle, und das ist die Falle eines Falles, ist und natürlich Mutter, Ehefrau und Fotze, komisch, daß als letzte meine Fotze sprechen darf mit ihrem armseligen Sekret, was wollt ich vorhin noch, Sieg oder Tod, RAF oder Tod, was andres ist dir nicht mehr eingefallen, als mit mir zu sprechen, als wär ich die Klassenfeindin in Person! Ich komm jetzt nicht mehr her zu dir als Bittende, das ist vorbei, wer sowas zu mir sagt, der ist für mich gestorben, bald werde ich erhängen mich, das ist beschloßne Sache, ich weiß im Grunde nicht, was ich von dir noch will, ganz sicher nicht, daß du mich noch mal Schwester nennst, wenn dus nicht meinst. Im Knast gibts nicht des Gastrechts heilige Gesetze, das verhöhnen

Kerkermauern schon von Grund auf. Alles wurde mir entrissen, meine Kinder, einfach alles, und man stellt mich vor ein schimpfliches Gericht, das ich nicht anerkennen kann, doch das gilt für euch genauso. Ich geh euch voraus jetzt, so, so ist es gut. Ein böser Geist stieg aus dem Abgrund auf und gab uns erst den Grund für unsre Taten, ich seh deutlicher als du, daß es vergeblich ist und kämpfen sinnlos. Wahnsinnige Eiferer, die gegen diesen wunderbaren Staat, der ein Gebilde ist, das man nicht sprengen kann, auch wenn er weniger ein Wunder als ne simple Tatsache ist, und gegen Tatsachen kann man nicht kämpfen, leider, Eiferer, die sich dem Staat, in dem sie selber leben, mit ihren Waffen stellen, um ihn zu zerstören, sind von Anfang an verloren, dieser Staat wird still gestürzt, wahrscheinlich nie, und wenn, dann nicht von uns, er implodiert in sich hinein. Nur ganz Europa als Vereinigung öffentlichen Rechts, das aus privaten Taschen kommt, nur dieser Konzern, der Trust Europa, dem ein jeder trauen wird, und das zu Recht, der hat die Macht, der kann der unglückselgen Flamme dieser deutschen Bestie, die wohl immer wieder aufbrüllt, wenn da einer ist, ders Gas aufdreht, der kann der Bestie Halt gebieten, der Konzern Europa und sonst niemand. Manchmal glaube ich sogar, in uns sei diese Bestie Deutschland noch mal auferstanden, da, schau hin, in unsrer unberufnen Hand, die wirklich keiner je gerufen hat, nicht mal die blöde Springerpresse, nicht mal der Bundeskanzler, keiner dieser Funktionäre, nicht das Heer der Ausgebluteten, das hat doch nie gewollt, daß andre für sie bluten, für die Opfer, ihnen rinnt aus ihren aufgeschlitzten Kehlen nichts als Kotze aus dem Fernsehn, nicht mal Blut, die haben sich schon längst verblutet für den neuen Fernseher, der nichts als ihre Augen quält und austrinkt mit viel Bier dazu zum Spülen, doch das ist es ihnen wert. Wir warens ihnen nie: was wert, und wir warn ihre eignen Kinder! Was die Väter taten, wollten sie im Grunde auch nicht wissen. Ja, ich sag es dir, der Böse Geist stieg aus dem Boden, um den Haß in unsren Herzen zu entzünden, doch was ist jetzt davon noch übrig? Eine alternde enttäuschte Frau, die, statt ihre Handtücher zu waschen oder ihre Kinder und ihr Auto, diese Tücher knüpft zu einem Band, doch dieses Band ist keineswegs ein Band der Freundschaft, da sind wir uns einig, Schwester mit dem neuen Sweater, aber nicht mal den wird man dir lassen. Vielleicht wars das Fluchtgeschick der Gruppe, diese Anspannung der Nerven und der Kräfte hält kein Mensch aus, nicht einmal ein Tier, da hat es vielleicht angefangen, doch mein Ausstieg aus dem Bürgertum war vielleicht zuwenig überlegt. Er fand schon vierzehn Tage später statt, nachdem die Scheidung von dem Schreiberling dann endlich durch war, der bald, in ein paar Jahren, darauf könnt ich wetten, so wie ich ihn kenne, für etwas wie Vertriebenenverbände, für die nationale Rechte schreiben wird anstatt für unser aller Rechte, nachdem er mich vertrieben als die Frau des Hauses. Als ich den Ausstieg erst noch richtig zu genießen anfing, bin ich schon abgetaucht vor dem täglichen Zerfließen, das man Liebe nennt. Es war mir selber gar nicht recht bewußt. Doch da kam der Zwietracht Furie richtig auf mich zu, diese Zwietracht jeder gegen jeden, zu der ihr, und nur ihr, eine wie mich getrieben habt, ich bin ja gar nicht so, ich bin ganz anders, keiner wird es jemals wissen, wie ich bin und war. Ich weiß es selbst nicht, wo war ich noch gleich? Ach ja, jetzt ist kein fremder Mund mehr zwischen uns, du Schwester, es gibt keinen Kuß, es gibt nur dieses dunkle Strahlen von dem Engel, der mich holen kommen wird, er hats mir in die Hand versprochen, der ist ganz sicher zuverlässiger als du. Wir stehn einander selbst nun gegenüber, Tatsache ist, ich hab mich furchtbar weit von euch entfernt, das Schaltjahr ist zum Lichtjahr jetzt geworden, so weit bin ich weg vom Schalthebel der Gruppe, denn ihr habt das selbst erkannt. Ich kann nur sagen: Fehler und mich für ihn entschuldigen, was glaubt ihr wohl, wie viele sich nach mir entschuldigen noch werden und für nichts, für weniger als nichts, das kommt davon, daß Deutschland sich viel weniger entschuldigt hat, als man es noch entschuldigt hätte, wer auch immer was entschuldigt. Wir verzeihn ihm nicht, und wenn schon alle andren ihm verzeihen, wir verzeihen nicht, das steht mal fest. Mir ist bewußt, daß ich euch gegenüber diese Fehler, die ich aufzählte, begangen habe, daß in mir in einem Maß, das ich gar nicht groß genug beschreiben kann, die Tiefe des Verrats wohnt, weil ich euch nicht glauben kann, nicht mehr, und daß ich mir all dieser Tatsachen in dem Maß, in der Tiefe des Verrats schon nicht mehr ganz bewußt bin. Ich bin wohl eine Deserteurin, sprechen wir es aus, wies ist, ich war mir dieser Flucht im Grunde nicht bewußt, bis ich am Grunde war. Die eine Flucht war nicht vor euch, sondern auch vor mir selber, ich war wohl eine elitäre Sau, ich kann es gar nicht anders nennen, was ich war und bin, ich wollte alles besser und aus mir heraus alleine wissen, statt auf euch zu hören, eine blöde intellektuelle Schnalle, ja, das war ich, ihr habt recht, ich kann nicht anders reden über mich, inzwischen glaub ich alles euch, auch meine hilflos rudernde Politisierung, die ins Nichts führt, ist gescheitert, denn Politisieren, das heißt Kämpfen, heißt, dem eignen Bullen, und zwar dem in sich selbst, das Kreuz zu brechen, ja, das heißt es. RAF sein heißt an sich nur arbeiten mit jedem Tag, das konnt ich nicht, RAF oder Tod, also ist der Tod wohl das geeignetste für mich, die RAF wars nicht. Man kann nicht innerhalb der eigenen Familie Konkurrenz ganz ausschließen und aufgeben, doch das ist ein andres Blatt, das nicht mehr umgeschlagen wird, denn man muß gegen Konkurrenzgefühle auch noch kämpfen, innerhalb wie außerhalb der eigenen Familie, in die jeder reinkommt, in die Konkurrenz zu jedem, der die Familie anfängt zu verlassen. Vorher macht die Konkurrenz nichts aus. Erst wenn man gehen will, wird sie relevant.

EIN LETZTES MAL, NA, DA WÄR ICH MIR NICHT SO SICHER!, DER VERSPRENGTE ENGEL:
Was ich noch sagen wollte, ist, den Hungerstreik darf man nicht allzu wörtlich nehmen, hier ist Hühnerfleisch, und hier ist Braten, eingewickelt in ein Taschentuch, das der Verteidiger mir mitgebracht hat, überall ist Essen, es verrottet schon, es stinkt, und andre hungern, doch sie tuns, ohne zu streiken, die Idioten, dabei könnten sie viel bewirken, wenn sie ihr Verhungern nachträglich noch als Streik legitimieren würden, dieser Braten, sagt mein Herr Verteidiger zur Aufschließ-Wachtel, ist seiner, ist sein eignes Frühstück, da lachen nicht mal mehr die Hühner, die in Stücke sind geschnitten und dann frikassiert, damit sie wenig Platz einnehmen. Umgeben bin ich ganz von liberalen Schnallen, die nichts öffnen und nichts schließen, nur die Grete ist die Ausnahme, die folgt mir überallhin, wohin ich auch gehe, ich geh nirgends hin, und sie geht glatt mit mir ins Nirgends, denn es gibt jetzt keinen Ort mehr auf der Erde, doch ich halte auf die Grete umso mehr, die Ulrike, die Maria ist ne bürgerliche liberale Fotze Fotze Fotze, das sag ich ihr auch ins Gesicht, wenn ich sie sehe, doch sie weiß es eh schon, sie hat nicht kapiert, daß nur der Kampf sie kann befreien, sie hats nicht geschnallt, auch wenn sie lügt, sie hätt es längst kapiert, sie hat es nie kapiert, das sage ich, das weiß ich ganz genau, und selbst im Kampf noch dreht sie sich um sich wie ein total verrückter Kreisel, der nicht aufhörn kann, sich um sich selbst zu drehen, doch ich frag mich, wer gibt ihr den Schwung?,

egal, so ist sie, immer geht es nur um sie. Natürlich krankt dran ihre Produktion für uns, die sie jetzt nur vernachlässigt, sie hat wohl aufgegeben, diese Kuh, die blöde Fotze Fotze Fotze, die schnallt nicht, wie alle Weiber, die bloß keifen und die Typen anschrein können, es nicht schnallen, daß es nur eine einzge Lösung gibt, und die heißt Produktion und Produktion und noch mal Produktion, nein, nicht von Waren, das solln andre machen, die es besser können, die mit der Zumutung leben können, daß sie etwas machen, das ihnen nie gehören wird, von dem sie niemals leben können, denn der Gebrauch von Arbeitskraft ist Arbeit selbst, und da ist dann der Käufer dieser Arbeitskraft, der konsumiert sie, indem er den Verkäufer für sich Arbeit leisten läßt. Letzterer wird durch die Arbeit, die er leistet, Arbeiter, und zwar ein wirklicher, nicht so wie wir, zum Schein. Wir nennen uns bloß so und nicht mal das, wir solidarisiern uns nur. Um seine Arbeit dann in Waren darzustellen, muß er sie vor allem im Gebrauchswert darstellen, dieser Arbeiter, denn zu irgendeinem Bedürfnis muß die Ware da sein, damit sie es befriedigen dann kann, ohne zu fressen, braucht man keinen Kühlschrank, ist doch logisch, denn dann braucht der Arbeiter ihn nicht, obwohl er selber hergestellt ihn hat, doch dann hat er nichts reinzulegen, arme Sau, der findet echt kein andres Schwein für seine Tiefkühltruhe, so, und das wars auch schon, die Talkshow-Produktion von heute, die von morgen, die von gestern und so weiter, eine ist um drei, die nächste dann um vier, bis wieder mal ein schrecklich Primetime-Winseln anhebt, da ist nun einmal endlich eine Art von Kollektiv am Wort, ein Winseln, das wie früher die Gebete zu dem Gott, der leider bald mein Chef sein wird und es wahrscheinlich immer war, obwohl ich ihn nie sah, das nennt man Ewigkeit, ich will ihn nicht als Chef, ich glaub ihm nicht, ich intrigiere gegen ihn, doch muß ich ihn wohl anerkennen, wie ich das Gefängnis anerkennen muß, und die Gebete, die ein Winseln und ein Jammern sind, steigen wie das Gift in einem ausgeronnenen Containerschiff oder dem Äquivalent eines solchen aus Kanälen auf die Straße rauf, sie überschwemmen alles, irgendwann, das hoff ich doch. Es ist also ein ganz besondrer, sagen wir: Gebrauchswert, den der Mann in der Karibik oder sonstwo offshore hier vom Produzenten seiner Waren anfertigen läßt, all diese Fetzen für die Tussen, all die Waren, einer muß sie machen, und wärs in China, Indien, Bangladesh und Vietnam, mir doch egal, diese Produktion, egal, wo die grad stattfindet, das wechselt beinah stündlich, diese Produktion, die ändert ihre böse und gemeine allgemeine, ja: Natur nicht dadurch, daß sie für den Reichen, den Besitzer des Produktionskapitals oder doch zumindest unter der Kontrolle dieses Menschen vorgeht, meine Botschaft lautet: Der Prozeß der Arbeit ist zunächst ganz unabhängig von jeder bestimmten und gesellschaftlichen Form, als die sie auftritt, diese Arbeit, zu betrachten, jetzt hab ich schon wieder ganz vergessen, was ich sagen wollte, ich sprach doch vorhin von der Produktion, ihr blöden Weiber, ohne euch gäbs auch die Kleider nicht, die von den Ausgebeuteten erzeugt, ihr fragt mich, wozu ich mich aufrege? Was ich mit alldem meine, ist die Suche, ja, ich mein die Suche, nein, die Suche mein ich nicht, ich mein das Schreiben und das Kämpfen, das ja irgendwie auch so ein Suchen ist, oder seh ich das falsch, denn was andres als suchen gibt es nicht für Menschen, Tiere suchen öfter Bäume auf, der Mensch hat keinen Unterstand zu finden. Suche heißt: Die Waffen aus der Erde graben, neu entdecken sie und dann erobern, als wärn wir noch Könige und Kämpfer, ach! Was euch erwartet, ist der Tod, zuerst kommt diese Fotze dran und dann die nächste, dann auch die andern, ein Jahr später, die eine Kuh, die trifft nicht mal den Herzbeutel mit einem Stich von weitem, hätte halt sie näher rangehn müssen, und wenn man das Herz vergrößern würde eigens nur für sie, sie trifft es nicht, mir ist das auch egal, sie werden also abgeholt, und nicht von einem Karren, vor den sind sie ja gespannt, sie sitzen gar nicht drauf, weil sie, kaum sitzen sie, schon wieder runterfallen, nicht von einem Henkerskarren werden sie geholt, den Aufwand tut sich keiner ihretwegen an, es ist auch nicht mehr nötig, für die brauchen wir nicht mal ne Einkaufstasche, eingeholt sind die bloß von sich selbst, eingenommen auch. So rennen sie sich hinterher. Na schön, wenn abseits unbedingt sie stehen müssen, dann sollen sie sich selber auch ins Tor befördern, dieses Tor, es gilt dann nicht, so ist die Regel, nicht einmal, wenn sie ins tote Tor sich schleudern aus dem toten Trakt, nicht einmal dann gilt es für meinen Herrn, den Gott, der größte Feind des Menschen, der ist sein Gedächtnis, doch ihr lebt recht gut davon, so kommt mir vor, es ist ja alles, was euch bleibt, ich kann euch irgendwie verstehn, muß ich fast widerwillig sagen. Der Ort, an den ihr hinkommt, soll das letzte sichre Zimmer sein, nach dem ihr sucht, die Wohnungssuche bin gekommen ich euch abzukürzen, dieser sichre Ort, der soviel sicherer noch ist als dieser Trakt, ders euch nur vormacht, daß er sicher wurde, denn in Wahrheit ist er eigens für euch schon so tot geboren worden, und trotzdem hören alle mit und schauen in die Zimmerchen hinein, so klein sind die, damit ihr wißt, wie später euer Tod dann sein wird und der Sarg, denn dieser Ort ist jetzt schon Tod für euch und auch für das Gedächtnis, das ihr hinterlaßt, nur keine Angst, dort seid ihr sicher, sicher auch vor jedem Denken, denn das ist das Wichtigste, den Eindruck hab ich schon, wenn ich euch zuhör, ja, das Grab schafft Sicherheit, nicht bloß vorm Denken und Erinnern, es schafft Sicherheit auch vor dem, jetzt hört mal alle her: vor dem Vergessen selbst! Ich weiß nicht, was damit ich hier euch sagen will, doch das Vergessen tötet das Gedächtnis, ja, auch das an euch, ich schwörs euch, man wird zwar in dreißig, vierzig Jahren noch von euch vielleicht mal reden oder Ausstellungen machen oder auch Symposien und Tagungen und Workshops, allerdings wird dort dann in seiner grinsenden Armseligkeit euer Gedächtnis doch erst recht nicht leben, denn es lebt ja derzeit schon nicht mal in euch, es wird dann endlich tot sein, so wie ihr getötet worden seid, und zwar von euch selbst, und das Vergessen mit euch mit, nur das Vergessen ist auf eurer Seite, ach, egal, wie oft ihr noch das Bleiben wünscht, es ist euch nicht gegeben, und auch ich kanns euch nicht schenken, nicht verwehren, es ist aus, die Antwort ist ganz leicht, und trotzdem geb ich sie euch nicht, ihr müßt die Antwort selber finden, das Leben wie das Schreiben ist ein leerer Lärm, jetzt wißt ihrs auch, na also, niemand wird mich schrecken, ich flieg einfach weg, ihr kommt mir nach, doch laßt mich nicht zu lange warten, denn das Licht will ausgehn wie das Volk, das selber gerne ausgeht und vor allem in der Nacht, wo jede Menge Lichter heim ihm leuchten, doch es hat kein Heim, das Heim, das will noch gar nicht gehen, denn jetzt trinken wir noch einen, oder? Oder zwei und drei, das Ausgehn, ja, auch das der Flamme, ist der Ort, wo es noch stiller, dunkler, unsichtbarer ist als alles, was sie je gesehen haben in den Apparaten, die des Arbeitslosen einzge Freude sind, so wird es enden, kläglich, traurig und armselig und doch auch wieder groß! Ihr habt geglaubt, daß eure Idee all jene könnt vernichten, und ihr habt da selber fleißig nachgeholfen, eine Idee, gleich stark wie das Gesetz der großen Bombe, stärker als je ein Gesetz, das die Physik uns auferlegt, daß die Idee des Metropolenkampfes alle Ausgebeuteten und alle, die von Arbeitslosigkeit vollständig ausgeblutet sind, auf eure Seite bringen könnte? Ich muß weg, sonst lach ich mich noch krank. Ich fürchte, nur ein einzges meiner Glieder, und vielleicht nicht mal das stärkste Glied, das könnte euch schon umhauen. Ich wälz vor meinem Gott mich, wenn ich wieder zu ihm komm, im Staube wälz ich mich vor Lachen, doch was sagt der mir? Sagt der mir schlicht und einfach, daß er alle Menschen gleich geschaffen habe, jedoch habe er vergessen, sag ich ihm in der daraufhin folgenden Debatte, die, wie jede, für den Hugo ist, ich sag ihm also, er hat glatt vergessen, auch noch die Verhältnisse genauso gleich zu schaffen, dieser Trottel, sowas ist mein Vorgesetzter, ich kann es immer noch nicht fassen, schrei ihm zu, die Unterschiede müssen abgerechnet werden, ja kapiert der das denn nicht, ich hab es nachgerechnet, und es stimmt: Wenn alle Unterschiede abgerechnet sind in dieser letzten aller Abrechnungen, und Gott hat sich nur vorgestellt, es wärn die Unterschiede, die die Natur, die auch er selber ist, zu der er selbst gehört, da er sie ja geschaffen hat und sich gleich mit, ich kenn mich nicht mehr aus, haha, die sozusagen die Natur geschaffen hat in ihm, aber vielleicht auch ohne ihn, den Herrn, die muß man abrechnen, es darf keiner Vorzüge und keiner Nachteile aus den Unterschieden, die ja die Natur, das heißt in unserem Büro nur Gott, ganz gleich, in welcher Verkleidung er heut wieder auftritt, hat gemacht, haha, ich schütt mich aus, ich hau mich ab!, darf weder irgendwo ein Einzelner sich aufschwingen, doch aufschwingen darf sich ganz allein Der Engel, also ich, myself, mein wertes Ich, ich Engel darf, wie gesagt, und sonst darf keiner, keiner kommt mehr hoch; es darf, so hat man es mir eingetrichtert, doch ich glaubs nicht, es darf, hört endlich zu, es darf weder ein Einzelner noch eine ganze Klasse voll von Individuen sich über andre aufschwingen, so wie ich es tue, und zwar jetzt und gestern, morgen, jeden Tag, ganz ohne Mühe, denn jedes Glied von diesem Satz der Gleichheit und der Freiheit, will auf die Wirklichkeit er anwenden, der Mensch das Glied, der Engel oder Gott, der alles schuf, denn jedes Glied von diesem Satz, wenn es mal abgeschlagen ist, dann ists zu nichts mehr nütze, dann ists Gips und Holz oder Beton, ich bin nichts als ne lahme Ente, und bevor ich eine bleierne noch bin vor lauter Lachen, daß diese lächerlichen Federn tonnenweise, büschelweise von den Flügeln gipsern, ja beinahe stählern mir herunterkrachen, muß ich jetzt weg, ich muß hinauf, ich muß mich aufschwingen, ganz wie ihrs ebenfalls versucht habt, doch die vielen Jahre Zeit, die diese Dinge nötig hätten, wird euch niemand geben, kein Gerichtsvollzieher, keine Amme und kein Sozialismus, gar nichts. Denn von nichts kommt nichts, und selbst das Nichts kennt Unterschiede, macht euch da keine Illusion, ich bin schon weg, ihr könnt in Ruhe dann alle geheimen Feinde jeder Tyrannei, ob in Europa oder auch im ganzen Erdkreis, ganz egal, urbi et orbi oder wie das heißt, wo diese Feinde sind, ihr könnt sie auffordern, den Augenblick mit euch zu teilen, ich hab keine Ahnung welchen, ganz egal, das sollte ich euch ausrichten, ich bin schon weg! *(Engel schwirrt ab.)*

GUDRUN:
Wälz wälz wälz gut gut gut! Jetzt mal Klartext, Schwester, du machst jedem Bullen noch die Türe auf, wir haben das ja selber jetzt gesehn, der Typ mit Flügeln, der eben noch hier war, also ich hab den nicht reingelassen, ich sag mal, du warst das, du würdest ja jeden reinlassen, von dem du dir noch was erwartest, doch das ist vorbei: Das Messer in dem Rücken unsrer Gruppe, das bist du, weil du nicht lernst, weil du nicht lernst, weil du nicht lernst! Na warte, die Kostüme deiner Müdigkeit, wie habe ich sie satt, wie

hab ich sie gefressen, obwohl satt, wie mir zum Hals sie raus zehntausendmal und mehr mir hängen, ich könnt sie mir, wenn ich wollte, um die ganze Welt herumhängen wie eine Faschingsgirlande, denn sie sind doch nichts als Talmi, Flitter, Buntpapier und Kinderkram, diese Kostüme, lächerlich, zehn-, hunderttausendmal geschlungen um die ganze Welt, sie lähmend, so ist deine Müdigkeit, dein lustloses Agieren, dein Verzögern, Schleppen, Diskutieren, Schwester, mich hast du erwürgt mit deiner matten müden Unzugänglichkeit und Unzulänglichkeit, was habt ihr mich erwürgt in der Gestalt der Schwester aus dem Pfarrhaus: raunende Pastoren, Pfadfinder, Tantchen, Weiber, die nur fressen können, Jüngelchen, uralte Wesen, unter Schminke ganz erstickt, doch noch lebendig, wie wir es bald nicht mehr sind, uralte Wesen – wesenlos! Wie ich es satt hab! Hunger Hunger Hunger! Möchte mal wissen, bin ich jetzt im Kino, nein, dort nicht, im Kino bin ich sicher nicht, da muß ich dich bloß anschauen und weiß es schon: Im Kino bin ich nicht, oder was bin ich, wo bin ich, bin in einem Film ich oder eine Suppenschildkröte, oder was bin ich bin ich bin ich? Kampf! Kampf! Kampf! Du blöde liberale Fotze, meine Schwester, ja, dich meine ich, Maria, Muttergottes oder wessen Mutter auch du bist, ach ja, du hast ja Zwillinge, nicht schlecht, einmal die Mühe, und dann hat man zwei, ach, könnte man das auf die Produktivkräfte doch übertragen, doch das geht nicht, und es muß auch gar nicht gehen, denn von zwei Stück muntren Arbeitskräften, die recht willig wären, wenn man sie nur ließe, wird schon aus Prinzip wohl eine ausgespart und ausradiert, damit die andre dann noch einmal so gut pariert, jawohl, die andre macht das Doppelte dafür, damit sie nicht auch noch verschwindet, diese zweite Hälfte, die ein jeder Mensch hat, meistens allerdings, da findet er sie nicht und fällt ins Nichts, genau wie du, du produzierst jetzt gar nichts mehr, das ist doch der Beweis, nicht einmal die Papiere, die wir bis ins Kleinste ausgemacht uns haben, du bist nichts, und dorthin gehst du jetzt, und das ist auch ganz richtig so, der Engel hat das auch gesagt, oder das Wesen von vorhin, ich habe keine Ahnung, wer das war mit seinen starren Federn, du wirst ihn wohl noch kennen aus der Redaktion oder von sonstwo, als du noch gelebt hast. Die Welt, die ist ein Chaos, und die Schlinge, die auf ihren Kopf so wartet wie der Topf auf seinen Deckel, jeder hat den passenden in seiner Größe, gut, die Schlinge, sie kann abfahren meinetwegen, meine hat noch ein Jahr Zeit, doch was sich zuzieht, ist nicht das System, sist immer nur die Schlinge, die um unsern Hals liegt wie ein Muttermund, und was bringt sie da zur Welt, die blöde Schlinge im Pulsiern der Vagina und ihrer hochaktiven Beckenmuskeln? Nichts und nichts und nichts und nichts. Und mehr ist nicht als nichts, meinem Haupt droht noch der Streich, der dumme Streich des Stricks, doch deiner kommt ihm nicht mehr aus, den nimmt er sich jetzt gleich, den Kopf der selbsternannten Denkerin, die mit den Feinden Frieden machen wollte, bloß durch denken, du glaubst ja, Friede liege nur im Denken, das ist lächerlich, ich sag auf den Kopf, der bald, in nur ein paar Minuten, blutleer sein wird, hirnlos war von jeher er, ich sage: Frieden machen wollte irgendwo in einem dunklen Winkel, besser du als ich, nur keine Sorge, ich komm auch noch dran, so abgemagert wie ein kleines Kind, wie ich in einem Jahr von heut ab sein werde, denn mein Fett, das hab ich weg, kaum das Gewicht bring auf die Waage ich, daß dieser ausgemergelt Körper, dieser Drittweltkörper, grade genug noch bringt, daß diese dünnen Halswirbel er mir bricht, der Kinderkörper, den ich habe, am liebsten tät ers nicht, denn er hat schon so viel gehungert, soll er da noch sterben, es ist eh schon nichts mehr da von ihm und nichts mehr dran? Ich sag euch, die meisten Körper sterben widerwillig, ja, auch dieser arme Körper, nämlich meiner, ach könnt ich ihn doch einen Augenblick vergessen! Doch der hängt so an mir, der hängt an mir wie nie ein andrer, und draußen ist die Freundschaft, nicht in meinem Kopf, sie ist jetzt draußen, du bist drin im Strick, der Kopf ist draußen. Und er bleibt auch draußen. Oder ist der Körper draußen, und der Kopf bleibt drinnen? Wer soll das entscheiden, wer hat soviel Geld? Wer hat das bestellt? Wer hat sich zu uns gesellt?

ULRIKE:
Ohne mir den neu getippten Brief noch mal zu zeigen, hast du ihn schon abgeschickt, womöglich noch bevor im Kopf, dem jetzt das Blut bald fehlen wird, wie du ganz richtig sagst, er fertig konzipiert, der Brief, mit dem ein letztes Mal ich dieses Volk, das ja nicht meines ist, verführen wollte, und das nimmt man mir jetzt weg. Nein, nicht das Volk, den Brief, die Frucht meiner Gedanken, schön gerührt in Joghurt, der nur einhalb bis null Prozent hat, den kann ein jeder essen, wenn er nicht zunehmen, nicht Mehrwert werden will. Wir haben nichts bewegt, das fürcht ich sehr. Ich bin nur noch ein Schatten, hab nur wenig Licht, das Handtuch zu zerreißen und das Bett mir an die Wand zu lehnen, doch ich tus, was bleibt mir andres übrig. Unsre Körper machen manchmal häßliche Geräusche, wie wird das erst beim Sterben sein, ich fürcht mich schon, doch nicht zu sehr, der Körper wird nichts als ein Sportgerät mal sein, ich sagt es schon, man kann es gar nicht oft genug den Massen wiederholen, daß das ganz sicher einmal kommen wird. Sie sollen deshalb jetzt schon ihre Körper nehmen und als Waffen sie benützen. Wir mußten noch fremde Waffen nehmen, unsre Körper waren uns dafür zu schade, was auch immer wir mit ihnen vorhatten, noch

höher, höher dringt mein Hauch mit meinem Atem, dann verschwindet er im selben Dunkel, wies im Ohr des Engels herrscht, der uns nicht hört, ach schluchz, wie ist das traurig, ich mache jetzt ein Ende, ich bereits mir selber zu, ich bin bereits beendet, brauche kein Gericht und gar schon keines dieser Gruppe, die wohl nicht mehr meine ist und nie mehr sein wird, ich weiß eigentlich noch immer nicht genau warum, doch daß es so gekommen ist, das seh ich an der Königin, die vorhin zu mir kam und sagte, daß sie von meinem Text was weggelassen, einfach weggestrichen hat. Warum nur macht sie das? Sie sagt, der Zweck war, mich zu quälen, weil sie mir angeblich jenes Quälen, das von mir kommt, nur zurückgegeben habe. Sie sagt von mir, ich sei inzwischen nur noch mißtrauisch und argwöhnisch, ich trau ihr nicht, sie glaubt, ich glaube, daß sie lügt, oder wars andersrum? Wie mans auch dreht, es ist verkehrt. Wenn man mal eine Gruppenführerin geworden ist, und wär es in der Kirche, dann bleibt man das halt immer, sag ich mal ins Leere rein, wo ich bald bin. Es gibt kein Wort mehr, das noch endet, daher hör ich lieber keine Worte mehr, egal, von wem sie kommen. Angst ist nur reaktionär, das stimmt, aber was soll man machen, es ist die Angst, die mich dran hindert, gegen sie zu revoltieren. Ich hab ertragen, was ein Mensch ertragen kann, fahr hin, Gelassenheit und leidende Geduld! Ich tobe wie ein Kind, das unter Rutenschlägen wie ein Schwein schreit, Schlägen, die es kriegt, damit es für die Eltern irgendwann einmal genießbar wird, damit sein Fleisch der Menschheit besser schmeckt, weils weich und mürbe durch die Schläge ist. Das einzige, was mich dran hindert, zu verlangen, daß der Jan anstatt der Gudrun meine Sachen kontrolliert, all das, was ich noch schreiben kann, ist nackte Angst. Ich fürcht mich vor der Königin, so einfach ist das. Ich hab Angst. Ich glaube nicht, daß sie sie besser aushält als ich selbst, die Königin die eigne Angst. Ich blick da nicht mehr durch, oder ich will es nicht. Es geht mich auch nichts an. Es geht auch sonst nicht mehr. Entweder die Königin würgt mir, wenn ich mal ausnahmsweise Luft krieg, irgend etwas rein, was tage-, wochenlang wirkt wie ein Gift, oder, so kommt es mir vor, ich ersticke unter ihrer Herrschaft, die von ihrem Hans gestützt wird, mir kommt vor, das Volk, das aber ohnedies nicht auf uns hört, es wird betrogen auch von uns Revolutionären, denn so endet es, es wird von einer listgen Gauklerin betrogen, die sich Königin nur nennt, doch keine ist. Regierte Recht, das wir uns selber vorgeschrieben haben und das ausschließlich für uns, die Gruppe, gilt, dann läg sie jetzt vor mir im Staub, denn dann wär ich die Königin, das sag ich niemals laut. Doch ich ersticke nur an ihr, wie jeder an der Macht erstickt, für den sie nicht erreichbar ist. Das ist ja die Struktur, in der wir Menschen zappeln und in der ich dauernd bloß am Rand bin, vorhanden bin, um ihre Provokateurin und nichts sonst zu sein, bis ich mal einknicke, was unvermeidlich ist und objektiv und wahr und überhaupt. So geht es hier auch nicht um einen Vorwurf, eben nicht um Schuld, sondern das alles schreit nach einer Lösung, hoffentlich hält dieser Strick und löst sich nicht am Schluß noch auf wie wir als Gruppe. Und was macht die Königin? Sie sagt, ich will kaputt sein, bitte, kann sie haben, denn das bin ich bald, kaputt wie eine Gliederpuppe, die kein Glied hat, aber eines endlich haben möchte, um sich endlich rühren zu können. Selbstzerstörung nennt sie es, die Königin, die Schwester. Die mir sagt, ich wolle nur kaputt sein, als wär das was Schönes, als wär diese Selbstzerstörung nur mein Ausweg aus der Kampfgemeinschaft und damit der Weg in die vollkommene Isolation in der Isolation in der Isolation, das ist wie eine solche Puppe, in der viele andre stecken, eine immer kleiner als die andre, das ist Isolation, daß immer noch was drinnen ist, doch man kommt nur rein, wenn man sich selber auseinandernimmt und in der eignen Scheiße wühlt, so lange bis man stinkt wie sie. Man zieht sich aus sich selber raus, und was ist da, das blanke Nichts! Nur persönliches Versagen und Verrat, und der Verrat besteht dann darin, daß man an sich zweifelt, ja, das reicht schon für Verrat, denn wer sich selbst verrät, verrät die ganze Gruppe, oder wie es Jesus so schön sagte, was ihr dem Geringsten meiner Brüder habt getan, das habt ihr mir getan, und ich bin sicher die Geringste dieser Schwestern, die so lang gekämpft jetzt haben um die Herrschaft, und ich geb jetzt auf, hinweg, hinweg, hinweg mit uns von diesem Ort! Nein, nur hinweg mit mir! Die Königin, die darf noch bleiben, wenn auch nur ein wenig, sie ahnt nicht, daß sie mit mir sich selbst das Messer in den Rücken hat gestoßen, von dem sie sagt, das Messer wäre ich, doch nein, das stimmt nicht, wir sind alle Messer, und ich stoß mich mir selbst als erste rein, gute Nacht, ihr lieben Was-auch-immer. Ich leg ruhig die große Decke über mich, groß ist sie nicht, das stimmt nicht, sie deckt nur die Zelle zu von oben, mein armes kleines Bett, doch das Fenster reicht mir für den Strick, damit nicht noch mehr Herzen zuschlagen und nicht noch mehr Augen zufallen und nicht noch mehr Körper sich zerfleischen, so, wir kriegen eine schöne Nacht, und wenn sie nicht schön ist, ist es auch egal, ich sehe sie ja nicht, wer sieht denn schon im Finstern, wer sieht schon all die Wolken, sieht den Abendhimmel und die bleichen Schatten der Genossen, die versinken, einer nach dem andern, wenn die Menschen doch gewußt es hätten, daß sie keine neuen kriegen, keine neuen Götter, wir waren die letzten, doch das hat noch nie ein Mensch gewußt, daß, wenn er seine Götter umbringt, keine neuen für ihn auferstehen oder, wie soll ich es sagen?, aberstehn?, denn von Anfang an sind sie verurteilt, ganz egal, wie man es nennen mag, was sie da treiben. Wir sind die letzten dieser Götter, und kein Mensch wird wieder mal von was gewußt oder getan es haben, was auch immer, und dann ruhig ins Bett gehn, weil er nicht mehr weiß, was sonst er tun soll, und auch im Fernsehn kommt nichts Interessantes mehr. Dann komm ich selber, und dann geh ich leise wieder, küsse niemanden, es ist ja keiner da, ich bin allein, da ist kein Hauch von keinem Atem außer meinem, nur noch ein, zwei Klimmzüge, das Aufstellen des Betts, das Knüpfen eines Knotens um ein Fenstergitter, und dann geht es abwärts in die Fluten dieses Nichts, die nach uns keiner in ein warmes Bett wird lenken können, obwohl die nach uns sicher wissen werden, wie man ins gemachte Bett sich selber legt. Was wollte ich noch sagen? Noch wollte ich nichts mehr sagen, doch mir fällt bestimmt noch etwas ein, der muß jetzt unterbrochen werden, dieser Fluß, der tobende, der von Gedanken siedet, weil so viele – sind das Fische? – in ihm wohnen, die jederzeit die Farbe wechseln, Fische sterben ewig, und es kommen immer neue nach. Ich gehe leise, wie ich sagte, doch ich sehe keinen, dem ichs hätte sagen können, und wenn doch, dann hätt die Königin es aus Prinzip schon korrigiert, so sag ich eben nichts mehr, küsse niemand, nicht mal meine Kinder, denn es soll mich selbst kein Hauch aus meinem Schlummer wekken, schlafe, schlafe, schlafe schlafe! Schlafe gut, du Liebe, sag ich noch, denn sonst sagt es mir keiner, nein, schon lange nicht mehr, keiner sagt sowas zu mir, es wär vielleicht ganz nett gewesen, doch jetzt muß ich selber zu mir sagen: Schlafe gut, ja, schlafe, schlafe schlafe, auch in dieser unbequemen Lage in dieser Schlinge, die auch noch selber ich mir knüpfen darf, nicht einmal diese Kleinigkeit nimmt man mir ab, mir nimmt man nichts mehr ab, so ist das halt, egal, das wichtigste ist nur gesunder Schlaf, dem opfert man am besten alles, was es an Getränken und Ernährung gibt, es dient doch alles nur dem Zweck zu schlafen. Schlafe schlafe schlafe, nein, die Blätter flüstern nicht, nicht über dich, sie sind nicht da, oder sie schlafen heute selber, sind nicht bedruckt in deinem Kopf, nein-nein, auch keine Sterne, was für Ideen du hast, wo soll ich Sterne hernehmen so auf die Schnelle, die sich zu einer Stromschnelle entwickelt hat, so rasch, wie das jetzt geht, aus diesem Strom zieht mich jetzt keiner mehr, mir greift jetzt keiner mehr ins Haar wie früher andre Menschen, als sie das noch waren, griffen mir ins Haar, um mich zu retten oder nur zu streicheln – so ists gut, bleib ich halt drinnen, wenn mich keiner rausholt, für mich gibts keine Raushole. Mir ist es recht. Mit meiner Leiche können sie dann machen, was sie wollen, sie ist ja sowieso ein Mistbeet, auf dem Deckel aus Beton nur wachsen, damit man unsre Leichen, denn die andern kommen irgendwann ja auch dazu, damit man unsre toten Körper, die doch keinem was bedeuten und die keiner will, dann nicht mal klauen oder schänden mehr wird können, als ob das jemand wollen könnte! Ja, der Deckel dieser Decken wird zu schwer sein, falls wer kommt, um uns noch nachträglich zu holen, denn es gibt ja Menschen, die imstande sind, sowas zu tun, jawohl, und wärs zum Spaß, wir müssen gänzlich in Beton gegossen werden, doch das kommt später, jetzt kommt erst mal noch das Schlafen, auf das ich mich so freue, nur keine Angst, es wird kein Mensch sich über unsrem Sarkophag den Hals brechen, obwohl der eben aus Beton sein wird wie alles, so wie diese Mauern, so wie dieser Himmel, so wie diese Hölle. So, ich geh jetzt schlafen schlafen schlafen ich ich ich ich geh jetzt schlafen, damit ich nichts mehr sagen kann. So einfach ist das alles. Schlafen, groß und herrlich schlafen, auch an diesem fürchterlichen Ort, oje, da geht was in die Hose, na egal, wer das auch findet, wird es für was immer halten, mir kann das egal sein, es ist meine letzte Spur, viel mehr kann ich nicht hinterlassen, will nur schlafen, schlafen in der Luft mit Hilfe einer Schlinge, das wird schön! Ich freu mich schon darauf. Nur schlafen will ich, schlafen schlafen schlafen. Das war schon mal da, das war schon viele Male da, wie langweilig. Trotzdem will ich gar nichts Besseres als schlafen schlafen schlafen, danke vielmals.

DER ENGEL IN AMERIKA, DER LETZTE, DER KEINEN ANSCHLUSS UNTER DIESER NUMMER FÜR EINE NUMMER GEFUNDEN HAT, TRITT AUF, DIESMAL, WIE ES SICH GEHÖRT, MIT DEM RÜCKEN ZUM PUBLIKUM:
Ich habe das in einem Film gesagt, ich habe das im Fernsehen gesagt, ich habe das in mehreren Talkshows gesagt, ich sag es jetzt noch einmal: Des Waldes Dunkel zieht mich an. Doch muß zu meinem Wort ich stehn und Meilen gehen, bis ich schlafen kann. Blödsinn. Schlafen kann doch jeder. Tot sein kann auch jeder. Egal wo. Verzeiht den Rasenden, den schwer Gereizten! Oder verzeiht ihnen halt nicht. Mir auch egal. Wie kann ich ein Gewissen haben, wenn ich doch nichts weiß? Verbotenes hab ich doch immer vor, wie kann man andres überhaupt erwägen? Denn was ich vor mir haben will, kann nur verboten sein. Ich komm zu nichts, weil ich inzwischen keinen Schritt mehr tun kann, und der Basilisk durchtritt sein Ei und tritt heraus in die Verzweiflung, so nennt man die Illusion der Illusion der Zukunft. Darüber denk nicht nach, denk überhaupt nicht nach! Doch schreib was oder schreibe nicht! Und ich bedränge keinen mehr. Ich war einst der Verführer, man konnte nie sich vor mir sicher fühlen, immer hab ich was gefragt, von dem ich noch nichts wußte. Dann hat man mir gesagt, was keiner wußte. Feststeht, wir hatten immer eine Wohnung, immer Geld, wir hatten gern uns, ja, wir

haben uns gemocht, wir haben uns gekümmert umeinander, denn wir waren Freunde, mehr war da nicht. Und wer es glaubt, wird selig. Jeder, der es glaubt, ist einer von den Seligen. Jetzt weiß ich endlich alles, denn ich hab die ganze Zeit nach mir gefragt und mich dann auch bekommen: Tod durch Erhängen, teilweise Erschießen. Nach den bisher vorliegenden Befunden besteht kein Anhalt für die Einwirkung von Fremden. Wer sollte fremd gewesen sein? Kann man nichts machen. Bitte legen Sie jetzt auf die Zunge mir einen giftgen Pfeil! Die Wütenden hört man nicht gerne an, man schämt sich ihrer immer, sie sind nur noch peinlich, lästig, manchmal eine Qual, wie die sich ranschmeißen, man wird von ihnen förmlich überfallen. Fort mit ihnen, fort! Hinweg! Hinweg die Wütenden von diesem, jedem unglückselgen Ort, hinweg mit ihnen! Denn sie sind außer sich und in sich niemals anzutreffen, es ist völlig sinnlos, wenn Sie klingeln, glauben Sie es mir, die hörn Sie nicht! *(Engel ab, alles abdrehn, weg da, weg!)*

Die Götter: Schiller, Shakespeare, Büchner, Marx.

Dann die übrigen, die Originaltexte und -kassiber der RAF und ihres Umfelds, Briefwechsel Gudrun Ensslins («Zieht den Trennungsstrich, jede Minute»), Stefan Aust, Butz Peters, Albrecht Wellmer und sehr viele andre mehr.

DAS SCHWEIGENDE MÄDCHEN

Die Uraufführung von «Das schweigende Mädchen» war am 27. September 2014 an den Münchner Kammerspielen in der Regie von Johan Simons.

ICH:

Da liegt, da liegt, da liegt einer und will sich nicht an den Schmerz gewöhnen, der Schmerz geht über ihn hinaus und dann zur Tür hinaus. Der Mann spürt nichts mehr, ich meine den, der hinausgeht, der hat nie etwas gespürt. Was weiß er über den Mord? Wie kann er es wissen, wie kann er es nicht wissen? Er, wir nicht, denn es ist uns nicht in den Sinn gekommen, es war für uns Unaufmerksame ohne Bedeutung, kramt den Stoff für die Verschwörungstheorien hervor, daraus kann man ja nicht mal eine Krawatte nähen, eine Unterhose schon gar nicht, die blöde Blöße bleibt unbedeckt, aus diesem Stoff geht sich nichts aus, doch der Stoff selbst geht uns nicht aus. Der Mann am Boden geht nicht mehr, der geht nicht weg, der Fleck wird weggehen, der wird entfernt werden können, der Mann auch, entfernt, aber der Fleck geht nie mehr raus. Der Mann geht raus, aber das Blut bleibt da und geht nicht mehr zurück. Der Mann trifft sich mit seiner Quelle, die ihn ausgespuckt hat, nur war er nicht klar, er hat sich nicht klar ausgedrückt, ihm war nichts klar, dieses Wasser war trüb, die Quelle spricht jetzt, schau an!, er war dort den geilen Helenas zuliebe, die hat er im Netz gefunden, das Netz hielt, es hielt, was es versprochen hatte, der Mann hält die Maus in der Hand, die zuckt nicht mehr, die sorgt fürs Genießen. Er hat es in der Hand. Er war dort, um die Falschen zu zügeln und die Richtigen zu locken. Um sich selbst zu lockern vermutlich, aua, jetzt bin ich auf Vertrauen gestoßen, und es war wieder nicht meins.

Der Mann war zufällig dort. Es hat keiner gemerkt. Vor allem seine Frau soll es nicht merken, daß er eine gottbesessene Seherin hätte mitbringen können, er hat sie schon fast gehabt, er hat sie mitgeschleift, aber er wollte nicht, daß etwas gesehen wird, vor allem wollte er nicht, daß die Frau zu Hause etwas sieht, deswegen benutzt er ja nicht seinen Home-Computer, damit er nicht durchschaut wird, damit er nur von der NSA durchschaut wird, das wissen jetzt alle, das ist normal. Es sollte nichts gelesen und nichts gesehen werden, außer von den Richtigen, die der Mann, heimkehrend, nicht findet, sie befinden sich ja in einem anderen Gerät. Da ist ja schon die Frau, ordentlich schwitzend in ihrem Mantel aus Schwangerschaft, die noch nicht abgewickelt ist, da ist sie, hinauskehrend, nein, nicht auskehrend, Arbeit machen wir uns keine, jedenfalls hätte er die Frau schwer gekränkt, wenn er sie nicht als Genossin im Bett zu Hause gelassen hätte, und das eine Bett im Haus, das nimmt nicht zugleich zwei Frauen auf, und wenn, dann nur ohne Mann. Wohl sind die Weiber töricht, der Mann bestreitet es nicht, sie treffen sich mit ihm in Zeit und Raum, welche zusammenhängen, man merkt es nur nicht. Zu diesem Zweck war der Kunde auch in dem Tele-Shop, in dem Internetcafé, er bestreitet es nicht, er bestreitet es gegenüber den Berechtigten nicht, aber er berichtigt sie, er hat nichts gehört und nichts gesehen. Der Mann war taub und blind, er hat nur gesehen, was da stand, was sich da vor ihm aufrichtete und dann aufrecht stand, er wollte sich der unwissenden Törin, seiner Frau gegenüber, nicht vergehen. Höchstens in dem intimen Raum, wo die Elektronen alle herumschwimmen. Er wollte sich nicht vergehen, wo er sich nicht ausgekannt hätte, er wollte woandershin gehen, nur deshalb war er da, weil er woanders sein wollte, nur halb war er da, höchstens.

Durfte dieser andre Mann, ja, der dort liegt, da ist noch einer, durfte der getötet werden, antworten Sie nur mit ja oder nein, so sei deine Rede, nein, natürlich nicht. Niemand darf getötet werden, doch es passiert dennoch ununterbrochen, daß einer tot ist. Ich habe nichts bemerkt, sagt der Kunde mit seinem Netz, er trifft sich mit seiner Quelle, die trübe sprudelt, in einem Restaurant, das Essen kommt, ein Notizbuch wird ausgepackt, es geht um Sonnwendfeiern, um Fußballspiele, um einschlägige Kameradschaften, die auf einen einschlagen, wenn man hinschaut, und wenn man wegschaut auch. Sie müssen genau und lange untersucht werden. Der Mann verbietet es sich, irgend etwas zu verstehen. Er ist nicht die Quelle, er trifft sie nur. Es wird Geld gezahlt, die Quelle ist eingestiegen, die Quelle steigt aus, aus der Quelle steigt etwas herauf, keine Ahnung. Da verbirgt sich einer hinter einem Tarnnamen und geht dazu noch in Deckung, ihn trifft der Tadel nicht, der Tadel seiner Frau träfe ihn schon, deshalb war er gar nicht erst da. Er ist nicht gekommen. Er ist noch nicht gekommen. Er wäre es gern, aber doch nicht hier. Er wurde gesehen, aber er war gar nicht da. Und wenn er nicht da war, dann konnte er nichts gesehen haben. Keine Antwort. Keine Frage. Das ganze Programm heißt nichts hören, nichts sehen, aber alles wissen, also nichts. Er ist dafür abgestellt, zu sehen, wer frevelt wider das Vaterland, das soll er sehen, aber nicht, wenn da einer am Boden liegt, das ist nicht das Vaterland, das da liegt, der Liegende ist nicht von hier, das dort ist nicht mal der Vater, der ist gar nichts, vergessen wir den Namen, besser, wir haben ihn nicht gewußt. Keiner frevle, keiner schlafe. Jeder schlafe. Ließ das Land dies geschehn? Das Land ließ dies geschehn. Es wird nicht vergelten können, daß ein Kind man ihm erschlug, aber das war ja kein Kind, und es war kein Land, und es war schon gar nicht ein Kind dieses Landes. Nichts passiert. Nicht wirklich. Nicht richtig. Es war nichts. Man tötet ihn. Wohin zu gehen war, den Weg zu den Feinden schlägt man ein, aber wer sind diese Feinde? Es sind die

Falschen. Die sind nicht von hier. Die Feinde kommen von außerhalb. Welcher Freund dieses Landes hätte denn einen Mord mit den Bewohnern geteilt, statt sich einfach zu entfernen? Keiner. Eben. Keiner würde einen Mord teilen, den macht man allein, so oft wie möglich, so oft man kann, zehnmal, das ist das mindeste, eine runde Zahl. Wer teilt diese Morde mit den Mördern, zwölf Jahre lang? Da melden sich viele, die teilen wollen. Wir lesen das alles und wandeln es in Stärke um, mit der wir gegen unsere Feinde vorgehen, und dann bügeln wir die Stärke ins Hemd.

Jetzt kommen Sie einmal her, ja, Sie, keine Ahnung, wer Sie sind, und jetzt sagen Sie uns frei, wie dieser Familienvater ohne Recht gemordet wurde. Und wenn er in Ihren Augen, die die Augen aller sind, zu Unrecht gemordet wurde, dann können Sie das hier ruhig auch sagen. Es tut Ihnen keiner was. Ihnen tut keiner was.

Der Schützer, der nicht schützt, aber immerhin auch nicht der Schütze ist, das ist wichtig, das halten wir fest, der Schützer hat keinen Schützen gehört und kein Geschütz, keine Schüsse gehört, die schon gar nicht. Der wurde suspendiert, seine schlanke Gestalt ist jetzt im Nirgendwo oder vor Gericht, erscheint der Schütze jetzt? Er ist schon erschienen und wieder weg, doch der Schützer hat nichts gemerkt. Der Schütze erscheint, nein, der Schützer, der auf seinen Wasserskiern im Schaum, in der Gischt des Netzes herumgekurvt ist, wo freie Rede erlaubt ist, nirgends sonst, im Netz aber schon, die Amis holen sich einen runter, aus Langeweile, weil in anderen Ländern nie was los ist und bei ihnen auch nicht. Die freie Rede schicken wir woandershin, freie Rede zu freien Frauen, zu der Frau, die er gefreit hat, das sagt man heute nicht mehr. Er selbst nicht mehr frei, die Frau darf nichts erfahren, so unfrei ist er, sogar vor seiner Frau fürchtet er sich, der Landschützer, der Verfassungsschützer, in keiner guten Verfassung ist er, ich wußte, Sie wußten, daß ich das jetzt sagen würde, aber was soll ich machen, dem Mann geht es wirklich schlecht. Da muß man nicht auch noch Merkwürdigkeiten thematisieren, da kann man noch ganz andre Sachen thematisieren, die aber auch merkwürdig sind. Die Tat hat keinen regionalen Bezug, sie hat überregionalen Bezug, wenn überhaupt einen, dann bezieht sie das ganze Land ein, so wie das Netz das Land überspannt, die Stadt, das Land, den Erdkreis und Amerika, das Netz hat alles, und es hält alles fest, und er wird gefragt, ob das, was er sagt, der Wahrheit entspricht, aber der Wahrheit entspricht alles. Die Wahrheit spricht nicht, daher entspricht ihr alles, es paßt alles in sie hinein, die ist groß, die Wahrheit, jeder kennt sie, keiner will sie, haben Sie sie wenigstens ausgesprochen? Haben Sie wirklich nichts mitbekommen? Kann das sein? Echt?

Da sind Sie jetzt aber in einer ordentlichen Erklärungsnot, die Not ist groß, jede Menge freier Rede gegen den Mann erlaubt, der Richter gestattet es und verweigert es nicht dem Landeskind, das da so vor sich hinplaudert, wie die Quelle das Wasser vor sich hinschmeißt und sich dann nicht dafür interessiert, was aus ihm wird, sie faßt sich nicht, sie wird nicht gefaßt, sie kann sich ja nicht selber fassen, und so wird der ganze Seich, der Schlamm, der Dreck, der aus ihr quillt, wieder in den Boden gedrückt, woher das alles kommt, Asche zu Asche, Wasser zu Wasser, das Wasser versickert, die Wahrheit kommt gar nicht erst raus, als sie sieht, was mit dem Wasser aus dieser trüben Quelle passiert, die Wahrheit hält sich zurück, warum jetzt noch auftreten? Lohnt sich das überhaupt? Die Quelle tritt leise auf, wir nehmen lieber das Quellwasser aus dem

Hahn, das ist sauberer, nur etwas müde vom Weg, dieser Hahn kräht nicht, und dreimal schon gar nicht. Wir leugnen alles. Der Mann verleugnet alles, was er gesehen hat. Er muß es nicht sagen. Keiner verlangt das von ihm. Verlangen können sie es, aber sie bekommen es nicht zu hören, nein. Es geht ihm nicht gut. Die Anwälte sollen sich erklären, die Bundesanwälte sollen sich erklären, irgendwer soll irgendwas, wenigstens ein bißchen erklären, sie sollen die Seiten, nein, nicht wechseln, sie sollen die Seiten, die diese Tat betreffen, zur Verfügung stellen, wenigstens das, aber sie tun es nicht, es könnten Persönlichkeitsrechte verletzt werden, das schon. Ich mach das schon ewig, während ich selig weiterschlummere. Es ist nicht viel Aufwand, kann allerdings viel kosten. Aber wer tot ist, der hat hier keine Persönlichkeitsrechte. Er war zuerst verletzt, dann tot, beides fast gleichzeitig, ein Verbrechen in der einschlägigen Szene der Mafia?, der Geldverleiher, die Jesus aus dem Tempel geschmissen hat, aber sie sind zur andren Tür gleich wieder reingekommen und hätten hier gewesen sein können. Sie aber, gehn Sie weg, ja, Sie auch! Wenn ihr dranbleibt an meinem Wort, dann müßt ihr womöglich noch meine Jünger werden, nein, das seid ihr noch nie, diese Gefahr besteht nicht, eine andre Gefahr besteht, daß ihr nämlich die Wahrheit erkennen werdet und die Wahrheit euch freimachen wird, wie die Jungfrau die Briefe mit Marken freigemacht hat. So frei! Freier gehts nicht. Aber von mir könnt ihr sowas nicht erwarten. Ich schreibe keine Briefe mehr und die Wahrheit schon gar nicht.

DER ENGEL ODER EIN ANDRER:
So. Die Schüsse waren tödlich, es taucht die Schuldfrage auf und verschwindet gleich wieder, wer ihr nachwandelt, dessen Lebenswandel wird sofort überprüft werden, im

Licht der Welt wird nie wieder Finsternis herrschen. Wenn Sie sich das anschauen, werden Sie das Licht haben, und die Absolution können Sie von mir auch noch dazu kriegen, absolut, ich bin Herr meiner Entschlüsse und meiner Schlüsse, daß das Lamm Gottes nie gelebt haben kann, sofort hätte jemand einen Braten draus gemacht und es gefressen. Nach mir kommt keiner, der schon vor mir gewesen ist, dafür garantiere ich. Alles verschwindet. Alle sind nun fort. Die Täter sind tätlich, dann sind sie tot, vorher waren sie tödlich, jetzt sind sie tot. Die Kosten übernimmt der Verfassungsschutz. Einer muß das ja bezahlen. Einer muß dafür bezahlen, daß da jetzt ein Toter liegt. Akten sind vernichtet, versteckt, verbrannt worden. Menschen sind vernichtet, versteckt, verbrannt worden, aber nicht diese, diese sieht man, man sieht ihnen an, daß sie auch fast verbrannt wären. Sie sind zumindest teilweise geschwärzt. Kein Bild ist geschwätzig.

Die liegen da, die hat man liegenlassen. Vorher hat man sie fotografiert, damit man später weiß, daß es sie gegeben hat. Das ist nicht mehr zu leugnen. Sie wurden festgehalten, aber sie konnten ohnedies nicht weg. Woher kenne ich die Akten? Ich kenne sie ja gar nicht. Da sind sie, nein, nicht die Akten, tot, aber nicht Papier. Auf dem Foto sehen Sie diesen Toten und den andren auch, doch sind sie nicht gleichzeitig auf einem Bild festgehalten, jedem das seine. Jedem sein eigenes Bild, soviel Platz muß sein. Sie glauben aber auch alles, was ich Ihnen sage, und zwar heute: So leben sie ewig weiter, weil sie auf einem Speichermedium verewigt sind.

Die Schuldfrage ist für die Persönlichkeit des Zeugen ohne Bedeutung, die Bedeutung ist für die Schuld der Persönlichkeit nicht eigens gezeugt worden. Dieser Vater wurde einst gegeben, es entsprossen ihm Kinder, und das alles nicht, damit man dann getötet wird. Das wissen wir sicher, dafür können wir garantieren, weil viele diese Meinung vertreten, daß sie ihre Kinder nicht kriegen, damit sie dann umgebracht werden. Der Vertreter der Nebenklage startet einen neuen Lauf, eine Rolle fällt unter den Tisch, da kollert sie herum, keiner hebt sie auf. Welche Rolle spielte der Mann? Diese Rolle ist doch nur gespielt, und sie hat mehr Ecken und Kanten als Rundungen. Oder es wäre keine Rolle, es wäre echt. Wir protestieren. Wir werden zum Verhör geladen, und als erstes protestieren wir sicherheitshalber, obwohl wir ohnedies in Sicherheit sind. Die Toten sind tot. Auf beiden Seiten sind die Toten tot. Die Toten sind hier und drüben tot. Ohne daß sie tot wären, kämen die doch gar nicht gut rüber. Es wird nicht gesagt, worum es in dem Gespräch geht. Wozu führt man denn ein vertrauliches Gespräch, um dann nachher zu sagen, worüber? Man könnte es ja gleich aufschreiben, wenn alle es wüßten, wovon die Rede war, so ist halt die Rede, welche sei Ja! Ja! Nein! Nein! Was darüber ist, ist von Übel. Aber gerade das Darüber interessiert uns ja, und dieses städtische Bauwerk, häßlich, wie es ist, könnte sogar ich in drei Tagen wiederaufrichten, und besser, aber mich richtet niemand auf. Ich ziehe mich aus der Affäre und behaupte, ich redete vom Tempel des Leibes, andre tun das ja auch, Ausreden erfinden, dann muß ich es nicht bewahrheiten, bezeugen, nein, den Wahrheitsbeweis antreten. Hier steht eine Meinung, ich trete ihr gegens Schienbein. Sie fällt um, der Knochen bricht und braucht Wochen, bis er wieder heil ist, das mit dem Tempel des Leibes kann so nicht stimmen. Die Menschen gehen zu leicht kaputt und stehen nicht auf von den Toten, wieso glauben so viele, daß das wahr ist? Ist es ja nicht. Es wäre eine Meinung, nie einer Meinung, nein, es wäre nicht meine Meinung, aber das meint Meinung ja nicht, daß es unbedingt meine sein müßte. Die lasse ich hier weg. Ich berichte, bin aber keine von den Boten. Diesmal nicht. Ich rede nur vor mich hin, ich habe nichts zu sagen. Zeuge T., ja, in dem Café, da liegt etwas, da können Sie sich drin einwickeln, wenn Ihnen kalt ist, da liegt etwas für Sie, das können Sie sich abholen, aber vielleicht war es für einen andren bestimmt, und Sie waren zur falschen Zeit am falschen Ort? Und das Paket war gar nicht für Sie? Die Paketlösung Tod, die alle möglichen Fälle umfaßt, nicht alle möglichen, sondern alle, die möglich sind, war gar nicht für Sie bestimmt? Könnte ja sein.

Sie waren am Tatort, aber da war kein Täter, den haben Sie nicht gesehen, Sie haben auch die Tat nicht gesehen, Sie haben tatenlos die Tat nicht gesehen, Sie sind zu sehr dran gewöhnt, daß andre Ihre Arbeit tun und Zeichen setzen, die sie dann für Ihre ausgeben. In einem Internetcafé muß man nicht viel ausgeben und kann sich mit der ganzen Welt verbinden lassen, alle Wunden, alles wird verbunden, Amerika ist sogar schon vorher drin, noch bevor Sie jemanden auswählen, nicht um das Reich Gottes zu sehen, sondern um eine oder mehrere fremde Muschis zu sehen. Sie haben in das Gerät geschaut, ob dort Frauen von ihren Wagensitzen steigen werden, geschmückt aus ihren Götterwohnungen, ob da Frauen herauskommen, die nicht Ihre sind, denn die haben Sie ja schon, als Geheimagent wissen Sie, was in den Menschen drinnen ist, was da noch drin ist, aber eben nicht alles in einem Menschen. Die Frau daheim darf es nicht erfahren. Die andren Frauen sollen es schon erfahren, dafür sind Sie extra hierhergefahren, in ein fernes Internetcafé, ferner liefen da noch andere Vorgänge ab, da kann nichts überprüft werden, da kann alles überprüft werden, doch nichts wird auf Sie hinweisen, nur diese Schar ausgelesener Frauen, die Sie vom Stock pflückten, Frauen, die die Amis Ihnen übriggelassen haben.

Verstoßen, nein, noch nicht, aber aus Angst, verstoßen zu werden aus der ehelichen Wohnung, drängen Sie sich hier in dieser armseligen Hütte, in diesem miefigen Kabuff, bloß um bloßgelegte Frauen irgendwo im All zu treffen, aber über Ihr Nutzerkonto werden Sie ermittelt werden können! Sie werden sich nicht als Zeuge melden, aber Sie werden ermittelt werden können. Und von der Tat werden Sie nichts mitbekommen haben, keine doggy bag, aus der es noch schreit und tropft, nichts werden Sie mitnehmen können von diesem Ort. Sie werden die Adressen verschiedener Frauen erfahren und speichern, nein, vielleicht nicht speichern, Frauen, denen keiner die weiße Brust durchstößt, damit ein guter Wind aufkommt, damit gut Wetter gemacht wird, damit es weitergeht mit dem Krieg, damit endlich was weitergeht und die Toten wieder mal aufgrund ihrer schieren Fülle nicht auferweckt werden können, die sind ja ganz aufgedunsen, so wollen Sie die sicher nicht zurückhaben!, nein, dies hier sind nur die Maschen des Netzes, wo Krieg herrscht, wenn auch nicht richtig, da müßten Sie sich schon wie neugeboren fühlen oder wenigstens neugeboren sein, um das Reich Gottes und der von ihm in die Menschen hineingelegten Lüste, zu denen aber mindestens zwei gehören, nicht Lüste, sondern Personen, schon wieder nicht zu erleben. Na ja, man kann es schon auch alleine mit sich machen, die meisten lassen ja alles mit sich machen.

ICH:
Bei einem Netz geht leicht was daneben, jetzt erkennen Sie die Vorteile der Plastiktüte, die armen Delphine aber immer noch nicht. Dort im Netz passiert Ihnen nichts, nur

keine Sorge. Das Internetz ist von Anfang bis Ende, beide hat es nicht, erfunden. Wenn Sie es nicht glauben, hier bitte: Ich bin das A und O, der Erste und der Letzte, der Anfang und das Ende, nein, natürlich nicht ich. The Internet. Es ist geschehen. Ja, aber was? Ich will dem Durstigen geben von der Quelle des lebendigen Wassers, umso weniger Durst wird er danach haben, darum tut er es ja, online gehen, ein guter Boden, der trägt, dort liegen keine blöden Steine herum, an denen man sich den Kopf anschlagen kann.

Sie müssen sich nicht als Zeuge melden, wir finden Sie schon. Ihre Frau hat Sie inzwischen ja auch gefunden. Und jetzt, und jetzt, und jetzt, da Sie hier sind, ist Ihnen freie Rede wider Sie erlaubt, alle andren freien Reden gegen andere haben wir hier schon gehört, und wir haben es sogar schriftlich bestätigt gesehen, was Sie eingegeben haben. Die Eingebung des Herrn hätten Sie nicht eigens eingeben müssen, aber Sie haben das getan. Und siehe, es war gar keine Eingebung. Es war die Wahrheit. Die sind alle tot. Sie aber reden jetzt. Sie reden nicht, obwohl Sie es könnten? Da kann man nichts machen. Das sorgt zwar für Spekulationen, aber bei denen gewinnt keiner, es hat ja auch keiner was einzusetzen, außer seiner guten Laune, seinem aufrichtigen Bedauern, was weiß ich, und das alles verliert er, kaum daß er gesetzt hat, es hat ja auch keiner auf ihn gesetzt. Nur der Richter fragt immer noch, ist es denn die Möglichkeit? Die Möglichkeit schon, aber wahr ist es nicht. Der Zeuge fürchtet, daß seine Frau etwas mitbekommt, daß sie von den Besuchen auf der Flirtseite erfährt, dazu hat er den Wagen verlassen und ist wieder eingestiegen. All die Mühe, nur um mit geschmückten, doch längst ausgelesenen Frauen zu chatten, zu sprechen, das ist ja noch nicht Tun, das Sprechen ist ein Schreiben, wie meines hier, allerdings mit Bild, andre Leute sind eben im Bild, ich bins nicht, Schreiben ist nicht die Tat, es ist nicht einmal die Vorschau auf die Tat, leider funktioniert die Nachschau aber auch nicht. Wir schauen nach und sehen nichts. Die Telefonüberwachung funktioniert auch nicht, die funktioniert nie, da müssen erst wieder die Amis kommen, daß irgendwas hier funktioniert. Das Gericht wünscht eine Aufklärung. Das Gericht wünscht die Aufklärung nicht, es hätte sie nur gerne gesehen, aber sie hat sich nicht gezeigt, und ein Bein ausreißen tun wir uns dafür auch nicht. Der Mann ist ja tot. Er wurde weder lebendig noch tot vom Zeugen gesichtet und per Mausklick bestätigt. Wer kennt ihn? Keiner. Da ist das Recht von Vater und Mutter. Ich weiß nicht, was das Recht von denen ist. Sie müssen wohl eins haben, denn sie haben sich der ergreifenden Klage ja angeschlossen. Die Mutter, der Vater, der Bruder, die Tochter, alle, die noch nicht selber tot sind. Wo steht dieses Recht geschrieben? Na, hier steht das geschrieben, ich weiß aber nicht, wo ich nachschauen könnte. Im Gesetzbuch wahrscheinlich, wo die Rechte stehen und auf die armen Rechten losgehen, die nichts getan haben. Die Toten und ihre Angehörigen können ans Gericht appellieren, bis ihnen die Zunge ausfranst. Dieses Recht gibt es nicht. Es muß irgendwo ein andres geben. Wo steht das geschrieben? Nirgends steht das, und deshalb kann man es nicht sagen. Das kann nicht wahr sein! Etwas, das sogar ein armseliges Hascherl wie mich verfolgt, kann nicht wahr sein, das kann es nicht geben. Ich habe es nicht geschrieben gesehen, doch viele sind berufen, und wenige sind auserwählt, das Gesetz zu verstehen. Und die lassen sich teuer bezahlen, worüber ich mich nicht zu freuen vermag.

Der Tote steht nicht mehr auf, das steht fest. Der steht nicht, der steht nirgends, wo auch immer er stehen mag, nicht hier. Keinen tot zu sehen, das war sein Sinn, dafür ist dieser Mann ins Internetcafé gegangen, nein, nicht dafür, das sicher nicht, dafür garantiere ich persönlich, das hat schon ein andrer übernommen, den trügerisch sein Vaterland verlockte oder wer auch immer, das ist mir nun wirklich egal, das ist nicht meine Aufgabe. Ich bin das Nachher, ins Nachher hab ich mich hineingezwängt, sonst könnte ich ja gar nichts sagen, bin doch nicht einmal der Bote. Ich bin der, der sich unbotmäßig, unrechtmäßig und ungeschrieben – deshalb schreibe ich ja selber so viel, weil ich ein unbeschriebenes Blatt bin – in die Handlung hineinzwängt, aber nicht einmal den Saum heben kann. Eine plötzliche Lähmung hat mich befallen. Ich kann dieses Tuch nicht heben, nicht einmal den Rand. Ich bin für mein Papiertaschentuch schon zu schwach, ich greise Verleumderin, alte Frauen müssen ja immer jemand anschwärzen, sonst sind sie unglücklich. Was soll das, was soll ich, was soll ich hier mit meiner weißen Brust, die so weiß auch nicht mehr ist, oder extra weiß, zubereitet nach Greisinnenart, nein, nach Gesinnungsart, ich weiß es nicht. Trügerisch aber ist es immer zu hören, daß einem nichts entsproß, kein Sproß. Ist auch besser so, denn schauen Sie sich an, was mit diesem Familienvater passiert ist! So wie er nach dem Tod behandelt wird, wäre es besser gewesen, auch um ihn würde keiner trauern. Es wäre überhaupt besser, er wäre nie da gewesen, es wäre besser, es gäbe keine Menschen. Niemand da. Keiner da. Der Zeuge zwar da, aber er ist gar kein Zeuge, denn er hat überhaupt nichts gesehen und nichts mitbekommen. Er ist ein Nichts. Ein Nichts, in dem kein Sinn wohnt, kein besserer, kein schlechterer. Nicht einmal für irgend jemand muß dieser Mann bluten und sterben. Für niemand. Fürs Vaterland, wie früher? Nein, da fehlen die, ach, ich weiß nicht, irgendwas fehlt, wenn er fürs Vaterland hätte sterben müssen, ein paar Tausend fehlen, Millionen, wir alle fehlen irgendwann irgendwem. Keine Ahnung. Nicht einmal im Spiegel würde dieser Mann etwas sehen, er würde nichts sehen, muß er auch nicht. Das Gericht läßt sich nicht beirren, aber es sieht nichts, da ist nichts, weil es nichts sieht, es sieht nichts, weil da nichts ist. Der Mann war da, aber gesehen hat er nichts. Und er sagt, er konnte sich das Offensichtliche nicht einmal vorstellen, das er da nicht gesehen hat, obwohl es offen ersichtlich war, aber nicht für ihn. Was sagt er dazu? Er kann nichts sagen, weil er in Widersprüche verwickelt ist, Moment, gleich lösen wir die auf, macht ja nichts, Sie können sich an nichts erinnern? Macht ja nichts, ist ja verständlich, Sie waren mit den Frauen beschäftigt, die nicht einmal gelebt haben, ich meine, die schon gelebt haben, aber woanders, und dann waren auch Sie überhaupt schon weg, Sie waren zwar da, vor Ort, aber eben davor, das war das Problem, als dieser Vater verschied, verstorben ist, ohne seine Kinder noch einmal wenigstens anrufen zu können, als dieser Sohn verschied, ohne seinen Vater noch einmal wenigstens anrufen zu können, und so ist es wahr geworden, und die Wahrheit ist durch Gott gekommen, wers glaubt, wird selig. Oder war das ein andrer? Ich meine nicht: ein andrer Gott, nein, das nicht. Jeder soll seinen nehmen, von mir aus. Bei zehn Toten kann man schon was verwechseln. Wir lösen Ihre Widersprüche, Moment, so halten Sie doch still! Hier haben wir endlich einen Rand erwischt, jetzt ziehen wir dran, Sie werden sehen, wie die Widersprüche dann von Ihnen vollkommen aufgelöst werden. Runter damit! Sie können sich nicht erinnern? Sie wissen gar nicht, ob da etwas war, an das Sie sich erinnern sollten? Sie haben es erst nachher erfahren, daß vorher etwas war, bei dem Sie dabei waren, echt, bei dem? Dabei? Nicht richtig. Um der Gattin Bleiben und die Sittsamkeit zu wahren, wurde es Ihnen leichtgemacht, sich nicht zu erinnern? Was sollen wir tun, um Ihren edlen Sinn überhaupt einmal oder mehrere Male sichtbar zu machen? Was können wir machen, um Ihnen überhaupt einen Sinn zu geben, während Sie nur mit Ihren Sinnen beschäftigt sind? Die Besinnlichkeit haben Sie ja liegenlassen, die wollten Sie nicht. Da ist der Tod eines Mannes beschlossen und durchgeführt worden, doch jeder konnte sehen, wie Sie sich das Haar geordnet haben, als Sie diese Stelle hier verließen, kein Blick hat sich getrübt, als ein Mann hier unterlag, da lag er, keiner lag da, Sie haben nichts gesehen? Sie sind deswegen auch nicht schlechter als jeder andre Mann? Sicher nicht schlechter als der, der da tot am Boden liegt?

Das kann schon sein. Sie provozieren Fragen, es antworten andre, es kommen Dritte und haben sowieso nichts gesehen, jetzt sprechen schon Leute, die Sie kennen, über etwas, das sie gar nicht gesehen haben können. Und auch Sie nicht. Ein schlanker Mann betritt den Raum und sagt nichts. Er geht wieder. Der Tote ist schon vorher weggebracht worden. Nein, das stimmt nicht, wir sehen ihn bloß nicht, wir verstehen, daß auch Sie ihn nicht gesehen haben. Was? Sie können sich das Offensichtliche nicht vorstellen? Aber das kann doch jeder, das ist offensichtlich, wenn er dabei war, muß er auch eine Vorstellung davon haben. Sie haben das Offensichtliche gar nicht gesehen, obwohl es offen war? Sie haben das Offene nicht gesehen, obwohl Sie dorthin gegangen sind? Ins Offene. Ich würde mich dort auch fürchten, aber ich fürchte mich ja überall. Wir verstehen nicht. Wir hören nicht. Wir verstehen jetzt schon, denn wir hören Sie, aber verstehen können wir Sie nicht, also können Sie gar nicht da sein. Ich meine, Sie könnten genausogut weg wie da sein. Was meinen Sie? Was ist hier gesagt worden von einem, den der Staat als seinen Feldherrn, nein, das nicht, als seinen Feldspieler, als seinen Mittelfeldspieler, nein, das nicht, als seinen Linksverbinder, gibts sowas überhaupt noch?, wie nennt man das jetzt?, als seinen rechten Verteidiger gesehen und eingesetzt hat, und jetzt rennt er und rennt und rennt, nur leider in die falsche Richtung und nur in die.

Haben Sie gehört, daß der vorher noch was gesagt hat, bevor er gerannt ist und verbunden hat oder verteidigt oder was weiß ich? Doch wenn seine Gattin, wenn er dem Haus fern, sich dort schön gemacht, geputzt hat, für ihn, putzt er sich schon auch für andre, die ihrerseits ihre Locken ordnen, die von Ordnung gelockt werden, die von der Ordnung, für die der Mann sorgen soll, angelockt werden wie die Fliegen vom Aas, dort, auf dem Bildschirm, dort zeigen sie ihre reizenden Gesichter, kein Wunder, daß man sonst nichts sieht. Wer nicht auf Böses sinnt, braucht auch sein Gesicht nicht zu zeigen, sonst haben wir ihn gleich!, vielleicht hat er ja keins, er zeigt es, er zeigt auf, er zeigt etwas und sagt etwas, während ihm zwanzig Frauen allein mit hübschen Gesichtern in einem Pulk entgegenkommen, nein, nicht allein mit ihren Gesichtern, sie haben schon noch mehr zu bieten!, ob allein oder nicht, von wem spreche ich überhaupt?, hat er in der Eile nicht herausfinden können, sein Blick trübte sich, der Mann war tot, doch der Verbinder, der Staatsverteidiger, der rechte Verteidiger, der sieht das eben so und so, an dem ist kein Falsch. An dem ist nur ein Richtig, wer weiß, worauf sich das bezieht, auf welches weiche Ruhekissen, das bezieht sich aber auch nicht von selber, dafür braucht man eine Frau, die einem dafür übrigbleibt. Da winkt einer, wer winkt? Ruhm?, nein, so viel winkt nicht, da winkt eine aus dem Bildschirm heraus, so eine Schwarze, ich meine ihr Haar, die ist ganz hübsch, die könnten wir auswählen, für die könnten wir uns interessieren, aber zuvor noch sprechen wir Worte, die den Hintergrund dieses edlen Sinns erst sinnlich, nein, sichtbar machen, da werden also Worte gesprochen, und sie lauten folgendermaßen, obwohl wir ihnen nicht folgen können, sie lauten, nicht sehr laut, nicht sehr lauter, aber immerhin: Ich komme leider immer bei der Suche nach den Gedanken, die mich damals bewogen haben, anzunehmen, daß ich nicht am Ort war, bis zu einem gewissen Punkt, den ich vielleicht selbst gemacht habe – und dabei laufe ich immer wieder gegen eine Wand.

EIN MANN. KEINE AHNUNG, WER DAS JETZT IST.
ALLES AUF ANFANG:
Und dort, was ist dort, was ist das? Ist das ein Klagegesang? Ich glaub schon. Ein täglicher, manchmal auch nächtlicher Gesang, der im Dämmern schon sich erhoben hat und jetzt anschwillt wie die Quelle, der plötzlich jemand eine größere Wasserinjektion, eine Wasserspritze gegönnt hat, es rinnt, es rinnt ein Gesang aus etwas hervor, eine helle Klage, ein Totenlied? Wahrscheinlich, warum sollte man sonst klagen, wenn keiner tot wäre, total sinnlos wäre das! Da singen welche für einen, für zehn, für Menschen, die im Grab liegen, ein Totenlied für solche, deren Adresse lautet: Grab. Wo sollen die Toten denn sonst hin? Seien wir froh, daß es Löcher für sie gibt, die man ausgehoben hat und die nach ein paar Jahren aufgehoben werden können, weil sie dann wiederum neue Tote aufheben müssen. Unablässig und täglich klagt ein Schmerz, klagen die Schmerzen von zehn Toten und ihren Angehörigen, da kommt schon eine Menge zusammen, die kommen also zusammen und klagen vor den Gräbern. Dazwischen sind

sie aber auch fröhlich und singen und tanzen, das gehört sich so. Alles gehört genau so, wie es ist. Sie trauern gemeinsam, sie feiern gemeinsam. Mit den Fingernägeln zerfleischen sie sich am nächsten Tag schon wieder Nacken und Wangen, sie legen die Hände an ihre Häupter, um euch jammern sie, um ihre Toten. Sie jammern, wir hören es, aber es bedeutet uns nichts, wir haben ja niemand verloren. Derzeit nicht. Nicht daß wir wüßten. Nicht einmal den, der vorhin noch da war. Da wurden Häupter verwundet, da wurden Fotos gemacht, da wurde ein Film gedreht, da freuen sich viele, aber andre wieder trauern und klagen und weinen und schreien und schlagen sich mit den Fäusten selber, weil sie dafür keinen andren haben. Sie schlagen sich, und sie klagen über die verwundeten und dann toten Häupter der toten Lieben, der Väter, egal, wer sie waren, wen interessierts, es waren einige, und viele hingen dann natürlich wieder an denen. Und sie kratzen sich die Augen aus, und sie zerreißen ihre Kleider, und da sitzen sie und schreien und weinen und heulen. Dem süßtönenden Schwane gleich, der am Ufer des Stromes nach dem trauten Vater ruft, welchen die tödliche Kugel traf, welchen die tödlichen Schlingen von irgendwas trafen, welchen die Geschosse zweier Männer trafen, welcher ermordet wurde von zwei deutschen Gevolksmännern, andre kennen wir nicht, nur diese beiden treuen Deutschen, ich weiß jetzt nicht, wem die treu waren, aber sie waren es, der ohne Mund und der Harte, deren tödliche Schlingen umfingen unsren Vater, unsre Väter, auch Männer, die gar keine Väter waren, die noch nicht Väter werden konnten, es sind einfach zu viele, ich kann sie nicht im Auge behalten, sonst würde ich den Bildschirm vor lauter Inhalt nicht mehr sehen. Doch die Frauen und Kinder, sie klagen, sie wollen die Vatermorde rächen, diese Greuel, ihre irrenden Füße stampfen den Marmor des Gerichts, sie

haben Vertreter, ihre Vertreter haben wieder ihre eigenen
Vertreter, aber es ist sinnlos, da wird nur geklagt, nicht
gesühnt, da wird geheult und geschrien, alles sinnlos,
denn wo der Deutsche, der Verfolger, der geborene Verfolger namens Hunding, ich habe ihn schon länger identifiziert und auch beschrieben, hinter jemand her ist, dort hat
jeder sein Recht zu leben verloren, und jetzt jammern
die um die Toten. Nein, nicht die Deutschen, die jammern
nicht, es jammern die, die den Toten gehört haben, angehört haben, die Schlingen wurden geworfen, die Waffe
wurde gezogen, die Räder wurden abgestellt und danach
wieder bestiegen, der Wohnwagen wartete schon brav und
still, die Deutschen, das Urvolk, sie jammern nicht, in
ihnen jammern so manche, heulen leise auf, wie Hunde
im Schlaf, aber die zählen nicht, die Jammerlappen. Da
haben wir vom süßtönenden Schwan gesprochen, angeblich kann der ja singen, bevor er stirbt, immerhin, und was
können die Gehörigen der Toten? Es ist ungehörig, sich da
laut zu melden, achten Sie bitte die Ehre des Gerichts, und
melden Sie sich vorher an, und sprechen Sie nur, wenn ich
es erlaube, passen Sie auf! Ihre Ehre fällt Ihnen grade runter! Immerhin haben Sie eine, aber ob das Ihre ist, ist noch
nicht erwiesen; achten Sie, was weiß ich, achten Sie auf
sich, bevor es zu spät ist, und so weinen Sie laut, und so
weinen Sie laut und endlos, unglückselige Väter, um euch!

*Das Mädchen tritt vor uns hin und sagt nichts, zumindest bis jetzt,
ich sollte hier das Datum hinschreiben, aber da müßte ich jeden Tag
das aktuelle schreiben, das mach ich nicht. Nulldiät. Null Diät.
Weshalb ist es dann überhaupt da, mit nichts drin?*

DER RICHTER:
Guten Morgen! Guten Morgen! Guten Morgen! Guten Morgen allseits! Wir rufen das Verfahren auf und stellen die

Präsenz fest. Die Angeklagte mit ihren Verteidigern. Und die andren Angeklagten mit ihren Verteidigern. Alle da. Ich nenne jetzt die Namen der Nebenklagevertreter mit ihren Mandanten. Die merken Sie sich eh nicht. Hier sind Befangenheitsanträge. Darüber müssen wir beraten und vertagen uns. Und schon ist wieder ein andrer Tag. Und morgen ist auch noch ein Tag.

Wir kommen von der Vertagung an einem andren Tag wieder zurück, wir kommen nicht mehr auf die Vertagung zurück, weil dieser Tag jetzt da ist, und Sie kommen jetzt ein bißchen vor und erzählen uns von Ihren persönlichen Verhältnissen. Ihr Name steht hier, Ihr Vorname auch. Sie nicken, also stimmt es. Geboren. Es werden keine Angaben zur Person gemacht. Andre nicken auch, das sehe ich. Sie äußern sich nicht. Wollen wir etwas einvernehmlich vernehmen, das man sowieso nicht hören kann? Dann bitte, fangen Sie an. Vielleicht Sie, der Sie im Zeugenschutzprogramm gelandet sind, geladen über das Bundeskriminalamt woanders. Auch Sie wollen sich nicht äußern? Ihr Mandant will sich also nicht äußern, sie sind also nicht hier, um Aussagen zu machen. Aber irgend jemand muß hier Aussagen machen. Meldet sich wer freiwillig? Sie? Ich sehe Sie zwar nicht, aber jedem steht es frei, sich zu äußern, wenn auch nicht überall. Da sich sonst niemand zur Sache äußert, vielleicht Sie? Haben Sie das verstanden? Nein, Sie nicht, ich habe Ihnen schon vorhin das Wort erteilt. Sie sagen nichts? Was? Sie sagen, das Wort sei gar nicht bei Ihnen? Ja, wo ist es denn? Was, Sie wollen nicht? Sie auch nicht? Die Nebenkläger sind zwar eingeladen, aber nicht auserwählt. Sie warten, bis Sie dran sind. Jetzt spricht niemand, nur er, er ist der einzige, der sich zur Aussage gemeldet hat, und der sagt nichts. Später werden wir noch andere hören, die sich mit etwas beschäftigt haben, das Interessante daran ist, daß ich es tadeln könnte, wenn ich wollte. Aber erst mal wollen wir was hören. Ich erteile Ihnen das Wort, weiß aber nicht, wer Sie sind, ja, ich weiß, daß sich ein andrer schon früher gemeldet hat, vor Ihnen, aber ich erteile das Wort. Sie haben es. Bringen Sie die Botschaft!

EIN ENGEL (MIT ALLEN DAZUGEHÖRIGEN ATTRIBUTEN):
Also erst mal ist wichtig, daß Menschen die Erde bewohnen, das ist die Grundvoraussetzung. Sterbliche, aber auch Gebärende oder Zeugende, je nachdem. Die ins Jenseits gehen, sind dreimal gesegnet, das erste Mal dafür, daß sie überhaupt gelebt haben, das ist schon viel, bedenkt man die ungeheuerliche Masse derer, die gar nicht zum Leben kommen, und das Leben kommt auch nicht zu ihnen. Nicht freiwillig. Die Körper beleben wieder andre Körper, das sind schon genug, von denen haben wir schon genug. Es ist genug. Sie haben ein Wunder angeschaut, bei dem gezeugt wurde, und jetzt gehen sie ins Verderben auf verschiedenen Wegen, die ihnen bereitet werden. Sie wollen nicht, aber sie müssen, wie Mama sagte, als sie starb, höchst widerwillig. Oder auf Wegen, die es schon gibt, vorgezeichnet mit Kreide auf dem Gehsteig einer Stadt, die selbst stirbt, als folgte sie einem Schall aus einem Instrument, mit dem man Geld verdienen kann, da liegen sogar noch ein paar Münzen, aber die meisten sind unvermögend und geben nichts. Sie kommen aus einer Stadt in eine andre, man kennt sie nicht, Züge nehmen das Mädchen mit, das hier nicht spricht, obwohl es viel zu sagen hätte, uns sagt es das nicht. Uns sagt das nichts. Ich habe alles untersucht. Die hat die Briefe bei sich, die Briefe hat sie nicht vergessen, sie beweisen, daß sie Fremden etwas mitzuteilen hat, die sie ihrerseits nicht kennt, etwas, das sie nicht bei sich behalten kann, ich spreche hier für sie, das

ist aber nur schwer möglich. Einer muß sprechen, das ist möglich, egal wer. Sie fährt die ganze Zeit herum, noch fehlt die Antwort, die Briefe sind ja noch nicht einmal eingeworfen, geschweige denn beantwortet, was sie ohnedies nicht werden. Sie kommen zu spät. Ich sehe, ja, doch ich sehe, jetzt ist es soweit, sie wirft mindestens zwölf Umschläge in einen Briefkasten, in einer Sekunde ist alles vorbei, auch das, was sonst noch passiert ist. Was wir rekonstruieren können, ist, daß das Mädchen die Mailbox abgehört hat, der Anruf dauerte 51 Sekunden. Gab es eine Nachricht auf dem AB, daß alles gut gelaufen ist und der Schädel des Freundes in Tausenden Stücken überall an der Wand festklebt? Oder gab es nur eine Nachricht von jemand anderem, das ist unwahrscheinlich, der Tod hat gesprochen, und zwar zu beiden. Der Tod sagt alles nur einmal, er nimmt nichts zurück, und dann muß man folgen. Was hört das Mädchen, das nichts sagt? Wir wissen es nicht. Das Mädchen ist keine Mutter, nichts ist gut gemeint, aber auch die Mutter war nicht als solche gemeint. Das Gemeine war gemeint, das mußte jetzt sein, tut mir leid. Deutsche Eisenbahnen, die schon so viel Gutes taten, aber gern, jederzeit!, tragen in Nachtzügen, in Tagzügen, ohne Winkelzüge die Tochter davon, sie wählt eine Nummer, dort leben die Lebenden, da lebt eine Mutter, dort die Oma, ordnungsgemäß. Ihr Sohn ist nicht mehr am Leben, sagt das Mädchen zu einer andren Mutter. Asche zu Asche, aber ein paar Knochenstücke sind noch da. Ihr Sohn hat sich in die Luft gesprengt, hören Sie. Ich nehme an, die Mutter hört erschrocken zu, sie wußte das noch nicht. Nein, das wußte ich nicht! Ich hatte doch keine Ahnung! Das ist ja furchtbar, ich habe keine Worte, na, ich auch nicht, ich habe zu viele, aber immerhin spreche ich, vielleicht ist meine Unruhe der Nervosität der Verteidigung geschuldet, die jetzt auch ruhig sein soll. Seien Sie ruhig, hier rede ich.

Ich habe das Recht zu sprechen. Nein, habe ich nicht. Ich sage, wer das Recht hat, und jetzt spricht der, dem ich das Recht dazu erteile. Sie sind am Wort, und das Wort ist bei mir.

Ich habe den Eindruck, sie hat es noch nicht vernommen, und sie läßt sich nicht vernehmen, sie sagt nicht aus. Die Mutter, sie hat noch nichts von den Schrecken des Pilgervolks erfahren, das durch die Luft segelt oder den Weg entlanggeht auf nicht geflügelten Schuhen, ist ja egal. Wir brauchen hier wieder einen Boten, der das besser sagt als Sie, einer muß ja endlich sprechen, und ich bestimme ihn, es muß einer sprechen, der den Schrecken aushält. Er sieht etwas, er sieht, was passiert, wenn man sich eine Pumpgun in den Mund steckt und abzieht, aber das ist doch keine Wasserspülung!, ich meine, den Abzug betätigt, wir kommen noch darauf zurück, aber da ist nichts mehr, worauf man zurückkommen kann. Es ist entsetzlich, vieles ist entsetzlich, es kann zum Beispiel das geflügelte Haupt einer Schlangenbraut sein, welches entsetzlich ist, so, das legen wir ins Gepäcknetz. Hoffentlich schaut es keiner unabsichtlich an!

DER RICHTER:
Es erfolgt die Mahnung zur Sachlichkeit. Die Mahnung zur Sachlichkeit ist erfolgt. Wer spricht? Ich würde gerne zum Inhalt des Verfahrens zurückkehren, doch ich weiß noch nicht, was Sache ist, keiner sagt mir was. Es ist gerade gelacht worden, das ist unwürdig, wir kehren zur Sachlichkeit zurück, die wir schon einmal hatten. Wo ist die hin? Ich weiß nicht.

DER ENGEL:
Ich bin der Engel Gabriel und direkt von Gott gesandt. Da ist eine Jungfrau, die vertraut ist mit zwei Männern, nicht nur mit einem, das ist ungewöhnlich, daß gleich zwei Männern gemeinsam vertraut wird, daher berichte ich davon. Sachlichkeit würde ich es nicht unbedingt nennen. Aber sonst spricht ja keiner. Ich bin der Engel des Herrn und bringe die Botschaft, da es sonst keiner tut, von Geschichten, die unter uns geschehen sind. Wir haben sie nicht erkannt. Wir haben nichts gewußt, wir haben nichts gekannt, wir haben diese Leute nicht gekannt. Wir haben alles von Anfang an sorgfältig erkundet, doch wir haben nichts erkannt. Wir haben alles gefunden, doch wir konnten es nicht richtig einordnen. Wir haben versucht, es in guter Ordnung aufzuschreiben, doch wir haben das Falsche über die Falschen aufgeschrieben. Wir hätten einen Grund für das alles finden müssen, aber wir sind auf keinem Grund gestanden. Ich bin der Engel des Herrn, das haben Sie doch längst erraten, oder?, schon bevor ich es gesagt habe. Ich komme, auch wenn die Frommen ganz woanders wohnen. Ich komme trotzdem, denn die Satzungen des Herrn sind untadelig, allerdings hört keiner auf ihn. Dauernd steht eine Menge Volk herum, um die Toten, um die Täter, um die vermeintlichen Täter, die ganz andre sind, sie stehen einfach herum, das Volk steht auf, und dann steht es nur wieder herum. Oder es trampelt sich gegenseitig tot, falls es noch nicht tot ist. Ich bin der Engel des Herrn und stehe jetzt hier. Ich soll die Toten wegschaffen, und ich soll feststellen, wieso die tot sind. Wieso die sich einen solchen Ort für ihren Tod ausgesucht haben. Wo ist das Buch der Richter? Das könnten wir jetzt gut brauchen, auch wenn wir keinen Richter brauchen werden. Trotzdem ist einer da, vielleicht braucht man ihn noch. Wir Engel des Herrn, wir bestimmen jene, die groß sein

wollen, aber das sind ja alle! Wir bestimmen alle, und sofort wollen sie groß sein! Sie wollen Söhne des Höchsten genannt werden, aber sie sind überhaupt keine Söhne, sie sind Söhne einer Jungfrau, und die Höchsten sind sie selbst.

DER ABWÄGER (MIT SEINER WAAGE):
Also ich finde, ein solcher Prozeß ist nicht mehr durchführbar, wenn keiner spricht, außer einem körperlosen Wesen, das wir dann nicht fotografieren können und das als Zeuge auch nicht geladen ist. Der kommt da uneingeladen. Ich möchte das zum Protokoll nehmen lassen. Aufgrund der von den Verfolgungsbehörden selbst gesteuerten und betriebenen Vorverurteilung kann dieser Engel auch nicht verurteilt werden. Denn alle sind hier offenbar vorverurteilt, auch wenn sie nur Botschaften bringen. Ein fairer Prozeß ist unserer Meinung nach auch unter Berücksichtigung der berufsständischen Objektivität der dem Senat angehörenden Berufsrichter nicht mehr durchführbar. Durch nichts mehr zu heilen ist der Umstand der Beeinflussung der Personalbeweismittel, namentlich dieses Zeugen, den ich aber nicht sehen kann. Ein Zeuge, den wir nicht sehen, eine Angeklagte, die nicht spricht, dazu ein bestimmtes meinungsbildendes Klima, das noch Jahre und Jahre davor ein ganz andres Klima gewesen ist, der Klimawandel hat hier voll zugeschlagen, wie Sie nicht sehen, aber sehen könnten, könnten Sie überhaupt etwas sehen, jetzt sind also andre schuld. Immer sind die anderen schuld. Ich würde sogar dieser körperlosen Person unterstellen, daß sie durch all dies in ihrem Aussageverhalten beeinflußt wird. Das geht gar nicht anders. So wie Blinde, die nichts sehen können, nur fühlen, wie diejenigen, die nicht hören wollen, so wie blinde Richter eingeschränkt sind, andrerseits aber besonders objektiv, weil

sie sich ja durch falsche Mienen und Gebärden nicht ablenken lassen, so können wir einem Zeugen, den wir nicht sehen, auch nicht trauen. Wer weiß, was für ein Gesicht er macht, wenn er lügt? Wer weiß, was für ein Gesicht er macht, wenn er die Wahrheit spricht? Die Jungfrau hat ihm geglaubt. Das können wir uns gar nicht vorstellen.

DER ENGEL:
Ich als Engel würde an dieser Stelle gern Tote sprechen lassen. Das geht unter bestimmten Umständen, die das Gericht herzustellen hat, ich beantrage, daß, sollten sich unter den Prozeßbeobachtern auf der Besuchertribüne Mitarbeiter des Verfassungsschutzes befinden, die sich jetzt melden sollen. Niemand? Wir sehen sie also so wenig wie mich, den Engel, der eine Botschaft bringt, und ich stehe dicht davor, vom Prozeß ausgeschlossen zu werden, denn ich habe nichts gesehen, und Sie sehen mich ja auch nicht. Doch da kein andrer spricht als ich, zu bekehren die Herzen der Väter zu den Kindern und die Ungehorsamen zu der Klugheit der Gerechten, ich sagte nicht Gerichte, ich sagte Gerechte, bin ich gekommen, um dem Herrn zuzurichten ein Volk – nein, natürlich nicht hinzurichten, das haben wir hinter uns –, das hoffentlich auf ihn vorbereitet ist. Auf die beiden Mörder war es nicht vorbereitet, es hat sie aber trotzdem, nach einem kurzen Vorsprechen, genommen. Ich spreche jetzt. Es hindert mich keiner, und ich habe dazu mehr Veranlassung als andre, denn ich habe die Botschaft gebracht, die Sie gar nicht hören könnten, selbst wenn sie Ihnen gelten würde. Also. All die Toten konnten sie nicht mitnehmen, sie haben sie jedoch fotografiert, damit alle wissen, daß es sie gegeben hat, und sie erfahren es erst nach deren Tod – ein rückläufiger Vorgang wie die Jungfrauengeburt, die nie endet, weil sie nie anfangen kann, meine Spezialität, also fängt diese Geburt jetzt

endlich an oder nicht?, sie wurde doch bereits angekündigt, vor längerem schon – nein, ich sagte also ausdrücklich zu der Begnadeten, in drei Monaten! Nein, da stimmt was nicht, ihre unfruchtbare Verwandte braucht noch drei Monate, die Jungfrau ist ja noch gar nicht schwanger, derzeit können wir das nur von ihrer unfruchtbaren Verwandten behaupten, das soll ein Wunder sein, egal, so lang, wie es dauert, dauert es halt, hier geht jetzt schon nichts mehr weiter, obwohl ich diesmal bis zum Äußersten gehen wollte. Erst am Ergebnis sieht man, daß da etwas hineingesteckt worden ist, nein, Mühe hat das keine gemacht, aber das Produkt ist jetzt da, was machen wir damit? Wer ist noch übrig? Unfruchtbar wie ein Stück Holz, weil sie noch nie einen Mann erkannt hat, na ja, gesehen hat sie ihn, nur auf dem Foto nicht erkannt, das aber auch gar nicht seins war, was machen wir an ihrer Stelle? Wir kaufen uns am Bahnsteig ein Brötchen, eine Wurst, ein Stück Kuchen, dann geht es weiter, der Mutter Brust: nicht verfügbar, derzeit sind neue Versionen Ihres Programms zum Herunterladen vorhanden, auch kein neues für den Feuerwall um das Mädchen herum? Ach, Ihr Programm ist schon abgelaufen, und Sie wußten es gar nicht? Sie wurden Mutter und sind doch Mädchen geblieben? Da haben Sie einen Becher mit Beimischung von Milchschaum und Zucker. Sowas werden Sie so schnell nicht wieder kriegen. O Tochter, ich seh vorm Hause dich, aber ich sehe nicht, vor welchem Haus. Diese Sandwiches sind schon alt, doch die Seite, auf die sie gefallen sind, prophezeit nichts, was der Alten Sache ja im Grunde wäre, den Grund weiß keiner.

DER ABWÄGER:
Haben Sie sich Gedanken gemacht, wofür die drei eine Waffe gebraucht haben? Da denkt man sich doch was

dabei. Ich habe es nicht gewußt. Haben Sie nicht nachgefragt? Nein.

DER ENGEL:
Als Engel denkt man sich, obwohl man ungeheure Dinge voraussagt, daß die dann vielleicht doch nicht passieren werden. Man hat ein positives Gefühl, daß die drei in Ordnung sind. Wir treten zwar zu, aber Tote nehmen wir nicht in Zahlung, die müssen schon noch etwas anderes vorzuweisen haben. Ich bin nicht stolz darauf. Was ist denn das Motiv dafür, daß ich Dönerbuden umgeworfen habe? Diese Buden sind ein bestimmtes Feindbild, vor dem mich mein Herr gewarnt hat, er hat zu mir gesagt, wenn die nicht die alte Religion wollen, kriegen sie auch keine neue. Wenn ihnen meine Religion nicht genügt, brauchen sie gar keine. Ich meine, was wollen die, da wird eine Geburt angekündigt von jemand, der groß ist, dessen Gebete erhört werden, ja, auch die der anderen, einer, der Freude und Wonne haben wird, und viele werden sich über so eine Geburt freuen. So steht es hier in meinem Text. Ich meine, und der Herr meint auch: Was brauchen die noch eine neue Religion, wenn sie schon unsere haben? Eine bessere kriegen sie nicht. Und damit man die Religion auf mehrere Personen aufteilen kann, gibt es solche wie mich. Engel. Einen Engelszug, der sich trotzdem dauernd verspätet, und für diese Verspätung gibt es dann keine Entschädigung. Nicht so wie für die Zeugen, die Opfer einer Störung auf freier Strecke wurden. Eine Jungfrau, von der man aus der Presse erfährt, daß sie erst mit dem einen, dann mit dem anderen zusammen war. Doch der Herr sucht sich die Seinen aus, ich kenne seine Wege nicht, die sind unergründlich. Sie laufen dahin, wie auf Schienen, das ist alles geritzt, alles vorbereitet, alles geregelt. Ein weiterer Zug wird bestiegen, ein Regionalexpress, genug, die

Fremde zu transportieren und zu sättigen, mehr nicht. Wieso wollen die Leute immer mehr? Wieso genügen sie sich nicht? Wieso müssen immer welche weg, damit sie als alleinige Götter existieren können, wo sie doch schon welche haben, die noch recht gut sind? Weg die einen, hier die anderen? Ex und hopp? Welch schweren Weg hat man doch zu diesem Ziel zu erklimmen, und vorher muß man auch noch ein Rad erklimmen, das Trekkingbike, das Mountainbike, falls es mal bergauf geht, und wir fahren mit, bis man wieder beim heimeligen Wohnwagen ist, das muß alles in Weg- und Brotzeiten berechnet werden.

Und das Handy nicht vergessen!, wir brauchen die Fotos, die sind mindestens so wichtig wie das Verkündigen der Geburt des Herren und dann das Töten, damit ein Volk erlöst werden kann, den Erlös teilen wir uns, das sollten Sie nicht als unsere Schwäche sehen, daß wir alles teilen, wenn auch nicht mit Ihnen. Das ist doch gut. Wir nehmen es von den Lebendigen wie von den Toten, von denen man auferstehen kann, diese jedoch können es nicht. Alles gut gelaufen in Eisenach? Wie genau die Jungfrau davon erfährt, ist mir nicht bekannt, ich habe ihr nur die ursprüngliche Botschaft verkündet, daß sie einen Erlöser gebären wird, mehr hatte ich nicht zu sagen, ach ja, noch etwas, daß er schon in ihrem Mutterleib erfüllt sein würde mit dem Heiligen Geist, und er wird alle Leute zum wahren Glauben bekehren, habe ich ihr auch gesagt, daß dieses Land das gelobte ist, das vielgelobte, das für seine Exporte besonders gelobte Land, das herrliche Land und sein Urvolk, das auf sowas wohl immer vorbereitet ist. Weiß sie jetzt alles. Und das haben wir halt auf zwei Leute aufgeteilt, denn einer allein hätte das nicht geschafft. Sogar Gott ist ja zu dritt; das finden Sie überall, daß mehrere zusammen eine Aufgabe noch viel effektiver lösen können.

Und diese Menschen müssen viel erleiden, klar, die Erlöser müssen leiden, hier steht es, die Propheten haben es auch gesagt, der Herr hat es mir hier aufgeschrieben, ihm wird das schließlich auch passieren, was diesen beiden Erlösern passiert, was machen wir mit den Vätern, mit Gott Vater und dem Geist, beide derzeit abwesend, der Vater dreist, weil er sich zwischen die beiden drängen möchte, er hat nur einen einzigen Erlöser vorgesehen, und das war er. Mußte nicht er alles erleiden und in seine Herrlichkeit eingehen, in die Herrlichkeit des Vaters? Also die beiden sind schon eingegangen, hier das Foto, schauen Sie, genau: tot! Ich werfe es an die Wand, das macht ihm nichts, das macht niemandem mehr etwas. Sonst wüßten die Leute ja nicht, daß sie tot sind, man muß es ihnen erst mühsam beweisen, ja, den anderen auch, den lieben Zusehern. Erst mal muß ich es noch den Getöteten beweisen, die sind jetzt auch bei Gott, natürlich bei ihrem. Den hätten sie nicht gebraucht, sie hätten unseren nehmen können, aber nach allem, was ihnen angetan wurde, verstehe ich, daß sie einen eigenen Gott haben und nutzen wollen. Die haben ja nicht damit gerechnet und etwas für ihre Familien, für ihr kleines Geschäft, für was weiß ich geplant oder gespart oder zurückgelegt, meist haben sie ja alles ausgegeben. Diese Pläne wurden durchkreuzt, es waren sehr kleine Pläne, für ihre Kinder vielleicht größere, ich weiß es nicht. Das Durchkreuzen ist wichtig. Die Schiffchen wurden versenkt, durchkreuzt, ausgestrichen. Furchtlos, jawohl! Nein, fruchtlos ja wohl! Entschuldigen Sie. Wenn nicht, macht es auch nichts, ich bin ja nicht schuld.

DER PROPHET, DER IMMER NUR NACH HINTEN SCHAUT, ABER NACH VORNE SIEHT:
Diese zehn Menschen gehen jetzt davon, fort, vom eigenen Weg ablenkend, der ihnen nicht vorgezeichnet war, denn

sie waren schon vorher durchaus zufrieden, und wer zufrieden ist, der braucht keinen Weg, der ist ihn je schon gegangen, vom Weg wieder ablenkend, den sie nicht kannten, trotzdem waren sie gut drauf, jetzt gehen sie ihrem Grab zu. Da knien welche und weinen. Wir verlassen sie, es ist kein Königsgrab, niemand wird es je besichtigen, außer den Angehörigen, denen die Toten früher einmal gehört haben, kein andrer hätte sie haben wollen. Da, eine Blume aufs Grab. Dort unten ist einer, dort liegt einer. In der Brandstätte liegen zwei. Ich verstehe das nicht, von mir aus kann jeder daherkommen und einkehren, wo er will.

DER RICHTER:
Wir fangen einfach an. Heute ist auch noch ein Tag, darauf haben wir gewartet, daß ein neuer Tag kommt, denn das bedeutet, daß wahrscheinlich auch morgen einer sein wird. Nehmen Sie mal ein bißchen Geschwindigkeit heraus. Sie müssen sich bemühen, langsamer zu sprechen. Nehmen Sie sich die Zeit dafür, bisher hat noch kein andrer seine Ansprüche auf die Zeit angemeldet. Sie gehört also zur Zeit ganz Ihnen. Sie müssen sich nicht selbst belasten, Sie müssen keine Tatvorwürfe einräumen, die noch nicht ausgeräumt sind. Sie lassen keine Fragen zu, das dürfen Sie. Sie dürfen auch Verhältnisse zu Ihrer Mutter, Großmutter und Ihren Katzen haben. Kommen wir zu dem bewußten Tag, einem Freitag. Sie haben sich gefragt: Wo ist die Grenze? Dort muß ich hin! Sie haben diesen Aufkleber also bekommen, den mit dem schwarzen Mann, der einer weißen Frau an den Hintern faßt, und den hatten Sie nicht bestellt bei der Parteizentrale, den hatten Sie aber trotzdem bekommen? Und was war mit der Taschenlampe? Wann kam Ihnen zum ersten Mal der Gedanke, daß da Sprengstoff eingebaut sein könnte, und wie kamen Sie darauf, daß das eine Ausnahme sein könnte? Weil Sie

nicht glauben, daß immer Sprengstoff in Taschenlampen eingebaut wird? Und wer hat gesagt, die haben jemanden abgeschossen? Erklären Sie sich dazu. Nein, so würde ich nicht sprechen. Ich würde sagen: Wieso nicht?

DER ENGEL:
In den Tagen danach bekommen Zeitungen und Parteien die Post zugestellt. Die Schreie der Leidenden sind schon lang verstummt, der Spiegel schreit, obwohl ihn keiner zerbrochen hat, er war wieder mal auf dem Holzweg, er war auch zwei Wochen davor noch auf dem Holzweg, er wäre noch immer drauf, könnte er ihn nur wiederfinden. Kann ja nicht so schwer sein, er muß sich nur einmal umdrehen, da ist er wieder, schwer zu befahren, das Holz ist ziemlich schwer, aber er kann es. Das Mädchen hat kein Vaterhaus und kein Mutterhaus, einen Spiegel hat es sicher, es macht sich gern hübsch und spricht auch mit den Nachbarinnen über Make-up, das sie alle verschönt, die eine mehr, die andere weniger. Den Spiegel brauchen wir einfach, wir müssen immer jemanden haben, der noch unwissender ist als wir. Im Spiegel wird die wundersame Gestalt eines Erlösers und eine messianische Heilszeit, aber auch ein, zwei unangenehme Untergänge angekündigt, wir lesen es, glauben es, und dann passiert es doch nicht. Dieses Mädchen hat zwei Erlöser, wenn schon nicht geboren, dann doch in die Welt geschickt, von denen diese Heilszeit herkommen sollte. Die messianische Erwartung der gesamten Bevölkerung, gefaßt im Spiegel, und der faßt sie längst nicht mehr!, wie kann das sein?, diese Erwartung wird noch das gesamte Reich spalten!, lesen Sie es zuerst hier!, ein Mehrspalter!, die anderen werden davon abschreiben, noch nach Wochen. So sagen sie alle dasselbe, früher oder später, meist später. Die meisten sind zufrieden mit dem, was war. Die Zeichen am Himmel wur-

den gelesen und in den Spiegel gepackt, unsere liebe Bild, unser Bild hat daneben keinen Platz mehr, wir sind ja auch nichts und niemand. Diese beiden Männer werden vom Mädchen als Zeichen eingeführt, und es wird auch für Sie gedeutet werden, bis fast ganz zuletzt. Die Zeichen werden gedeutet, bis knapp bevor wirklich jeder sie wirklich überall lesen kann. Sie rücken die beiden Gottkönige in die Nähe Gottes und andrer Könige. Was in Deutschland stattfindet, ist immer außergewöhnlich. Es ist immer außergewöhnlich, weil es grundsätzlich ist: ein Volk mit Grundsätzen. Das Lamm Gottes, das der Welt Sünde trägt, und das schon seit Jahrzehnten, wie der Holzweg das Holz, welches dort transportiert wird. Andere sind davon grundgesetzlich ausgeschlossen, ich weiß jetzt nicht, wovon. Dieses Volk ists, von dem ich nie gesagt hätte, danach könnte noch ein anderes kommen. Nach diesen beiden Männern, den Söhnen, kommen aber dann doch andere Männer, von denen hier noch nicht gesprochen wird. Andre waren vor ihnen. Nach diesen beiden kommen welche, die vor ihnen gewesen sind, denn sie waren früher als ich. Nein. Sie sprechen von dem Mann, der vor mir gewesen ist, ich erkannte ihn, doch ich kannte ihn nicht. Hier hängt sein Bild. Aber damit er seinem Volk offenbart wird, immer wieder, obwohl alles über ihn schon offen ist, Barzahlung sicher bald verboten wird und überhaupt alle Schleusen geöffnet sind, komme ich hierher, um zu taufen mit Wasser oder zumindest jemand zu holen, der das kann. Hier steht, im Spiegel sehe ich, wie der Geist hineinfährt und dann nicht weiß, was er dort tun soll, er kennt sich auch nicht aus, er ist zum ersten Mal im Spiegel eingetroffen, er erkennt ja nicht einmal sich selbst dort, er sieht nur, was da geschrieben steht, es steht also geschrieben. Und auf wen ich sehe, daß der Geist herabgefahren ist, um dort zu bleiben, dem glaube ich. Ich habe es gesehen und bezeugt.

DIE PROPHETEN, BELIEBIGE ZAHL ODER NUR EINER:
Ich bin am Wort, das bei einem anderen ist, kein Problem, siehe, da sehe ich Gottes Lämmer weiden, eines von ihnen muß mein Herr sein, dessen Jünger ich sein werde. Der Mann dreht sich um und fragt, wen sucht ihr denn? Sucht ihr die mit Wasser Ungetauften? Das verstehe ich und suche sofort das Wasser auf, mit dem kann mehr anfangen als an Land. Bei wem die Taube bleibt, der ist ein Sohn, und wären es viele. Diese zehn Menschen sind aufgrund böser Taten von ihren eigenen Leuten umgebracht worden, das sehe ich nicht, es steht aber dennoch geschrieben. Wenn ihr einem falschen Propheten glaubt, so glaubt lieber mir, denn der hat dann von mir abgeschrieben. Wenn ihr aber niemandem glaubt, wie werdet ihr da erst meinen Worten glauben? Gar nicht. Ich sehe es zwar nicht, aber ich lese es überall, die Menschen lesen es, wenn sie zum Brunnen gehen und einsteigen, weil kein Wasser kommt. Da stimmt was nicht. Egal. Das Licht ist in die Welt gekommen, aber damit stimmt was nicht. Wo ist die Taschenlampe? Die Taube soll selber sehen, wo sie bleibt. Was zeigt uns der Spiegel für Zeichen, daß er uns überhaupt etwas zeigen darf? Morde am Spieß, Morde zwischen zwei Semmelhälften, Morde einzelner, Morde wegen Blumen, Drogen, Handys, Familienzwistigkeiten, in zehn Familien zehn verschiedene Zwiste, das trifft sich gut, alle zur gleichen Zeit oder hintereinander, oder wegen unbezahlter Rechnungen, und doch, sie summieren sich, heben Sie Ihre Augen auf, Sie werden sie noch brauchen, ich glaube, das habe ich schon öfter gesagt, aber es hört mir eh keiner zu. Ich bins, fürchtet euch nicht! Ich fürchte mich selbst, da ich den Text meines Chefs irrtümlich gesprochen habe, aber er hat mir so gut gefallen. Es ist egal, die Menschen suchen einen ja nicht, weil sie Zeichen gesehen, sondern weil sie eine Riesenpizza im Hof ge-

gessen haben, von der Jungfrau geboren, ich meine gebracht, welche Prosecco oder Wein dazu trank, den mein Herr aber nicht in Wasser verwandeln wird, wo wäre da der Sinn, die Herren trinken Bier. Sonst könnte der Herr ja auch die Toten wieder lebendig machen, doch der denkt gar nicht daran. Er braucht die Toten, er braucht sie grundsätzlich, denn die Toten bewirken, daß an ihn geglaubt wird und an mich, den er gesandt hat, ebenfalls.

Sie merken es nicht gleich, weil sie über einen längeren Zeitraum hinweg geschehen, die Taten der Toten, die noch nicht tot waren, als sie getan wurden, nein, das stimmt auch nicht, die Toten tun nichts mehr, dazu brauchen Sie keine Propheten. Was davor war, ist interessant, aber das wissen Sie auch ohne uns. Wir lernen noch. Wir lernen noch die Voraussagen, die nicht immer Weissagungen sind. Jesus hat ja auch mehrere Jahre gebraucht, der Erlöser, und nur wenige haben ihm geglaubt. Und jetzt schauen Sie, wie er heute dasteht! Jeder besitzt solche Gegenstände wie Taschenlampen, Pistolen, Pumpguns, da werden sicher auch öfter Verbrechen begangen, denke ich mir, aber es ist besser, Propheten denken nicht und sagen nur, was man ihnen vorgesagt hat, hier steht es ja! Jene haben es geschrieben, die anderen immer etwas vorsagen, aber daß die erste Waffe gefunden wird, das sagen sie nur nach, denn sie haben es nicht gewußt. Brandschutt, geöffneter Tresor, Handschellen, die der Kollegin aus Heilbronn gehörten, leider keine Kollegin von mir, sonst hätte sie es ebenfalls vorausgesehen. Schauen Sie in den Spiegel und sehen auch Sie die Zeichen voraus, dann wissen Sie mehr als alle anderen, sehen Sie in Farbe, nein, in Schwarzweiß, in Farbe nur schöne junge Frauen, die leuchtenden Zeichen, die ihren ewigen Platz am Himmel haben, sich hier jedoch spiegeln. Sehen Sie, wie der Spiegel die Seiten verkehrt? Genau das ist seine Aufgabe, er kann gar nicht anders. Er verkehrt alles in sein Gegenteil, vielleicht wird er, wenn er alles umgekehrt gezeigt hat, wieder auf die Erde zurückkommen und sich als mein Meister ausgeben, denn viele geben etwas für ihn aus, das summiert sich.

Und überhaupt, diese Frau lügt Jesus und das hohe Gericht dauernd an, sie sagt, sie habe keinen Mann, doch sie hat mehr als zwei Männer gehabt, auf alle Fälle mehr als zwei, fünf hat sie gehabt, kann das sein?, und trotzdem Jungfrau!, ich glaube, es waren noch mehr, und der Herr, der nicht ihr Mann ist, es gibt ja auch noch andre Männer, nicht wahr, der spricht, der, den du jetzt hast, das ist gar nicht dein Mann, da hast du ausnahmsweise die Wahrheit gesagt. Vielleicht wird dieser Mann dazu bestimmt sein, den Erlöser, die Erlöser abzuschleppen, alle beiden Erlöser, vielleicht wäre es so gekommen, hätte die Frau die Ruine, welche sie selbst unsachgemäß hergestellt hat, nicht verlassen und Waffen und Munition im Brandschatzi-Schutt zurückgelassen, elf Waffen plus Munition, und dann benutzen sie immer nur die eine? Dazu brauchen Sie keinen Propheten! Weil nur die eine einen Schalldämpfer hatte, also der hat nur auf die eine gepaßt, nicht wahr. Nachteil: Sie hören dann nicht die Posaunen des Jüngsten Gerichts, weil der Schall ja so stark gedämpft wird. Die Frau hat es wirklich dumm angefangen, da würde lebendiges Brot, das vom Himmel käme, ja, du, lieber Bernd, du würdest das besser machen. Du hättest von den Science Busters die Grundgesetze der Physik gelernt und gewußt, daß man die Fenster offenläßt, wenn man ein Feuer legt und will, daß alles, wirklich alles, auch alles Papier verbrennt. So erfolgte Verpuffung und Haus-Zusammenbruch. Die Wand zu den

Menschen kann kein Gott heraussprengen, doch dieses Mädchen hat es geschafft.

Auf dem Briefkasten steht etwas, das mich nicht interessiert, ich sage die Dinge voraus. Nicht die, die es schon gibt. Aber es ist doch eine Zeitung! Vielleicht steht da ja, was passiert ist? Unwahrscheinlich. Wahrlich, ich sage euch, was einer gesagt hat. Und dann hat er es in einem Blumenkasten mit Kunststoffblumen verborgen, was er sagen wollte, dahinter Kameras und Waffen, im Versteck. Ich, der Prophet, sage wahr, was gewesen ist, ich sollte mich auf meine eigentliche Aufgabe konzentrieren, zu sagen, was sein wird, aber das sagt mir derzeit keiner, ich befinde mich im freien Fall, wenn auch nicht in diesem. Wenigstens eine Übersichtsaufnahme der gefundenen Schuhe? Damit ich daraus weissagen kann? Wäre mir lieber. Dann muß ich nicht die ekelhaften Eingeweide der Toten beschauen! Wenigstens die Schuhe, bitte, den Wasserkocher, die Dunstabzugshaube, durch die mein Gott zu mir spricht, wenn ich sie einmal aufsetze, meist mache ich das nicht. Ich frage meinen Herrn, was los ist, sonst muß ich schon wieder Jünger taufen, und die Erwachsenentaufe ist sehr anstrengend, vor allem, wenn die Leute nicht schwimmen können und sich wehren. Entschuldigung. Ich frage den Herrn, ich selbst bin nicht der Herr, diese beiden sind ganz gewiß keine Herren gewesen, auch wenn sie sie gezeigt haben, immer den anderen, ich bin nur gesandt. Was steht hier? In dieser Zeitung aus dem Briefkasten, die wurde nicht mehr herausgenommen, hier steht, er muß wachsen, ich aber muß abnehmen. Ich allein muß abnehmen, und zwar so, wie es hier geschrieben steht! Da muß ich noch einmal nachfragen.

Nächster Prophet, selbe Frage an den Kollegen, der, wie wir Propheten, immer schon weiß, was kommt. Dafür sagt er das, was war, dauernd falsch an: Frage an den Spiegel, muß ich wirklich abnehmen, und der dort darf wachsen? Haben Sie das Rezept? Nein. Es stimmt nicht, was hier steht, aber es steht sehr fest, es ist verankert, ja, hier steht es und sonst nirgends, nur bei mir hören Sie es, schauen Sie nicht in den Spiegel, hören Sie auf mich, und wenn es woanders stünde, wäre es auch nicht wahr. Wahr ist nur, was hier steht, im Katzenzimmer, ja, die haben ein eigenes Zimmer, die Miezekatzen, die werden gerettet werden, weil sie an Gott glauben, nein, das nicht, aber ein schönes Zimmer haben die, mit Kratzbäumen und allem, dort werden auch mehrere Spuren von Ottokraftstoff gefunden, die bestimmt nicht von den Katzen stammen, dafür werden sie von einem Hund angezeigt werden, der die Spur sucht und sie auch findet, das lesen Sie nur hier.

Im Spiegel sehen Sie sowas nicht, dieser Hund ist besser als die Chemie, die verwendet wurde, und ich bin besser als der Spiegel, der nur mit den Sachen herumwirft, statt sie brav selber zu essen, ich aber fange sie auf, wenn sie aus der Vergangenheit kommen, und werfe sie in die Zukunft hinein. Ich weiß schon alles. Ich habe es immer schon gewußt. Ich sage es wahrlich, was nicht heißt, daß ich Wahrsager bin, die Worte, die hier zu euch geredet werden, sind Geist und sind Leben, nur im Spiegel können sie sich nicht anschauen, sonst können sie alles; hinter den Spiegel können sie sich nicht stecken, im Spiegel sehen sie sich nicht und auch anderes nicht, nicht richtig, nicht so, wie es ist und wie es war. Folglich kann auch der Umstand, auf den das Zeichen dieser Jungfrau und ihrer beiden Söhne folgt, nicht negativ als Verschulden gewertet werden und aus. Hier steht es. Genauso. Andre sind schuld, die dafür aber im Spiegel gesehen werden können, weil es sie gar nicht gibt.

DER ENGEL:
Lassen Sie mich mal ans Ruder, füllen Sie die Wasserkrüge mit Wein, ich weiß schon, was ich dann damit mache. Es gab ein buntes Gemisch von Nebenpersonen, doch mein Chef, Jesus, wußte von Anfang an, wer die beiden waren, die nicht glaubten, sonst hätten sie nicht getötet, und er wußte, wer ihn verraten würde: niemand. Es ist niemand verraten worden. Die Szene hat dichtgehalten. Nicht einmal für dreißig Euro hätten die was preisgegeben, ihr Preis wäre viel höher gewesen. Die haben sich selbst den Leib genommen und den dort auch, nein, nicht den des Herrn. Niemand kann in den Spiegel schauen, niemand kann in den Spiegel hineinkommen, es sei ihm denn vom Vater ausdrücklich gegeben. Und die beiden hatten gefälschte Ausweise, wie soll da je ein Vater nachgewiesen werden? Doch wir werden erfahren, es gab je einen, sein leichtes Gewicht hat keinen Unterschied gemacht, im Gegensatz zum Kreuz, wo jedes Kilogramm zählt. Niemand hat es gemerkt, niemanden hat es gestört, daß da keiner war, als es jeweils einen Toten gab. Die beiden Jungfrauensöhne werden endlich als das, was sie sind, nachdem sie es waren und schon nicht mehr sind, als Streiter gegen die Menschen umgedeutet, spät, aber doch, was an sich noch nicht schlecht ist, der Spiegel streitet ja auch oft sogar mit der Menschen Bild, das besser ausfallen sollte, aber was soll er machen?, er selbst kann es nicht verbessern, er kann die Bild nicht verbessern, er kann sagen: Das ist der nicht, welchen ich euch gesandt habe, vom Vater her, aber er zeigt, wie wir Engel das tun und die Propheten alles voraussagen könnten, bis sie selbst als Götter auf die Erde zurückkommen dürfen. Die Stelle des Gottes ist jedoch bereits besetzt,

leider, und es sind drei Stück Gott in einem. Was wollen Sie noch mehr?

Dieser Prophet ist ein falscher Prophet, hören Sie nicht auf ihn, hören Sie nur auf mich, obwohl das natürlich jeder sagt, auch diejenigen, die nichts zu sagen haben, hören Sie, es kommt die Zeit, es kommt noch die Zeit und ist schon jetzt, in der die wahren Anbeter den Vater anbeten werden in der Wahrheit, denn der Vater will solche Anbeter haben. Der duldet überhaupt nur Anbeter. Der Spiegel zeigt den Propheten dort drüben, im Dunkel, die stehen immer im Dunkel, die Propheten, damit mehr Licht auf ihre Prophezeiungen fällt, sie als Person sind ja ganz unwichtig, nicht wahr, nein, nicht, nicht einmal, wenn der über den Wassern schwebt und Menschen ins Wasser taucht, bis sie hart sind; er möchte selber Menschen eintauchen, möglichst viele eintunken, es möglichst vielen eintränken, so vielen wie möglich. Wenn nicht, wird er eben etwas ganz andres zeigen, der Spiegel, der sogar die zurückwirft, die nur mal in ihn hineinschauen wollten, er wird berichten, wie jemand von neuem geboren werden kann, den es bereits gibt.

DER PROPHET:
(*verdrängt den Engel*) Jetzt ich! Jetzt ich! Hören Sie! So kann er das Reich sehen, das ich ihm prophezeit habe, in Fortsetzungen, denn was vom Fleisch geboren wurde, das ist Fleisch und stinkt schnell, wenn es nicht mehr lebt, und was vom Geist geboren wurde, das ist Geist. Schon besser, nur sehe ich den hier noch nicht. Davon versteht er nichts, der Geist versteht sich selbst nicht, sonst wäre er ja Körper und könnte sich in Ratgeberspalten flüchten, von Gucki gejagt, mit dem Sucher gejagt, bis man stehenbleibt und die Wahrheit liest. Du weißt das nicht? Das ist doch genau der Grund, warum so viele sterben müssen! Weil sie

nur Fleisch sind und in der Gucki nicht nachgeschaut haben, was aus Fleisch alles gemacht werden kann, sogar Pflanzerln. Keiner von jenen, die das lesen und die Schrift dann erfüllen, wird in den Himmel auffahren, das kann nur einer, und von dem spreche ich. Alle, die an ihn glauben, werden das ewige Leben haben. Immerhin. Also diese Männer hier, nein, nicht hier, andere, nicht anwesend, schon diesmal nicht anwesend, voriges Mal auch entschuldigt, deshalb sehen Sie sie ja nicht!, dazu muß man nicht Prophet gewesen sein, von Anfang an, um das zu wissen, keine Ahnung, was machen sie, die Männer, ins Fahrzeug steigen und auf die liegende Person schießen? Warum hat das Gutachten so lange gedauert, daß wir das jetzt erst erfahren? Herumfahren, um den Anfang eines Größeren anzukündigen? Dazu wäre es fein, Prophet zu sein. Nein, eindeutig nicht von zwei Größeren, die haben wir nicht im Angebot. Wer gibt schon seinen eigenen Sohn der Welt, damit alle, die an ihn glauben, nicht verloren sind? Das trifft auf diese beiden Männer zu oder nicht zu, kreuzen Sie jetzt das Richtige an!, die in Fetzen geschossen wurden, einer von sich und durch sich, der andre durch den anderen, wer an mich glaubt, wird selig, das war jetzt überflüssig, das trifft auf die in keinster Weise zu, also: nein, dafür braucht man nicht Prophet zu sein, außerdem war das alles schon. Die beiden sind mittels Gewalt ums Leben gekommen, ums Verrecken nicht ging das Leben dann weiter. Der Spiegel, welcher auch nur ein Blatt ist, das fällt, der glaubt, daß ausschließlich durch ihn das Licht in die Welt gekommen wäre, sagt auch, was schon war, aber das stimmt nicht, nicht einmal das stimmt; ohne daß es ihm jemand vorsagt, kann er nicht einmal eine Taschenlampe mit ersterbender Batterie sein, und diese Lampe wurde diesmal noch dazu mißbraucht wie Woody von Dylan. Das hat er nicht geahnt.

Das hätte ich vorher erzählen sollen, ich weiß ja alles schon vorher, ich hätte es in diesem Spiegel sehen können, habe jedoch in einen anderen geschaut, einen, der alles vergrößert, aber von mir hätte der das nicht gehabt, daß man sich größer vorkommt, und auch das wäre dann nicht wahr gewesen. Dem Spiegel hat das vorher niemand gesagt, er hat es sich aus den Fingern gesogen. Jetzt kommt es raus. Es ist zu spät, aber jetzt weiß er es umso besser, besser als alle. Es wird nie gewesen sein, was er uns gezeigt hat, und er wird es nie gesagt haben. Es war ganz anders, was er aber ohnehin immer schon gesagt hat. Die Fremden werden selbst schuld sein. So oder so. Hier steht es doch! Sie haben kriminelle Vereinigungen gebildet oder ihnen zumindest nachgegeben, und hier lesen Sie das Ergebnis. Das Licht wird nur zurückgeworfen, wir sehen die Quelle nicht, nur der Prophet kennt sie, und er sieht, wessen Taten böse sind und das Licht hassen, ich, der Prophet, einer von mehreren, helfe dabei an entscheidender Stelle mit. Und hier, die entscheidende Stelle, hören Sie: Wenn ich Prophet sage, ist es nicht der, es ist ein anderer. Es ist nicht der, an den man automatisch denkt, wenn man Prophet hört. Es gibt und gab schon immer auch andere, die ich meine, diese Entscheidung muß nicht zurückgestellt werden, ich sage es gleich, und das ist selten, wenn Menschen sich öffentlich nicht mehr erinnern können, ich sage, daß ich den anderen Propheten meine, also nicht DEN. Kommt drauf an, wo man steht. Die Menschen sollen sich frei für eine Stelle entscheiden können, sie ist eh schon vergeben. Ihre Sünden sind es nicht. Sie sollen nicht dauernd herumrennen, die Menschen. Doch die lieben die Finsternis mehr, deswegen lesen sie ja all diese Zeitungen, die ihnen die Finger vom billigen Druck, dem sie ausgesetzt sind, mit klebrigem Dreck verschmieren.

Alle helfen wir zusammen, daß die Heilsweissagung wahr wird, die Berge werden umgepflügt werden, aber was soll auf denen schon wachsen?, es ist für uns und alle übrigen Gewächse, außer vielleicht Knüppelkiefern und Kuhmaulschellen, einfach zu hoch!, zu steinig, da wollen wir nicht rauf, aber lesen wollen wir es schon, und überhaupt, das müssen wir uns noch überlegen, vielleicht lesen wir es doch nicht, und dann wissen wir wieder nichts, wie der letzte Zeuge hier, der ganz besonders nichts weiß. Da kommt einer zum Herrn und sagt: Herr, halte die beiden auf, die sterben sonst, und durch sie werden außerdem zehn Menschen sterben, also die Zahl zehn wird vollgemacht werden, halte sie auf, Herr, und mein Herr sagt diesmal nicht, geh hin, deine Kinder leben, das kann er nicht sagen, diesmal nicht, denn die sind dermaßen zerfetzt, daß nicht einmal er da noch was machen kann.

Ich! Ich! Ich mache weiter! Herr Vorsitzender, wollen Sie nicht fragen, zu welcher Stunde das Mädchen keine Angaben zum Sachverhalt machen wollte? Denn das wird die Stunde sein, in der es einen Sachverhalt noch gar nicht gegeben haben wird, aber die Sachen hat sie schon verhalten, nein, behalten, ich meine, die hat es liegenlassen, das Mädchen, weil es geglaubt hat, die verbrennen eh alle. Und sie macht zu keinem einzigen Sachverhalt Angaben, sie verhält sich, sie hat eine Verhaltung, kein Verhalten, das ist doch kein Verhalten!, aber es ist erlaubt. Eine Jungfrau ohne jegliche technischen Kenntnisse. Typisch. Verbrannt sind sie aber nicht, da ist noch gut etliches vorhanden, Herr Vorsitzender, da ist noch etwas Fleisch dran, wollen Sie nicht wissen, wie groß diese Wohnung war? Na gut, dann sagen Sie es halt, und lassen Sie es sich sagen, das sagt der Herr aus dem Buch der Richter, dafür braucht er mich nicht, für das Vergangene braucht man den Propheten nicht, er ist eher Spezialist für das nicht zustandegekommene Gute. Ich spreche, das Mädchen spricht nicht. Darauf läuft es hinaus. Das Land ist wie ein durch Funkkontaktmelder gesicherter Keller, welcher jetzt geöffnet wird. Einer ohne Mädchen und ohne Kinder, ausnahmsweise. Kein Problem, nur den Lärm hält man schwer aus. Das ganze Land wurde schon vor langer Zeit gewaltsam geöffnet, bloß hat es keiner gemerkt, nicht einmal, als sich die Massen ergossen, weil ihnen niemand mehr Grenzen gesetzt hat. Wo ich bin, ist Deutschland, und zwar in seinen engen Grenzen, welche seit längerem schon etwas erweitert sind. Ich habe nicht gesehen, daß es aufgeschlossener geworden wäre. Nein, so etwas Falsches habe ich noch nie gesagt, ich spreche nicht in meiner Eigenschaft, ich spreche in einer andren Eigenschaft, in der auch Sie sprechen dürfen, dazu brauchen Sie keinen falschen Ausweis und keine fremde AOK-Karte oder was Sie in diesem Land halt haben, um gesund zu werden. Wo ich bin, darf Deutschland nicht sein, wenn der Ausweis nicht die Wahrheit spricht, nicht einmal der. Das erklärt folgendes: Furcht wird nicht mehr in dieses Land kommen, weil die Söhne der Jungfrau das Land wieder fruchtbar machen werden. So haben sie sich das vorgestellt. Ich hätte ihnen gleich sagen können, daß das nichts wird, doch ich war nicht vor Ort. Muß der Prophet aber auch nicht sein. Er spricht aus dem Fernsprecher, dem Fernsehsprecher und heute auch noch aus dem tragbaren Sprecher, dem tragbaren Pressesprecher mit vielen Apps für diverse Presseerzeugnisse, die hat er alle immer im Griff und im Auge.

Ich kräftige euch mit meinen Worten und dieser Dose mit dem Stiergott drauf: Das Heil wird von einer Jungfrau kommen, allerdings nicht von dieser, ja, das habe ich gesagt, hier steht es, das habe ich bezeugt, ich bezweifle allerdings immer noch, daß es diese hier sein wird, obwohl es mir persönlich prophezeit wurde, wie hätte ich es sonst weitersagen können? Das ist wie mit dem Leser, der glaubt, jede Nachricht sei allein für ihn da hingeschrieben worden, und daher darf er sich auch zu jeder entäußern. Hier steht geschrieben, das Heil werde kommen, morgen wird es ganz gewiß kommen, doch heute berichten wir schon im Fernsehn davon, unsere Spezialität! Besonders wortkarg wird sie sein, die Jungfrau, die einzige, die alles weiß und noch am Leben ist, auffällig ruhig, in sich gekehrt, schweigsam die Jungfrau, ihr Spiegel, das gesamte Land, heute ausnahmsweise schweigsam, deswegen steht es auch nicht hier, es steht nicht hier geschrieben, und ich bin sowieso woanders und wüßte es nicht. Wahrlich, ich sage es euch nicht, es ist auch nicht nötig. Der Abschied ist wie eine Trennung gewesen, aber einmal muß das Kind ja weg. Nein, das steht nicht hier, weil die Zeitung und die andre und die Bild auch noch keine Kenntnis von dieser Jungfrau sowie der dazugehörigen Jungfrauengeburt erhalten haben. Da kann sie reinschauen, soviel sie will, die Jungfrau, da steht nichts über sie, nicht einmal im Lokalblatt, das vor der Tür liegt, und der Geburtstermin steht auch nicht fest, doch die Geborenen sind schon tot, hätte ich ihnen auch gleich sagen können oder gar nicht, zu spät, es kommt für sie zu spät, die Zeit ist aus den Fugen, sie haben den falschen Kleber benutzt. Ich war ja nicht vor Ort, und jetzt lohnt es sich auch nicht mehr. Zuvor wird die Zukunft geweissagt, meine Aufgabe, doch es hört keiner auf mich, es stimmt trotzdem, und gleich danach kommt sie auch schon. Es kommt ihnen schon.

DER RICHTER:
War damals Handlungsbedarf ersichtlich? Wie haben Sie die metallischen Schläge eingeordnet? Es geht hier um

Taten zum Nachteil von Toten. Erst einmal möchte ich etwas über die Auffindesituation hören und dann über die Lebenssituation des Betreffenden, was war er für ein Mann? Hier ist die Gelegenheit, daß Sie das Leben dieses Mannes schildern. Und wir wollen auch wissen, ob nach der Tötung dieses Mannes Ihr Leben weitergegangen ist, und nicht, daß Sie mir antworten: Wie soll es sein? Denn diese Antwort werde ich schon vorher gewußt haben, obwohl sie erst später abgedruckt werden wird.

DER ENGEL:
Jetzt aber wirklich ich, Schluß mit dem Unsinn, raus mit der neuesten Wahrheit, immer die letzte gilt, das ist Gesetz unter Propheten: Die Jungfrau wird schwanger werden. Sie wird geboren werden, kaum geboren, schon kastriert, weg mit den Eierstöcken, die Jungfrau, geboren aus der Jungfrau, was nicht dasselbe ist wie unbefleckt bei der Empfängnis, ich sage das eigens, weil es oft verwechselt wird, sogar von Jungfrauen, welche persönlich Wunder und Erscheinungen erlebt haben. Die Stöcke braucht sie gar nicht, die Jungfrau, man kann auch ohne Stöcke wandern, der Engel findet einen überall, das kommende Heil wird sich über die nächsten Generationen erstrecken, da Deutschland wieder heiliggesprochen wird, diesmal online und ohne meine Präsenz, wer kauft das Zeug noch, ich meine, wer braucht dieses Blatt, welches herabfiel und Unschuldige getroffen hat, der Baum hatte ja keine Ahnung? Jetzt ist es erst in der Nähe kommenden Heils, das Land, ja, genau, daß was passieren will, steht fest, sogar in Ihrem Telefon können Sie es lesen, wenn auch nur ganz klein. Aber wenn Sie diese App applizieren, dann haben Sie garantiert was davon, keine Ahnung, wovon, ich habe gerade etwas gefunden, das nur für mich gilt, und daher prophezeie ich es, bevor es alle anderen auch wissen, viel-

leicht findet sich einer, der sich umgekehrt auch einen Schuh draus machen kann: Wer einen anderen zurechtweist, wird zuletzt mehr Gunst finden als derjenige, der mit der Zunge schmeichelt. Na, da kann ich nicht gemeint sein. Vielleicht können Sie sich diesen Schuh anziehen! Noch eine kleine Weile gehen: Er paßt nicht! Nichts. Ich vertraue auf den Herrn und auf den dort und den dort drüben auch noch, ja, auf die Frau auch, Sie können mir vertrauen, jedenfalls solange ich noch da bin und die Schlange noch nicht da war. Propheten kommen ja und gehen, ich weiß selbst nicht, wo ich gerade bin. Ich glaube, ich bin gar nicht mehr hier bei euch, nur eine kleine Weile, dann ist ein andrer wieder bei euch, aber ich bins nicht. Ihr suchet etwas in der Schrift, denn ihr meint, ihr habt das ewige Leben darin gefunden, und diese Schrift ist es, die von mir zeugt, aber zu mir wollt ihr nicht kommen, obwohl die Schrift es ausdrücklich empfiehlt, ich könnte euch sagen, wo ihr das ewige Leben findet: Ja, seht ihr denn nicht, daß diese beiden Männer es auch nicht gefunden haben und trotzdem schon weiter sind, ohne zeitverschwenderische Angst? Die sind tot, und ihr sucht immer noch dort, wo es das ewige Leben ja gar nicht geben kann. Sie gingen in Radlerkleidung schnell von dem Fahrzeug des Blumenhändlers, von dem Mercedes Sprinter weg. Sie als Autofahrer in der Spur daneben, neben der Spur, hätten ums Verrecken nicht erkennen können, wohin. Sie wollten Blumen kaufen, doch da waren keine und keiner. Ich habe es vorausgesehen, daß sie bei dem Verkehr weiterfahren mußten, zwei Männer, beide um die zwanzig. Es waren mehrere metallische harte Schläge zu hören, aber es war keine Aktion zu sehen, die bleibt im Kasten, im Kastenwagen, die ist schon abgedreht, also geht sie in jeden Kasten hinein, den kleinsten wie den größten Flachkopf-Bildschirm; es war kein Handlungsbedarf ersichtlich. Ich sage nur voraus, was ich schon gesagt habe, und das nur, weil es bereits geschehen ist, ich kann es nicht ändern, ich kann niemand hindern, ich weiß es bloß. Kein Wunder. Wäre es ein Wunder, ich hätte es rechtzeitig erkannt und auch darüber berichtet, sogar schon davor, nein, nicht vorm Fernseher, selbst von einem einsamen Ort in einem andren Land aus hätte man mich von einem Bericht nicht abhalten können.

Ihr habt eindeutig nicht die Liebe in euch, und ihr habt nicht gehört, was ich euch gesagt habe, vorausgesagt, den alleinigen Gott habt ihr nicht gesucht, nein, die zwei waren es nicht, ein Gott ist entweder ein oder drei, zwei ist er nie, da käme immer einer zu kurz. Es wird darauf hingewiesen, und jeder Leser wird an diesem Heil beteiligt werden, das ist ja auch eine Sensation, die Mitarbeiterbeteiligung, und es ist eine noch größere Sensation, daß man das alles vom Telefon ablesen kann, welches ursprünglich nur zum Hören gedacht war, ich sagte es schon öfter, sowas hätte ich trotzdem gut brauchen können, jetzt kann man also auch sehen damit, schon lange, ich kenne mich leider damit nicht aus, das ist auch nicht nötig, denn schon vor langer Zeit, als die Menschen noch sprechen konnten und nicht ausdauernd schwiegen. Sobald sie ihr Gegenüber ansahen, wurde sie prophezeit, die Jungfrauengeburt, das Telefon spricht es so, leider nicht so, wie ich es zuvor geweissagt habe.

Dieses Telefon lügt, der Prophet nie. Die Jungfrauensöhne werden also geboren, und dann machen sie sofort alles kaputt. Wozu das ganze Theater? Ja, fragen Sie das nicht mich, ich kann nichts dafür, ich habe nichts gesehn, ich war nicht dabei! Genau wie bei dem Wunder, das meine Mutter einmal persönlich erlebt hat, als ein Engel auf dem Wäschekasten ihr die Autoschnalle gezeigt hat, die ein

Besoffener auf die schnelle für seine Schnalle durch unser Fensterchen geschmissen hatte. Da macht sich die Jungfrau die ganze Mühe, und dann töten die Söhne auch noch, und auch noch so viele!, alles ist daraufhin ausgerichtet, aufs Töten, sie tun wenig anderes, sie beginnen ihr Werk der Zerstörung, nicht das des Heils. Ich glaube, so war das nicht gedacht, als die Jungfrau gebar, aber ich muß erst das Licht fragen, das in die Welt gekommen ist und sich zur Zeit noch nicht gespiegelt hat, es war nur ein kleines Licht, deshalb wissen die Menschen es noch nicht. Ist das jetzt eine junge, kinderlose Frau, oder ist das noch, ich meine schon wieder eine Jungfrau? Ist das jetzt schon eine Jungfrau oder nicht? Wird sie eine? Der Spiegel denkt noch darüber nach, denn das Bild, das er zurückgeworfen hat, paßt nicht zur Quelle, irgendwie paßt auch das Bild nicht, aber er macht es immer passend, darauf ist Verlaß, denn er weiß nur: Wer glaubt, der hat das ewige Leben, und dem muß man auch glauben, es ist eine Sensation!, das passiert nicht ein zweites Mal!, zur Sicherheit fragt er ja immer nach und fragt dazu Experten. Wir verstehen es nicht, noch bevor wir nachdenken, geben wir schon wieder auf und lesen was andres. In mir lesen sie nie, denn sie wollen nicht wirklich wissen, was passiert. Nur der, der da kommen wird, hat je in mir gelesen, er war der einzige, der mein Talent erkannt hat. Ich bin der einzige andere, ich bin nicht der einzige Einzige, von dem gibt es nur den einen; ich bin der, der es weiß, daß es nur einen geben wird, doch es kommt die Stunde, vielleicht schon jetzt, vielleicht ist es ja schon diese?, daß die Toten diese Stimme hören werden, und die sie hören, die werden leben. Diese zwei eindeutig nicht, aber vielleicht kommt das noch, ich bin sogar sicher, das wird irgendwo stehen, daß die beiden tot sind. Vielleicht stehen aber auch die wieder auf. Da möchte ich dann nicht in der Nähe sein.

DER PROPHET:
Wir, welche vor den Ältesten und weniger Schriftgelehrten geboren wurden, wir Propheten können uns gut vorstellen, und nicht, weil man uns das vorhergesagt hat, daß auf dieser Wiese fünftausend Menschen lagern und daß zwei Männer zehn Menschen umbringen können, die eigentlich hätten hier in Ruhe essen können. Beides unglaubwürdig, ich weiß, aber wahr. Dafür werden die Gläubigen später vielleicht verstärkt Sehnsucht nach einer Begegnung mit ihnen fühlen, mit diesen zwei Männern, deren Hirne an der Decke des Wohnwagens kleben, jedenfalls ich werde ihnen nicht begegnen wollen. Und in diesem Zustand schon gar nicht, ich kann es nicht oft genug wiederholen, um Sie auch zu warnen. Denn es kommt ja die Stunde, da alle, die in den Gräbern liegen, diese Stimme hören werden, ja, diesmal aber wirklich!, wie entsetzlich!, als ich es vorhin gesagt habe, hat es noch nicht gestimmt, ja, die wahrscheinlich auch, diese Toten, obwohl die nur auf Adolf Hitler und, wie heißt er, Rudolf Heß gehört haben; und daraus hervorgehen werden, die Gutes getan haben zur Auferstehung des Lebens, nicht zur Zerstörung desselben. Diese beiden werden nicht dabei sein, keinesfalls, wenn ich dann noch was zu sagen habe, was nicht der Fall sein wird, sondern ein kreischender Engelssturz, dagegen war die Massenpanik in Duisburg gar nichts, auf diese Stiege gingen nicht viele drauf, während von den Engeln beliebig viele draufgehen, sogar auf eine Nadelspitze, wo sie endlich mal abtanzen können, das wollen ja alle immer. Doch für den Fall, daß sie doch erscheinen müssen, werde ich viele Kilometer Luftlinie zwischen sie und mich bringen wollen.

DER RICHTER:
Was wissen Sie denn noch? Es geht nicht darum, was ich hören will. Erzählen Sie uns, woran Sie sich erinnern! Nicht ich will jetzt wissen, wie die ausgesehen haben, Sie sollen es sagen. Welchen Eindruck haben die Männer auf Sie gemacht? Es waren ja Bilder in den Medien, haben Sie die beiden denn wiedererkannt? Sie wollten eigentlich schimpfen, weil man die Räder da nicht hinstellt, aber dann haben Sie die Vorhänge zugemacht und sind zurück in Ihre Wohnung? Ja, warum haben Sie das nicht gemacht? Sie sagten, Sie wollten schimpfen, warum haben Sie das nicht gemacht?

DER PROPHET:
Ich bin ja ein schwacher Prophet, weit voraus sehe ich nicht, aber ein bißchen was schon. Was die getan haben, das war böse, das Gericht hier wird nicht darüber urteilen, das ist für die Nachtodeszeit nicht mehr zuständig, nur für die Todeszeit, bis dorthin und nicht weiter, und dann wird der Ewige darüber urteilen, und ich könnte es voraussagen, würden Sie mich fragen. Aber Sie fragen lieber Experten, dabei hätte ich schon lange davor Experte sein können. Was sagen diese Experten, was haben sie uns zu sagen? Wir erwarten das Heil, sie nicht, sie wissen, daß es nicht kommen wird, und derweil lesen sie in diesem Heft nach oder haben aus ihm vorgelesen, oder sie klappern dem Foto nach, das etwas ganz andres gezeigt und damit geworfen hat, mit falschen Spiegelbildern in den richtigen Spiegel hinein, der hat das Richtige hineinbekommen, aber das Falsche zurückgeworfen, wo gibts denn sowas; oder sie lesen dort vor, ob es überhaupt ein Heil ist. Die Experten sagen nein. Ich könnte es ihnen sagen: Wer Böses tut, der haßt das Licht. Doch ohne Licht kein Spiegelbild! Sie rufen irgendeinen Sieg aus, bei dem sie selbst leider

nicht dabeigewesen sein werden, aus dem und dem Grund nicht unter den Siegern, das begründen sie ja immer alles, wenn sie mal irgendwo nicht dabeigewesen sind, es ist eher die Ausnahme.

Die Jungfrau sagt, ich habe keinen Mann, ich habe zwei, und die habe ich sogar selbst geboren, ganz alleine. Ich habe das Wort gehört, Sie haben es schon öfter gehört, macht nichts, ich habe ja erst angefangen, ich habe es gehört, die Jungfrau hat es gehört, höre ich jetzt von ihr, wußte es aber schon vorher, die Jungfrau, ja, die, die glaubt dem, der die Propheten gesandt hat und dann den Engel gesandt hat. Der Pressesprecher der Bundeskanzlerin sagt es auch, aber nachher, wenn alles schon vorbei und überall zu lesen ist, also das Gegenteil eines Propheten, der Mann, hören Sie, er spricht zur Presse, die das aber alles schon längst geschrieben hat, ich bin vom Tode zum Leben hindurchgedrungen, wahrlich, es kommt die Stunde und ist schon jetzt, daß die Toten hören werden die Stimme, nicht meine, auch nicht die des Pressesprechers, nicht die der Jungfrau, nicht die des schlichten Dönerbräters, nicht die der türkischen Mafia, nicht die der verfeindeten Familienclans, wahrlich nein, es ist eine furchtbare Stimme, sie werden sie schon noch hören, und sie werden leben. Ich bestimme jetzt mit meiner Alltagsstimme, mit meiner normalen Stimme, die Sie zum Glück nicht erkennen werden, sollen Sie ja auch nicht, mit meiner total alltäglichen Stimme, die immer in der Bild ist und die ich vorhin in ein Kuvert getan und irgendwo reingeschmissen habe: Wer nicht leben wird, das sind diese beiden, ja, die zwei, mit der Česká, ständig unterwegs auf Rädern, denn viele Räder müssen rollen für den Sieg, ich weiß, das haben Sie schon mal irgendwo gehört, nicht bei mir!, wahrscheinlich doch bei mir, weil ich mich so oft wiederhole, öfter, als Blätter fallen, und da sind ja noch weitere zehn unschuldige Personen, derzeit nicht auf Rädern, die brauchen sie nicht mehr, ja. Die Geburt zweier Erlösergestalten wird im Spiegel nicht angekündigt, ausnahmsweise, diesmal nicht, die wußten nicht, daß die einmal Erlöser werden, sie können ja nicht alles ankündigen, was kommt, nicht wahr, etwas müssen sie schon mir übriglassen, nämlich die Wahrheit, die ganze, wenn ich Glück habe, die nur ich kenne, aber sie werden trotzdem geboren werden, die beiden Erlöser. Niemand wird das glauben. Die die Finsternis lieben, werden geboren werden. Zwei, die sich nicht an ihr Bild im Spiegel halten, auch nicht an die Bild im Spender, sondern ein eigenes werfen, ja, damit werfen, das dann im Spiegel wieder zerlegt werden wird wie ein Fischlaich, ich meine, eine Fischleiche. Aber erst, wenn sie es haben, das Bild, das Menschen gemacht haben, und den Spiegel, der mit Bildern auf Menschen wirft und mit Menschen auf Bilder und Steine auf die Bild sowieso. Zuerst müssen sie es mal haben. Das trifft viele, aber niemand, der das Heil nicht schon erwartet hätte. So.

Da tritt also die Sprecherin auf, vormals ein Sprecher, und sagt das Heil an, ausgerechnet von der müssen wir es erfahren, wo wir es doch schon vor zwei Wochen in diesem fallenden Blatt hätten vorlesen, nein, nachlesen können, daß zwei Fahrradfahrer auf ewig miteinander verbunden worden sind durch Mord und Tod, nein, daß zwei Fahrradfahrer in die Fahndung eingebunden wurden, doch der Modus der Tat entsprach nicht, er hat leider nicht entsprochen, es ist niemand durch die Straßen gejagt und durchgeprügelt worden, der Modus entsprach nicht dem Spiegel, deshalb wurde er von jenem auch nicht geworfen, sie haben es doch glatt behalten, sie haben es für sich behalten, was ich kaum glauben kann, sowas tun sie nie. Sie haben es auf keinen geworfen, es fällt kein Schatten, und es wird auch keiner geworfen, weil der Modus der Tat dem Tod einfach nicht entspricht. Er entspricht nicht. Er ist gewogen und für zu leicht befunden worden. Das ist kein Modus der Tat, den wir gewöhnt sind, und jetzt soll man mal nicht so tun, als ob es keine türkische Drogenmafia gibt. Es gibt sie, sie hat sich genau richtig placiert, sie wurde nicht placiert, sie hat sich genauso hingestellt, daß ihr Bild im Spiegel genauso, wie sie ist, in all ihrer Furchtbarkeit wieder zurückgeworfen werden konnte.

IRGENDEINER, KANN AUCH VOM PROPHETEN IN ZIVIL ÜBERNOMMEN WERDEN:
Ich bin der falsche Prophet, von den echten aber nicht zu unterscheiden, daher ist es egal, und ich gebe überhaupt keine Hinweise mehr. Bitte, ich nehme Platz. Ich bin kein kreuzbraver, fleißiger, humorvoller Mensch wie dieses Opfer da, aber ich bin ja auch zum Glück kein Opfer. Wir Propheten sagen die Opfer nur an, dann Tusch, dann Scheinwerfer, dann Lichtspiele, bei denen wir schon nicht mehr mitspielen dürfen, und dann das. Was auch immer. Bitte, ich nehme Platz. Wir Propheten lehnen das Heil überzeugend ab, denn wir haben es bereits, wir sind das Heil gewohnt, wir wollen auch mal was Neues hören und sehen, damit wir es berichten können, wir müssen nicht geheilt werden. Die Mutter weiß schließlich auch nicht, als sie sich öffnet, daß sie gleich eine sein wird, der Vater will nicht, daß er einer ist, die Großmutter nimmt ein Paket an und hebt es für irgendwelche Nachbarn auf. Einer wird schon nach dem Mädchen fragen, das tun sogar zwei, das Mädchen lebt und ist gerettet. Die Kleinen werden so zufrieden wie die Großen sein, das glauben Sie doch selbst nicht. Ich aber sage es trotzdem. Die beiden Gottkönige haben sich umgebracht, ihre Gesichter sind zumindest teil-

weise zerfetzt, ihre Schädel zertrümmert, zuerst der eine den andren, dann Feuer gelegt, dann sich selbst zerrissen wie nicht das Blatt vom Baum, das in der Luft Ballett tanzt, diesmal nur ein Blatt Papier, das die ganze Zeit davor nicht zwischen sie gegangen wäre. Das ist alles sehr kompliziert, nur der Tod ist einfach, danach muß nichts mehr erzählt oder getan werden, der Herr übernimmt dann, so, die beiden sind wir los. Da gibts keine Zukunft mehr vorauszusagen. Allein dieser andre Herr, der liebe türkischstämmige Herr, das Wort türkischstämmig, sage ich jetzt in eigener Sache, ausnahmsweise, habe ich gestern im Fernsehen über zweihundertmal gehört, vorher noch nie, jetzt grüble ich, etwas stämmig war er auf den Fotos schon, der Herr, aber türkischstämmig? Ich weiß nicht, wahrscheinlich wurde dieses Gerücht von den deutschen Eichen in die Welt gesetzt, die irgendwie neidisch geworden waren oder was weiß ich, ein netter Herr auf jeden Fall, anders kann man ihn nicht beschreiben, und anders ist er auch nie beschrieben worden, der wurde von acht Schüssen getroffen, können Sie sich das vorstellen? Ich nicht, ich muß es aber trotzdem sagen. Schon der erste Schuß war therapeutisch nicht mehr behandelbar. Die andren sieben, wenn ich richtig mitgezählt habe, zählen also nicht mehr. Schon der erste hat genügt, diese Leute sind ja genügsam.

Ich habe Kontakt, nein, nichts Persönliches!, gesucht und gefunden zu einer Person, die es noch gibt. Das Mädchen lebt, das einst gerettet wurde, die Greisin meldet nichts, sie sieht ja auch nichts, im Jugendheim ist es lustig, es wird Musik erhört, die um nichts gebeten hat, nichts ist zu hoffen, außer eine Nacht zum Abtanzen, doch die Jungen grämen sich, daß die Falschen leben, deren Stimme niemand vernommen und deren Gestalt niemand erblickt hat, nur sie, und sie beschließen, daß die Falschen nicht mehr leben sollen, also die Falschen schon, ich meine, daß die Richtigen tot sein sollen, die sollen alle tot sein, nein, doch nicht, nicht alle, nur die, welche sie bestimmen. Jene sind es, werden sie bestimmen, die sollen nicht glauben, daß sie vor dem Vater deswegen verklagt werden, doch, werden sie, bitte warten Sie, das dauert noch etwas, und jetzt sehen sie, daß die Falschen leben, immer noch leben, was sie nun ändern wollen. Ich werde natürlich wie immer nicht erhört, das weiß ich, wie alles andre auch, schon vorher. Ich frage mich, wozu ich überhaupt da bin. Nur damit andren etwas zu Ohren kommt? Es wäre das Falsche. Auf mich hören sie nicht. Das ist, wie wenn man Durst hätte und man bekäme lebendiges Wasser. Igitt! Ekelhaft.

Ich bin der erste Prophet, noch vor dem von vorhin, sinnlos wie alle anderen, dafür schwierig einzuordnen wie dieser Mundschuß, nein, nicht Mundschutz, kein Mundschutz, schwer zu sagen, denn es ist nicht auszuschließen, daß der Schütze ins Fahrzeug eingestiegen ist, also eigentlich auf das Rad aufgestiegen ist, nicht wahr, und auf die liegende Person noch einmal geschossen hat. Wir reden von einem Zeitablauf von zehn bis 15 Sekunden, nicht wahr. Vorhin haben wir das auch gesagt, jetzt noch einmal, weil es so wichtig ist. Sie haben sich vielleicht die Zeit nicht eingeprägt, dafür die sich aber in Sie. Sie tragen ihren Stempel, ist Ihnen das klar? So ein Zeitablauf zählt für Propheten gar nicht, das ist wie keine Zeit, weder rückwärts noch vorwärts gezählt, sie zählt gar nicht, daher lassen wir das sein und nehmen es nicht wieder auf. Herr, wohin sollen wir jetzt gehen, wir waren schon überall, und jetzt bieten sie schon wieder so tolle Fernreisen an? Du hast Worte des ewigen Lebens, hättest du die nicht rausrücken können? Denn wir haben ja geglaubt und erkannt, daß du es warst, nur warst du, Herr, die falschen Leute, und niemand hat sie erkannt. Niemand. Endlich hören Sie mir zu, das mit dem Wasser klingt interessant, ein neuer Filter, eine Reinigungsmaschine, rechtsdrehende oder linksdrehende Kristalleinwirkung? Das mit dem Wasser, ja, womit es schöpfen, damit fängt es ja an? Es ist ja nichts Festes, es ist ja keine Beziehung, es ist nichts für die Dauer, es ist immer in Fluß und im Fluß, wer davon trinkt, der wird immer wieder Durst kriegen, wer aber das andre Wasser trinkt, das ich ihm gebe, ich weiß jetzt nicht, wo ich die Flasche hingetan habe, es ist ja ein ganz neues Produkt, aber wenn ich sie finde, gebe ich ihm mein spezielles Wasser, wer und wenn er es trinkt, dann wird dieses Wasser in ihm, in ihm selbst, eine Quelle des Wassers werden, er wird immer genug haben, er wird so viel haben, daß er etwas davon verkaufen kann, es wird das ewige Leben aus ihm quellen. Ich sehe schon, das interessiert keinen, wo die Supermärkte doch selber ständig überquellen.

DER RICHTER:
Als die beiden Brüder hinaufgegangen, hineingegangen, herumgefahren sind wie zum Fest, da gehe auch ich hinauf, nicht heimlich, sondern öffentlich. Ich höre Gemurmel: Wo sind sie? Und es ist ein großes Gemurmel hier im Saal, welches ich unterbinden werde, aber kein Gemurmel im Volk, welches davon unbeeindruckt bleibt. Wir haben den Zugang schließlich beschränkt und durch Ordnungskräfte beschrankt. Wen interessierts. Die Vertreter der Nebenkläger und ihre Mandanten toben. Einige sprechen, andere nicht. Diese Männer haben das Volk verführt, und das Volk weiß jetzt nicht, wie es mit ihnen verfahren soll, noch dazu wo sie weg sind. Es kann auch sein, daß das Volk diese Männer verführt hat. Wir werden das klären oder auch nicht. Wahrscheinlich nicht. Wen interessierts. Einige sagen: Die waren gut. Andere sagen: Die wollten das

Volk verführen und werden jetzt hier vorgeführt. Doch da ist niemand. Wo die vorgeführt werden sollen, ist es leer. Leere Plätze. Eine Leerstelle. Leider keine leere Stelle, die würde sofort besetzt werden. Niemand aber redet offen über sie aus Furcht vor den Juden. Was Sie mit denen tun wollen, tun Sie bald!

DER ENGEL:
Ich jetzt, ich jetzt! Endlich! Warum hat mein Gutachten so lang gedauert, ich weiß es nicht, ich habe es vor der Zeit erstellt, für die Zukunft, aber irgendwie ist es in Verstoß geraten, verstoßen worden, verschwunden. Ich aber sage euch, was mir nicht vorgesagt worden ist. Die Gebärenden sind aber Töchter gewesen, das ist die Grundvoraussetzung, das müssen wir nirgendwo lesen oder hören, da können wir ruhig selber mit dem Arzt telefonieren, in der Zwischenzeit passiert die Zukunft nicht, da brauchen Sie keine Sorge zu haben, die Zukunft wartet auf Sie, daß Sie endlich einsteigen. Sie hören keinen. Sie hören hier nur Vertreter. Alle anderen sind stumm und kommen Ihnen nicht zu Ohren. Und wahrlich, der Richter wird mir hier zustimmen: Eine kleine Weile sind wir hier, eine kleine Zeit, denn die Zeit, da sie noch groß war, ist vorbei, und nach dieser kleinen Weile gehe ich hin zu dem, der mich gesandt hat. Sie werden das gar nicht merken. Sie werden jemanden suchen und nicht finden, das können Sie jetzt tun, von mir aus. Als Sie die beiden hätten finden können, haben Sie nicht gesucht, und wo die jetzt sind, dort können wir nicht hinkommen. Der Richter kann nicht wahr sprechen. Und wahrsagen kann er schon gar nicht. Er hört nichts. Es wird nicht gesprochen. Was ist das für ein Wort, das er sagen wird? Wir werden es nicht erkennen, denn die es gesagt haben, sind nicht mehr unter uns, das Wort aber wohnt weiter hier, nur müssen es jetzt

andere sprechen. Was ist das nur für ein Wort? Ihr werdet mich suchen und nicht finden. Kein Wunder. Man kann nicht jemand finden, der gar nicht da ist. Die Jungfrau steht uns noch zur Verfügung, aber auch über sie ist wenig zu sagen, und sie selbst sagt nichts. Wir wissen über sie, was sie getan hat, ich habe keine Ahnung, ob sie selbst es weiß. Wahrscheinlich. Sie ist gern auf Feste gegangen, in die Disco, ich höre keinen Einspruch von ihr, aber das heißt nicht, daß es stimmt. Sie hat folgende Worte gehört und ist ihnen sofort gefolgt, es hat einer zu ihr gesagt: Wer da Durst hat, der komme zu mir und trinke, und das hat sie getan. Meist Prosecco oder Wein. Ich frage: Haben Sie eine Rückmeldung erhalten? Sie sagen: Nein, überhaupt nicht. So spielt sich das hier ab. Alles sauber. Hat sich jemand von der Behörde an Sie gewandt? Nein, bis zum heutigen Tage habe ich die Verfassung geschützt, aber nicht vor diesen Menschen, denn in Bezug auf die hat sich keiner an mich gewandt. Ich habe keinen Anforderungsschein erhalten. Es standen da zwei deutsche Männer, und jetzt steht da keiner mehr. Hier sitzt eine Jungfrau, ich habe ihr eine Botschaft gebracht, und, hat sie auf mich gehört? Ja. Sie ist schwanger geworden und hat zwei Söhne geboren, wenn auch nicht zugleich. Ich hatte ihr nur einen geweissagt, und dann waren es zwei. Sie sind groß geworden und haben sich selbst den Namen des Höchsten gegeben, und sie haben sich auf den Thron gesetzt, wenn auch nicht den Davids. Den Thron der Deutschen, um den seit langem ein fürchterliches Gerangel besteht, jeder will zumindest einmal drauf sitzen, doch andre machen ihm das sofort streitig. Das geht nicht. Die Deutschen. Ihr Reich wird kein Ende haben, das ist bereits bewiesen, da dieses Reich ja noch besteht und das Ende sicher auch, nur weiß ich nicht, wo und wann und wie ich die beiden zusammenführen könnte, die Deutschen und das Ende, ich meine, sie hatten schon so viele Enden! Sie haben keinen Anspruch auf noch mehr.

Das Mädchen sagt, wie soll das zugehen, da ich doch nur von zwei Männern weiß, und die werden meine Söhne sein. Der Richter sagt: Na ja, mehr wird Ihnen ja auch nicht vorgeworfen. Die Jungfrau ist erleichtert, daß sie kein Mädchen gebären mußte, so bleibt sie das einzige, das Heilige, das von einer andren Jungfrau geboren wurde. Ich kann das verstehen. Bitte keine Tochter mit schmutzig flatterndem Haar, bitte keine mit einem Studienplatz in Rumänien, das ist einfach zu weit, keine von denen, die diesen Platz behalten wollen, und wäre er im Hades, ich meine, in der Hölle, der wäre wieder zu eng, und führte er ins Verderben und müßte man aus löchrigen Krügen Wasser schöpfen, das keiner gezeugt hat, nur die Quelle hat man ihm gezeigt, dort wurde Wasser erzeugt, und wo das herkommt, dort ist noch mehr davon, wie Deutschland, es kennt seine Grenzen nicht, vielleicht sollte man sie ihm einmal zeigen, statt es ständig an seine Leiden wieder und wiederum zu erinnern, ja, auch an die, die es verursachte, von mir aus. Auch die Meinigen sind alle tot, ein Engel darf keine Angehörigen haben, sonst wird er gestürzt, denn Angehörige haben oft Fehler, die kreidet man dann dem Engel an, man schreibt sie mit Kreide ins Wasser, sowas kann man dem Engel nicht durchgehen lassen, daß in seiner Familie Fehler aufgetreten sind und dann die Schrift spurlos verschwindet, wenigstens die Fehler werden hier nicht auftreten können. Keine Erinnerung nach so langer Zeit. Nichts kann mehr gesagt werden. So. Dazu kommen noch die Tränen, in denen man die Nächte verbringt, dazu kommen die Nächte, die man in Tränen verbringt, eins schüttet sich ins andre. Dies hier ist ein zäher Brei, den der Verfassungsschutz, der sich nicht einmal selber fassen kann, wie seine Quelle ja auch nicht, genau beobachtet. Er findet nichts. Er findet nichts daran. Er rührt, er wird gerührt, doch er findet nichts. Und doch: Er ist es selbst, der in der Mitte des Schildes in blendendem Glanze die Runen nicht sehen kann, er könnte sie eh nicht lesen. Die Ruinen hat er nicht mehr gesehen, dafür ist er zu jung. Aber das Bild von Rudolf Heß in der Garage, das kann er immerhin sehen. Wer ist denn das? Keine Ahnung. Dieses Bild sieht er an der Wand, ja, da hängt es, wir haben von dem Bild ein eigenes Foto gemacht. Der Mann kennt ja nicht mal die eigene Zukunft, der andre Erlöser kennt sie auch nicht, doch bei Gott ist kein Ding unmöglich, und so können sie, diese Männer, die können alle anderen, die noch zeugen könnten, wegräumen, dann bleiben nur sie gezeugt, und sie glauben, sie finden wieder einen blöden Engel wie mich, der seinerseits davon zeugen wird. Nichts da.

Die der anderen, die Zukunft der anderen, die wird er schon irgendwann erfahren, das braucht halt noch ein paar Tote, am besten eine Paketlösung; unter zehn Stück fangen wir gar nicht erst an, zehn Tote, davor waren es weniger, ich weiß jetzt nicht, bei welchem wir grade halten, das muß ich den Propheten fragen, anhalten die Pferde, bis er endlich mit seinen geflügelten Rossen beim Wohnwagen ankommt, der eine wie der andere, und sie freuen sich schon so auf die Zeitungen vom nächsten Tag, denn siehe, von nun an werden mich selig preisen alle Kindeskinder, denn wieder einer weniger, der seine eigenen Kinder zeugen könnte, wir steigen beruhigt von unserem hohen Roß, wieder einer weniger. Die nicht mehr zeugen können, interessieren uns nicht, Gott, der uns zeugen konnte, ist schon auch interessant, aber gehorchen würden wir ihm nicht, wenn er versucht, uns aufzuziehen, damit wir wieder losrennen, wir gehorchen nur Deutschland. Wir steigen vom Drahtesel, dem hochgezüchteten, jeder von seinem, und dann wird alles schon vorbei sein, es wird an ihm vorbeigegangen sein, es wird ein paar Leuten das Herz abgerissen haben, aber die kennen wir nicht so gut wie diese beiden Männer, von denen die Rede ist, und die sind jetzt bereits unterwegs zum Schlüsseldienst, der gerade frisch aufgemacht hat, wer, wenn nicht der, kann aufmachen, bald wird er wieder zugesperrt werden, die wissen ja, wie es geht. Halt. Ich glaube, ich bin im falschen Film, den ich rückwärts anstatt vorwärts habe ablaufen lassen. Die Kraft des Höchsten hat mich einen Augenblick nicht überschattet, bitte, entschuldigen Sie, es geht ein wenig langsam, ich weiß, sogar wenn man die Schlüssel hat, aber bedenken Sie, daß die unbefleckte Empfängnis sich auch dreimal vorstellen mußte, bis ihr einmal geglaubt wurde.

Wir würden hier jedem glauben, doch keiner sagt etwas. Es wäre für uns eine Freude und ein Jubel, wenn endlich jemand redete. Viele haben sich über die Geburt der beiden Männer gefreut, denn es gibt Eltern, die freuen sich sogar über ihre Kinder, sie können ja nicht, wie wir, in der Zeit vorwärts und rückwärts schreiten und alles sehen, was die tun werden, und alles wieder vergessen, denn wenn sie dann wieder rückwärts gehen, haben sie es ja noch nicht gesehen. Viele der Söhne Israels werden sich hinwenden, sie werden vor sich selbst hergehen, sie werden sich hinwenden und abwenden und hinwenden und abwenden, hin und her, wisch und weg, ich bin nicht der Gerechte, der eine Einsicht hat und sie weitergibt, wer bin ich schon? Ich versuche, die Herzen der Väter zu ihren Kindern hinzuwenden, und in diesen beiden Fällen gelingt es mir recht gut, das sind vernünftige Väter, ich wollte, ich hätte so einen gehabt, dieser Vater wäre es gewesen, er wäre der

Weg, die Wahrheit und das Leben gewesen, nur wurde er nicht eingeschlagen, es wurde lieber auf andere eingeschlagen. Aber sie konnten auch nichts machen, diese Väter, nicht wahr, ich hätte ihnen gerne geholfen, die Ungehorsamen zur Einsicht von Gerechten zu bringen, aber diese Gerechten haben sie in ihren Söhnen ja gesehen, ein schrecklicher Irrtum, den ich nie aufklären, den auch dieses Gericht nicht wird aufklären können. Die Ungehorsamen kommen einfach nicht zur Einsicht der Gerechten, um dem Herrn, den ich kenne, Sie zum Glück aber noch nicht, Sie sind ja auch nicht berufen und nicht auserwählt, ein wohlgerüstetes Volk zu bereiten, bloß die Rüstung haben die Väter auf ihren Söhnen nicht gesehen. Die haben gar nichts gesehen. Denn niemand kommt zum Vater denn durch mich, und ich werde mich hüten! So.

DER PROPHET:
Jetzt möchte ich wieder!, ich!, mir ist gesagt, also geweissagt worden, du wurdest geschickt, zu euch zu reden und eine freudige, allerdings etwas fragwürdige Nachricht zu verkünden. Ich kann es kaum erwarten. Ihr alle werdet verstummen und nicht mehr reden können, nur ich, nur ich!, bis zu dem Tag, an dem dies geschieht, daß das Urteil gesprochen wird, weil ihr meinen Worten nicht geglaubt habt, die zu ihrer Zeit, die sie erlebt haben werden, in Erfüllung gehen werden. Hier das Urteil, nein, nicht das endgültige, das werden Sie noch erfahren, hier ist erst mal meins, es ist ein provisorisches, aber in gewissen Grenzen, die die Zeit Ihnen setzt – mir nicht, denn ich sehe die Zukunft und stehe voll auf die Vergangenheit und in ihr – ich meine: gibt, die Zeit Ihnen gibt, ja, und zu dieser Zeit, in der Sie jetzt leben, wird es in Erfüllung gehen oder auch nicht. Es wird kein Schutz mehr benötigt werden, der Wagen, der fürs Wohnen gedacht war, ist von diesem Weg,

dieser Wahrheit und diesem Leben abgekommen, er brennt bereits, jawohl, das sieht jetzt jeder, der dabei ist. Die zwei Männer drinnen brennen auch ein wenig, ordnungsgemäß, gemäß ihrer eigenen Ordnung, sogar Geld brennt, wenn man sich Mühe gibt, und es wird später nicht erkannt werden, wer da für wen gebrannt hat, unser Schutz und Schirm und unser Speer oder der Kasten unter der Spüle. Er kann ja nicht in die Rucksäcke mit der Waffe und mit dem Geld hineinschauen, wer auch immer. Ein Prophet muß der nicht sein. Die Räder, sie müssen rollen für den Sieg, soll ich Ihnen aus der Vergangenheit ausrichten, so sagten die beiden wiederholt, wenn sie unter sich sind, oder sie sagen es nicht. Hier sind schon zwei Stück feurige Räder, die durch Deutschland kreisen, sogar bergtüchtig sind sie, nur ist hier leider kein Berg, macht nichts, sie können auch in der Ebene fahren; schwarz wogt hinter ihnen der Staub auf, ich glaube, das hatte ich schon, aber es gilt für immer, daß oft etwas vernebelt wird, das wir nicht sehen sollen. Das legt sich schon wieder! Andre aber auch nicht. Die Armen, um die muß man sich keine Sorgen und keine Mühen machen, die sieht man nicht, für die braucht man keine Kriegskundigen, die sterben von allein. Wer sollte ihnen auch sagen, wie sie in der Bank das Geld verlangen sollen, viele Ersparnisse drunter? Eine hilfreiche Seele, dem Hades entronnen, schreibt es ihnen auf ein Stück Pappkarton? Geben Sie alles her, aber nicht das mit der Farbbombe! Und dann nichts wie weg. Damit sich der Flüchtige mit vielen sterblichen und unsterblichen Frauen vereinigen kann, einige davon auch seine Töchter, ja, wie diese hier, wie diese eine, Tochter von Flüchtigen, sie waren kaum da, schon waren sie wieder weg. Abgeschoben und den Docht ausgedrückt, bis die Flamme erlosch. Keiner sagt: Ich lebe, und ihr sollt auch leben.

EIN MENSCH SPRICHT JETZT, KEINE AHNUNG, WELCHER:
Ich weiß, ich sollte nicht sprechen, wer sich selbst nicht kennt, sollte nicht andere ansprechen, aber es wird sonst zu einseitig, da hier immer die falschen Menschen sprechen dürfen oder Geistwesen oder Wichtigtuer, die gar nicht sprechen können. Besserwisser. Ich habe mir gedacht, Sie sind froh, wenn Sie einmal die Stimme der Vernunft hören. Ich habe den Theo angerufen, meinen Geschäftspartner, aber der kann hier nichts mehr sagen, er ist nicht ans Telefon gegangen, und leider war der Grund dafür einer, den ich mir schon gedacht hatte. Er war nicht mehr am Leben. Die Radfahrer aus dem Wohnwagen haben ihm das Leben genommen, und ich habe ihn halt gefunden, einer mußte ihn finden, euer Herz erschrecke nicht, ihr könnt an Gott glauben oder an mich, besser an mich, ich weiß, wie man wo hineinkommt, nein, sein Leben habe ich nicht finden können, das war schon weg, das war abgereist, da hat keine Barmherzigkeit gewährt, von Geschlecht zum andren Geschlecht, vom Deutschen zum anderen Geschlecht, das schlechter ist, das habe ich gleich gesehen. Ich bin ja auch nicht wie sie. Und Flüchtlinge waren die Mörder am Schluß selber, doch sie haben nichts daraus gelernt. Vielleicht waren sie zu flüchtig. Keine Zeit mehr. Sie hätten besser ihren Anfang als Flüchtlinge nehmen sollen, dann hätten sie Erfahrungen gemacht, bevor sie da herumfuhrwerkten mit ihrer Česká. Bevor sie in nett gelegenen Lokalen Menschen, vor denen ohnehin keiner den Hut zieht, weil keiner mehr Hüte trägt außer der alten Generation, ohne Ehrfurcht vor deren Menschsein kaputtgemacht, ausradiert und die Brösel dagelassen haben würden. Sie wollten nicht die Gewaltigen, sondern ausgerechnet die Machtlosen vom Thron stoßen, doch da war kein Thron, da waren nur ein Schlüsseldienst, eine Dönerbude, ein Blumenstand, ein Internet-

café, ein Gemüseladen, in dem es auch kleine Imbisse gab, das wissen Sie, das haben Sie schon so oft gehört, das kommt trotzdem noch öfter. Bis wir endlich diejenigen sind, die zum Vater kommen und Wohnung bei ihm nehmen, in Untermiete, aber immerhin. Ich bin leider gezwungen, es zu sagen, doch ich werde versuchen, mich auf das Wesentliche zu beschränken. Haha! Das ist wohl komisch, was? Nicht einmal das. Jetzt kommts also auch noch von mir, wieder einmal, von einem Menschensohn, den der Vater nicht tröstet, und ich bringe den Geist der Wahrheit, den die Welt nicht empfangen kann, seit gestern ist nämlich der Weltempfänger kaputt! Nur einmal gibt es diesen Sohn und diesen Vater. Nein, nicht DEN Menschensohn! Einen unter vielen. Die Niedrigen erheben? Das wollten die nun gewiß nicht, im Gegenteil, die Niedrigen noch weiter hinunterstoßen vom Thron, den sie gar nicht hatten. Die Hungrigen mit Gütern füllen und die Reichen leer ausgehen lassen? Nein, so geht das nicht aus. So geht sich das nie aus. Ich kenne nur die Vergangenheit, den Rest hören Sie vom Propheten, der aus der Vergangenheit die Zukunft spricht, ich kenne nur das, was ich gelesen habe und immer falsch wiedergebe.

DER ENGEL:
(liest ab) Er lag auf dem Rücken. Ich habe ihn auf meinen Arm gelegt. Er sollte um 17 Uhr in die Abendschule gehen, pünktlich habe ich ihn abgelöst, den Sohn. Ich habe vollen Respekt vor der Justiz, das ist meine Erklärung. Es ist keine richtige Erklärung, aber was ich erkläre, das ist schon richtig. Mein Vertrauen in die Justiz ist gesunken, möchte ich Ihnen ausrichten. Mein Sohn sieht das sicher auch so, aber er ist woanders, ich weiß nicht wo, ich weiß nur, ein Mensch kann nicht geboren werden, wenn er alt ist, nein, auch nicht aus Wasser und Geist, nein, auch nicht aus dem

Internet, welches aber das Zwischenreich ganz gut verkörpert, in dem sich hoffentlich auch der Körper des Sohnes jetzt aufhält, dort kennt er sich nämlich aus. Der Herr hat seinen Diener in Frieden, nein, nicht in Frieden, im Kampf, im Blut, in zerfetzten Gliedern, zerrissenem Fleisch und zerbrochenen Knochen fahren lassen, und auch nicht fahren, nix, der liegt einfach da, der Sohn, und rührt sich nicht, gefahren sind die anderen, seine Mörder. Der Tote hat die Augen offen, doch seine Augen haben ihren Heiland nicht gesehen, falsche Religion, die hätten bei der richtigen bleiben sollen, bei meiner Lieblingsreligion, ich weiß schon, es gibt auch andere und andere Religionen, aber mich geht das nichts an, ich habe einfach zu viele Menschen zu betreuen, und treu sind nur wenige von ihnen, jedenfalls nicht mir wunderbarer Gestalt. Da kommt einer, den Völkern ein Licht zu erleuchten, und zwar gerade den Ungläubigen, unter denen nun wirklich jeder was andres versteht, je nach Standpunkt, damit kann ich mich nicht beschäftigen, die Religionen haben aber zusammengelegt, damit ich hier auftreten darf, da waren sie sich einig, ich bringe also ein Licht, für das die Heiden extra gespart haben, doch sie haben es nicht so vorgestellt, daß auch sie es bekommen. Wir sollen dies Licht in eine, genau diese Angelegenheit bringen, ausgerechnet wir Engel, die jedem dienen, der sie bezahlt, ja, auch dem Volk Israels, allen andren Völkern und den Angehörigen der absurden Spätreligion, von mir aus, die haben auch was beigetragen, daß ich als Engel hier erscheinen kann. So.

Ich spreche jetzt. Ein Vater und eine Mutter mögen sich wundern über das, was ich sage, aber ich segne sie mal auf alle Fälle, das kostet mich nichts, dazu bin ich befugt, und es werden viele aufstehen im Staat und mich als ein Zeichen sehen, ein Zeichen an der Wand, durch ihre Seelen wird ein Schwert dringen, nicht meins, das brauch ich selber, ein Schwert, durch andre Körper werden wiederum Kugeln dringen, alle allein von dieser Česká, denn nur auf die paßt der Schalldämpfer mit seiner kleinen bescheidenen Alu-Spur, die er hinterläßt, nur wenige haben sie gesehen und auch erst nachher, und hier werden vieler Herzen Gedanken vielleicht offenbar werden, vielleicht auch nicht. Ich halte mich zurück. Ich bin nur ein Engel. Ein Bote des Höchsten, den ich sehe, Sie aber nicht. Sie sehen ihn nicht. Und danach kehren wir wieder alle nach Hause zurück, und selbst darunter versteht jeder was andres. Manche nur einen Wohnwagen. Andre eigene Bäume, die Frucht tragen. Wieder andere reiche Israeliten, nein, rechte steht hier, aber das wollen wir nicht wissen, und ich glaube, es gibt gar keine anderen. Die Erfinder dieses hübschen Monopoly für diese Reichen, die gar nicht Monopoly zu spielen brauchen, weil sie schon alles haben, die haben das auch so gesehen. Ihr werdet noch Größeres als das sehen. Je nachdem.

DER PROPHET:
Ich stehe natürlich im Rang unter meinem Vorredner, klar, ich bin zwar vor ihm, aber er war schon immer, das schlägt alles. O Gott, da fährt schon wieder diese Taube hernieder, und ich bin nicht drauf, ich habe den Zug verpaßt, eigentlich eine Materialseilbahn. So viele Menschen sind unterwegs, hinauf, hinab, mit Skier, ohne Skier, da kann man die Taube schon mal übersehen. Der Papst hat sie fliegen lassen, für den Frieden, und sofort haben sich eine Krähe und eine Möwe auf sie gestürzt. So kanns einem gehen, wenn man gute Absichten hat. Und da kommt jetzt auch noch diese Stimme aus den Wolken hervor (uns wäre lieber gewesen, es gäbe keine Wolken, nur den blauen Himmel, heute blau, morgen blau), ich berichte nur, denn die danach

gelebt haben, nach allen Ereignissen, die es je gegeben hat, können natürlich viel genauer davon sprechen, allerdings nicht in Zungen, bloß mit ihren Zungen, in ihrem Zungenschlag, ein jeder schlägt den anderen schon mit seiner Zunge, die Zungen also, die feurigen, was wollte ich sagen?, die erscheinen über jedem Kopf, eine pro Kopf, das ist ein Pro-Kopf-Aufkommen, nicht -Einkommen, dabei sollten sie doch drinnenbleiben, die Feuerzungen, und das Ergebnis? Keiner versteht keinen, wir haben ja noch nicht Pfingsten, nicht wahr, also ich fange schon mal an zu berichten, da ich die Taube leider versäumt habe, auch was ihr passiert ist, und da kommt einer daher und spricht: Dies ist mein lieber Sohn, an dem ich mein Wohlgefallen habe. Bitte wer? Etwas Besonderes habe ich nie an ihm bemerkt, seine Kleidung war zumindest damals normal, Lederjacke und Springerstiefel, mir ist nichts aufgefallen an ihm, nichts, was andre nicht auch genauso hatten. Das war normal. Alles normal. Ich glaub, ich werd nicht mehr. Das sagt dieser Mann. Der glaubt das auch noch. In Kürze, zur Abwechslung, eine Frau, welche die Hosen anhat, aber auch manchmal einen Rock, ich sehe nicht, wo das hier steht. Sie macht keine großen Worte wie ich hier, aber wenn die Sonne untergegangen ist, dann fahren die bösen Geister noch mal mit dem Schlepplift hinauf und schreien: Skifahrn! Wir sind die Söhne Gottes und der Jungfrau, wir beide. Wir bedrohen die Menschen, wir lassen sie nicht reden, wir schießen, denn wir wissen, daß nur wir Christi Söhne sind und die der Jungfrau, und die anderen haben hier gar nichts zu sagen und zu suchen, was wollen die schon finden, das ewige Leben?, nein, wir machen dieses Land besenrein. Und die Mutter, die Jungfrau? Sind das nicht ihre Söhne, hat sie uns nichts zu sagen, hat sie uns nicht zu erklären, wie sie zu dieser AOK-Karte gekommen ist? Und diese Mutter hat ja eine andre Mutter, die aber nie an den Beratungen über ihre Tochter teilgenommen und diese auch nicht selbst beraten hat.

Die Mutter entschlägt sich der Aussage, die Tochter spricht sowieso nicht, sie schlägt nur, blitzschnell, vielleicht ist sie ja die Schlange?, sie lächelt jetzt aber, ein Radfahrer fährt weg, sie lächelt, ein Blickkontakt kommt auf dem Fußgängerweg zustande, sie lächelt, das Mädchen kann sich kaum noch konzentrieren, nach einer Stunde Verhandlung schon nicht mehr, in der sie nichts getan und nichts gesagt hat, aber sie lächelt, die Jungfrau lächelt, können Sie mir sagen, warum? Ihre Mutter hat immerhin gesagt, daß sie nichts sagt. Sie sagt von Anfang an, als eigentlich das Wort an ihrer Stelle gewesen wäre, ja, das Wort selbst wäre drangewesen, sie sagt gar nichts, sie sagt, daß sie nichts sagt, die Mutter der Jungfrau, der unbefleckt Empfangenen, das ist etwas, an dem Sie sich messen lassen sollten! Vielleicht kann diese Jungfrau mir selbst sagen, warum sie sich schon nach einer Stunde nicht mehr konzentrieren kann, und wie, Herr Verteidiger, wollen Sie das überhaupt wissen, wo die doch gar nichts sagt, ach so, Ihnen hat sie es gesagt? Dazu brauchen Sie mich nicht, wer braucht dafür schon einen Propheten? Das sollte wer andrer sagen. Der Prophet bricht vorgefaßte Meinungen auf und tauft sämtliche Leute, die er vom Gegenteil überzeugen konnte, das er nicht einmal selbst fassen kann, er ist so anders als wir, doch was soll er hier? Was soll er hier tun? Ich! Ich! Ich! Was soll ich tun? Den Richter mitten in einer Frage unterbrechen? Nicht ratsam, obwohl ich die Zukunft schon sehe, ja, sein Urteil auch, Sie werden es wahrscheinlich schon erfahren haben, ich schreibe ja in die Zukunft hinein, gerade deshalb sollte ich ihn nicht unterbrechen, es ist ja egal. Ich weiß es schon, ich habe meine guten Gründe, immer alles im voraus zu wissen. Über die Richter werde ich noch gesondert was sagen. So. Jetzt zieht er es zurück, das Wort und den Anfang, keine Ahnung. Sie kann sich doch konzentrieren, heißt das.

DER RICHTER:
Es waren Behörden an diesen Ermittlungen beteiligt und haben auch an Beratungen teilgenommen. Wenn die mir sagen, sie haben nichts, dann muß ich das so hinnehmen. Es gibt keine Verbindungen. Wer hat etwas von Verbindungen gesagt? Mir nicht. Ich weiß jetzt nicht, welche Relevanz diese Frage hat, denn ich kenne die Frage noch nicht, die ich gleich stellen werde. Es ergeht dann folgender Gerichtsbeschluß: Die Frage ist unzulässig, die Nationalität der Tuschler und Zuträger ist irrelevant, denn die Nationalität ist nicht relevant. Ein Sachbezug ist nicht erkennbar und wurde auch auf Nachfrage nicht dargelegt. Ein Mann kann nicht beschrieben werden, ich bemühe mich darum, die Zeugin entschlägt sich, der Zeuge entschuldigt sich, daß er emotional wird, der Ermordete war ein liebevoller Ehemann und Vater. Mit seiner Ermordung sind alle unsere Träume zerbrochen, sagt der, welcher der Traum war. Er möchte die Wahrheit tun, denn wer Böses tut, den haßt das Licht, das war jedoch die ganze Zeit aufgedreht, ob es nun gehaßt wird oder nicht. Der Zeuge gibt an, daß Dinge in die Welt gesetzt wurden, die nicht stimmen, und daß er großes Unrecht erlitten habe. Er gibt ferner an, daß mit den Fingern auf sie gezeigt worden sei. Er sagt, die Frauengeschichten stimmen auch nicht. Ich habe aber ein Buch, in dem steht, der Mann stand auf und wollte gehen, doch man ließ ihn nicht. Der Richter spricht, sie sollen verweilen, bis der Tag sich neigt, vielleicht fällt ihnen dann doch noch was ein. Ich, der Richter, ich sehe, der Tag neigt sich, und ich spreche noch nicht das Urteil, noch lange nicht, aber ich sage, bleibt doch über

Nacht, hier wird zwar nicht verhandelt, der Raum wäre auch viel zu klein, aber bleibt doch, ich spreche noch nicht Recht, aber bleibt über Nacht und macht euch morgen früh auf den Weg, wenn die anderen kommen und eure Plätze fordern. Wir haben so wenig davon. Vielleicht kommt doch noch mal ein andrer dran als jene, über die das Los gefallen ist. Ich möchte mich hier noch kurz mit dem Fremdling in unserer Mitte beschäftigen, weil es immer die Falschen tun, immer die Falschen beschäftigen sich mit den Fremdlingen, die anderen interessieren sich nicht für sie, ich möchte, daß das aufhört. Alles. Der Fremdling fragt: Wo gehst du hin, und wo kommst du her. Der andre Fremde, also ich meine, fremd ist ja jeder, in diesem Fall halt dieser, der fragt allerdings vorher: Ist hier ein Fremder?, während der andre Fremde überall ein Fremder ist, nur ist der eine von ihnen ein Wanderer, damit er möglichst oft möglichst überall fremd sein kann, darauf kommt es ihm an. Wo soll er bitte schlafen? Beide sind von woher wohin gezogen, darauf kommen sie während ihres Gesprächs, einig sind sie sich, daß sie beide, aus verschiedenen Richtungen, zum Haus des Herrn ziehen wollen. Wir haben Essen, Schlafsäcke, Kochgeschirr, wir haben alles, aber wir haben keinen Platz, um zu wohnen, wenigstens für eine Nacht. Der erste Fremde sagt zum zweiten: Friede sei mit dir. Alles was dir mangelt, findest du bei mir, bleibe nur nicht über Nacht auf dem Platz, da kommen die Gottessöhne ja schon!, die tun dir sonst noch was an!, nein, es sind nur wir zwei, komm auch du in mein Haus und schlafe dort und wasche deine Füße oder auch nicht. Iß und trink. Das ganz sicher.

DER PROPHET:
Jetzt weiß ich es wieder, Herr Richter. Grade ist es mir wieder eingefallen, jetzt weiß ich es wieder. Es ist mir wieder

eingefallen, als Sie vom Schlafen gesprochen haben. So geschah es, und ihr Herz war guter Dinge, ich meine die Leute, von denen Sie vorhin gesprochen haben. Doch als sie alle guter Dinge waren, da umstellten Männer der Stadt das Haus und schlugen an die Tür und sprachen zu dem alten Mann, dem ersten Fremden, dem von vorhin, nicht wahr, eigentlich wohnt er ja hier, aber wer ist schon kein Fremder, schon lang keiner und wo überhaupt?, also sie schlugen gegen seine Tür, und der alte Mann kam heraus und sprach zu ihnen: Nicht doch, meine Brüder! Tut doch nicht so etwas Böses, nachdem dieser Mann extra in mein Haus gekommen ist. Siehe, ich habe eine Tochter, die gelitten hat, ihre Mutter hat auch gelitten, wir haben alle gelitten, sie haben sich alle verkrochen, weil man so schlecht über sie gesprochen hat, entschuldigen Sie. Ich wollte Sie nicht unterbrechen. Unnötig, denn einen Propheten kann man sowieso nicht unterbrechen, wenn der mal redet, dann redet er, er muß sich ja an keine Tatsachen halten, das kommt ja alles erst, was er voraussagt. Er muß sich zumindest derzeit an nichts halten. Doch einmal, wenn er etwas sieht, ich werde gleich sagen, was, dann schreit er, der Prophet. Dann schreie ich. Ich muß schreien. Ich schreie ganz laut. Ich muß jedesmal schreien, wenn ein Fahrradfahrer an mir vorbeifährt, was doch etwas übertrieben ist, oder? Was sagt der alte Mann also zu denen, die sein Haus umstellt, nein, nicht umgestellt, das waren nur die Möbel, die sein Haus umstellt haben, was sagt er ihnen? Seht, ich habe eine Tochter, die noch eine Jungfrau ist, und der, den ich beherberge, hat eine Nebenfrau. Geschrei: Stimmt nicht! Stimmt nicht! Das ist ein Gerücht! Es ist nicht wahr! Das mit den Drogen auch nicht, auch nicht das mit den Drohungen, nichts ist wahr! Ich aber sehe es, ich sehe die Nebenfrau, die sogar schon in der Zeitung gestanden hat, nicht wirklich, ich meine, sie liegt in dem Haus, sie steht noch nicht in der Zeitung, aber bald. Ich bringe euch die Nebenfrau von diesem Mann, der sicher unter meinem Dach ist, ich meine, der sicher unter meinem Dach war, als ich vorhin nachgeschaut habe, ich bringe euch die Nebenfrau von dem, Geschrei: Stimmt nicht!, ich erwidere erstaunlich gefaßt, seien Sie endlich ruhig! Kapieren Sie nicht, daß ich von der Zukunft rede?, also ich bringe euch die Nebenfrau heraus, denn meine Tochter ist noch Jungfrau, die Nebenfrau aber nicht, die könnt ihr benutzen, das ist wie mit den zwölf Inderinnen, also mit der einen Inderin und den zwölf Männern. Und er brachte sie auf die Straße, und sie machten sich über sie her und mißhandelten sie die ganze Nacht bis an den Morgen, etwa so wie die Inder die Inderinnen, nein, die Inder die eine Inderin, ja, die andre auch, und ließen sie erst los, als die Morgenröte anbrach. Nicht gut, der Richter wird sicher was dazu zu sagen haben, gar nicht gut, aber okay.

Immer die Radfahrer, nur sehe ich die Räder im Moment nicht. Die Frau liegt auf der Schwelle, wo man sie abgelegt hat, die Hände hat sie draufgelegt auf die Schwelle, ungefähr so, ja, so, ich mache es vor, so sehe ich als Prophet die Sache, so sehe ich es, und ihr Besitzer zieht mit ihr gleich an einen andren Ort. Wo die Radfahrer immer gleich da sind, ob man sie braucht oder nicht. Und bevor jetzt dieses Theater mit den Fremden noch einmal anfängt, muß der erst mal heimkommen, wo er nicht fremd ist, dort nimmt er ein Messer, ergreift diese Nebenfrau, der Richter wird das zu bewerten haben, vorausgesetzt, es fragt ihn jemand um sein Urteil, aber sowas könnte sogar ich als Laie bewerten, und er zerschneidet sie Glied für Glied in zwölf Stücke und sendet sie in das ganze Gebiet des Landes. Das hätte den zwölf Indern vielleicht gefallen, wenn jeder von ihnen ein Souvenir hätte mitnehmen können.

Und alle, die es sehen, sprechen: So etwas ist nicht geschehen, es kann nicht geschehen sein noch gesehen worden sein, das schon gar nicht, und zwar garantiert nicht, seit der Zeit, da die Kinder Israels aus dem Land Ägypten gezogen sind, bis zu diesem Tag, ja, genau diesem, nein, nicht heute! Nun denkt darüber nach, beratet, sprecht euch aus und dann sagt dem Richter, was er sagen soll. Und er wird etwas anderes sagen, denn die Kinder Israels sind hier genauso verhaßt wie alle andren Fremden auch. Ist so. Wird so sein. Ich sehe es vor mir. Es ist kein Spiel, ich muß nur nachschauen, wie es hieße, wenn es eins wäre. Es würde Pogromly heißen. So würde ich es nennen, wäre es mir eingefallen und wäre ich wie jene und hätte ich was gegen den Staat. Aber ich bin wie jeder. Tröstet euch, ich habe die Welt überwunden, sie war ein Spiel, es war ein Klacks, da drüberzusteigen. Das merkt jeder, der es versucht.

DER ENGEL:
An dem Fußgängerübergang hatte ich kurz Blickkontakt. Ich habe den Radfahrer nervös angeschaut, so wie mich der Prophet oft nervös anschaut, weil er nicht weiß, woran er mit mir ist, wer von uns zuerst da war und ob ich nicht das Gegenteil von dem sage, was er vorausgesehen hat. Eigentlich müßte er das wissen, er weiß ja alles schon im vorhinein. Ich nehme einfach seine Kassette und spule nach vorn, ich spule vor, dann weiß ich, was er gesagt hat, aber der Unterschied ist, daß ich es jetzt ebenfalls weiß. Jetzt weiß ich es. Ich spreche von einer andren Warte aus. Das Band deutet mir, nein, Band ist das nicht, es ist die Festplatte meines Recorders, jedenfalls, als ich die DVD von dem Propheten einlege, deutet sie mir: weiter! Wir sind schon weiter, wenn auch noch nicht am Ende, ich höre und sehe ein Streamen, die Bilder strömen schön

geordnet, wenn auch hintereinander, auf mich ein und schrein mich an, jedes Bild gemäß seinem eigenen Maß, meist also gemäßigt, nein, ein Stöhnen höre ich, kann es mir aber nicht erklären. Ich deute: weiter, weiter im Text, damit wir auch im Bild sind, oder nein, der Recorder oder der Laptop oder der Tablet, auf dem die Bilder herumbalancieren, aber nie abstürzen, dieses Gerät, das ich heute verwende, deutet mir: noch weiter, Sie sind noch nicht weit genug vorgefahren auf diesem Übergang von Vergangenheit in die Zukunft, diesem schlichten Fußgängerüberweg, wo der eine auf dem Rad jetzt Schlimmen Finger macht. Der Mann war ruhig wie im Urlaub. Der eine Flüchtling lebt, der andre stirbt, es geht hin und her im einsamen Felsgebirg, der eine kommt, der andre geht, die Mutter vermählt, die Mutter ledig, das Kind ruht im Lager des einen Mörders und dann des anderen, davor bei der Oma, das bringt vielen Leid, außer der Oma, doch die ist keine Schicksalsweberin, höchstens verstrickt sie sich mal, mein Gott, ich sage ja immer dasselbe und sollte endlich vom Spielfeld heruntertreten und andre, Jüngere, spielen lassen, aber ich hindere sie doch gar nicht!, nichts dergleichen, nichts von des Menschen Ebenbild, die sind eben anders gebildet worden und überhaupt nicht gebildet, wahrscheinlich nicht. Und diese Oma muß trennen, was kein Gott zusammengefügt hat, nur sie, nur sie das Omakind, das Mädchen.

Wieder auftrennen! Am Kragen stimmt es noch nicht, und dort packen die Engel besonders gern zu. Das Mädchen ist alt, es ist das Mädchen an sich und bleibt es auch, es war vor ihr nie ein Mädchen. Sie berührt der Menschen Hände und Füße, die Jungfrau, der Wohnwagen kriegt das Feuer, alles Feuer kriegt der ab, einiges müssen wir uns aber auch für die Wohnung und den Sex darin aufheben, die beide erst später dran sind. Als Mensch wüßte ich das alles, weil ich es gelesen hätte, Geduld, der Mensch wird schon wieder auftreten, ja, sein Sohn auch, den haben Sie am liebsten, den Menschensohn, aber den Menschen auch, vorausgesetzt, Sie sind es, ich meine: vorausgesetzt, Sie sind einer. Ich weiß, es muß sich um einen Menschen handeln, der spricht wie Sie und kennt Sie, wenn auch nicht persönlich, den schauen Sie nicht so nervös an wie mich. Dort unten schreit einer, doch ich bins nicht.

DER MENSCH ODER DER MENSCHENSOHN ODER BEIDE GEMEINSAM:
Ich kann es nicht besser sagen, bin auch nur ein Mensch. Sie wissen, daß das nicht stimmt, ich komme vor den Menschen und sage ihnen, was sein wird. Sie merken gar nicht, daß ich gar kein Mensch bin, welcher erst später wieder auftreten wird. Sondern bestenfalls sein Sohn, den ihr erwählt habt, nicht ihr wart es, ich war es, der euch erwählt und bestimmt hat, daß ihr hingeht und Früchte eßt, ich meine Frucht bringt. Oder bin ichs doch? Ich bin eher ausgelost worden, das ist gerechter, da haben viele eine Chance, nein, nicht ausgelöst, wer würde für mich schon zahlen, und man muß viel zahlen, wenn man auch nur das kleinste Geschäft aufmachen will, ausgelost trifft es eher, denn ich habe ein schweres Los, das ich erst abstreifen muß. So betrete halt ich den Tempel, Raum ist in der kleinsten Hütte, eigentlich ist der Tempel mit den Göttersöhnen ein Wohnwagen, ein Caravan, nicht in Kanaan, ha, jetzt ärgern Sie sich wieder! Draußen betet die ganze Schar des Volks die Göttersöhne an, die aber drinnen sind, im Wagen, in Sicherheit. Ihnen erscheint ein Engel des Herrn, der steht rechts von der Küchengruppe, nicht wahr, direkt neben Dusche und WC, nicht wahr, das haben die alles. Alles inklusive, wie bei der Dreifaltigkeit,

die ich oft bemühen muß, denn eine allein ist zu blöd dafür. Ich gerate in Schrecken, ja, die Furcht fällt auf mich. Ich weiß auch nicht. Ich fürchte mich, obwohl mir einer gesagt hat: Fürchte dich nicht. Deine Bitte ist sofort erhört worden. Ich habe aber gar keine Bitte ausgesprochen. Die Miete für meinen Wohnwagen kann ich mir grade noch leisten. Dann bin ich näher bei den Göttersöhnen, bei den Söhnen Gottes und der Jungfrau, um präzise zu sein. Die sollen das hinbiegen. Es ist schwierig, das alles im Auge zu behalten, da ja schon die Geburt des Propheten von einem anderen angekündigt wurde, vor den Propheten offenbar immer andere Propheten, welche offenbaren, und einer der Propheten kündigt den Engel an, und der Engel kündigt die Geburt der Jungfrau an, und die Jungfrau weiß überhaupt nicht, daß auch sie gebären wird, obwohl es ihr geweissagt worden ist, so geht das immer weiter, der Anteil der Helden an den Ereignissen ihrer Erzeugung und Geburt ist gar nicht hoch genug zu veranschlagen.

Der Wohnwagen also, der soll es sein, nicht des Waldes Blätterfülle aufzunehmen, sondern bloß diese zwei Personen, was mich dazu bringt, etwas über Personen zu sagen, die Sie nicht kennen. Die einen sind berufstätig und nehmen die Mörder und ihre Ratgeber, ich meine ihre Räder, präziser: ihre Fahrräder, auf, der andre wieder nimmt an der Ostsee die Urlauber auf, na, der hat Glück gehabt. Es ist nicht ein und derselbe Wagen, der rollt, der eine wird bald tot sein. Der hier wurde an einem glücklichen Tag gemietet. Der andre ist jetzt hin. Total ausgebrannt. Als Tag der Reinigung würde ich das, was in ihm geschah, nicht bezeichnen, es geschah in kürzester Zeit, sogar für eine oberflächliche Säuberung würde man sich mehr Zeit nehmen. Es geschieht, es ist geschehen, sonst wüßte ich es nicht. Seine Bewohner bringen das Feuer und unterliegen ihm dann selbst, die Jünglinge singen nicht mehr im Feuerofen, und es ist auch keine tote Frau aus diesem Hades herauszuführen, die Frau war gar nicht drinnen, wo war die überhaupt? Hat sie Menschen gesund gemacht wie der Herr? Nein, sie war mit den Katzen beim Tierarzt, und dann war sie mit sich beim Zahnarzt, mit dieser fremden AOK-Karte. Die Frau sang derweil, wie die Alten sungen, jedenfalls nachdem ihre Zähne repariert waren, so zwitscherte die Junge, so jung auch wieder nicht. Die Frau webt nicht mehr ein Geschenk für die Rückkehr der Mutter, die Mutter hat sie aufgegeben und umgekehrt. Die Mutter muß immer aufgegeben werden. Nur ich hab das nicht geschafft. Sie hat mich geschaffen, ich habe es nicht geschafft, sie aufzugeben.

Das Feuer setzt jetzt den Himmel in Bewegung, der Rauch zieht hoch, das Meer strömt immer weiter dahin, ohne von sich wegzukommen, das Surfbrett des Mundlosen ist nicht mehr drauf, dort war er noch gut drauf, jetzt geht er selber drauf. Kein Stern läßt das aufleuchten. Nur das Feuer. Da, es wird jetzt gebracht, das Feuer, es stößt hier aus einem Lauf, sehen Sie es, dort beim Loch, dort rast es raus, dort ist es rausgerast, ich raste noch aus!, ich raste mich nicht aus, es war so, sonst wüßte ich es nicht, aber es ist nicht der Lauf des Mädchens durchs Land. Kore, aus dem Stamm der Kybele, Tochter der Demeter, wer soll das jetzt wieder sein?, wir kennen uns überhaupt nicht mehr aus, welche Religion soll hier Unglück bringen und Unruhe stiften?, noch können Sie es sich aussuchen, sonst sage ich es Ihnen an. Wir kennen diese Leute nicht? Sara, Lea, Rebekka und Zippora – nie gehört? Kennen Sie nicht? Alle durch Gott schwanger geworden, aber wo sind Ihre Gedanken? Wo waren bloß Ihre Gedanken, als Sie die Tat vollbrachten? Diese Gedanken könnten Sie leicht mit

Gedanken einer von Gott gewirkten Zeugung in Verbindung bringen, wenn Sie die Kupplung für den Wohnwagen-Anhänger nicht verloren hätten, wenn die Kupplungsweiche zwischen Gott, den Jungfrauen und ihren Söhnen und überhaupt allen Menschen, dieses Dings, wo man das andre Dings reinsteckt und festschraubt, eine Art zweiter Auspuff am Zugfahrzeug, am Schlepper, welche Sie immer mit einem alten Tennisball geschützt haben, damit nichts eingedellt wird, wenn die Weiche und das Weiche also beim Zusammentreffen noch funktionieren und eine Vorstellung geben würden wie jene hier, die man Ausweiche nennt, damit das andre Fahrzeug vorbeikommt. Nehmen Sie sich ein Beispiel, aber nicht an mir. Ich bin total vom Weg abgekommen, und einen Wohnwagen muß man sowieso nicht ankuppeln, der ist zum Wohnen und Fahren gleichzeitig eingerichtet, bitte um Entschuldigung. O Sonne, Feuer, durch alle Städte wirst du gehn, den Wagen aber wirst du abstellen, den Wohnwagen, wo Menschen auch drin wohnen können, wie schon der Name sagt, aber auch fahren, je nachdem, sogar beides, wie ihnen die Wünsche kommen und gehen und fahren und schäumend aus den Mundwinkeln quellen, falls Sie andre Menschen hassen müssen, diese Straße ist täuschend echt, aber fahren würde ich dort nicht. Also nicht mit dem Caravan.

DER RICHTER:
Wie war Ihre Lebenseinstellung, ich frage ausdrücklich nicht danach, wo Sie die Räder abgestellt haben, ich frage nach Ihnen selber. Sind Sie damit einverstanden, daß Ihre polizeiliche Vernehmung eingeführt wird?

Aus dem Off: Nein.

DER MENSCH BZW. MENSCHENSOHN:
Na ja, wenn sonst keiner was sagen will: Der Wohnwagen mit den zwei Männern hat nun seinen letzten Standort erreicht, aber wir haben keinen Reporter hier, zu dumm, nachlesen können Sie es trotzdem bei uns, nur leider falsch, nur bei allen anderen: auch falsch. Was Sie hier lesen, hat sich so nie abgespielt und anders auch nicht. Wir haben keine Aussage, reden aber unaufhörlich, wir können jetzt nicht aufhören. Dort, in dem Wagen, werden zwei sich gegenseitig morden, nein, Blödsinn, natürlich zuerst der eine den andren. Aufgesetzter Schuß mit der Pumpgun Winchester Defender in die linke Schläfe. Der liebe Freund, der gute, der Bruder, so viel haben sie zusammen erlebt!, fällt gleich nach vorn, in seinen Händen hält er auch eine Pumpgun, ist aber nicht zum Abzug gekommen. Dann, weiter gehts, der eine sich selbst, oder umgekehrt, es könnte aber auch ein Dritter verwickelt sein in sich selbst, wohin diese Fäden führen, interessiert hier niemanden, und wenn, würde er es nicht erfahren, doch nein, das mit dem Dritten glaube ich nicht, es waren sicher viel mehr in viel mehr Ländern, ihr, die ihr euch jetzt erinnert, hört mal zu, ich muß mich erinnern, ja, genau hier, ihr dürft es, bei euch ist es freiwillig, erinnert euch dieser herrlichen beiden Dämonen, die hatten schon was, an den mit den abstehenden Ohren können sich echte Menschen sogar noch erinnern! Der Verbliebene, welcher nicht der mit den Ohren ist, nimmt herumliegendes Papier, wie das hier, o Gott, nein, das ist ja Glas, mein lieber Schutzschirm, das nimmt brav meine Zeichen auf, der Mensch geht mit der Zeit, der Menschensohn ist seiner Zeit voraus, so; das Papier dort, alles meins, ungefähr so, aber anders, der Sohn zündet es also an, um ein Feuer im Wohnmobil zu entfachen, er verwischt Spuren, macht alles weg, dann versucht er, den Caravan auch noch in die Luft zu sprengen.

Das gelingt ihm nicht. Dem Mädchen wird ausgerechnet das gelingen, das Sprengen und Explodieren, dafür nicht das Verbrennen der Zeugnisse, des Zeugnismaterials, das auf das Mädchen hindeutet, etwas muß, einer kann zeigen und zeugen, was der andre nicht mehr kann, dann setzt sich der Verbliebene auf den Boden, steckt sich die Pumpgun in den Mund und drückt ab. Der Kopf wird fast völlig zerstört, das Feuer springt dafür umso lebendiger herum, dann springt es auch noch auf den Rest der Leiche. Die Isolierung fliegt weg. Aus dem Dach treten gemeinschaftlich eine Stichflamme samt Rauch aus. Die Vorhänge fangen Feuer, dann steht alles in Flammen und wird fast völlig verzehrt, das Feuer verzehrt etwas hektisch seine Brotzeit, es weiß ja nicht, wie lange man es leben läßt, es setzt sich möglichst schnell auf alles, was es vorfindet. Das Feuer streckt seine unzähligen Hände aus, ihm ist alles erlaubt, Böses am Leben zu erhalten oder Gutes. Das Volk in seinen Einsatzwagen ist gekommen, von Krankheiten geheilt zu werden, und viele werden gesund. Nein. So ist es nicht. Das kennen Sie alles schon. Mein Problem ist, daß ich immer nur sagen kann, was schon alle wissen.

Alles kann unterjocht werden, und ich will natürlich dabei sein, auf der richtigen Seite, der der Unterdrücker, und diese Männer, die kein Wasser mehr trinken werden, wollen selbstverständlich, ein andrer versteht sie ja nicht, ebenfalls dabei sein, und zwar oben, als Joch, das die Tiere für die Arbeit verbindet und die Menschen auch, doch die lassen sich das immer öfter nicht gefallen. Alles. Ich meine: nichts. Es sind genug zum Unterjochtwerden da, genug, die unters Joch wollen, wenn auch vielleicht nicht unter dieses. Ich denke da an Mama, vielleicht denken andre auch an sie, aber dann meinen sie ihre eigene. Im Gegenzug zum Erdulden, das auch ich so lange geübt habe – doch auch ich wurde endlich frei, kann die Freiheit aber nicht füllen, die weicht immer zurück, wenn ich es probiere –, sitzt das Mädchen und ißt seine Wurst, im Gegenzug sitzt es nicht, es schaut zum Fenster hinaus und in den Gegenzug hinein, es hat die Briefe bei sich, es hat das Video mit diesem Paulchen bei sich, dem lustigen Panther, dem ich kein einziges Wort glaube von seinem kleinen Lied, denn nicht einmal den haben die Jünglinge selbst erfunden, da haben andere, außer dem fröhlichen Fräulein, mitgewirkt. Es kann sich erklären, das Mädchen, es kann sich anderen erklären, ja, die beiden Söhne erklären sich auch, oft, wann immer Gelegenheit ist und sonst auch, sie erklären Menschen den Krieg, den die nicht verstehen, warum Krieg gegen uns, wir haben uns ihnen doch freundlich zugewandt?, wir waren so milde, wir haben Brötchen geschmiert, Schlüssel nachgemacht, Blumen gebunden, Telefongespräche und Computer verbunden und nur getrennt, wenn gewünscht. Kein Wunder, daß da ein Krieg ausbricht, das hält ja keiner aus. Wo war ich?, Feuer in der Luft, Feuer, nicht selber Luft, denn das Feuer frißt ja die Luft, es braucht sie dringend zum Atmen und Leben, zum Leben und Atmen, treten Sie doch ein, liebe Luft!, und auch du, du liebe Zeit!, sonst stürzt es zusammen, das arme Feuer, es findet keine Nahrung mehr. Das Mädchen schon, es googelt Greenpeace, gegen Pelze und Biobauern Zwickau, keine Ahnung, aber es wundert mich nicht. Dann fährt es auf den Bahnhof, es kauft sich Proviant, das Mädchen ißt jetzt etwas und schaut aus dem Zug in den Gegenzug hinein, bevor es seinen nächsten Zug macht und Briefe einwirft und das Video einwirft, also die DVD, früher waren die Videos nicht so flach, kommt mir vor, die hatten auch einen Körper, sieben Tage hat es gefastet, das Mädchen, nein, fast acht, und dann hat es Heuschrecken gegessen, nein, falscher Film, meine

Gedanken verlassen ihr Trainingsband, wo sie sich so anstrengen und nichts weitergeht, aber anzünden müssen sie es deswegen nicht, sie haben es trotzdem über, zu üben, nein, das Mädchen hat überhaupt keine Tage, sie hat ihre Tage gar nicht, denn sie hat keine Eierstöcke mehr, oder doch noch einen? Recherchieren!, wieso hat es dann Tampons mit, das Mädchen, die 70 000 Euronen aber nicht, die waren da, in der Wohnung hatte sie die noch, die hat es vergessen, das Mägdelein, nicht aber die Tampons. Seltsam, da wird nichts mehr produziert in ihrem kleinen Körperreich, oder nur wenig, sage ich sicherheitshalber, weil ich es ja nicht weiß, vielleicht ist aber noch ein Stock vorhanden, ich bin der Weinstock, sagt sogar der Herr, egal, ein Stock, in dem noch etwas summt und brummt, ein Generator, ein Schöpfer Geist, aber das gibt es nicht, keine Jungfrau ist der Schöpfer, das ist nun wirklich der größte Blödsinn, denn diese Jungfrau hat sogar zwei Schöpfer geschöpft, ohne jede Anstrengung, zwei Schöpfer des Todes, zuerst wurde der eine, dann der andre geschöpft, das konnte nur einer der beiden; obwohl der andre auch sein eigenes Werkzeug hatte, konnte er es nicht, wollte er nicht?, warum hat es der andre gemacht, der Schwächere der beiden, so wird gesagt, schwächer, weil er mehr geredet hat, und die, die reden, sind immer schwächer, schauen Sie mich an, und ich wollte, Jesus hätte diese Wahrheit erkannt, doch er war ja selbst die Wahrheit. Aber oho!, aber schon so!, ich habe keine Ahnung, die Gedanken sind jetzt frei und müssen nicht mehr üben.

Da muß irgendwas zurückgeblieben sein im Körper, Spiegel, bitte klären, wenn ich Ihnen hier alles schon auf dem mit Teflon beschichteten, vollkommen unempfindlichen Tablett, das Sie sind und von dem immer alles runterfällt, das ein andrer draufgelegt hat, weil es einfach nicht hält, serviere, alles auf Ihrem beschichteten Spiegelglas, das komplett durchsichtig wäre, wenn man nicht etwas draufgeklebt hätte, wenn wir selbst nicht, und zwar zu vielen!, an Ihnen dermaßen drankleben würden, nur damit uns jemand etwas sagt, das dann nicht stimmt, so, bitte klären Sie das für mich, wenigstens das, lieber Spiegel, sonst verstehe ich nicht, wieso die Jungfrau Tampons mitgenommen hat, das viele Geld aber vergaß. Vielleicht war sie selbst zu mitgenommen, um daran zu denken, daß man Geld braucht? Soll sie sich auch umbringen, hatte sie das vor? Abgemacht? Wenn Sie es nicht wissen, wer weiß es dann auch nicht? Na ja. Nein. Ja, und die tanzende Schar der Gonaden muß in der Höhle bleiben und lebendige Schatten werfen, wären sie nur da, hätten wir sie nur noch, also nur ist hier irgendwie falsch, habe ich das Gefühl, das mit der Körperhöhle stimmt nicht; die Eierstöcke sind nun schon so lange weg, und die Gonaden, die Keimzellen der Menschen, wodurch sie überhaupt erst Menschen werden, treffen nie, treffen sich nie, wie parallele Linien, sie treffen einander einfach nie, diesfalls nicht einmal in der Unendlichkeit, die Schatten an der Wand, die lernen einander nicht kennen, die sind aber auch zu unruhig heute. Ich habe keine Ahnung, wieso, denn sie würden sich doch ohnedies nie treffen. Wir würden ja treffen, gern sogar, wenn das echte Menschen wären, wir haben sogar schon oft getroffen, wenn wir auf sie gezielt haben, aber diese Schatten, die erwischt man einfach nicht, Mädchen sind fürs Werfen nicht begabt und fürs Fangen auch nicht. Sie fürchten sich vor dem Anprall, na, dieses Mädchen nicht. Die haut jedem in die Fresse, da kennt die nichts. Wenn das kein Mädchen ist, dann weiß ich nicht, wer soll denn die Heldensöhne hervorbringen? Da meldet sich doch eine glatt freiwillig. Aber sie weiß auch nichts.

DER PROPHET:

Meist ist es ja umgekehrt, ich meine, meist erzähle ich in die umgekehrte Richtung hinein, dieses Mädchen jedoch dreht den Lauf der Welt wieder um, schwierig für den Propheten, der jetzt, und auch jetzt ist ja relativ, nicht mehr weiß, wo vorn und hinten ist, er weiß nur: Selig sind die Armen, aber er weiß nicht mehr, warum. Selig sind die, die jetzt hungern, denn sie sollen satt werden, ich weiß nicht, warum. Selig seid ihr, wenn euch die Menschen hassen und ja, die, die andre hassen, sind auch immer ganz selig deswegen. Wenn sie euch ausstoßen und schmähen und verwerfen eure Namen als böse um dieser beiden Jungfrauensöhne willen, und ich weiß nicht, warum, na, dann geht halt freiwillig. Ich weiß nur, das Mädchen springt nicht vor Freude, es hat ja grade seine Söhne verloren, es will sich selbst umbringen, vor einen fahrenden Zug werfen, aber statt dessen fährt es zum Bahnhof, nicht ganz falsch, denn dort fahren sie ja, die Züge, denen man sich oder die Verspätung vorwirft. Ich meine, sie wird zum Bahnhof fahren, denn ich weiß ja, sie wird sich nicht umbringen. Es glaubt nicht, was ich ihm sage, daß sein Lohn im Himmel sein wird, auf der Erde nicht, nie, da wird es bezahlen, das gleiche haben alle Propheten vor mir getan, was? Ich weiß es nicht. Sie haben halt irgendwas getan, aber noch mehr geredet. Wehe euch Reichen!, wehe dem deutschen Reich!, dazu muß man nun wirklich kein Prophet sein, das wird nie wieder eintreten, dem tritt man ja die Türen ein! Jetzt habe ich allerdings die Gelegenheit, diesem entsetzlichen Land auch noch einmal zu drohen. Den Reichen ein Wehe? Dem Mobiltelefon einen möglichst günstigen Tarif, am besten null, und das Telefon kostet auch nichts? Sie haben recht, einen Propheten zu fragen, welchen Provider Sie nehmen sollen! Nur mich dürfen Sie sowas nicht fragen. Das Mädchen gehört nicht zu denen, die viel haben, und schon gar nicht gehört es zu denen, die gar nichts haben, und ganz gewiß ist es nicht unermeßlich reich, um sich diesen günstigen Tarif entgehen zu lassen, und das Geld hat es auch in der Wohnung, die jetzt komplett hin ist, vergessen. Die zwei haben, obwohl sie fürs tragbare Telefon sicher kaum was zahlen mußten – ein Posten weniger auf der Rechnung für Deutschland –, so einiges zusammengeräubert in den kleinen Banken und Sparkassen des Ostens, da fährt ein Auto und sammelt kein Geld, es sammelt das Mädchen ein und fährt es herum, sehen Sie die Spur, sie ist mir leider abgerissen, bevor ich sie in der Zukunft sehen konnte, ich hätte sie der Jungfrau gern gezeigt. Keine Zukunft mehr, da bin ich rasch fertig. Was kann das Mädchen dafür, wenn es keine Ausländer mag?, Sie mögen ja auch keine!, so, es läuft selbst durch die Stadt zum Briefkasten, wo es etwas einwirft, das nicht aus ihrem Körper kommt, aber hineingelegt worden ist, sie ist reingelegt worden, das Mädchen, es hat viel bewirkt, es hat andre viel bewirken lassen, es hat aber auch selber fleißig mitgetan. Sie wurde gewarnt, und doch hat sie es gemacht, die Jungfrau, wie sie das gemacht hat?, ganz einfach, das Video dreht der Telefonapparat, wenn er smart ist, und das ist jeder, faktisch von selber und praktisch gratis, heute ist das so, heute ist das genauso, Mutter, erhöre mich, jetzt geht es nicht weiter, und die Mutter hat noch nie erhört, nie zugehört, vielleicht die Oma? Das Omakind hat der Oma zugehört, das war schön, so schön, als würde eine Löwin ein Tier erspähen und zwischen die Pranken nehmen, einfach so.

DIE JUNGFRAU MARIA PERSÖNLICH, ICH HABE KEINE AHNUNG, OB SIE ES WIRKLICH IST, WIE SOLL DENN ICH DAS WISSEN? IM STRAHLENKRANZ IN IHRER GANZ EIGENEN NISCHE, WIE FÜR SIE GEMACHT:

Die Göttin sitzt in der Nähe der Bucht. Wieso ich das jetzt gesagt habe, wieso die Frau das aufgeschrieben hat, weiß ich nicht, ab hier geht es schon nicht weiter, fürchte ich, da ist nur noch Wasser. Mehr habe ich nicht zu sagen, sage es aber trotzdem. Warum sich hier eine Behausung bauen, wenn woanders ein Wohnwagen, klein, aber gemütlich, ein Gefährt mit allem, bereits bereitsteht? Ach so, der ist verbrannt, oje! Die Oma? Nein. Die Oma nicht. Ich stelle mir vor, wie mein eigener Sohn mich als Ehebrecherin gesehen haben könnte. Ich wurde unbefleckt gezeugt, ich wurde unschuldig geboren, ich habe unschuldig geboren. Und jeder ging danach heim, um sich zählen zu lassen oder so ähnlich. Ja. Nein. Demeter. Nein. Nein, Mutti, jetzt nicht. Sie sollen sich stellen. Nein, Mutti, jetzt nicht. Wir bleiben lieber schuldig und sagen es nicht, wir sagen es nur dem Deutschen Volk, welches sich in einer Reihe aufzustellen hat, damit wir alle erreichen. Einige aus diesem Volk, die diese Worte hörten, sprachen: Wo ist der Prophet? Das ist ja nur eine Frau, die geboren hat, die weiß ja nicht einmal, wer und wo der Vater ist. Und die ein Prophet? Unmöglich! Aus diesem Geschlecht soll was rausgekommen sein? Das glauben wir nun nicht. Andre sprachen: Die ist die Jungfrau. Das ist die Jungfrau Maria. Echt jetzt? Nicht einmal ich bin mir da sicher. Es wollen einige nach mir greifen, aber niemand legt Hand an ihn. Das haben sie vom Propheten gesagt, das sagen sie auch über mich. Wer an mich glaubt, sagt mein Sohn, diese beiden Söhne sagen gar nichts, aber mein Sohn hat viel gesagt, er hat gesagt, wer Durst hat, der soll trinken. Er hat gesagt, wer an mich glaubt, von dessen Leib werden Ströme lebendigen Wassers fließen, ich meine, das Wasser fließt oder es steht, wenn Ströme fließen, dann ist das ganz normal fürs Wasser. Die Frau ist hauptsächlich für das Normale zuständig. Die Jungfrau berührt ihren Herd, aus dem es herrlich duftet, die Nachbarinnen sind neidisch, sie haben nur eine Mikrowelle, und die ist hin, kein Geld für eine neue, reparieren lohnt sich nicht. Was machen wir jetzt mit all den schönen Rezepten und dem ganzen Tiefkühl? Bei Menschen unmöglich, ein Rezept für sie zu finden. Am Anfang waren diese Rezepte bei Gott, dann wurden sie aufgeschrieben, und jetzt kann sie jeder bekommen. Sind die Haushaltsgeräte einmal hin, erweckt sie nichts und niemand mehr, die kommen auf den Altstoffhof oder wie das im Osten heißt; die Jungfrau, nein, nicht ich, die andere, berührt die, die bewaffnet hier im Haus leben und bewaffnet auch wieder hinausgehen, mit der Hand in der Tasche, wo die Bewaffnung wohnt, oder wo haben sie die gehabt? Schwarz wogt unter ihnen der Staub auf, sehen Sie, da ist er schon wieder, der Staub, der war schon mal, der ist ewig, aber einmal gehts noch, und schwarz ist er auch nicht, der Brand fand keine Nahrung mehr, der Staub ist ja neuerdings überall, wann können wir, einander in den Armen haltend, auf Atem wieder hoffen, ich meine, daß wir lebendig werden? Ich werde meinen Sohn fragen. Die andren Söhne können ja nichts mehr sagen. Ich höre ein schwaches Signal: Was ist das für ein Wort, das man nicht rufen kann? Was ist das für ein Wort, ein andres Wort, das sagt: Ihr werdet mich suchen und nicht finden, und wo ich bin, da könnt ihr nicht hinkommen. Da will allerdings auch keiner hin.

Das ist alles verbrannt. Wann können wir alle wieder gute Luft atmen? Das würde uns alle am Leben erhalten. Was das ewige Leben betrifft, so weiß ich es nicht. Den Geist konnten nur die empfangen, die an diese beiden Söhne geglaubt haben, aber der Geist ist immer entweder nicht da oder soeben abgereist, und Geist würde ich den sowieso nicht nennen. Die beiden Söhne sind verzogen und davongezogen. Sie atmen nicht mehr. So bleibt mehr saubere Luft für uns, die Umwelt ist so wichtig! Mit der können Sie viel Geld verlieren, wenn Sie zuviel Wind darum gemacht haben. Dagegen sind diese Morde gar nichts, sie sind nicht Gerechtigkeit, die dem Unrecht immer unterliegt, sie sind Unrecht, ohne Gerechtigkeit auch nur zu wollen, dieser mickrige Wohnwagen das Haus für Papa Bär und Kind Bär, beides Söhne dieser anderen Jungfrau, die etwas tat nach meinem Vorbild, die sich das angemaßt hat, aber sie hatte kein Maß. Doch die Bilder sind ihr nicht mißlungen, die können Sie sich anschauen.

Ach was!, umherirren müssen sie nicht, sie kennen die Adressen der Banken, der Sparkassen und die der Männer, die auf ihrer Todesliste stehen. Zehn Stück Tote, eine Frau darunter, Polizistin, wieso haben sie die nicht leben lassen, das möchte ich wissen und werde es nie wissen. Diejenigen, die zur Zerstreuung ins Fernsehgerät schauen, haben es schon nicht verstanden, wo sind diese Männer hingegangen, daß wir sie nicht finden können, sind sie gegen die Staatsmacht als solche vorgegangen? Ewige Frage der Polizei. Die Autorität des Staats in dessen glanzhellem, ganz hellem Licht, unter einer Frau kommt sie immer unter den Scheffel. Wir nehmen ihre Pistole, wir nehmen sie ihr weg, die Waffe, ein neues, modernes Modell deutscher Bewaffnungskunst, die ist ohnedies das wichtigste an ihr. Diese Götter bringen den Sieg, das Mädchen ist tot, das andre bleibt gleich daheim, was macht es? Benzin wird es irgendwann verschütten, nicht aus Krügen, die Flüssigkeit wird es in Brand stecken, die schlafende Maid im Feuerkreis. Aber jetzt noch nicht. Jetzt verpufft noch nichts sinnlos, nach wenigen Minuten Feuer schon die Verpuffung und auch die Feuerwehr, einmal war sie pünktlich, großartig!, nein, jetzt wird zielbewußt gearbeitet, ohne erhebliche Zerstörung, mit normaler Zerstörungskraft, die für sie Ordnung schafft. Ich schaffe hier nicht einmal Ordnung in der Zeiteinheit, ich schaffe nicht einmal die Einteilung der Taten. Ordnung liegt mir einfach nicht.

So. Wir bleiben dicht am Wort dran, das meist unordentlich ist, sehen aber noch lieber die Bilder, die sich nie ändern. Ihr werdet die Wahrheit erkennen, und sie wird euch frei machen, ausgenommen zehn Personen plus zwei Stück als Draufgabe dazu. Dreizehn Personen, nein, zwölf, oder?, bitte nicht die Jahre zählen, nur die Personen zählen!, werden nicht mehr freigemacht und abgeschickt werden können, der Rest: ja, wenn genug Porto drauf ist, daß es nicht wieder zurückkommt, was da verschickt war. Noch werden keine Gegenstände und Schriftstücke hinausgeschleudert, nur die Außenmauer, das Papier vielleicht später, sicher später, noch sind die weniger in Mitleidenschaft gezogenen Räume nicht durchsucht wie Bad, Flur, Küche, Schlafzimmer, also was jetzt? Noch herrscht die Leidenschaft, die Mitleidenschaft wird schwächer sein, aber auch noch ganz schön zerstörerisch. Noch bahnen sich die beiden Zerstörer ihren Weg durch das Eis des Landes. Nichts bricht, aber es knackt ganz ordentlich, die Fremden sterben, nicht einmal die Entrüstung der Menschen ist ehrlich vor diesen beiden Männern in ihren Rüstungen, in ihren Radlerdressen plus Helmen. Sie fahren, sie fahren auf dem guten Rad, das sie beherzigen, uralter Witz, noch älteres Denken, gar kein Denken, im Rucksack die Waffe, was haben sie vor? Wegen ein paar Kleinunternehmern so viel Mühe? Leben hier auch Priester? Mit denen könnte ich mich natürlich eher verständigen. Die werden verstehen, daß diese beiden Männer aus dem Leben abgereist sind, die Priester wissen, was man da sagt und tut, wir alle verstehen, daß sie alkoholische Getränke nicht getrunken haben, ich weiß, daß sie schon im Mutterleib mit etwas erfüllt waren, das hier Geist genannt wird, doch ich glaube es nicht. Ich glaube nur an meinen eigenen Sohn. Ist so mit der Mutter. Der wird vor mir hergehen und Herzen berühren, mein Gottessohn. Die beiden anderen Jungfrauensöhne? Gekommen zu bekehren die Herzen der Väter zu den Kindern und die Ungehorsamen zu der Klugheit der Gerechten und überhaupt, zuzurichten dem Herrn ein Deutsches Volk, das einst selber so furchtbar zugerichtet worden ist, und nur dieses, ein Herrenvolk, ein Volk der Herren, ein Volk des Herren, der den anderen den Herren zeigt, so, das war das letzte Mal mit diesem blöden Witz, aber garantieren kann ich das nicht. Ein Volk, das gut vorbereitet ist, und das ist dann ja auch eingetroffen, worauf sie sich vorbereitet haben und vorbereitet wurden.

DER ENGEL (DIE NISCHE DER JUNGFRAU MARIA IST WIEDER FINSTER):

So. Bitte heben Sie Ihre Seele jetzt hoch, jeder seine, damit ich sie sehen kann, ich sagte es schon, aber da haben Sie es nicht gemacht. Sie haben mir damals nicht geglaubt, inzwischen wissen Sies aber und glauben es trotzdem nicht. Es wurden große Dinge an Ihnen getan von dem, der mächtig und dessen Name heilig ist, was auch diese Mutter von ihrem Sohn geglaubt hat, statt an Ihren zu glauben, der viel begabter ist, seine Gaben aber nicht für jeden hergeben mag. Sie vergessen die Gier, Sie vergessen die Gier der Kleingruppe auf Mord, Sie vergessen, daß die diese süße Freude der Umarmung des Todes ja eigens herstellen wollen, die Finanzierung steckt aber derzeit in der Wolke fest, nicht in meiner, sonst könnte ich ja was tun. Auf das ewige Leben scheißen sie, und auf die Barmherzigkeit ist auch geschissen. Die Gewaltigen vom Thron stoßen und die Niedrigen erheben, das wollen sie auch wieder nicht, sie wollten oben bleiben, wo sie schon waren. Sie unterschätzen den Einzeltäter, Sie unterschätzen aber auch den Gruppentäter, beide haben ihre Tücke, beide haben ihre Berechtigung in Bezug auf ihre Ziele, alle tun was, nur ich tu nichts. Alle tun so, als wollten sie die eigenen Väter bestrafen, und dabei bestrafen sie Leute, die gar nicht mit ihnen verwandt und ihnen nicht einmal zugetan sind, sie bestrafen Männer, die nicht zu alt sind, um noch zeugen zu können, sie bestrafen zukünftige Väter und solche, die schon Väter sind, mit der Gewalt, die sie mit ihren Armen und Waffen ausüben, sie bestrafen diese Leute, die das nicht verdient haben, denn wir wissen ja noch gar nicht, wie ihre Kinder überhaupt ausfallen würden. Die Mörder wollen, daß sie jetzt schon ausfallen, ausgefällt werden aus dem dahinströmenden Lebenssaft, nein, ich habe nicht ausfällig gemeint, vor ihren Kindern sollen sie nicht gefällt und nicht ausgefällt werden, bloß ohne fremdes Zutun werden die nicht sterben, also jetzt noch nicht, muß mal auf den Kalender schauen, für wann das vorgesehen gewesen wäre.

Wir brauchen diese Gruppe, glauben Sie mir, wir brauchen genau so eine Gruppe, das haben Sie nämlich vergessen, ich glaube, sie besteht aus nur drei Personen, auf weitere Freunde können sie zählen, töten müssen sie allein, nein, zu drein, und wäre die Gruppe auch noch so klein, das ergibt, und wären es auch nur drei Personen Täter, also zwei, sonst klagt mich das Mädchen, welches noch am Leben ist, vor solchen Klagen habe ich eh aus Angst eine

Versicherung abgeschlossen, es soll ruhig klagen, das tun Mädchen gern, also da sind zwei Stück Täter auf Rädern zum Endsieg unterwegs, und etwas wissen wir mit Sicherheit, nämlich daß diese Tat keinen politischen Hintergrund gehabt hat, da steht es, dort auch, das wissen wir, wir stehen ja auch da, das sind unsere Erkenntnisse, mehr haben wir nicht, wir würden die eigene Hand nicht erkennen, wenn sie uns ein andrer vor die Augen halten würde, das macht aber keiner, wie käme er zu unserer Hand? So, und genausowenig können wir den politischen Hintergrund überprüfen, wäre es unserer, dann wüßten wir es. Die zwei Männer, auf dem Weg zu ihrem Herrn, den sie dann nicht erkennen, obwohl er ihnen so deutlich und so wiederholt, wie nicht einmal ich es wiederholen kann, gezeigt wurde. Sie haben jetzt den Glauben nicht mehr, daß Deutschland diese Fremden sehen und ernten wird; lieber jagen sie sich selbst die Kugeln in den Kopf und das Feuer in die Behausung. Fragen Sie diesen V-Mann. Nein, fragen Sie ihn nicht, es wird nichts dabei herauskommen. Er wird seine Schritte von dem toten Mann weglenken, den er gar nicht gesehen hat, den Tod hat er auch nicht gehört, er wird an seinem Lenkrad zerren, um dem Toten auszuweichen, er wird uns sagen, was wir gerne hören. Das ewige Leben, wenigstens das hätten wir auch gern. Aber daß wir von allen verleugnet werden und auch uns selbst verleugnen müssen, das wäre uns genauso recht. Wer sind wir denn. Wenn man diesen Mann fragt, wird er antworten: Was geht Sie das an! Gebe ich einen Hinweis, verstehen Sie ihn womöglich, also gebe ich keinen, das verstehen Sie schon auch!

DER RICHTER:
Wußten Sie, wo Ihr Sohn sich aufhielt und wo der Sohn der anderen und wo der Sohn der Maria sich alle aufhiel-

ten, nachdem sie untergetaucht waren? Haben Sie Ihrem Sohn von dem Angebot, sich zu stellen, in Kenntnis gesetzt?, denn dann bekommt er nur fünf Jahre, wenn sie sich stellen, bekommen sie fünf Jahre, und wenn fünf sich stellen, dann bekommen sie fünfundzwanzig Jahre, und dann haben wir das Angebot auch schon wieder zurückgezogen. Haben Sie Ihrem Sohn von dem Angebot erzählt, bevor es zurückgezogen wurde?

DIE JUNGFRAU MARIA (IHRE NISCHE ERHELLT SICH NICHT MEHR, DOCH DER RICHTER RICHTET, NEIN, ER RICHTET JETZT NOCH NICHT, ER RICHTET EINE TASCHENLAMPE AUF SIE): Ich habe die eine Frau angerufen, dann habe ich den einen Sohn gefragt, dann den Freund des anderen Sohnes, keiner wußte was. Dann kam endlich, endlich die erlösende Nachricht auf einem Zettel im Briefkasten. Wir sollten an einer Telefonzelle warten, ich und mein Sohn, ich glaube, ich meine den anderen, der das alles aufs äußerste mißbilligt hat, bis heute. Ach so, ich habe ja nur den einen, und der ist jetzt tot. Warum wolltet ihr den steinigen? Er sagte doch nur, was alle sagen. Ich bin ein Mensch und mache mich selbst zum Gott. Nein, das sagen die anderen, er ist es wirklich. Klar. Tut er nicht die Werke des Herrn im Himmel, nein, nicht des Herrn Himmler, dessen Schriften soeben aufgefunden wurden im Land unserer Väter, tut er also nicht die Werke des Herrn, des Vaters, kann mich an den gar nicht erinnern, nur daß er taub war, ich meine, eine Taube ihn mir vorgestellt hat, so glauben die Menschen nicht, tut er aber die Werke, so glaubt doch bitte wenigstens an diese Werke, wenn ihr schon meinem Sohn nicht glauben wollt. An seinen Werken sollt ihr ihn erkennen, den Menschensohn, und daß sein Vater in ihm ist, der genau dasselbe gesagt, getan hat. Es wurde gedroht, daß die alle auf der Flucht erschossen werden könnten, aber die haben sich natürlich gedacht: So lange müssen wir nicht warten. Das erledigen wir selber. Ich war so froh, daß mein Sohn lebt, und ewig auch noch! Ja, auch jetzt, während er tot ist. Es kommt die Zeit, da man gebären soll, auch wenn man es nicht will. Es wurden die Münder aufgetan, es wurden die Zungen gelöst, und sie redeten alle auf einmal und lobten Deutschland und schlossen alle anderen Länder und Völker definitiv von diesem Lob aus. Was meinen Sie, was aus solchen Kindlein werden soll? Erlöser ihres Volks? Nein, diese Rolle war schon von meinem Gottessohn besetzt. Die mußten sich was andres suchen.

DER PROPHET:
Vorzeitig und voreilig reden die alle durch meinen Mund, doch mich selbst lassen sie nicht reden. Oder ist ihre Rede gar meine? Das würde mir Arbeit ersparen. Schnell, schnell, bevor ich es vergesse: Diese drei sollen uns erretten vor unseren Feinden, das sehe ich voraus, aus der Hand aller, die uns hassen, und Barmherzigkeit erzeugen sollen sie auch, für unsere Väter. Aber sie hören nur auf den heiligen Eid, den sie geschworen haben, einander geschworen haben plus Deutschland, in welchem sie enthalten waren. Sonst waren nicht viele interessiert zu schwören, die hatten ihre eigenen Sorgen, was brauchen die einen Eid, wenn sie Kanuten, nein, Kanaken klatschen wollen, na ja, ich hätte einen anderen Adressaten dafür gewußt, aber auf mich hören sie nicht, auf den Propheten des Höchsten hören sie nicht, ausgerechnet auf den nicht, der es als einziger weiß. Die sind beratungsresistent, ich verstehe das, von jedem sollte man sich nicht beraten lassen, von mir aber schon. Wer nicht zur Tür hineinkommt, der soll eben anderswo einsteigen, er muß aber aufpassen, daß der gute Hirte ihn nicht sieht. Ich gehe dem Herrn

voran, ja, sie hätten auf mich hören sollen. Ich muß mich nach dem Herrn nicht umdrehen, denn ich weiß, er kommt direkt hinter mir, er läuft direkt hinter mir her, immer im Scheinwerfer des Lichts aus der Höhe. Was wissen denn die? Was verstehen die schon? Sie schätzen das Volk ein, und sie schätzen, daß alle Welt schätzt, es seien zu viele da, da müssen etliche weg, wenn sie sich nicht schätzen lassen wollen, denn das wollen sie nicht, und deshalb schätzen wir sie halt nicht, denn sie sind nicht aus unserem Haus und nicht von unserem Geschlecht, ach so, das schon, von unserem Geschlecht, aber nicht aus unserem Haus und absolut zeugungsfähig, vom Alter her, da ginge es, nicht von Alters her, das wollen wir nicht. Kein Engel meines Herrn, der sagt: Fürchtet euch nicht. Denn sie haben allen Grund, sich zu fürchten. Sie haben zehnmal Zeit, sich zu fürchten, und das mit gutem Grund. Ehre sei Gott in der Höhe und *(an dieser Stelle wird der Prophet von allen Seiten niedergezischt)*

DER RICHTER:
Was haben Sie beim ersten Telefonat mit Ihrem Sohn besprochen? Kam Persönliches zur Sprache? Erfahrungen, die Ihr Sohn im Gefängnis gemacht hat? Das waren wohl schlechte Erfahrungen, oder? Nein, so spricht ein Richter nicht. Also sage ich lieber etwas anderes, das aus dem Innersten meines Wesens kommt, aber auch nachgelesen werden kann. Allerdings nicht in mir. Im Strafgesetzbuch. Im Buch der Richter. Nein, dort nicht. Wir gehen also zurück zu den Telefonaten, doch die sind längst vorbei. Worum ging es da? Was sagen Sie? Das, was alle sagen? Der andre ist schuld? Sagt der andre, der eine, Ihr Sohn sei schuld? Wer sagt, wer schuld ist? Nur ich bin berechtigt, das alles als Richter zu berichten. Seien Sie froh, daß Sie mich haben. Ich sage es Ihnen, doch es gilt nicht, und es

wird viel zu spät sein, wenn ich es sage. Es zählt nicht. Dann haben Sie sich also umgedreht und sind gegangen? Erzählen Sie uns doch von dem ersten Treffen mit Ihrem Sohn, nachdem die Staatsanwaltschaft ihr Angebot zurückgezogen hatte!

DIE JUNGFRAU MARIA (ALLES BLEIBT FINSTER, SIE KANN ES ABER AUCH BEIM LICHT IHRER EIGENEN TASCHENLAMPE ABLESEN):
Wenn der Verfassungsschutz und die Staatsanwaltschaft zu ihrem Wort gestanden hätten, was hätte man da nicht alles verhindern können! Im Anfang war nämlich das Wort, äh ... So fängt es immer an. Ein Boy will nicht mehr so alleine sein. Er schaut dich fragend an, es ist wie im Roman, und das Glück begann, äh ... googeln den genauen Wortlaut!, hab ich schon mal gemacht, mein Werk ist immer auch mein andres Werk! Wir wissen nicht, wem die Augen aufgetan worden sind, aber er ist alt genug, fragt ihn selbst, wer ihn von seiner Blindheit geheilt und ihm die Schönheiten Deutschlands gezeigt hat, die er jetzt endlich sehen konnte! Bloß die Menschen stören ihn noch, sonst ist alles okay. Fragt ihn selbst!

EIN KLEINER CHOR AUS PLÜSCHTIEREN, DER ERST GEGEN ENDE WIEDER AUFTRETEN WIRD, DANN WIRD MAN SEHEN, WAS UND WER DAHINTERSTECKT, ZUR JUNGFRAU:
Wir haben uns aus Furcht vor den Juden eh schon geeinigt, daß wir nichts sagen, und schon unsere Eltern haben sich vor den Juden gefürchtet. Jetzt sehen wir keine mehr, obwohl sie einfach überall sind, wie dieser Wasserschaden, der in einem Haus repariert worden ist, das später sowieso in die Luft flog, den Schaden haben wir genauso. Einer von uns hat im Wohnwagen überlebt, wenn auch ziemlich angebrannt. Es sind uns die Augen aufgetan worden, und

danach sind sie förmlich übergequollen. Das wundert uns nicht, es wundert auch unsere Söhne nicht, die genauso Sünder sind, wie man es damals vom Herrn gesagt hat, der aber keine Wunder hätte vollbringen können, wäre er nicht wirklich der Herr gewesen, der uns geschaffen und dann einen Knopf ins Ohr gemacht hat, damit man uns überall erkennt als die Seinen und wir uns ständig an ihn erinnern. Wir glauben das nicht, wissen allerdings nicht, was. Alle wie er müssen weg. Wir wissen nicht, wer. Schließen auch Sie sich dem Herrenvolk an, dann haben Sie Zugang zu unserem Sondertarif, dem Nulltarif, das Handy und der Zugang zu ihm sind vollkommen gratis! Es sagt Ihnen, wen Sie umbringen sollen. Kreuzigen macht aber zuviel Arbeit, bedenken Sie die Bedenkfeiern danach! Sie müßten im Parlament Kreuze aufstellen, was würde das mit uns tun? Würden wir sehend werden? Nein. Nur der, den unser Sohn geheilt hätte, eine einzige Person, welche etwas sieht, und das macht der nicht, der bringt die Leute gleich ganz um, wir können nichts dafür. Im Handy schaut er nach, wer dran ist, er kann es aber auch im Vorübergehen checken, wer weg gehört. Du mußt da einmal weg, sagte der Vizekanzler zum Kanzler, es hat ihm aber nichts genützt, er ist immer noch nackt und bloß der Vizekanzler. Wer sehend gemacht wurde, mit dem kann geredet werden, er allein sieht die Zukunft Deutschlands, denn seine Augen wurden ihm aufgetragen, nein, aufgetan. Und eins weiß ich, daß dieser Sohn jetzt genauso sehend ist wie unsere Söhne. Mindestens. Und bevor Sie uns jetzt fragen: Sind wir denn auch blind?, antworte ich Ihnen: Wir sind als einzige sehend.

DIE JUNGFRAU MARIA:
Okay. Jetzt muß ich nur noch warten, bis mein Sohn zum Gericht nach Hause kommt, dann sind wir komplett. Dann

sehen wir alle und alles, dann machen wir von unserem Zeugnisverweigerungsrecht Gebrauch, denn dieses Zeugnis ist sehr ungerecht ausgefallen.

DER ENGEL:
So fahren sie dahin, die beiden, sie treten die Pedale, kein Volk hört die Signale, es gibt keine Völker mehr, sonst würden die Mitglieder doch aus ihren Mauern herauskommen und ihre Mitgliedsausweise hochhalten, damit nicht etwa sie getötet werden, und sie strömen herbei, um sie herzuleihen, die Ausweise, und ihre Krankenkassenausweise werden sie auch verleihen, ihre Papiere, ihre Pässe, alles, jeder den seinen, jedem das Seine, sie werden geholfen werden. So fahren sie in verschiedene Großstädte Großdeutschlands, die beiden Männer unter Waffen, die geringsten Diener Deutschlands, aber vielleicht auch andere, die Staatsdiener Deutschlands; der Herr läßt sie in Frieden fahren, wie er gesagt hat, denn ihre Augen haben seine Herrlichkeit gesehen, und seit sie sehend geworden sind, von der Zugspitze bis zur Ostsee sehen jetzt alle alles, die Jungfrau sagte es schon, ich weiß nicht, ob dort oben dann noch was kommt, ob da noch mehr ist, die Nordsee? Und die Nordsee geht in das Europäische Nordmeer über, was nicht nötig wäre, denn es ist ja inzwischen alles europäisch. Und überall wird grade Urlaub gemacht. Oder ungerade. Das auch.

Sie fahren also herum, die beiden, und sie kommen an, um dort endlich diese migrantischen Hintergründe zu finden und gegen sie vorgehen zu können, auf dem Surfbrett, im Boot mit Überbordmotor, schwimmerisch auch, mit allem, so wie ihre Eiscremehörnchen bedeckt sind, überquellend, wenn man Pech hat, auf den Schuhen landend; sie sehen keine Menschen, sie sehen nur ihre Hintergründe, dieser Migrationshintergrund hat sich, ebenso wie das Türkischstämmige, für viele Menschen inzwischen jedoch eingebürgert, das Außen wurde zu uns hereingeholt. Wir werden noch ihre Diener werden, wenn das so weitergeht! Die beiden Männer sahen das ja schon länger kommen, daher kommen sie, von daher kommen sie, zu richten die Lebendigen und die Toten nicht, die haben es nicht mehr nötig. Es wird sich umkehren, das Fremde wird sich gegen uns kehren, indem es wird, was wir sind. Ich verstehe total, daß das verhindert werden muß. Die Fremden dürfen keinesfalls so werden wie diese beiden, welche uns nahestehen. Ich verhindere es gerne mit, die Herren dieses Volkes, diesmal andere, aber doch immer die gleichen, die helfen mir sicher, und sie werden auch den beiden Radfahrern helfen, denn sie haben aufgerichtet eine Macht, an der niemand mehr vorbeikommt. Deutschland ist eine Exportmacht und eine Expertenmacht und eine Sportmacht, an der niemand vorbeikommt, deswegen nehmen diese Männer den Rat nicht an, aber sie nehmen ihre Räder, mit denen kommt man schon noch vorbei, an jedem Hindernis, man zwängt sich durch, geht so, die Macht des Heils ist mit ihnen, der Rennfahrer, sogar er, wird wieder heil werden, heil!, inzwischen ist er es gewiß wieder, ich hoffe, er weiß auch, wer er ist, und den Schispringer werde ich sogar persönlich heilen, der ist kein so schwerer Fall, aber schwer genug war sein Fall. Ich verbiete hier einer Frau den Mund, die vorzeitig reden wollte, das habe ich aber verhindert, sie wollte uns erretten von unseren Feinden und aus der Hand aller, die uns hassen, und Barmherzigkeit, ja, das steht hier, was?, Barmherzigkeit, nein, die üben wir nicht, die können wir schon, spreche ich, ein Engel, Barmherzigkeit, die unsern Vätern erwiesen wird, die kennen wir, aber nicht in jedem Fall, in meinem Engelsfall, genannt Engelssturz, der oft im Bild gezeigt wird, kenne ich den Vater nicht, ich habe nur den einen Vater im Himmel, die andren Väter sind noch hier, falls Sie sie sprechen wollen, falls Sie sie zur Rede stellen wollen, weil sich Ihre Söhne nicht stellen wollen und den Gestellungsbefehl zerreißen, und unserem Gott wollen wir, erlöst aus der Hand unserer Feinde, wie es diese beiden Radfahrer getan haben und die Jungfrau, welche mitgeholfen hat, indem sie die Söhne gebar, die Jungfrau, wo war ich, ich diene ihr ohne Furcht mein Leben lang. Der Prophet ist jetzt am Wort. Es macht ihm keiner streitig. Der Prophet spricht jetzt. Bitte reden Sie nicht dauernd dazwischen!

DER PROPHET:
Ja, also. Das hat der Engel nicht gewagt zu sagen. Er wollte seine Kompetenzen nicht überschreiten, denke ich. Er hat an der Stelle aufgehört, als du, Kindlein, ihr beiden lieben Kinder, die von der Jungfrau geboren werdet, Propheten des Höchsten heißen werdet, das habe ich gesagt, keine Frage, und dazu stehe ich auch. Ich werde diesen beiden Herren also vorangehen und ihren Weg bereiten, was aber nicht nötig sein wird, das sehe ich voraus, und es liegt bereits hinter mir. Mit Fahrrädern kommt man überall durch. Der Weg ist asphaltiert, die Strecke ist übersichtlich. Vielleicht mußten sie ein Stück über Wiesen fahren, wo der Wohnwagen, welcher die Räder beinhaltete und selbst welche hatte, nicht auffiel, da er zur Probe schon einige Tage davor dort abgestellt worden ist. Durch meinen Mund kommt etwas, ach, könnte ich es zurücknehmen oder hätte doch wenigstens Einfluß darauf!, denn ich möchte natürlich gern Erkenntnis des Heils bringen, und da heilen die beiden schon, noch bevor ich es sagen konnte, heilen sie die Männer auf ewig, damit die nicht mehr zeugen können, die Jungfrauen müssen sie vielleicht noch besorgen,

ich habe nicht gesagt, daß sie es ihnen besorgen müssen: Das geht ganz in meine Richtung, woher wissen die das, ich habe es ihnen nicht gesagt, denn vom Herrn zeugen können nur wir Propheten. Ist so. Der Prophet möchte über ein übersichtliches Gebiet gebieten, die Zukunft, und nichts dabei übersehen. Es ist bedauerlich, daß ich dabei soviel Angst empfinde, da ich keine Einfälle mehr habe oder zu wenige, ich habe nicht einmal genug, um sie als Dämm-Material zu verwenden, auch wenn ich sie ständig wiederhole. Fürs Eindämmen werde ich die alten Einfälle nehmen müssen. Mir ist immer kalt.

Diese beiden Männer sehen und schießen, sie haben das Gebiet ausgekundschaftet, den kleinen Blumenstand mit dem Sprinter des Blumenhändlers, den Dönerladen, das Internetcafé, den Schlüsseldienst, alles neu und jeweils schwer und mühevoll mit den Händen erarbeitet. Die Kunden werden die Stimme des Eigentümers hören, nicht meine, der Prophet arbeitet ja nicht, er spricht, er sagt das Heil an, und es kommt, hier kommt das Heil auf zwei Fahrrädern daher, es kommt doppelt, während es sich anderen wieder total verschließt, und die Erkenntnis dieses Heils gebe ich und geben diese beiden ihrem Volk, und es wird eine Menge Vergebung der Sünden geben, es wird alles vergeben werden, auch die Subventionen aus Brüssel, auch die Defizite, die wir selber haben, auch die noch viel größeren Defizite andrer, die Schutzschirme für wieder andere, das alles ist längst vergeben, jawohl, wirklich alles. Es wird zwar Briefe geben, doch ich bin dagegen, ich sage es lieber selbst, ich weiß jetzt nicht weiter, nicht weiter als diese Frau, die da schreibt, bei der geht es ja auch nicht weiter, das aufgehende Licht aus der Höhe kommt durch ihr Fensterlein zu ihr herein, aber da ist die absolute Leere, ich meine, da ist nichts. In der Jungfrau nicht, keine

Leere, sie ist voll Licht, die hat zwei Erlöser geboren. Und in dieser Frau hier, die Sie da schreiben sehen, die sich traut, was zu sagen, obwohl das kein Wagnis ist und sie an nichts und niemand glaubt und auch niemand an sie und obwohl sie keine Ahnung hat, obwohl, nein, weil sie also sieht und doch nicht glaubt, spielt sich auch nichts ab, es ist vollkommen leer in ihr und auch noch ausgekehrt durch den neuen Saug-Roboter Roomba, der Wisch-Roboter Scooba, der macht alles bloß mit Schaum, mit ganz viel Luft drin, das sehen Sie ja, irgend so ein Mittel, und dann Luft hineingepumpt, dafür draußen alles ausgekehrt, gewischt, weggemacht, gegen Bakterien entschlossen angekämpft, nein, nicht die Embryos, weggesaugt, da waren keine, sie ist einfach zu alt, die Frau, kann nur noch reden, quasseln, endlos, Sie hören es ja, reden ohne einen Funken einer neuen Idee, während der Prophet, während ich persönlich also Worte in sie hineinfülle, doch sofort kommen die wieder heraus, es ist zum Verzweifeln, nicht einmal die Worte, ihrerseits Kontinente der Harmlosigkeit, denn nichts trifft mehr, nichts trifft niemanden, die gewohnten, oft wiederholten, die lieben Worte, nicht einmal die wollen bei diesem absoluten Inkontinent bleiben, sie wollen nicht bei ihr bleiben, sie kann sie nicht halten, die Worte, diese Frau ist ein Sack ohne Boden, ich meine ein Faß. Höchste Zeit für eine Diät.

Und sie sitzt auf der Finsternis und den Schatten des Todes, über die sie so gern schreibt, es gibt Schöneres, das Heil wird schließlich auch nicht von diesen Männern kommen, obwohl es von ihnen kommen könnte, sie haben für alles das passende Werkzeug, diese Männer, welche ihre Füße nicht auf den Weg des Friedens, sondern auf den des Vernichtens, des Verderbens gerichtet haben, ja, im Anfang war das Wort, how come?, jetzt kommts, kommt es wieder?, ja, es kommt zu uns, dann, irgendwann, wird es zu uns.

DER ENGEL:
(*ißt eine Wurstsemmel*) Ja, sogar fremde Menschen hat man schon öfter eingebürgert, endlich ein erfreuliches Zeichen am Himmel!, doch sie wurden nie wie wir, je mehr Bürger desto weniger wir, das ist das Grundproblem, von dem der Prophet sich nicht zu sprechen traut, der traut niemandem, ich kenne ihn gut. Die Jungfrau spricht nicht, der Prophet spricht dafür unaufhörlich, der hat den Worte-Gebärzwang, aber er sagt genausowenig. Also mir sagt er nichts. Er sagt: Siehe, ich verkünde euch große Freude, dabei ist das doch mein Text! Es ist mein schöner Text, den ich aufsage und mit dem ich einem anderen das Leben aufkündige, von dessen Anfang ich doch sprechen soll! Leider geht es hier immer nur ums Ende. So sehr hat irgendwer diese beiden Männer geliebt, also ich kann mir nur vorstellen, daß das ihre Eltern waren, von niemand sonst kann ich mir das vorstellen, daß er seine eingeborenen Söhne, die bald eingebrannte Söhne sein werden, dort in ihrem Wohnwagen, ohne daß ein Gericht aus ihnen gekocht würde, entschuldigen Sie bitte, daß er seine Söhne also hingab, daß er sie uns gab, geboren aus der Jungfrau, daß er sie hergab, daß die Eltern diese Söhne hergeben mußten, ein ewiges Hin und Her, sie kauen immer noch daran, obwohl die längst tot sind. Die Eltern haben die Söhne, die zehnmal eine echte Hinrichtung vollzogen, hergeben müssen, sie wüßten auch gern, was geschehen ist, hier bei mir erfahren sie es, doch nur soweit ich es zuvor woanders gelesen habe. Deswegen kann ich auch nie belangt werden, und betatscht werden möchte ich auch nicht.

Die Eltern, denen tut es so leid, was passiert ist, doch sie können es nicht ungeschehen machen. Die Bedeutung dieser Worte fixiere ich jetzt mit einem Klebeband, damit ich sie nicht zu oft wiederhole. Wird aber nichts nützen. Ich übe Weitsprung, indem ich Grenzfälle des Seins begutachte, im Hinblick darauf, was innerweltlich so alles möglich ist. Ich springe von meiner Welt in diese hier und wieder raus, dennoch kann ich in meinem eigenen Dasein nichts entdecken, das mich in der Welt halten könnte, wenn sowas passiert, auch nicht, wenn ich im Sprung einen Augenblick darüber stehe. Die Eltern mußten sie opfern, ihre Söhne, die Jungfrau, welche damals noch geläufig sprach, hat es den Eltern am Telefon verkündet, endlich darf sie auch mal was sagen, sie hat es verlautbart, als es vom Haus schon weg sie trieb, und übrigens glaube ich, daß sie es am Schluß mit keinem von beiden mehr trieb, die Lust ist ihnen vergangen, aber ich weiß es nicht, das Mädchen sagt ja nichts, wie soll ich es da wissen, die haben sich an seinem Mädchenkörper nicht mehr abgemüht, weil sie zuviel mit anderen Körpern zu tun hatten, das Töten macht ja viel Arbeit, obwohl es in diesem Fall schnell ging, wisch und weg, das Wisch-Tuch reißt nicht, wenn man es naß macht, Sie können es in der Werbung sehen, da ähnelt es verblüffend, doch mich verblüfft gar nichts mehr, dem Schweißtuch meines Herrn, das auch nicht riß, obwohl es naß war, bloß weiß keiner, wo es ist, das Leichentuch hat, wie man längst weiß, jemand anderen beinhaltet oder überhaupt nie jemanden oder was weiß ich, wen.

Ehre sei ihm, dem Herrn, der wie ein Vater ist zu den Seinigen, zu sonst niemand, und diese toten Männer hatten sowieso einen andren Herrn. Die hatten also ihren Versicherungsschutz verloren, den unser Herr bietet, die Polizei, nein, die Polizze sagt es Ihnen gleich, es ist leider sehr klein gedruckt. Und es gibt immer noch welche, die an ihn glauben, bis sie dann ihre Ansprüche anmelden und versuchen, meinen Herrn anzusprechen, dann ist es aus, der Herr wird aber wiederkommen, ganz gewiß, überprüfen Sie jetzt schon Ihr Gewissen und versuchen Sie es dann noch einmal, aber sicher bin ich mir nicht, mit welchen Worten er sich dann melden wird und wieviel er dafür zahlen wird müssen, ich kann ihm einen neuen Provider empfehlen, der aus dem Zusammenschluß zweier alter entstanden ist, die es schon vorher gab. Nein, den Propheten hole ich deswegen nicht, im nachhinein weiß der sowieso gar nichts, der Angeber, der aber vorher auch immer falsche Angaben gemacht hat, und danach, wenn es schon passiert ist, korrigiert er alles wieder, damit sein Herr Verleger zufrieden ist, er glaubt, er kommt damit beim Lesepublikum und bei den Bühnenhelden und deren Verehrern durch.

Die Heldenmutter hat tiefes Mitgefühl, in das sie jetzt hineingreift, es ist ziemlich tief, da ist das Loch, Schlamm kommt nach, wie soll man da fassen, was geschehen ist? Sie kann nichts dafür, das bestätigt Ihnen jeder. Sie rechnet den Angehörigen der Opfer hoch an, daß nie ein Brief gekommen ist. Dazu sage ich ausnahmsweise einmal nichts. Diese Eltern haben ihre Söhne hergegeben und dann hingegeben, sie sind dankbar, daß keine Rache erfolgte, daß ihr niemand gefolgt ist, sondern daß nur der Staat sie mit Fragen schikaniert hat, dafür brauchen wir keine Rachegedanken, dafür braucht der Staat überhaupt keine Gedanken, er hat ja nichts zu verschwenden. Jetzt stellen wir doch einmal Untersuchungen an, ob auch diese anderen Väter, die Toten, Sie wissen, wen ich damit meine, schauen wir einmal, ob diese Opfer dafür geeignet sind, ob sich die Opfer für das Geopfertwerden überhaupt geeignet haben. Wenn nichts passiert, dann wurden die Falschen geopfert. Ihre Angehörigen sollten wir nicht fragen. Was die sagen, weiß man ja, Liebe macht blind, wer fragt schon, ob Liebe ihr Objekt achtet, klar, daß die Familien ihre Väter geliebt haben, aber waren die das auch wert?

Liebe fragt nicht, mein Lieber, fragen Sie mich nicht nach dem Wert, ich weiß ihn nicht. Die Angehörigen kommen zu wischen die Böden wie Displays, nur leider viel größer, und immer an der Stelle, wo wir grade stehen, vielleicht etwas zu fest, dauernd sollen wir beiseite treten; das Wischen ist unser Leben, schon ganz kleine Kinder, egal, wie begabt sie sind, machen wischende Bewegungen, wenn sie ihre Eltern sehen, doch die verschwinden nicht, dafür wischen Roboter die Böden. Da haben wir es, da haben wir die Kinder der Toten, nein, nicht diese, nicht meine, meine ich, andere, die an ihre Väter geglaubt haben, und jetzt sind die Väter verschwunden. Man hat sie schon abtransportiert, aber erst nach dem Tod. Früher haben sie es umgekehrt gemacht. Raten Sie, wer mit wem! Es gibt viele bunte Blätter, in denen es nicht steht. Sie hatten nicht die Macht, etwas zu lassen oder etwas zu unterlassen, die Väter. Sie bluten da die Böden voll, dahingesunken, wie sie da liegen, die Körper hat man schon weggeräumt, aber den Dreck, den sie vorher gemacht haben, muß die Familie beseitigen, noch ganz ohne Robys, aber erst, nachdem ihr Vater beseitigt wurde, klar. Das Blut müssen die Kinder also selber wegmachen, ja, die Hirnmasse von ihrem Papa auch, von Ihrem nicht, der ist noch da und hat eine Masse Hirn, der Mann. Sie müssen alles wegmachen, schön schrubben, dann kommt darunter wieder neuer, junger, unversehrter Boden hervor, etwas blutleer zwar, aber der trägt noch!, das müssen sie schon selber erledigen, nachdem ihre Väter und

Söhne erledigt worden sind, wir sind ja nicht ihre Tescheks oder wie man in Deutschland sagt, daß wir für fremde Leute den Dreck wegmachen, ich weiß auch nicht, ich habe noch nie einen deutschen Engel gesehen, die nehmen sie bei uns nicht, die Sprache ist ihnen zu schwierig. Dafür, nein, nicht eigens dafür, sind die Deutschen sehr musikalisch, hören aber immer die falsche Musik, ich schweife wie üblich ab, ich höre meine eigene Musik, sie fließt mir ins Ohr und kommt nicht wieder raus, mich muß kein Gott von Taubheit heilen, der heilt nur Blinde und Lahme, vielleicht erweckt er auch diese Toten? Er versucht es immerhin, allerdings rutscht er gleich auf dem Blut und dem Putzmittel aus, egal, ob er mithilft, die Schweinerei noch zu vergrößern, irgendwann ist dann doch alles weg. Es gelingt ihm zwar nicht, das Blut wegzuwaschen. Unglaublich! Da bietet er ihnen das ewige Leben an, und dann nehmen sie es nicht!, er kennt sie nicht, sie folgen ihm nicht, sie beten nicht zu ihm, die bösen Geister werden so niemals ausgetrieben werden, die sind noch da, während Töchter und Gattinnen fleißig Blut und Hirnteile feudeln, schrubben, wegkratzen, wegschaben und bei ihrer Arbeit schikaniert werden vom gemütlichen Volk der Deutschen, die erst aufwachen, wenn sie was wegmachen dürfen, und die es urernst meinen damit, daß die einander gegenseitig umgebracht haben, sonst hätten ja sie das übernehmen müssen!, diese Leute machen doch immer Schulden, Schulden, noch mehr Schulden, keine Schutzgeldzahlungen, Blutrache innerhalb der Familie, außerhalb der Familie, jenseits der Familie, keine Blutrache, keine Ahnung, was das urige Volk da wieder erfunden hat; was es empfunden hat, das weiß ich, jetzt ist die Spur weg, auch die vom Anfang dieses Satzes. Hier steht so viel, aber nichts bleibt übrig.

Also während das passiert, eigentlich nachdem alles schon gesäubert ist, damit sie dabei nicht auch noch mithelfen muß, Blödsinn!, falsche Zeitenfolge, bedankt sich die Mördermutter, sie ist so eine nette Frau, sie bedankt sich bei den Opfern wegen fehlender Rache, doch die kommt vielleicht noch, vielleicht genügt es aber auch, daß ihr Sohn tot ist, und auch die Angehörigen, sie haben keinen diesbezüglichen Brief wegen zeitnaher Rache erhalten, danke, die Eltern des Mundlosen und des Harten haben ihre Söhne geopfert und wissen nicht, was diese dazu verleitet hat, jene Taten zu begehen beziehungsweise, was jene dazu verleitet hat, diese Taten zu begehen. Da war erst mal ein Momentchen Ruhe und ist es hier auch. Als Mutter sucht man nach jedem Strohhalm, und dann zieht man ihn vorsichtig aus der Krippe und unter dem Kindlein hervor, damit dieses nicht böse wird und später ein Mörder, weil es sich über einen stechenden Strohhalm ärgern mußte; diese Leute ärgern sich einfach über alles, die sind so, später sind sie so, sogar daß sie auf der Welt sind, ist ihnen ein Ärgernis. Daher gönnen sie es anderen auch nicht. Nein, das ist nicht logisch. Sie wollen, daß sich andere auch so ärgern müssen, daß sie auf der Welt sind, und genau diese ohnedies schon knappe Zeit beenden die Söhne. Es ist alles die Schuld der Jungfrau, welche Söhne geboren hat, die aber natürlich schon geboren waren, und zwar auf natürliche Weise. Sie hätte etwas Sinnvolleres tun sollen, als die zu gebären und zu bekochen und zu bebacken und zu begrillen, die beiden Söhne, die es schon gab und die nicht mehr in ein schlichtes Weidenkörbchen gepaßt hätten wie damals der Gottgesandte, der Prophet, ich meine, der andre Prophet, als er noch klein war und noch kein Volk erretten konnte, was er später tat. Dabei hat er sich wohl verbraucht, denn als er seine Schriftstellerkarriere auf Steintafeln beendet hatte, hätte er sich theoretisch wieder aufs Retten und die Ausfuhr von bedrohten Menschen konzentrieren können, was er diesmal jedoch unterließ. Entschuldigen Sie bitte. Den hätte man noch in das Pogromly-Spiel einbauen können, Moses hätte irgendwie noch hineingepaßt, denke ich mir, aber ich sollte nicht denken, ich kann es nicht.

Doch wie der Vater die Toten auferweckt, diesmal leider nicht, und sie wieder lebendig macht, diesmal nicht, so machen auch die beiden Söhne der Jungfrau diejenigen lebendig, welche sie wollen, diese nicht. Wenn ihr vor dem Bildschirm bleiben wollt, inzwischen muß man, um zu wischen, jedesmal dazusagen vor welchem, wenn ihr also an meinem Wort dranbleiben wollt und es googeln, dann seid ihr wahrhaftig meine Söhne, sagt die Jungfrau, welche in all den Worten und Werten im Netz biologische Kopfschmerzmittel sucht, ja, wirklich, das ist erwiesen, so wie andre Wohltaten erweisen, und dann und dann, dann springen die Flammen nicht auf das Nebengebäude über, die Verpuffung rettet das Haus nicht mehr, ich meine durch die Verpuffung kann es nicht mehr gerettet werden, es muß danach alles komplett abgerissen werden. Und so weiter. Es steht eh überall. Eine öffentliche Telefonzelle wartet schon, aber nicht darauf, daß Sie hineinpissen. Wo wir doch so wenige davon haben! Es wird noch mehr gesagt, nur keine Sorge, das Mädchen schläft nur vor seinem Laptop, kein Mensch kann sich den ganzen Tag seine eigenen Taten vorhalten lassen. Und es ist die Schuld des Herrn, der diese Fehlzeugung seines einzigen inzwischen leider angebrannten Sohnes machte, damit alle, die an ihn glauben, nicht verloren werden, sondern das ewige Leben haben. Derzeit haben sie es noch, das kann ich bestätigen.

Der Prophet ist irgendwie nicht so eindimensional wie der Engel der Geschichte, der in beide Richtungen zugleich schauen kann, während der Prophet immer nur die Zukunft sieht, die wir nicht überprüfen können, daher ist das langweilig, was er sagt, ja, ja, danke, der Engel, nicht der, welcher hier spricht, der Engel, einfach nur der Engel der Geschichte, welche hier gestreift wird, die Geschichte, nicht der Engel, der sich von etwas entfernt, worauf er so blöd glotzt, der Prophet nähert sich dem, worauf er nicht starren muß, er weiß es ja immer schon vorher, was wollte ich sagen, der Engel hat das Gesicht der Vergangenheit zugewendet, ich nicht. Nicht ich. Ich schaue nur in die Zukunft, sagt der Prophet, spricht aber fast die ganze Zeit von Vergangenem. Das kann ich nicht auflösen, ich spreche ja selber ständig weiter und höre nie zu, mein Fehler.

Ich muß wachsen, damit ich über die Kette der Begebenheiten drüberschauen kann, Trümmer auf Trümmer, die mir da vor die Füße geschleudert werden, aber sie stören mich nicht, sie halten mich nicht auf. Der Engel der Geschichte möchte die Toten aufwecken und das Zerschlagene zusammenfügen, ich spreche nur, ich aber sage euch, wenn auch nicht wahrlich, nicht wahr, das darf nur der Herr. So, der Engel gerät aber in den Sturm, der vom Paradies herweht, mich weht der nicht weg, ich habe mich allerdings auch nicht umgedreht, ich verliere niemals die Orientierung, denn ich kenne nur eine Richtung, und die geht so: vorwärts. Und während der Engel noch mit dem Sturm kämpft und die Flügel nicht mehr zusammenkriegt, kriege ich die Ereignisse nicht mehr zusammen, alles strebt auseinander, nichts geht zusammen, das macht aber nichts, das macht nichts, denn es treibt den Engel unaufhaltsam in die Zukunft, und das ist genau die, welche ich voraussage, ich weiß, wohin es ihn treibt, er weiß es nicht, dies nur, falls Sie sich fragen, was der Unterschied zwischen mir und dem Engel ist. Das ist er. Der Engel kehrt der Zukunft den Rücken, die ich weissage, der Trümmerhaufen vor dem Engel wächst in den Himmel, vom Himmel hoch, da kommt er aber her und trompetet laut, damit er sich selbst nicht zuhören muß. Daher fürchtet er sich nicht wie die Hirten, er fürchtet sich überhaupt nicht, ich fürchte mich auch nicht, denn ich weiß das alles ja schon, was passiert. Das, was wir Fortschritt nennen, ist in Wirklichkeit das Fortschreiten in die Richtung, die ich Ihnen angebe: Zukunft, gestatten, Zukunft mein Metier, ich schaffe und schaffe ab, so Gestalten halt. Ich sehe die zehn Toten, eine Frau stört das Gesamtbild, eine deutsche Frau von der deutschen Polizei, doch keine Angst, ihre Handschellen und ihre Waffe werden im ausgebrannten Wohnwagen und in der durchgebrannten Wohnung gefunden werden, das eine hier, das andre dort, der Herr wird dann alles wieder zusammenfügen, er wird die Hände der Jungfrau zusammenfügen, wird aber niemand finden, mit dem er sie zusammenbringen kann, das bringt er nicht zusammen, diese Jungfrau mit jemandem zu vermählen, er kann ihr nur die Hände fesseln, denn eine Gattin, ist sie klug, muß überall dem Gatten nachsehen, der in diesem Fall ein, zwei Söhne ist, denen man einfach alles nachsehen muß. Ich muß wachsen, ich muß an meiner Aufgabe wachsen, der Prophet muß auch wachsen, aber er muß auch wieder abnehmen. Keine Ahnung, ob Sie mir das jetzt abnehmen, wenn Sie es nicht machen, wird es vielleicht die Deutsche Bahn erledigen.

Ich weiß nicht, was ich da geweissagt habe und wer wer ist. Ich erinnere mich nicht. Wer mein Wort glaubt, sagt mein Herr, und hört und glaubt auch dem, der mich gesandt hat, der kommt nicht in das Gericht, sondern er ist vom Tode zum Leben hindurchgedrungen. Alles vollkommen falsch. Es stimmt schon, daß die nicht mehr vors Gericht kommen, aber es stimmt nicht, daß sie vom Tod zum Leben durchgedrungen sind. Es ist umgekehrt. Die Stunde, in der alle, die in den Gräbern liegen, meine Stimme hören werden, ist noch nicht gekommen, das dauert noch, und vielleicht wird es gar nicht meine Stimme sein. Vielleicht wird es die Stimme eines jungen deutschen Mannes sein, der Hobbys fürs Wasser und Hobbys fürs Land hat. Mal hier, mal dort. Erst einmal die Stunde, da wir alles voneinander wußten und nichts darüber aussagten. Wir konnten einfach nicht. Und ich kann aus mir auch nichts tun. Wie ich es höre, so richte ich nicht, das muß der Richter tun, sein Gericht ist gerecht, doch es steht niemand dort, ich sehe auch keine Schranke, keiner da außer dem Mädchen und wechselnde Körper, ich meine, sie kommen nacheinander, sie wechseln nicht vor uns die Körper, jeder hat seinen eigenen, und die Qualität aller ist gleich schlecht, das zeigen schon die Qualen, die Körper oft erleiden müssen. Und wir wissen auch nicht, wie viele Körper überhaupt mitgespielt haben.

Es sagt noch immer keiner was, wieso eigentlich nicht, menschliche Auferstehungen gibt es zwar nicht, aber sie wären so nötig! Sie sehen, wie nötig auch ein Prophet ist, wie ein Loch im Kopf, aber der redet wenigstens. Dieses Loch sagt zwar etwas, das muß aber erst noch gedeutet werden. Die Böses getan haben, werden zur Stunde des Gerichts auferstehen, bitte, diese Stunde hat schon geschlagen, erheben Sie sich für das Gericht, doch noch sehe ich sie nicht, ich höre nur etwas schlagen. War das eine Hand? In ein fremdes Gesicht, zum Glück nicht in meins. Diejenigen, die Gutes getan haben, werden einfach nur so hervorgehen, hinter einer Wand hervorkommen oder so, nein, nicht aus der Jungfrau, jedenfalls nicht aus dieser, die wir hier hereinbekommen haben. Die werden hingehen und desgleichen tun. Die werden hingehen, noch bevor sie gerichtet werden können, was ein Fehler sein wird, zuvor werden sie hingehen und selber richten, doch ihr Gericht wird nicht gerecht sein. Und sie werden nicht tun nach dem Willen dessen, der auch mich gesandt hat, sondern nach dem Willen Deutschlands. Dieses Land hat es so gewollt, anders ist das nicht zu erklären, eine weitere Aufklärung ist nicht mehr notwendig. Na bitte. Und es hat noch immer gekriegt, was es wollte, oft wurde es diesem Volk dann aber wieder genommen, sogar bis zur Hälfte hat es alles eingebüßt, nur um zu büßen, einen andren Sinn hatte das nicht. Oft, zu oft wurde es selbst genommen, von hinten und von vorn, das hat mir jedesmal so leidgetan. Haben Sie das überhaupt mitgekriegt, oder soll ich es Ihnen einpacken? Das Land schweigt wie diese Jungfrau. Deutschland schweigt, indem es unaufhörlich redet, und wenn es nicht redet, dann schreibt es was oder spricht über das, was es geschrieben hat, im Fernsehn, meist in Kleingruppen, dort geben sie Entwarnung, und es gibt auch keinen Nachweis, daß ein Netzwerk von Helfern existiert, die machen ganz allein so ein schlechtes, schlichtes Programm dort, diese Terrorzelle, das ganze Land eine Terrorzelle, die sich am Bildschirm widerspiegelt, wo die einzelnen Kontaktpersonen unterdrückt werden. Nur so wenige Besuche des Trios nachgewiesen? Oje, sie wollten vielleicht Quartett spielen, haben aber niemanden dafür gefunden, keinen einzigen.

Es macht ununterbrochen etwas, dieses Land, es ist up and doing, wie ein gesundes Tier, ein Größerer und Stärkerer als ich würde jetzt sagen, sie sind alle Nationalsozialisten. Alle katholisch oder Nationalsozialisten oder so, vielleicht in diesem Fall auch evangelisch, man muß das Werk ja dem Land anpassen, nicht das Land dem Werk, das geht nicht, umgekehrt wird ein Schuh draus, nein, das ist ein andres Land, ein kleines, gutes, alles drumherum bleibt vage, und außerdem stimmt es nicht. Ich sage lieber nichts mehr, kein Grund für Sie aufzuatmen. Das Land ist jetzt wieder einmal aufgestanden, es ist ein ausgeschlafenes Land und tut etwas, was es vorher aufgeschrieben und danach aufgeschoben hat, was hat das für einen Sinn? Daß man noch mehr schreiben kann? Soll etwa ich das machen? Entweder oder. Sie oder ich. Jetzt weiß ich nicht mehr, was ich sagen wollte, genau wie die Freunde und das Mädchen, einmal wurden sie hier gesehen, dann dort, Gewißheit darüber ist schwer zu erlangen, sind denn die Zeugen auch alle tot? Scheint so. Nicht ihr, wer ist ihr?, gleich kommt es, nicht ihr habt mich erwählt, um über euch zu sprechen, sondern ich habe euch erwählt und bestimmt, daß ihr verschwinden sollt, Deutsche! Nicht aus Deutschland, aber sonst überall. Oder ihr könnt folgendes machen: Ihr könnt hingehen und Frucht bringen, und eure Frucht bleibt dann, oder sie wird exportiert. Wenn ihr den Vater bittet, den Herrn Präsidenten, die Frau Kanzlerin, was weiß ich, in meinem Namen bittet, dann gibt er es euch, der Herr Landesvorsitzende, ich weiß nicht, der Oberste halt, er gibt euch das Papier, die Adressliste von anderen Ländern, die hier Vertretungen haben, von Heimen, Geschäften, Vereinen, dann könnt ihr sie lesen, die Liste. Tausende Einträge darauf. Ihr müßt nur sagen, daß ihr von mir kommt, schon bekommt ihr sie. Und sogar diese Spuren sind schon erledigt, bevor sie überhaupt gemacht wurden. Und was ist der Inhalt dieser SMS auf des Mädchens Handy? Der Inhalt kann nicht mehr rekonstruiert werden, er ist kaputtgegangen, wir können Ihnen da nicht weiterhelfen.

Der Herr Präsident, ein Priester, sagt etwas, das größer ist als sein Herr Gott. Er sagt: Haben sie mich verfolgt, so werden sie euch auch verfolgen. So stimmt es. Umgekehrt wird ein Schuh draus. Die Organe jagen herum und schreiben Organmandate aus, aber heute macht man das anders, man steckt Zahlscheine hinter die Windschutzscheibe, die Organe haben immer was zu tun, sie arbeiten und verteidigen sich gegen Kritik, wenn sie einmal nicht funktionieren. Ein wichtiges Organ von ihnen wurde erschossen, sie jagen Menschen, aber ab und zu werden sie gejagt, obwohl sie eigentlich angewachsen sind und nicht davonrennen können, zum Glück haben sie jedoch einen gewissen Spielraum im Volkskörper, die Polizei?, eine Art Spielplatz, und einmal müssen sie auch essen, das Land und seine Organe, seine Exekutions-Organe, eines tot, das andre schwer verletzt, und seine Verlautbarungsorgane, die so laut sind, daß sie nicht zum Arbeiten kommen, weil sie sich selbst pausenlos in den Ohren gellen. Sie scheiden aus, sie scheiden die Schafe von den Böcken, sie scheiden das Land vom Meer, sie scheiden die Gerechten von den Ungerechten oder wie man sie nennt, ja, immer muß es was machen, dieses Land. Dauernd ist wer unterwegs, und wenn die Welt Deutschland haßt, aber das tut sie ja gar nicht, so sollen Sie wissen, daß andere noch mehr gehaßt werden. Man wird sich wohl noch wehren dürfen gegen die fremden Herren, die uns beherrschen. Haben wir sie verfolgt, so werden sie uns verfolgen, um meines oder eines anderen Namens willen, den ich leider vergessen habe. Der Herr Präsident hat es vorhin sehr richtig gesagt, es ist alles immer richtig, was er sagt.

Sie sind frustriert und haben sich gegen alles gewandt. Wie wir alle. Endlich sind sie wie wir alle, obwohl ihnen das gar nicht recht wäre. Daß der Staat das zuläßt, die Ausländer und so, wir hängen auf der Straße herum und hören auf jene, die die Wahrheit wahrsagen, ich meine wahr sprechen, daß es so ist, aber immer, nachdem es passiert ist, von mir aus, und die andren machen aber alle auch irgendwas, sie machen es, bis es endgültig erledigt ist und der Untersuchungsbericht nichts mehr davon weiß, er hat alle Organe untersucht, aber sie haben funktioniert, sie haben die Funktionsprobe bestanden, auch die vom Klan, stimmt, der hat ja auch funktioniert!, er hat innerhalb und außerhalb der Polizei funktioniert, alles, was aus Amerika kommt, funktioniert, darauf können Sie sich verlassen wie auf meine zwei Putzroboter, die sind auch von dort. Glauben Sie mir, sie machen alles nach dem Willen dessen, der sie gesandt hat, nicht die Robbys, diese jungen Männer, die Kleingruppe mit Jungfrau. Ich wage Seinen Namen, also den Namen dessen, der einen Willen hat, einen eigenen, denn jeden fremden lehnt er ab, hier nicht auszusprechen, obwohl ich sein Bote bin. In dieser Zeitung jedoch sage ich, was kommen wird, ich zeige nicht auf mich selber, denn ich wars nicht und ich bins nicht, von Anfang bis Anfang bin ich es nicht. Ich zeuge nicht, und wenn ich es täte, wäre mein Zeugnis nicht wahr. Ich bin ein andrer, der für den Einen zeugt, der hier immer noch herrscht. Wer weiß, ob es wahr ist. Ich bin der erste, der sagt: nein. Es ist nicht wahr.

DIE JUNGFRAU MARIA:
(*horcht lange am Handy, scheint aber nichts zu hören, wischt ein paarmal über das Display, nichts, sie behält das Handy in der Hand und liest etwas, schreibt etwas oder wischt*) Das Opfer wird in einer Alltagssituation erwischt, ja, dieses hier auch, sie werden in alltäglichen Arbeitssituationen gepackt, auf unsere Kosten, denn die werden auf die Morde schließlich draufgeschlagen, von der Cosa Nostra, der unsichtbaren

Sache in der unsichtbaren Hand gepackt, nein, von der nicht, versuchen Sie nicht, es nachzulesen, es stimmt nicht, was hier steht, und hier steht auch keiner mehr auf. Wer schreibt, der bleibt nicht, aber was liegt, das pickt. Mein Sohn liegt in meinem Schoß, ein Beispiel will er euch geben und ist doch nur endlos Kind, die Söhne der andren Jungfrau liegen im Wohnwagen, und ihre Hirne kleben an der Decke, aber wie ist es in diese Situation überhaupt geraten, dieses Opfer? Es hat sich dargeboten, ausgesprochen angeboten, sein Vater Abraham hätte sowas nie getan, der hat nur einen Befehl befolgt. Es war einfach da. Wir wissen nichts. Wir wissen nicht, wie die Söhne der Jungfrau zu ihren Opfern gekommen sind, doch, hier steht es, mir dürften Sie es nicht glauben, denn ich habe es selbst nur gelesen, und vorhin habe ich etwas ganz anderes gelesen, ich habe keine Ahnung: Sie sind mit Rädern zu ihren Opfern gekommen und haben es, einen jeweils für viele, ein Opfer jeweils für viele, gebracht, das Opfer gebracht, auch wenns schwerfiel, wir ermitteln dann unterschiedslos, auch gegen Zigeuner, habe ich das schon gesagt?, auch gegen die wurde ermittelt, auch gegen Neger, hier steht es, hätte mich auch gewundert, wenn die Polizei eine eigene Sprache dafür erfunden hätte. Am liebsten hätten sie ja alle umgebracht, zu zwein oder als Trio, nicht wahr, doch jeweils einer steht für alle, für alle zeugungsfähigen Ausländer im Inland, ja, warum nicht, es werden Inländer schließlich auch im Ausland umgebracht!, ich spreche es aus, verzeihlich ists, das Falsche konnten die nicht zügeln, also natürlich die Söhne der Jungfrau, immer dieselben!, es sind immer dieselben, nur die Jungfrau bin nicht ich, obwohl ich das Markenzeichen gekauft und eintragen habe lassen; die mußten ihrem inneren Trieb nachgeben, ich weiß wohl, daß ihr alle Abrahams Kinder seid, dieser aber nicht und der dort auch nicht, ich werde doch wohl wissen, wen ich geboren habe, und Abrahams Kinder waren es nicht. Es war ein Kind, aber gleichzeitig war es kein Kind, ich glaube, das wollte ich sagen, kann es aber nicht. Daher wurde die Tötung dieses Sohnes beschlossen, das habe ich auch irgendwo gelesen, das war vor und nach meiner Zeit.

Es ist besser für uns alle, ein Mensch sterbe für das Volk, als daß es das ganze Volk verderbe. Sehen Sie, auf einmal sind sie sich alle einig! Zehn Menschen für zehn Völker gestorben? Nein, das nicht, dennoch war dies das erlösende Wort, könnten Sie es bitte wiederholen, ich habe es beim ersten Mal nicht richtig verstanden?, das bei Gott war, er wollte es aber nicht hergeben. Trotzdem. Einer hat die Wahrheit gesagt, er hat sie ausgesprochen. Dieser Mann soll sterben für das Volk und damit das Volk von ihm und solchen wie ihm endlich Ruhe hat, dieser Tod muß geschehen, damit die Kinder Gottes wieder zusammengebracht werden, welche dann wieder interessante Zeitungsartikel zusammenbringen, die alle auch nicht stimmen, aber immerhin. Wir wissen endlich Bescheid und bekommen Bescheide, die alles auslassen, was interessant wäre, im interessanten Sprachgebrauch der Behörde, wo bleibt der Untersuchungsausschuß? Der bleibt nicht, denn er ist gar nicht gekommen. Das Volk soll durch diesen Tod gerettet werden, so habe ich es verstanden. Sohn um Sohn, Sohn für Sohn. Und die beiden Söhne der Jungfrau, ich meine der anderen Jungfrau, gingen weg und beschlossen zu töten. Meiner hat nur beschlossen, selber getötet zu werden, durch das Volk, für das Volk. Viel Spaß hat er dabei nicht gehabt.

Und in diesem Augenblick waren neun Männer und eine Frau, nein, nicht eine Jungfrau, einfach eine junge Frau wie Sie und ich, wie Sie nicht, ich schon, bloß jung bin ich nicht, wurst, also ab diesem Augenblick waren die Toten, die getötet werden sollten, die auf der Liste standen, die zum Getötetwerden vorgesehen waren, nicht mehr frei, umherzugehen unter den ihren, nur wußten sie es nicht. Sie gingen an einen Ort, den man Wüste nennt, der aber unter Kennern auch als einig, einzig Deutschland bekannt ist, dort gingen sie herum, aber sie gingen leider nicht weg, sie waren nicht frei wegzugehen, sie hatten ihre kleinen Geschäfte dort, mühsam erspart, aber endlich freudig eröffnet, sie blieben dort mit ihren Familien. Was meint ihr, werden die Männer kommen, um umgebracht zu werden, oder werden sie es vermeiden können, oder werden gar wir kommen müssen? Nicht zu kommen, das können sie jetzt nicht mehr vermeiden. Wenn jemand weiß, wo der Mann ist, dann soll er es anzeigen, aber die Mörder soll er nicht anzeigen, denn die kennt er ja nicht, die können nur die Organe des Landes kennen, welche sie, und das sage ich in allem Ernst, noch weniger kennen als sich selbst. Entscheiden Sie selbst, wer wen. Sie tönen unerträglich laut. Keiner sagt was, man würde ihn sowieso nicht hören.

Diese Jungfrau sagt erst recht nichts. Sie wollen diese Männer ergreifen und töten, ihre Söhne wollen töten, meiner will genau in die entgegengesetzte Richtung, es wird ihm oft nicht Platz gemacht, wenn er erlösen will, auf dieser schmalen Treppe kommen ihm welche entgegen, ein Fahrzeug zur Entgegennahme von Gefangenen fährt auch zur Unzeit in die Menge und ärgert sich, daß es nicht weiterkommt, und dann sind die Leute alle tot, Deutsche wie wir, aber davon wollte ich nicht sprechen. Sie sind meinem Sohn nicht ausgewichen, als er erlösen wollte, und so steckte er fest, nein, nicht in mir, aus mir konnte er schon raus. Immer wenn mein Sohn kommt, kommen auch die anderen alle angerannt, und dann gibt es ein entsetzliches Gedränge, manchmal sogar Massenpanik, die Leute ersticken, sie wollen doch alle, und alle gleichzeitig!, auch den sehen, den er vom Tode erweckt hat, und dabei sterben sie selber und merken es gar nicht. Sie wollen auch die nicht sehen, die getötet worden sind. Einen Augenblick Geduld bitte. Ich habe zwei Ereignisse vermischt, entschuldigen Sie. Es geschieht, auch wenn Sie es nicht sehen wollen und ich es nicht beschreiben kann und niemand mit Palmzweigen einreitet, sondern auf emsigen Fahrrädern und mit einer Pistole plus Schalldämpfer, es geschieht, jawohl, und es wird ein Aktenvermerk gemacht, damit wir es uns merken. Ist Ihnen überhaupt klar, wie selten ich spreche, auch wenn ich oft das Gegenteil behaupte? Es ist ein unerhörtes Ereignis, wenn ich spreche. Um meines Sohnes willen kommen so viele herbei und glauben an ihn. An diese Männer, von denen jeweils einer viele gibt, also viele darstellt, glauben sie ja auch, die sind ja einer wie der andere, die anderen sind der eine, sie können sich nicht zügeln und zeugen, wird mir gesagt, und daher bekommen diese Kinder fremder Mütter den Todesschuß, den Todesstoß. Einen nach dem anderen, eins nach dem anderen.

Der Vater hat irgendwie anders geheißen, kommt mir vor, also Abraham wars nicht, das hätte ich mir gemerkt. Und eine Seherin hat er sich auch nicht ins Bett legen lassen. In diesem Bett lag nie eine andre als ich, und ich sehe nichts, ich konnte das alles nicht voraussehen, auch später, als Gottbesessene, als Gottesbesitzerin, nicht. Wahrlich wahrlich, mein Sohn sagt euch, wer sein Wort hält, der wird den Tod nicht sehen in Ewigkeit. Diese Männer sind also nicht meine Söhne, können sie gar nicht sein, denn die sind tot, ich glaube, da sie Abrahams Kinder, aber nicht meine Söhne sind, daß sie auch sonst noch zur falschen Zeit am falschen Ort waren, eine andre Lösung gibt es nicht, es gibt vielleicht viele andre Lösungen, so wie es viele Erlösungen gibt, aber alle macht mein Sohn persönlich, er hat ein Zertifikat, er ist dafür zuständig, mein Sohn wirkt Gutes und bewirkt Gerechtigkeit, dafür garantiere ich mit meinem Namen und meinem Produkt. Was diese andre Mutter hier garantiert, das stimmt garantiert nicht. Er hat mit dem hier nichts zu tun, das waren andre Söhne.

DER PROPHET:
(*ißt Heuschrecken oder tauft oder was weiß ich, wonach ihm heute zumute ist*) Alles, was war, alles, was sein wird. Ich rede nicht so, wie mir der Schnabel gewachsen ist, sondern so, wie es mir der Vater gesagt hat, und der tote Sohn wird genauso beteuern, er tue nur, was ihm sein Vater gesagt hat und so weiter. Keiner sagt, was ihm selber eingefallen ist. Die Gründe gehen ihm schon aus, nein, die gehen nicht, sonst wären sie ja keine Gründe. Die sind am Boden angenagelt. Doch die Jungfrauensöhne, die fahren, die sind mobil wie der Blumenhändler, der es sein muß, um Geld zu verdienen, nicht um Blumenhändler zu sein, obwohl er dafür eine Begabung hat. Die andren Söhne müssen es aber auch sein, sie müssen sie selbst sein, um ihn zu finden und ihn dann, wie alle Händler, aus dem Tempel zu vertreiben. Das klingt wirr wie so vieles, aber er ist als Licht in die Welt gekommen, der Sohn, als ein Licht, damit, wer an ihn glaubt, nicht in der Finsternis bleibe. So. Und jetzt haben wir einen Kurzschluß, das haben wir auch von den Zeitungen gelernt. Wir haben in den Spiegel geschaut, wir haben ganz anders, als wir sind und als es war, herausgeschaut, und das hat wahrscheinlich, doch der Anschein war nicht wahr, diesen Kurzschluß erzeugt. Der Prophet geht mit seinem Werkzeug in den Keller, wo er seine

Sicherheiten hat, an denen er herumschraubt, er hat ja keine Garantie, die Garantie fürs Licht ist längst abgelaufen. Aber die anderen, die kriegen natürlich das Geld vom Staat und Wohnungen und alles, ohne daß sie was dafür tun müssen, und bei denen funktionieren die Sicherungen natürlich immer. Das sehe ich aber nicht voraus. Das ist alles schon passiert.

Wie kamen diese Söhne zu dieser Meinung? Das haben sie sich so gedacht. Die Dusche wird aufgedreht, die Füße werden gewaschen, alles andre auch, ein Beispiel habe ich euch gegeben, sagt der Herr, damit ihr tut, wie ich gleich tun werde. Und die gehen wirklich hin und bringen diese Leute um, nur weil der Herr auch sterben will. Und der Knecht ist nie größer als der Herr, diese Königssöhne jedoch sind größer als Deutschland, das haben sie sich so gedacht, doch keiner ist größer als der, der ihn gesandt hat. Und Deutschlands Gesandte sind nicht hier, sonst wären sie es nicht, sonst wären sie keine Gesandten. Wißt, daß ihr dies wissen sollt. Ihr seid rein, aber nicht alle. Ihr seid reingekommen, aber nicht alle.

Dieser Sohn zum Beispiel, von acht Kugeln durchlöchert, und seine Verwandten oder sein Freundeskreis, der gar keiner war, niemand ist ein Kreis, auch wenn die Niemande zu vielen kommen, sollten dran schuld sein, wir haben ein Gesetz, und nach diesem Gesetz sollte er sterben, der Entschluß zur Tötung ist soeben gefallen, lassen wir ihn so, wie er ist, dann kommen sie alle und wollen auch kommen und zeugen. Es ist überhaupt besser, ein Mensch sterbe für das Volk, als daß er das ganze Volk verderbe, und wenn zehn Leute sterben, ist das noch zehnmal besser, sonst kommen die verstreuten Kinder seines Landes und dann die Kinder jedes anderen Landes auch noch zu uns, ausgerechnet zu uns, und so wurde beschlossen, daß er getötet werde und die anderen neun auch, getötet dieser Mann, neunmal, einmal eine Frau, die noch hätte gebären können, wenn auch wahrscheinlich nicht als Jungfrau, dieser eine, der erste, er könnte aber auch der letzte sein, die Ersten werden ja die Letzten sein, es ist egal: Sie sind nicht, wie sie sind, das dürfen sie gar nicht, sie sind alle ein und dasselbe, und sie gehen weiterhin frei umher, wenn wir sie nicht töten, und sie zeugen noch, wenn wir sie nicht töten, und dann werden sie immer mehr, wenn wir sie nicht töten, und wir müssen noch viel mehr von ihnen töten. Ich fürchte, das geht nicht, das übersteigt unsere Kräfte, wenn auch nicht unsere Fähigkeiten. Was meint ihr? Er wird doch heute nicht in seinen Laden gehen oder seine Blumen auf dem Tisch ausbreiten, einem Tisch, den übrigens wir ihm bereitet haben, nicht im Angesicht seiner Feinde, sondern als seine Feinde, wir!, und der legt da seine Blumen aus, das geht nicht, was meint ihr? Wenn jemand weiß, wo der ist, dann soll er es anzeigen, damit wir ihn abknallen können, wir haben eine Liste gemacht, welche aber unterdrückt wird wie die Menschen ja auch. Wir sind frustriert und haben uns gegen alles gewandt. Daß der Staat alles zuläßt, die Ausländer und so, und wir hängen auf der Straße herum. Das sollte angezeigt werden, auch daß da einer auf einem Kreuz herumhängt, die Leute hängen nur herum und arbeiten nicht, sie nehmen uns alles weg. Und erst, wenn sie tot sind, müssen ihre Angehörigen zur polizeilichen Vernehmung, wo sie gleich hingehört hätten, bevor sie noch gekommen sind, wir müssen das ständig, wir werden zur Polizei geladen, ohne daß man uns findet, ohne daß wir teilhaben dürfen, ohne daß wir Teilhaber haben dürfen, woran denn?, viele sind eingeladen, wenige aber auserwählt oder so ähnlich, viele sind auserwählt, werden angeworben, um sie wird geworben, um uns nicht, wir machen es selber. Nicht wir, um uns kümmert sich keiner, das ärgert und frustriert uns schon sehr. So spricht dieser Herr, nicht meiner, er ist weit davon, es zu sehen wie mein Herr, daß sie sich untereinander lieben sollen, wie er, mein Herr, sie geliebt hat. Dieser Herr sagt was anderes, er geht nicht mehr zu seinem Vater, was wahrscheinlich ein Fehler ist, während mein Herr eingeht und zu seinem Vater geht, geht dieser hin und sagt, daß dieser Mann getötet werden muß. Das finde ich nun gar nicht.

DER ENGEL:
Ich weiß, ich sollte nicht so reden, und ich habe sogar einen Eid geschworen, bin aber irgendwann mal runtergefallen, leider auf den Kopf, und jetzt bin ich verstoßen vom Herrn, vielleicht aber auch auf Bewährung, um mich mit den Ereignissen und Erzeugnissen hier zu beschäftigen, weiß nicht mal, von welchem Herrn, in diese arme Hütte verstoßen, ohne eine Schar Frauen, die sich um mich kümmert. Männer werden erschossen, ja, genau diese, den Frieden lasse ich euch, deswegen zeige ich euch nicht ihre Fotos, was soll ich dazu sagen. Ich weiß nicht mehr, wohne ich oben oder unten? Irre mich immer im Stockwerk. Zur Beute werde ich jedem, der es wagt, wie ich, also gemeinsam mit mir, den Fahrstuhl zu benutzen, weil meine Flügel irgendwie nicht mehr funktionieren, ich kann sie nicht richtig öffnen und nicht ordentlich schließen. Ich muß leider draußen bleiben. Wer mich liebt, den werde ich auch lieben, auch mein Vater wird ihn lieben, und wir werden endlich zu ihm kommen, ich werde mitkommen dürfen, im Rudel mitlaufen dürfen, mit weiteren Tatbeteiligten, die es aber nicht gibt, und Wohnung bei ihm nehmen, die es aber nicht gibt, es herrscht Wohnungsknappheit, wo das wohl sein mag, daß noch eine frei ist?

Daß noch etliche frei sind? Es kann aber auch sein, daß ich irgendwo runtergefallen bin, daß ich irgendwo angrennt bin, wie man im kleinsten Land der Welt sagt, das eigentlich keins ist, sondern das größte, zu dem es gehört, meiner Meinung nach immer gehört hat, nämlich Deutschland, alles Deutschland, was Sie hier sehen, und das ist noch gar nichts, es ist noch viel größer, nein, es ist nicht gar nichts, auf keinen Fall. Mit diesen Herren habe ich nichts am Hut, die haben so komische Hüte auf, nein, eher Kappen, so Bierdeckel mit Rand, mit denen möchte ich nicht gesehen werden. Was die vom Deutschen erzählen, möchte ich nicht gehört haben, so wie ich nicht zu den Deutschen gehören mag. Mit denen möchte ich nicht auf einen Kaffee mit Schuß gehen.

Nein, diesen Fahrstuhl kann man echt nicht mehr benutzen. Doch wo man sich auch aufhält, selbst wenn man die Treppe nimmt, wenn man die Stiege hinaufsteigt, verfolgt von Flammen und Rauch, die schon Dreizehnjährige jederzeit erzeugen können, falls sie genügend Ausländer dafür zusammenkriegen: Diese Armen haben wir allezeit bei uns, nicht nur eine kleine Weile, immer, und sie gehen uns auf den Geist, sie fallen uns auf den Wecker und überhaupt, die haben wir leider allezeit unter uns, sie wurden uns zugeteilt, wir können nicht alle wieder deportieren, früher konnten wir das noch, dieses Wissen ist irgendwie verlorengegangen. Jene eingeborenen Söhne habt ihr allezeit unter euch, ja, auch ihr, ihr habt alles, was auch der Engel hat, dem freie Rede gegen euch erlaubt ist, und der Engel hat sie außerdem noch am Hals, die Söhne, hier sind ihre Fotos, ich meine die Fotos von ihnen, auf denen sie drauf sind. Ihr könnt ja an die Ostsee fahren, von der ich gehört habe, daß sie auch nicht östlicher als die Nordsee, doch das ist sie!, und die Nordsee nicht nördlicher als die östliche ist. Diese Angabe erfolgt ohne Gewähr, sie ist mir einfach so gefolgt, und ich habe sie nicht überprüft oder nur auf Gucki, wo alles gleich aussieht, eine einzige riesige unerfahrene Ebene. Es gibt einfach zuviel, das ich nicht kenne, und nichts, was ich noch kennenlernen will. Der Herr mag wissen, warum er das mit diesen beiden Seen so gemacht hat, ich weiß es nicht, und damals habe ich noch woanders gewohnt, nicht beim Herrn, bei keinem Herrn, der sich bemüht, hier Fuß zu fassen, aber keinen erwischt, keinen Fuß, auch den des Engels nicht, der ist knapp außerhalb seiner Reichweite. Und sie wollten auch nicht einfach irgendeinen anderen umbringen, dieser mußte es sein und dieser und der dort auch, wir haben die Wahl, doch wer trauert eigentlich um meine eingeborenen Söhne? Niemand, denn ich habe keine. Nein, das sind nicht meine, das sind die vom Chef. Es gibt welche, die trauern um die Ungeborenen. Aber um meine? Wer? Niemand. Aber zuerst müssen die Gerechten von den Rechthabern geschieden werden. Allerdings nicht hier.

DER PROPHET:
Das Land hat diese Menschen nicht rechtzeitig weggeräumt, und es hat auch woanders nicht Raum für sie geschaffen, das steht für mich fest, es hat sich mitschuldig gemacht, finde ich, alle Tage wieder. Wir haben ihm doch geraten, sich andre Alltage zu suchen, vielleicht was mit Arbeit oder so?, ach, hier hab ichs ja!, mir wird mitgeteilt: abseits von uns. Wir sind nicht ihre Diener, sie sind unsere. Vor diesem Hintergrund spielt sich das ab, und der Hintergrund ist gewandert, er muß gewandert sein, denn er war vorher nicht da, wie soll man da wissen, wo man steht?, wie soll man sich ohne Hintergrund orientieren, wenn man nicht in die andre Richtung starrt, in die, von der man

sich ja entfernt?, aber jetzt möchte er bleiben, so, der Hintergrund möchte jetzt bleiben, egal, ob man ihn anschaut oder, erschauernd, in die andre Richtung, die Flügel der Engel sind schon ausgespannt, bald werden sie wieder trocken sein, die Flügel wischen wie Scheibenwischer über den Hintergrund, von dem aus man nichts sieht, doch jetzt ist das Fenster sauber, und man kann wenigstens hinausschauen. So muß ein ordentlicher Engel aussehen, er kennt nur einen Hintergrund und einen vordergründigen Grund, den er auch noch vorgeschoben hat, einen Grund braucht man aber nicht für alles, eine Kulisse jedoch schon, sonst weiß man ja nicht, wo man ist. Jetzt sieht ihn der Engel an, wen eigentlich?, er schaut halt, seine Flügel machen einen solchen Wind, daß woanders ganze Häuser einstürzen und der Wind sogar einen Namen bekommt, ein Orkan, ein Taifun, alles vom Engel gemacht, nein, nicht vom Engel gemacht, der kann die Flügel nicht einmal mehr schließen, also kann er sie auch nicht mehr öffnen, der Hintergrund bleibt starr vor Schreck stehen, kein Wunder, der emotionale Emigrationshintergrund muß ja irgendwo hergekommen sein, von weither manchmal, unbedingt, unter furchtbaren Bedingungen, um zu bleiben und etwas vorzutäuschen, das es nicht gibt, ein Zuhause, das man mitbringt oder wieder wegschickt. Man hängt halt an den alten Orten und den dreckigen Aborten der Heime, die für Menschen vorgesehen sind. Tiere brauchen sowas nicht.

DER RICHTER:
Welche Rolle spielte die Jungfrau nach der Wende in Jena? Wie lief ihr Leben damals ab? Hatte sie auch Kontakte? Wie haben die beiden Männer gelebt? Was meinen Sie damit, wenn Sie nichts sagen?

DIE JUNGFRAU MARIA (MIT HANDY):
Sie waren halt eine große Gruppe, das sieht man doch, schauen Sie nur, hier! Diese Jungfrau, diesmal nicht ich, hat die beiden Männer geboren, und dann waren sie alle liiert, mal hier, mal dort. Ihr Leben lief unkontrolliert ab. Mit Saufen, Party, Spaß. Gearbeitet hat kaum einer. Sie waren nicht richtig integriert, aber rechtsgerichtet auf jeden Fall. Was muß ich hören, was muß ich hier lesen, bitte um eine Pause? Mein Sohn soll jemandem helfen, der todkrank ist? Er hilft schon die ganze Zeit Deutschland, das mindestens genauso krank ist. Er soll kommen, bevor noch jemand stirbt. Mein Sohn sagt noch, geht hin, mein Sohn lebt, nein, das kann er keinesfalls gesagt haben, er hatte ja keinen Sohn, er war einer. Der Mensch glaubt das Wort, er glaubt ja jedes Wort. Die Söhne verlassen das Haus, und das Fieber verläßt auch den Sohn. Alle gehen, alle verlassen sich auf jemanden, der größer ist als sie, sogar die Pharmaindustrie, und zwar darauf, daß die Leute trotzdem sterben, aber neue nachwachsen. Wie hat dieser Sohn überhaupt gelebt, bevor er starb und wieder auferstand? Am Anfang hat er Party gemacht, dann hat er sich nach oben gesteigert. Er ist aufgestiegen. Er wurde von der Jungfrau geboren, aber von welcher?, es gab mindestens zwei, wenn auch nicht zur gleichen Zeit, das war das Zeichen, keine Ahnung, denn dies ist vorher noch nie geschehen. Nur mir damals, ich war leider die Auserwählte. Das war mein Zeichen, das gehörte mir. Hätten Sie bloß einen andren Hintergrund genommen!, der gefällt mir gar nicht, dann wären wir mit seiner Lebensführung einverstanden gewesen, aber jetzt sagen alle, sie hätten nichts mit den Söhnen zu tun gehabt. Als wären die im luftleeren Raum gewesen. Die Söhne konnten sich ganz schön hineinsteigern in diese Sache, sie haben zum Beispiel keinen Alkohol mehr getrunken. Nehmen Sie sich ein Beispiel! Wir haben

Ihnen den neuen Hintergrund-Prospekt doch ohnehin gegeben, den hätten Sie bloß aussuchen und sich davor aufstellen müssen, da will man dann gleich dorthin, na ja, jedenfalls ist er jetzt da, es gibt ihn, den Hintergrund und den Untergrund, ja, den auch. Der Untergrund tötet diverse Menschen, und zwar genau vor diesem Hintergrund, das wechselt alles ständig, nur der Hintergrund und der Untergrund bleiben gleich, so lange, bis die Tat begangen ist, und auch die Menschen konnten sich nicht mehr viel bewegen, nicht so gut wie diese Eiskunstläufer beim Paarlauf, ist das schön, wenn die auch ihre Gesichter zeigen, nicht nur die Körper, Olympiade: Der Mann wirft mit der Frau herum, er wirft sie auch aufs Eis, dann macht sie die Todesspirale, kopfunter auf harter Unterlage, und die Frau hat dieses schöne rosa Kostüm an, es leuchtet wie ich weiß nicht was, es glänzt wie der Stoff, aus dem es gemacht ist, eine Art Elastan, es gibt ja viele Sorten, dies hier ist die rosa Sorte; sie ist als rosaroter Panther verkleidet, die Frau, mit der da herumgeworfen wird und die dann auch selber springt, ganz anders als ich vorhin, höher!, weiter!, aus dem Schwung heraus, zweifach, dreifach, vierfach, obwohl ich das Vierfache nicht gesehen habe, nur das Zehnfache, woanders, und die Melodie, tatam tatam taramtamtamtaramtamtam di duuuuu, blubberblubberblubber tatam, ich sollte es besser können, hören Sie mich nicht, sehen Sie mich nicht, aber stellen Sie sich das vor, die attraktive blonde Eiskunstläuferin und ihr dunkelhaariger Partner, wie sie den Panthertanz tanzen, so toll, leider nur Zweite nach dem Kurzprogramm, nach den Russen, aber der Panthertanz hat trotzdem eingeschlagen, auch wenn kein Loch zu sehen ist, kein Krater, unglaublich, was die können, und das Maskottchen, schauen Sie, wie sie sich in die Lippen beißen vor Erwartung, die beiden Eiskünstler, das Maskottchen dort im Schoß der sportlichen Blondine ist auch ein rosaroter Panther, in klein, leider sind sie nur Zweite, vielleicht können sie das in der Kür ja noch aufholen, nein, können sie nicht, sie werden Dritte, wo andre nur Drittabschlagen oder den ersten umbringen, den sie sehen, nur Dritte, das ist nicht so schlecht, wenn sogar Radfahrer stehende Menschen einholen können, dann können auch Eiskunstläufer Menschen einholen, um sie mit ihrem Tanz zu betören, und das mit dem rosaroten Panthertanz stimmt, Millionen haben es gesehen wie ich und auf den Bildschirmen verfolgt, eine Verfolgung, die wenigstens geklappt hat, ich frage mich, wieso die Deutschen so auf Panther stehen, wahrscheinlich weil sie zu Hause keine haben, höchstens welche aus Plüsch. Immerhin, sie haben das Pantherlied auf der DVD, die Deutschen, an einige ihrer Vertreter war es abgeschickt, abgesandt, doch nicht gepostet worden, ich meine, in den Briefkasten geworfen, auch nicht im weggeworfenen Doppelaxel, im dreifachen schon gar nicht, einfach nur geworfen, eingeworfen, gerichtet an Deutsche von und zu Deutschen, von zwei deutschen Paarläufern, denen die Panthermusik ihr Ohr lieh, nein, umgekehrt, das Ohr wurde für das Liedchen hergeliehen von den zwei Paar-Radfahrern, eine neue olympische Disziplin!, die zehnmal, und keineswegs zahnlos, sondern bewaffnet, loszogen, ihre Leistung wurde inzwischen bewertet, aber nicht, als sie sie erbrachten, was ungerecht ist, sondern später, als sie sich umbrachten. Das kann jeder. Hätten wir das gewußt, hätten wir es schon früher bewertet als diese Eiskunstläufer, Sparte Paarlauf, die bekommen wenigstens sofort ihre Noten, die wollten Größe erreichen, auf ewig, zumindest Olympiasieger werden, und da wurden sie nur Zweite, am Ende nur Dritte, heute weiß ich es, eine Enttäuschung, trotz guter Leistung im Kurzprogramm Zweite, dann Dritte, während die Radfahrer im Langprogramm über zehn Jahre hinweg immer als erste gekommen und auch als erste wieder gegangen sind, zu den zehn Männern, wenn auch nicht zu allen zugleich, da haben wir sie: Zehnmal gleicher Hintergrund mit Obst, mit Blumen, mit Döner, mit Laptops, mit ohne, das ist oft, zehnmal gleicher Hintergrund, aber immer ein bißchen anders, sagen wir neunmal, einmal gehts noch, mit Schalldämpfer, also unerhört!, man versteht endlich sein eigenes Wort, man versteht auch die Panthermelodei, aber man versteht nicht, warum die im Vordergrund jetzt tot sind, wie wissen die Mörder, wo sie Menschen mit einem solchen Hintergrund finden können? Mich wundert gar nichts mehr. Es wissen ja auch die Paarläufer auf dem Eis, wo sie drehen, heben, werfen und dahingleiten können. Wieso glauben diese Menschen alles, was mein Sohn ihnen sagt, und tun es dann nicht? Sie glauben alles und tun immer das Falsche.

Die Söhne können von sich aus nichts tun, sondern nur das, was sie den Vater tun sehen. Das stimmt in diesem Fall nicht. Nichts stimmt, trotzdem bin ich immer noch hier. Denn der Vater richtet niemand, er hat das Richten dem Sohn übergeben, und jetzt richtet der Nachwuchs, der schreit, daß nachgefärbt werden müßte, wie schaut denn das aus, so viel dunkler Nachwuchs, das geht nicht. Er ehrt den Vater aber nicht, der ihn gesandt hat, den Nachwuchs, er ehrt lieber mich, die Jungfrau, welche ihn geboren hat. Diese Antwort ist richtig. Das geht von mir aus in Ordnung. Diese Jungfrau ist robuster im Umgang als andre Frauen. Die hatte die Jungs im Griff, die auszogen zu richten die Lebendigen und die Toten. Nein, die Toten nicht. Die Lebendigen, aber nicht alle. Weil sie sicher sein konnten, daß der Vater sie nicht wieder aufweckt, auch ihrer nicht, der hat das allerdings auch nie behauptet, und weil es zu viele von ihnen gibt, überhaupt von allen Menschen zu viele, aber von diesen besonders zu viele. Sie wandern, sie werden geboren wie Weltenerlöser und glauben, das dürfen sie so einfach, so einfach rauskommen. Aber so einfach geht das nicht, was diesem Volk widerfährt, ist zu viel, es ist alles zu viel, doch es ist alles auch wieder ganz einfach: Man muß sich nur vor irgendeinen Hintergrund stellen, egal wo, am besten vor diesen, den ich Ihnen schon so oft beschrieben habe, obwohl er unbeschreiblich ist; der Hintergrund steht immer dabei, und dort wird man Menschen finden, die aus einem anderen Hintergrund da hergekommen sind und puff, piff paff puff und aus.

DER ENGEL:
Die haben wirklich Glück, daß sie das so lange durchziehen konnten, den Abzug, daß sie ihn so oft durchziehen konnten gegen jene zehn fleißigen Menschen, die, wie Gott, etwas schaffen wollten, nur eben kleiner. Ohne einmal mit ihnen zu reden, studierten sie sie. Kein einziges Wort war verständlich. Die Fremden leben eigentlich nur, um angeschaut zu werden und Ärger zu erregen. Warum sollen sie das weiter tun dürfen? Wie ich, jeder würde mich anstarren, bloß daß man mich eben nicht sieht. Sie hatten Ausgaben, wirklich, Sie hatten Ausgaben, um dieses Geschäft eröffnen zu können?, und dann waren sie selbst es, die ausgegeben wurden wie billiges Geld, das auf den Konten liegt und sich langweilt. Das gute, teure Geld, das andre eingelagert hatten, das holt man sich am besten in der Bank ab, Geld, das sie sich unter ihre Sturmhauben genommen haben, das so billig geworden ist, weil die Zinsen so niedrig sind, es lohnt sich gar nicht, es aufzuheben, wenn es mal runterfällt oder auf dem Sparbuch liegt, sie holen es lieber direkt bei der Bank ab, die Jünglinge auf ihren Feueröfen, nur ohne Feuer, sie hatten ja

keine Motorräder, aber bitte das Geld nicht mit Farbexplosion liefern, das war die Bedingung an die Bedienung an der Kasse. Bitte um Entschuldigung, aber das bewegt mich im Herzen, ich breite weiter das Wort aus, ich hoffe, das trägt Sie, denn ich steh da schon drauf, hoffentlich stürzen wir nicht ab. Auf den Untergrund kommt es an, wo man dann landet, nicht auf den Hintergrund, vor dem man tötet, der kann sich rasch ändern, wie mein Gefolge mir sagt, und ich bin ja selbst Gefolge des Höchsten, doch der Höchstrichter kommt beim Verfahren ganz zuletzt, nachdem alle anderen schon geurteilt haben. Menschen, die sich ständig bewegen, zur ewigen Ruhe zu bringen, ja, in der Welt haben die jetzt Angst, aber dort sind sie schon nicht mehr, seid getröstet, die haben die Welt überwunden. Die haben nun ihre eigene. Kurz gesagt, aber das kann ich nicht: Die sind einfach nicht dasselbe wie wir, eine andere Art vielleicht? Haben wir wirklich eine neue Art entdeckt?

Glauben die wirklich, ihr Gott sei wahr? Ihre Gesandten kennen sie nicht, und sie erkennen auch nicht, daß unserer der wahre Gott ist, den wir aber gar nicht brauchen, das ist es ja, sie brauchen ihren, wir unseren nicht. Finden Sie einmal nur zwei Menschen, die die Wahrheit sagen! Sie werden sie nicht finden, denn ich habe schon einen gefunden, und das ist der, der mich gesandt hat. Es kann nur einen geben. Das sehen Sie im Sport, falls der eine gewinnt. Ich halte den beiden Eiskunstläufern für das Paarlauf-Ergebnis ganz fest die Daumen. Hören Sie nicht auf Ihren Gesandten, wenn Sie im Ausland mit dem Suchtmittel Religion im Koffer verhaftet werden, hören Sie auf mich, ich sage Ihnen, wer mich gesandt hat, und der könnte auch gut Sie aussenden, aussäen, damit Sie die Wahrheit kennenlernen und dann auf wunderbare Weise austreiben, ich meine, damit Sie Frucht bringen, das wäre doch nett. So, ich verherrliche meinen Herrn hier an dieser Stelle, die dort verherrlichen ihren woanders, zum Glück sieht man sie nicht dabei. Da ist noch was, da ist etwas, das ich nicht benennen kann und zu dem man die Augen aufschlägt wie der Engel seine Flügel, nur in die andre Richtung, von unten nach oben, dort oben ist mehr Platz, obwohl so viele Tote sich dort drängen und ihre Eintrittskarten vorweisen wollen. Alles ist endlos, doch das Gesichtsfeld bleibt immer gleich eng, egal, zu wem Sie beten.

Wer auch immer, sie sind anders und andere, ja, von mir aus auch Söhne, auch Väter, auch alles ganz genauso wie wir und doch anders wegen dem Hintergrund, den sie sich nicht wählten, aber bekamen. Er wurde ihnen gereicht, und mir reicht es schon lange, Ihnen auch, ich weiß. Unglaublich, wen die anbeten, manche sogar mehrere, dabei gibt es nur ein Stück Gott. Selber schuld an dessen Hintergrund, den nehmen sie überallhin mit und stellen ihn auf, diejenigen, die ihren gar nicht zeigen dürfen, haben Glück gehabt. Sie stellen ihn auf, wenn und wo man es ihnen gestattet, der Hintergrund macht den Menschen, im Vordergrund sieht man dann immer nur ihn, ja, auch diesen Menschen, warum ausgerechnet den nicht?, immerhin, heilig die Wahrheit, und zwar jede, dein Wort ist die Wahrheit, meines aber ist wahrer, ich meine, es enthält mehr Wahrheit, das beruhigt; schauen wir mal. Und unten? Der Hintergrund braucht ja schließlich auch einen Boden! Nein, ein nationaler Untergrund muß es nicht unbedingt sein, egal, was Sie darüber gehört haben. Ich bitte jetzt nicht allein für die, die brauchen das nicht mehr, es sind jetzt zwei weniger, sondern auch für die, die an etwas ganz andres glauben.

Ich glaube nur ans Wort, weiß aber nicht, an welches. Sie meinen, da schaut was heraus, wenn man es von unten betrachtet, vom Untergrund aus, der Saum, eine Jeans, Sneakers? Auf dem Untergrund die Sportschuhe, damit man in die Pedale treten kann, wenn man sonst niemand treten kann? Ein Untergrund? Nein, der Untergrund gibt nicht nach, nie, auch wenn er auf Treibsand gebaut ist oder gar daraus besteht, der bleibt bestehen. Man muß ja irgendwo fest verankert sein, früher war es die freiheitliche Grundordnung oder wie sie geheißen hat, die alle ausgespuckt hat, welche nicht auf ihr draufstanden oder nicht fest genug, die Grundordnung, festgehalten im Grundbuch, wo steht, wem was gehört, der Boden gehört uns, kaufen kann man ihn nicht, man wird mit ihm geboren, der Boden gibt nicht nach, der Untergrund aber auch nicht, der Migrationshintergrund jedoch wechselt seiner Natur nach, wechselt wie die Natur, wie schon sein Name sagt, kein heiliger Name, und bald komme ich, bald bin ich dran.

Moment, ich schaue nach, ja, ich, der Engel, fahre gen Himmel, fahre wieder herunter, fahre herum, ah, da sind Sie ja! Was sagen Sie? Sie wären Hitler oder Stalin, Hirten oder Studenten oder Handwerker und würden untereinander sprechen über das, was ich gesagt habe? Sie würden eilend kommen und irgendwas sprechen. Aus welchem Grund denn, auf welchem Grund überhaupt? Ich habe doch schon alles gesagt und fahre jetzt also wieder gen Himmel. Die Briefe können Sie mir mitgeben. Ach so, die sind nicht für den Herrn bestimmt, sondern für andere Herren in ihren Redaktionsstübchen? Na, dann nicht. Was sagen Sie, der Herr sei Ihr Hirte? Also sicher nicht dieser Herr, und Hirte ist er auch nicht. Aus diesem Grund sind Sie hergekommen? Dafür haben Sie sich den Weg

gemacht und dann auf den Weg gemacht? Da sind Sie hier
falsch. Der Grund gibt nicht nach, damit Sie wenigstens
irgendwas festhalten können? Das habe ich doch vorhin
schon gesagt, wie das meiste! Der Grund, der hält, der
Grund hält, der Hintergrund: wechselhaft wie das Wetter,
das allerdings überall hinkommt.

DER RICHTER:
Der Gottlose flieht, auch wenn niemand ihn jagt. Aber die
Gerechten sind furchtlos wie junge Löwen. Auch das ist,
wie das meiste, eine Wiederholung von etwas bereits
Gesagtem. Alle können es ja, nur ich nicht. Und ich höre
nichts Neues. Mir sagt keiner was, das ich nicht schon
gewußt hätte. Ist ein Land frevelhaft, so erlebt es häufige
Regierungswechsel. Durch einen einsichtigen, weisen
Mann jedoch, der auch gern eine Frau sein kann, hat es
über mehrere Legislaturperioden, oder wie man das hier
nennt, Bestand. Ich sehe langsam klarer: Ein armer Mann,
der nur sein Fahrrad hat – schon den Caravan muß er mieten, in welchem er die Räder aus dem Regen nimmt und
unterstellt, also natürlich nicht die Räder vom Caravan,
die anderen, welche ganz unabhängig von ihm sind –, der
die Geringen bedrückt, auch mit Mord, er bedrückt sie ja
durch vieles, der kann wie ein Wolkenbruch die Ernte
wegschwemmen. So ein Mann. So ein Tag, so wunderschön
wie heute. Aber nachher ist alles wieder sauber, nur hat
niemand mehr etwas davon. Keiner hat ein Essen mehr,
weil die anderen es ihm aus der Hand genommen haben,
zusammen mit dem Regen, der das Essen in seine eigenen
kleinen Hände genommen und ruiniert, verwässert hat.
Es wird allen alles weggefressen, sogar die Leber von einem
Vogel gefressen, keine Sorge, die wächst wieder nach. Die
Leute, die das Gesetz verlassen, loben den Gottlosen,
aber gegen die, welche das Gesetz halten, sind sie dauernd

aufgebracht. Na sowas. Immer geht es gegen mich! Böse Menschen verstehen das Recht nicht, die aber den Herrn suchen, um ihn anderen zu zeigen, verstehen alles.

Es gibt hier als Beilage, als Beigabe, diesen Haftbefehl, schauen Sie, mit dem können Sie wenigstens die Frau, das Mädchen, festhalten, doch die Männer stehen auf ihrer eigenen Grundordnung, ihr Caravan steht natürlich auf einer andren Grundordnung, die sie beherzigen wie das Gesetz des Campingplatzes. Die Männer stehen in ihren Schuhen für Jogging und Radfahren, sie hören auf kein Rad, sie sitzen ja drauf, jeweils zwei Paar in der zerbombten Wohnung, der verbrannten, verpufften, das passiert, wenn man nicht regelmäßig lüftet, wenn man nicht gewohnt ist, die Fenster aufzumachen, zuwenig Sauerstoff, dann verpufft es, es verbrennt nicht alles, wie es sollte, nicht vollständig, aber, und das ist nicht normal, das gehört zu keiner Norm, die ich kenne, sondern nur zu einer, die mir gesagt wurde: Frauen und Schuhe, und das bewahrheitet sich auch diesmal, gleich 13 Paar Damenschuhe für die Jungfrau, die eh fliegen kann und sie nicht braucht. Oder noch mehr. Ich finde jetzt die Seite nicht, deswegen endet auch der Satz nicht, keine Schritte lenken uns, wir lenken sie. Auch kaum Männerhosen, vielleicht weil die Jungfrau immer die Hosen anhatte?, nein, blöder Witz, aber so wurde es mir berichtet, das heißt, so habe ich es gelesen, Entschuldigung, die Frage ist, hat das Mädchen seine Sachen schon ausgeräumt, noch nicht eingeräumt, wollten die drei die Wohnung räumen, andre Wohnungen?, ist ihnen der Boden zu heiß geworden, den sie selber angezündet, nein, den das Mädchen angezündet hat, den sie selber erhitzt haben, waren sie vom Radfahren zu erhitzt, also was jetzt? Ich weiß es nicht. Sie wissen es inzwischen vielleicht, aber was kann gewußt werden?

Alles, was gewußt werden kann, ersparen wir uns hier, wo uns sonst jedoch nichts erspart bleibt, und geben es dann später aus. Ich weiß nur, was man mir sagt, darin bin ich den Männern ähnlich. Was andre Menschen tun oder sagen, das sagt mir nichts.

EIN VOLLKOMMEN NEUTRALER MANN, DER SICH AUS DEM PROPHETEN HERAUSGESCHÄLT HAT:
Die andren sind alle tot, wer soll da noch sprechen? Liese spricht nicht, so nennt sich das Mädchen, heißt aber nicht so, doch wenn sie nicht spricht, braucht sie auch keinen Namen. Wenn ich von ihr spreche, braucht sie einen, den habe ich bis jetzt vermieden, ich versuche es weiter. Der Sohn kommt nicht mehr, der andre auch nicht, die beiden Männer sind tot, wie lange noch?, ach, ewig könnte ich darüber schreiben!, das Schreiben macht solchen Spaß!, allerdings nur mir und nur mein eigenes. Das Wohnmobil ist voll, dann ist es hin, es wurde zur Explosion gebracht, schade!, ich weiß nicht, wie es gemacht wurde, daß es jetzt, von der Polizei erbeutet, daß es selbst zur Beute wurde, verlassen dieser Wagen, verlassen Sie ihn bitte, gehen Sie geordnet hinaus, ich weiß auch nicht, wie Sie sich ordnen und wo Sie sich einordnen sollen, es kommt drauf an, an welchem Punkt Sie abgebogen sind. Sie sind ja so wenige, bloß zwei, aber nein, sie bleiben drinnen. Verlassen wenigstens Sie diesen Wagen, und reichen Sie jedem die Hand, der aus dem Wagen steigen will, nein, schmücken müssen Sie ihn nicht mehr, das wird eine Schar erlesener Männer genausowenig tun, doch sie werden im Schutt lesen können, kleine Gaben finden, des Hauses Schmuck, auch diesen Teddy, der schaut aber arm aus, halb abgebrannt, die Ärmchen emporgestreckt zu abgenutzten, vom Unzähler abgelesenen Menschen, die immer das Falsche über den deutschen Landser gelesen

haben, dem es zu seiner Zeit schließlich auch nicht so gut gegangen ist. Sie hätten besser gar nicht lesen sollen, na, mein Kampf ist das nicht. So wohnen sie in dieser armen fahrsamen Hütte, obwohl sie Elternhäuser hatten, jeder das seine, die Jungfrau aber für beide ein Haus, Schutz und Schirm, der Schirm ist für draußen. Der Wagen, was soll ich sagen, kaputtgemacht eben und ist ausgeflogen und ausgebrannt, jetzt erwarten Sie von mir wohl etwas mit braungebrannt oder durchgebrannt, wie? Die Sicherungen, die Birnen, die Batterien, also was? Da ist was kaputt, das steht fest. Sollte eine Übersiedlung in eine neue Wohnung vorbereitet werden, die man nie fand? Kann sein. Es spricht einiges dafür, doch hier spreche nur ich, und ich sage das nicht.

Irgendwo ist etwas leer, irgendwo ist Leere, irgendwo ist etwas leer wie eine Jungfrau ohne brummende Eierstöcke, die sie eh noch nicht braucht, nein, nix Türstöcke, wir üben heute Disziplin, die wir ebenfalls brauchen, wenn wir schon von zu Hause weg müssen, und morgen können wir sie dann. Mit anderen spielen, Ferien machen, abhängen, nette Menschen, mit denen andere es zu tun bekommen, aber die richtigen anderen natürlich nur. Sie kannten sich, man hat sich gegenseitig vertraut. Nur noch das Mädchen übrig, das die Kasse verwaltet hat, so lauten die Aussagen, die nie zur Sache vordringen. Sie hat im Restaurant immer gezahlt, die liebe Liese. Gehen Sie in die Stadt und holen Sie sich einen Döner, aber bringen Sie den Mann an der Theke nicht um, der verläßt sonst die Stadt und geht zu seinem Vater, mit dem er dann wieder zurückkommt, um das Lokal womöglich zu vergrößern oder gleich in die Luft zu sprengen, so machens viele, so sind die, sie kommen immer zu mehreren und bringen noch mehr mit. Irgendwann sind sie dann alle da, sehen Sie, es kommt die Stunde und ist schon gekommen und wieder gegangen, da sie alle zerstreut wurden, damit sie nach mehr aussahen, hingeworfen wie Dreck in den Dreck, selbstgemachter Dreck, also von selbst macht sich der nicht und macht sich auch nicht weg, jeder sein Dreck, der macht sich nicht weg, und sie lassen einander allein, nein, das machen sie nicht, sie sind nicht allein, denn der Vater, wer soll das denn wieder sein?, wir hören nichts weiter von ihm, und ich sags auch nicht, auch nicht gegen Vorkasse, also der bleibt bei den beiden, der Vater wird ihnen schon helfen. Der Mann kann durch Wände gehen. Sagt er, aber gesehen hat es noch keiner. Er spricht noch ein letztes Mal, glauben Sie, daß vielleicht ich die Vaterrolle übernehmen könnte?, nein, er spricht selbst: In der Welt habt ihr Angst, deshalb habt ihr das getan, ich habe die Welt überwunden und mußte überhaupt nichts tun.

Die Dreifaltigkeit wurde kastriert, zwei weniger jetzt, so sehe ich das, ich nehme es nicht persönlich. Das Mädchen hat keine Eierstöcke, und ich ordne daher an, weil mir der Gedanke gut gefällt, es tut eh keiner, was ich will: Keiner hat mehr ein Geschlecht, dafür bumsen sie aber recht ordentlich rum, aber bloß miteinander, wahrscheinlich aber immer nur zwei und zwei, zuerst Bubi Bär mit dem Mädchen, dann Papa Bär mit dem Mädchen, obwohl der jünger war als der Bub, ein echter Verbrecher, so sehe ich ihn, den Harten, das sage ich und hätte es ihm auch persönlich gesagt, nein, lieber nicht!, aber an dem Tag damals haben Sie mich nichts gefragt, und als Sie gefragt hatten, war es zu spät. Ich bitte also nur in meinem eigenen Namen, meine Söhne sind tot, darum habe ich nicht gebeten, ich habe es aber bekommen, und Sie reden immer nur über ihre Mutter, die Jungfrau, aber wer redet vom Vater, wer redet mit dem Vater, der ist doch auch wichtig?

Da kommt die Mutter und übergibt dem Vater, genau, mir!, stellen Sie sich das einmal vor, einen großen Stein in Windeln, denn sie hat ja nicht geboren, die Jungfrau wird vielmehr dereinst gebären, also viel mehr nicht, nur zweimal, der Engel hat es ihr schon angesagt, wann und wo, ja, und die Mutter übergibt mir nun diesen komischen Stein. Den packe ich, den Stein, und stopfe ihn mir in den Leib, vielleicht wird ja was draus, wenn endlich ein Vater gebären kann?, rein mit dem Stein, damit ich mich in die Jungfrau einfühlen kann, dabei merke ich aber nicht, zu diesem Zeitpunkt muß ich schon sehr verblendet gewesen sein, wie ein ganzer Wohnwagen mitsamt seinen rein als Dekor recht hübsch angebrachten Verblendungen in die Luft fliegt, ich merke aber nicht, daß statt des Steins ein Sohn zurückbleibt, ein zweiter wird in ein paar Jahren nachkommen, dem Stein nachkommen, ein Stein hat Nachkommen, anders ist das alles nicht zu erklären, und auch das ist keine Erklärung. Und dieser Sohn wird die Väter mit starker Hand von ihrem hohen Roß stürzen und selbst über die Götter herrschen und selber ein Gott sein oder zwei, ein Gott Deutschlands, das vollkommen orientierungslos ist, obwohl es weiß, wo Osten und wo Westen ist, und das bisher so viel Pech mit seinen Führern gehabt hat, alle verbrannt, ja, diese auch. Alle verbrennen sie, sich selbst, oder sie lassen verbrennen, nicht viel übrig von ihnen, vom Teddy auch nicht, der tut mir so leid, mehr als die Männer leid mir tun, und meine Lehre daraus: Geben Sie Ihre Kinder rechtzeitig frei, denn die wollen Taten begehen, dann haben Sie es früher hinter sich. Und dabei gehen sie mit großer List vor, die Kinder, und bleiben zehn, zwölf Jahre unentdeckt, obwohl sie überall herumfahren und von vielen Menschen gesehen werden, auch von den Organen des Staats, ja, die aus einem Leib entfernt wurden, sagen wir, aus meinem: Ich habe einen Stein verschlungen, wußte damals aber nicht, daß es einer war, es war nur irgendwie irgend etwas sehr hart in mir. Die Kindsmutter hat ihn mir überbracht, der Sohn ist dann doch noch was geworden, und dann ist er auch wieder bloß ein Stein geworden, von Stein zu Stein, von Ewigkeit zu Ewigkeit halten sich diese Söhne ganz ohne Kühlung, es ist schon erstaunlich. Ich erbreche jetzt diesen Stein, ich brauche kein Erbrecht, ich brauche dringend das Kameralicht, ich erbreche den Sohn, der ein Stein war, es geschehen noch Zeichen und Wunder, und hier ist ihr Zeichen, ein verbrannter Caravan, verbrannte Erde, verbrannte Söhne und tote Väter oder was sie waren, nein, Väter waren sie nicht, außer für diesen Teddy, und jetzt ist alles verbrannt. Was das alles kostet!, und jetzt ist es hin. Das dankt einem keiner, wenn man Söhne gezeugt hat, und die Söhne danken es einem am allerwenigsten.

Mama, schau bitte mal in meinen Opferkorb, was drin ist, heute habe ich kein Fleisch gekauft, kein Tier zum Opfer gebracht, keinen Menschen zum Opfer gemacht, nein, das sage ich, ein unverhoffter, seltener Fund, ein negativer Schatz, denn echte Verbrecher gibt es nicht oft, dieser Sohn aus Stein ist einer, keiner hat sich die Mühe gemacht, wenigstens ein Minimum von Mensch aus dem Stein herauszuhauen, es muß ja nicht gleich ein Kunstwerk sein, es muß ja nicht gleich der David sein, ich hoffe, das ist nicht meiner, also ich meine: mein Stein, welcher aber aus demselben Material besteht, meiner ist aus echtem Schrott, ich meine Schrot und Korn, darauf kann er vertrauen und sogar über die Götter herrschen, vor allem, da er sich selbst zu einem Gott ernannt hat, da es kein andrer tat. Und auch wenn man sie so nennen mag, Opfer, Steine, Opfersteine, das gibt es nicht oft, daß einer das Böse wie das Gute mit anderen teilt, und nur das Böse kommt zu einem zurück, weil beim Teilen die anderen lieber das Gute behalten, oder das Böse, das sie das Gute nennen. Tut ja fast jeder, und was bleibt dem Vater in der Hand? Ein rauchender Blitz, den nicht einmal er selbst schleudern mag, schon gar nicht in diesen lächerlichen Wohnwagen, der die Söhne fraß, ich meine, zuvor hat das Feuer sie gefressen, hat es zumindest versucht, und dann den Wagen, oder umgekehrt: Zuerst wurde der Wagen angesteckt, dann hat sich der zweite Sohn erschossen, wir haben das auch an diesem Wilderer gesehen, Sie werden ihn nicht kennen, der diese schönen Hirschköpfe auf Pfähle spießte, ausgerechnet, wo die Trophäe, der Kopfschmuck des Tieres doch das Wichtigste an ihm ist, das Fleisch ist schon auch gut, ja, auch gesund, aber das Geweih, um dessentwillen getötet wird, ist doch das Allerwichtigste, Sie sehen, nicht das, was man im Kopf hat, sondern das, was außen drauf ist wie das Kopftuch der Muselmanin, das ein besseres, wichtigeres Gehirn bedeckt; das Gebilde droben auf dem Kopf, also das Tuch, nicht das Hirn, das fällt einem am Hirschen sofort ins Auge, deswegen wird er ja umgebracht. An diesem Mörder sollt ihr es erkennen, zumindest könntet ihr es, ja. Der Adler stürzt sich schon wieder herab und ißt etwas Leber, aber den hat er nicht geschossen, der Mörderer, der Wilderer war auch einer, ich meine ein Mörder, ganz zum Schluß, da hat er gleich mehrere mit seinem Schießgewehr erwischt, das können Sie jetzt schön googeln, ich sage nur: Annaberg, ich hoffe, es gibt mehrere hundert, über die ganze Welt verteilt, da können Sie suchen, bis Sie schwarz werden, so schwarz, wie der Wilderer sein Gesicht gemacht hat, in der Nacht, und der Teddy im Wohnwagen seins, also der Wilderer hat zuerst Feuer gelegt, dann hat er sich erschossen. Vorher das Hundi, den deutschen Schäfer. Sie legen das Feuer, damit sie nicht mehr vor ihm zurückweichen können, sie tun etwas, damit sie es nicht mehr vermeiden können, so sind sie. Mörder. Menschen ohne Geschlecht, von Grund auf sind die beiden für das Mädchen jetzt gestorben. Ermorden, wie geht das, das geht, wenn man ein deutsches Geschlecht hat und eins ist, nein, zwei Geschlechter eigentlich, zwei in einem, Ost und West, und irgendwie haben sich auch die Ösen dazugeschummelt, damit sie aufs Foto mit draufkommen, Jubel!, alle unter einem einzigen Namen zusammengefaßt, nein, doch eher keins, kein einziges Bild. Hier ist immer alles dazwischen, ich glaube, das ist das Deutsche: dazwischen, inmitten, nie ermattet, längst auf der Matte, aber ungebrochen, Sie haben mich allerdings nicht gefragt, wo es ist; es schiebt sich immer etwas dazwischen, zwischen mein kleines Ich und das Urteil der Richter dieses Landes, und da ist es schon, dieses Land, dieses große, reiche Land, es ist dazwischen, es wartet nicht in der Nacht, daß die Leber nachwächst und der Adler wieder herabstoßen kann und dabei in die Grube dazwischen fällt, zwischen die Deutschlands, pardauz, was für ein Jammer, wenn man einmal geröstete Leber essen möchte, und dann liefert der Adler sie nicht, wenn er hinabstürzt mit zerschmetterten Flügeln, der Reichsadler, der Bundesadler, der andre, der seine Ketten gesprengt hat, egal, der Adler eben, als solcher. Denn wer Redliche irreführt auf einen schlimmen Weg, der wird selbst in seine Grube fallen, was kann der Adler dafür?, er kann nie etwas dafür, aber die Unsträflichen werden Gutes erben, es ist aber nichts mehr da, der deutsche Bundesadler befindet sich überall, auf allem, was man in die Hand nehmen kann, wahrscheinlich sogar auf den Trinkgläsern für Staatsbesuche, und auf allem anderen auch, aus Dem Reich ist Das Reiche geworden, das Land hat viel Geld mit Exporten eingenommen, aber keine Geduld und kein Geld für irgendwas, für Ortsfremde schon gar nicht, es will immer mehr, das Reich, und es bekommt auch immer mehr, obwohl es ja dauernd alles ausführt, was andre Menschen in mühevoller Arbeit ausgeführt haben. Je mehr es ausführt, desto mehr bekommt es auch, Pfefferspray, Schmerzmittel, einen schwarzen Pullover, eine dunkelbraune Jacke, eine schwarze Fleecejacke, eine schwarze Funktionshose «Yessica», hier bei den Asservaten können Sie sie begutachten, die Hose ist nicht schick, sie hat einfach nur funktioniert, wenn auch nicht in dem Sinn, wie das Mädchen es gern gehabt hätte. Jetzt trägt es polizeiliche Hosen, was ihm etwas unangenehm ist. Das Land, also natürlich seine Vertreterin, die sich darin die Beine vertritt und dazwischen Ohrfeigen austeilt, wenn ihr jemand nicht gefällt, hat an den Füßen rotbraune Ledersneakers, die dafür mir nicht gefallen, und auf der Nase eine randlose Brille. Das Land. Es führt seine Bürger, und die Bürger führen es mit sich, da haben wir Pfefferspray, Schmerzmittel (Ibuprofen), Deospray. Wenn man mal übernachtet und sich nicht waschen kann, dann sorgt das sorgsame Land, um das auch ich mir Sorgen mache, sogar dafür, in Zügen gibt es Klos, darüber hinaus gibt es zu kaufen: Feuerzeuge, Tampons, könnte sein, darüber haben wir schon gesprochen, nicht zum letzten Mal, da können Sie sicher sein. Ich bin aber immer noch ratlos deswegen, Kaugummis, mit denen im Mund kann man nicht so gut sprechen, Zigaretten der Billigmarke Power Gold, nie gehört, nicht mal was die Zukunft betrifft, sehe ich diese Zigarettenmarke, dies alles sowie Papiertaschentücher, das versteht jeder, warum. Das Land ist genauso leicht verständlich wie das, was man in ihm kaufen kann, und während es ausführt, was andre mit Mühe oder mit Maschinen ausgeführt haben, wird es selber vorgeführt: Solch schreckliche Menschen leben hier die ganze Zeit schon!, und wir haben es nicht gewußt, das Land hat nichts gewußt. Es hat mehr ausgegeben als eingenommen, nein, umgekehrt, mehr ausgeführt als eingeführt, es führt sich jetzt auch noch diesen Tampon ein, damit es nicht ausblutet, weil so viele Fremde kommen und ihm alles wegnehmen wollen, sogar das, was es gar nicht hat. Es dämmt sich, das Land hat einen Dämmschutz eingebaut, damit man nichts hört und sieht und keine Wärme verlorengeht. Und damit man nicht ausgeraubt wird, nicht ausgebeutet von Leuten, die es nicht kennt, damit es seine Mörder, die es wenigstens kennt, beschützen kann, immerhin zehn Jahre lang, damit es durch den Dämmstoff nichts hört und nichts sieht, das gute Land, und seine Mörder sind eigentlich ganz nette Menschen, würde ich sagen, aber auf eine Rückschau ins Vergangene verstehe ich mich nicht so gut. Einfach nett. Wie du und ich. Nein, das nicht. Wie Staatsschutz und Stasi. Alles gute Menschen, vielleicht wenigstens im Grunde gut, ich weiß aber nicht, aus welchem Grund.

So kommt es ihnen vor, daß auch das Land gut ist, aber nur zu ihnen, nein, also natürlich nicht den Mördern, die streben das gar nicht an, aber zu vielen anderen, die sie sehen und nicht in den Zeitungen lesen können, wahrscheinlich gibt es sie gar nicht, die Magd, die Türhüterin zum Beispiel, wenn sie an der Türe steht, hat sie eine wichtige Funktion, sagt die uns etwas? Sie sagt zu den beiden Mördern: Bist du nicht auch zwei Stück von den Jüngern dieses Menschen Adolf Hitler?, wie kann man ein Jünger sein von jemand, der auch schon tot ist, wo wir ihn doch erst umbringen wollen, wer?, also wir nicht!, entschuldigen Sie, wen umbringen? Den doch nicht! Da stimmt was nicht. Da stimmt nichts. Alle, von denen die Rede ist, sind bereits verstorben. Aber bitte, wenn Sie unbedingt wollen, reden wir darüber. Er sprach, wer sprach?, der Mundlose oder der Harte? Egal, er sagt, oder vielleicht sprechen sie auch zu zweit: Ich bins nicht. Danke für die Auskunft. Das wars schon, was wir wissen wollten, Sie sinds nicht. Danke für diese Auskunft.

Die Menschen stehen um ein Feuer herum, aber nicht um dieses, das nicht einmal den Teddy verschont hat, und wärmen sich die Hände. Aber zu dumm!, es hat keine Geduld, es will jetzt schon wieder über alles herrschen, es will es wieder probieren, das Feuerchen, obwohl es das noch nie gemacht hat. Den Weltenbrand hat es schon probiert, da wird es diesen Wohnwagenbrand doch noch schaffen! So, das Mädchen schlägt im Zug ein anderes Mädchen, einfach so, einfach ins Gesicht, der Harte wirft einer Zigeunerin ein Stück Torte an den Kopf, das war nicht bös gemeint, es wurde halt einfach so gemacht, es war dort so üblich, sie haben beide nicht auf Antwort gewartet, doch Antwort bekommen: Wir haben nichts getan, wir haben nicht einmal geredet, wir haben nicht einmal, wie Jesus, recht geredet, wir haben überhaupt nicht geredet, wir sind nur einfach so dagesessen. Warum schlägst du mich? Das sagt jeder für sich, Jesus aber uns allen. Das Mädchen und der Harte haben das als unhöflich empfunden, geschlagen und mit Torte geworfen hatten sie da schon.

Es geschieht alles so frei, wie das Land ist, das zwar immer sagt: Ich bins nicht, es aber doch ist, wenns ans Ausliefern von Waren geht, da ist es ganz vorn mit dabei, ich glaube, da ist es unter den Völkern das erste, aber ich weiß es jetzt nicht so genau, da kommt es vielleicht noch vor den Chinesen, die viel mehr sind, und dann wird das Land gefragt: Bist du nicht ein einziger Garten, und sahen wir nicht diese Jünger sich in dir aufhalten, na, in deinem Schatten, wo man sie eigentlich nicht sah, nicht in deiner Sonne, höchstens in den Ferien, aber sie waren da, zehn

Jahre lang und länger haben die doch glatt, ja, meist ging es ganz glatt!, Leute umgebracht, sie müssen also dagewesen sein, das steht fest wie das Land selbst, den Schluß können wir ziehen, nur der Schlußstrich, der fehlt noch. Da leugnete das Mädchen abermals, aber es krähte kein Hahn nach ihr, nicht einmal, als alle Taten schon vollendet und fast schon verjährt waren, nein, das geht nicht, also ich meine vertagt, es waren drei Tage Vertagung, so wie nach den Mördern kein Hahn gekräht hat, zehn, elf, zwölf Jahre lang nicht, und hat es was geändert? Es hat nichts daran geändert, daß das Land großartig ist, ein einziger Garten, der sich selbst ausschüttet, ja, seine Früchte, meinetwegen, sein Wasser nicht, das braucht es selber, aber was auch immer, was es hat und bekommen hat, das wird ausgeschüttet und dann ausgeführt. Der Rest wird einfach abgeschüttelt. Die anderen sollen unseren Dreck auch noch fressen, aber natürlich auch unsere Volkswagen und Benze und Benzodiazepine, welche aber ursprünglich aus der Schweiz kamen, macht nichts, jetzt verkaufen halt wir sie. Die Schweiz hat jetzt kein Recht mehr darauf, und recht hat sie auch nicht mehr.

ICH:
Was habe ich eigentlich für eine Klage gegen dieses Land vorzubringen, das ja seinerseits mich verklagt, da ist es mir leider zuvorgekommen? Jetzt räche ich mich, das Land wird schon sehen, was es davon gehabt haben wird! Was habe ich vorzubringen, ich habe ja nichts, und bald werde ich überhaupt nichts mehr haben, weil das Land mich schon so lange verklagt, während ich nur klage, das ist was anderes, das kratzt keinen, also, Zusammenfassung: Ich richte mich nach eurem Gesetz, ihr aber verklagt mich, ihr richtet mich nach eurem Gesetz, nach dem ihr euch selbst nicht richtet, bin ich etwa ein Jude? Na ja, ein bißchen

schon, vielleicht liegt es ja daran. Schluß! Danke. Das gehört nicht hierher. Ich gehöre hier auch nicht her, aber das glaubt mir keiner. So soll das Wort dieser Herren erfüllt werden, und sie glauben dabei, sie erfüllen das Wort des Herrn, sie machen das gut, aber es ist doch so, daß man die Deutschen nicht gernhaben kann, die können uns gernhaben.

DER PROPHET (WIE VORHIN):
Ich lache über dieser Feinde Not, das ist doch keine richtige Not, wenn man nur das Geld der Fremden will, auch nicht, wenn man nur ihr Leben will!, dann braucht man keine Nomaden, also die ganz bestimmt nicht, die schicken wir alle wieder zurück; dann braucht man auch keine Gonaden mehr, man pflanzt sich nicht fort, das ist auch nicht nötig, denn man ist. Man ist. Man ist ein Mädchen, das ganz besonders kein Mann ist. Nein, hoffentlich nicht. Ich habe einen Sohn und aus. Am Rand der Welt meinetwegen die hellstimmigen Hesperiden, nach denen man früher den Essig benannt hat, Sie werden sich nicht erinnern können, denn hier erinnert man sich immer an nichts, ich meine, nie erinnert man sich hier an etwas. Man fährt und bringt Zeit herum, man bringt jemanden um, mit einer Česká CZ 83, Kaliber 7,65 mm Browning, ja, von dort komm auch ich her, nicht vom Himmel hoch, von Česká, nicht vom Brauning, auch nicht von Braunau, das mußte ja hier kommen, ja, von mir kommt immer sowas, bei mir müssen Sie mit sowas rechnen, tut ja keinem weh. Der Mann aus Braunau steht sogar auf der Kennzeichentafel. Finden Sie nicht, daß der dort unter Wert verkauft wird? Mit dem könnte man noch viel mehr verdienen.

DIE JUNGFRAU MARIA, DIE SICH, WIE IN DER FOLGE ALLE, DIE AUFTRETEN, LANGSAM IHRER KLEIDER ENTLEDIGT UND DARUNTER NORMALE ALLTAGSKLEIDUNG TRÄGT, JOGGINGSACHEN, JEANS, WAS WEISS ICH, WAS MAN HALT SO TRÄGT, WENN MAN EIN SCHWERES LOS ZU TRAGEN HAT, DAS NIE GEWINNT:

Da fahren sie, es fällt ihnen etwas ein, diese Bank haben sie noch nicht gemacht, da können sie als Beilage zu ihrem Tod sogar noch etwas Geld mitnehmen, das schadet keinesfalls, aber nach dem letzten Mal können sie es sich in die Haare schmieren und dann anzünden den Schmierstoff Geld, von irgendwoher müssen die neuen, nein, die neun Waffen im Wohnmobil und die rund 40 000 Talerlein ja kommen, sie kommen, diese Antwort ist richtig!, aus einer Bank oder aus anderen Banken, wo diese Männer den Stahl genommen und den Angestellten gezeigt haben, daß es auch ohne Harke geht, vor allem, wenn man nicht weiß, was das ist, ein Rechen für Gerechte wie Ungerechte?, sie haben also gezeigt, daß sie der Ruf von ihrem Volk nicht belog, die Deutschen, dieses Volk lügt nicht, das kann es gar nicht. Sie sind doch auch einer von denen, bitte bestätigen Sie, drücken Sie auf Enter, die größte Taste von allen, und dann schließen Sie das Fenster. Das Elektron haut sich ab, es röchelt von einem Lachkrampf, es kann kaum noch atmen und Fehler machen, wie alles, was lebt; es ist bereits tief in unseren Alltag eingedrungen, ohne jedoch morden zu müssen, es sagt: Dieses Fenster wird geschlossen. This window will be closed oder halt in richtigem Englisch. Nimm dir einen Stuhl, nein, den Stahl, ja, auch du, nimm den Stahl, nein, doch nicht diese Pfanne!, die ist beschichtet, nein, kein Pfanni, das kommt dort ja erst rein, aber es ist es nicht, der Stahl hat einen kräftigen Überzug erhalten, damit wir nichts anbrennen lassen, nein, nimm den anderen Stahl, aus der Küchenschublade, nimm ihn und zeige, Freund, daß uns der Ruf von deinem Volk nicht belog! Und rasch greifen Papa Bär und das Bärenkind, ja, was greifen sie?, nach Zündhölzern vermutlich oder Einweg-Feuerzeugen, den Weg kannten sie sowieso, es gab ja nur den einen, den einzigen. Papa Bär und Bärenkind, so wurden sie genannt, bloß umgekehrt, vom Alter her, weil der Jüngere der Vater und der Vater eigentlich der Sohnemann war, so wurden die beiden von anderen wahrgenommen, ich wüßte zu gern, was geschehen ist, daß das so gekommen ist, wer hat sie verleitet, die Tat zu begehen, das wüßte ich wirklich gern. Der Vater, nicht der im Himmel, den interessiert das nur am Rande, weil er derzeit nicht zu Gericht sitzet über die Lebendigen und die Toten, der Vater also will das heute immer noch wissen, obwohl der Sohn längst tot ist, er befragt ihn immer noch innerlich, so wie der Richter ihn in seinem sagenhaften äußerlichen Reich befragt, welches endlich ganz in diese Welt transferiert wurde, wie lang hat der Vater, diesfalls doch der himmlische?, nein, sich das gewünscht!, beim ersten Mal ist es schiefgegangen, und er weiß auch, daß andere diese Dinge wissen und bedürfen nicht dessen, daß sie jemand fragt, darum glauben wir, daß die beiden Männer von Gott ausgesandt wurden, also vom Verfassungsschutz ausgesandt, also irgendwer von ganz oben hat sie sicher geschickt, muß sie geschickt haben, von alleine tun die sowas Entsetzliches nicht, von sich aus kommen sie gar nicht drauf, nie wären sie draufgekommen!, wir tun sowas nicht, das steht für mich fest wie jene Aufschrift: Dem Deutschen Volke.

Die Waffe wird gezogen, sie sticht nicht, sie schießt, oh fein, auch der Teddy ist zu diesem Zeitpunkt noch am Leben, aber zu Hause im Wohnwagen, dem zweiten gemütlichen Zuhause, das sie von ihren Ferien her gewohnt sind. Beide greifen sie nach der blanken Waffe, sie haben beide zusammen nur eine einzige, oder?, nach der Waffe unter der Fleecejacke oder womit der Mann halt überzogen war, der andre auch, Teflon wirds in diesem Fall sicher nicht gewesen sein, eher was für Radler hatten sie an, und er stößt die Knechte, stößt die Kassiererin weg und sagt, halt, oder ich schieße oder halt was andres, geben Sie das Geld her, wir müssen heute noch weiter, wir haben nicht endlos Zeit, wir müssen heute oder morgen oder übermorgen, auf den Tag kommts nicht an, auf der Theresienwiese in Heilbronn auch noch ein, zwei Ordnungshüter abknallen, obwohl wir ja immer so für Ordnung sind, nicht aber für ihre Hüter, die genau von dort, also auch aus Heilbronn kommen und jetzt von dort auch nicht mehr wegkommen beziehungsweise nur einer von ihnen, sie kommen aus einem Ort, den sie nicht mehr heilen können, dieses Städtchen am Rande der Welt, das ist alles Rand der Welt, glaubt aber hartnäckig, es sei die Mitte, wie alle anderen auch, und so lautet die Selbstaussage, denn andre Aussagen werden ja nicht gemacht: Das Land, diese Stadt, befindet sich in unserer Mitte, wie die Mörder, jawohl, alles in unserer Mitte, jeder Ort ist ungefähr in der Mitte, es kommt aber darauf an, wo man steht. Und wer sonst noch drauf steht.

Aufrecht stehend der Mann also in unserer Mitte, immer in unserer Mitte, egal, wo man steht, mein Reich ist sowieso nicht von dieser Welt, egal, wo man steht, mit rasch ermüdenden Armen, darin die Waffe, also einer hat sie gehabt, sie hatten ja nur die eine, die restliche Sammlung blieb immer zu Hause, ich glaube, die andren wissen es schon, bis auf die Pumpguns. Die haben sie dann ja schlußendlich, ich meine am und fürs Ende, auch benützt, also nur einer von ihnen war bewaffnet, aber es hat für beide gereicht, für diese Könige, die da in die Welt gekommen sind und andere ausgerottet haben mit ihrer Rotte, Rottenführer Fieselschweif und Rottenmitglied zwo. Melde ans Nichts: Beide in einem erledigt! Was sagen sie?, sie sagen, wir sind Könige, zehn, elf, zwölf Jahre lang waren wir Könige in diesem Land, obwohl wir nur arme Teufel entfernt haben wie Flecken in Hemd und Hose, wir sind und waren Könige, so sind wir schon in die Welt gekommen, aus der Jungfrau heraus, jeder von uns ein König, in die Welt gekommen, auf daß er die Wahrheit bezeugen solle. Wer aus der Wahrheit kommt, der hört meine Stimme, und die Stimme wird dann abgegeben, wenn man sie nicht mehr braucht, es sind aber nur relativ wenige Stimmen, aber es stimmt, daß wir damit die Wahrheit bezeugen sollen, mit unseren toten Stimmen, die wir beide nun nicht mehr abgeben können, die anderen könnten es schon noch. Sie sind wenige, werden aber mehr, sie gehen hinaus zu den Juden und sprechen zu ihnen, was kommt heraus? Daß keine Schuld an denen gefunden wird, sondern ausgerechnet an uns! Damit wollen wir nicht länger leben. Wir haben sie eigens nachgelesen und nachgesagt, die Wahrheit. Was hat sie uns genützt? Nichts. Wir sprechen sie laut aus, was hat sie uns genützt? Nichts. Doch wer aus der Wahrheit ist und auf die Wahrheit aus ist, der hört immerhin unsere Stimme, der Verfassungsschutz hätte sie sogar aufnehmen können, hätte er das gewollt, wie das Land uns aufgenommen hat. Als erstes hört es Deutschland, das, was aus vielen Kanälen kommt, die Stimme?, die Stimmung?, die Signale hören sie nicht, die Menschen, aber unsere Stimmen, die hören sie hier. Der Richter fragt: Was ist Wahrheit? Klar, daß er keine Antwort kriegt. Grüß Gott, grüß Gott, sagt der Richter auch noch. Der grüßt sogar in meinem Namen! Was er aber nicht weiß, darum fragt er ja, ist, daß die Menschen, die sich zu Königen gemacht haben, immer nach ihrem

Herzen reden oder überhaupt nicht reden, er kann sie auch gar nicht mehr fragen.

Welche Rolle spielte diese Jungfrau, fragt der Richter. Er bekommt keine Antwort, aber er erfährt, daß der eine König gern aufs Meer hinausfährt, allein, über Stunden, vielleicht wollte er dort auf den Wellen allein König sein in seinem Kahn, wer weiß. Und der andre repariert derweil alles, er macht alles heil, auch wenn es gar nicht kaputt ist. Dafür macht er kaputt, was heil war. Wir haben alle die Sorge, daß er nicht heil zurückkommen und noch mehr Leute umbringen wird. Ich kann hier leider das einzige Wort nicht bringen, das dazu passen würde. Dafür bietet sich mir eine Unzahl anderer Worte an. Mal überlegen.

Da sitzt also diese Frau, eine andre Frau, ich fasse mich in ihrem Fall kurz, was ich sonst nie tue, obwohl ich es mir immer vornehme, da sitzt die im Auto, keine Zeit mehr, mit sterblichen Menschen, die da vor ihr stehen, ein Abkommen zu treffen, die Staatsmacht trifft auch nur selten Abkommen, obwohl alle alles schon vorher wissen, auch das mit den Kinderpornos, diese Macht ist das Gemächte des Staats, falls Sie sich gefragt haben, was sie ist, so wie die Technik das Gemächte des Philosophen war, na, meins nicht, ich kenne mich damit nicht aus, und ich bin auch ein Mensch, kein Mann, keine Jungfrau, die junge Frau lächelt nicht verstohlen, dazu hat sie keine Zeit, sie vergißt alles, was sie gelernt hat, doch dazu hat sie keine Zeit, keine Zeit mehr zu vergessen, nicht einmal die. Überall verbrennen die Völker für die Unsterblichen weiße Knochen auf duftenden Altären, und dann merken sie, es waren ihre eigenen!, das machen sie aber eigentlich nicht sehr gern, weil keiner von ihnen selbst unsterblich ist und sie noch nie einen Unsterblichen gesehen haben, und sähen sie einen, würden sie sofort nicht, also wirklich nicht!, an ihn glauben: Das gibts doch nicht! Diese Frau gehört nicht dazu, sie hat keine unsterbliche Seele, vielleicht doch? Niemand kann in sie hineinschauen, auch nicht derjenige, welcher sie getötet hat, diesfalls der Mundlose. Man nimmt ihr die Waffe und die Handschellen ab, nur keine Sorge, alldas wird später wieder gefunden werden, aber woanders, und ihr Kollege wird auch seinen Kopfschuß abkriegen, dem er aber nicht erliegen wird. Der einzige Überlebende bisher, wo ist Zeus, wenn man mal einen Rat braucht, und selbst er muß vorher Hera fragen? Dann geben Sie mir halt einen andren Gott, man kann heute niemanden mehr zum Telefon holen müssen, weil jeder sein eigenes immer bei sich hat.

Auch im Anfang das Wort: An dem einen Apparat hat es keine Bedeutung mehr, an dem anderen schon, aber nur das, was der Apparat geladen hat, bis er so geladen ist, daß er nicht mehr weiß, was er machen soll, telefonieren sicher nicht!, nur das kommt heraus. Das Wort zählt nicht mehr, weil ja jeder an seinem eigenen Apparat ist, an dem er hängt, ich meine, der an ihm hängt und dem er sein Ohr leiht, jederzeit, danke vielmals, dann kriegen Sie halt die Kraft unermüdlichen Feuers, es darf aber gern auch müde werden, denn für den Wohnwagen, die beiden Göttersöhne, die Söhne der nicht mit eingebrannten Jungfrau und für den kleinen Teddy, da braucht das Feuer nicht viel Kraft, das kann kaum richtig loslegen, schon wird es wieder gelöscht. Wenigstens der Teddy ist irgendwie davongekommen, wie ich sehe, wenn auch angekokelt, versehrt, er rührt mich, der Bär. Sie werden ihre Kleider nicht unter sich teilen können, das ist alles verbrannt, die Jünger, inzwischen sind es ziemlich viele, sie würden ihnen nichts nützen, diese Kleider, die sind hin.

Diese Söhne wollten wirklich tot sein, sind Sie sicher? Schreiben Sie es hin, dann sind Sie wahrscheinlich sicher, und niemand muß Sie umbringen, weil er es erfahren will. Im Anfang war das Wort, wie ich und Gott immer sagen, und da steht es jetzt blöd herum. Es drängt sich hinter der Absperrung hervor, aber es wird gar nicht mehr gebraucht oder nur ganz kurz. Schon trifft es auf eine Wand aus Schilden, die kein Schilderwald ist, sonst käme man dazwischen ja durch. Es kommt dann aus dem unteren Teil des Geräts heraus. Es kommt keiner davon.

DER GEWÖHNLICHE MANN:
Keiner außer mir. Die Sonderkommission braucht noch Leute, ja, immer noch, wie vorhin auch schon, die kräftig mit anpacken, wir können das nicht alles alleine im Kopf behalten, was geschehen ist, jedenfalls nicht allein im Kopf. Wir müssen das aufteilen. Mit dem Gewand ist es nicht mehr möglich gewesen. Ich habe einen Namen. Der Mann spricht immer in seinem eigenen Namen: Ich wurde im Dezember 2006 mit der Bearbeitung eines Wasserschadens betraut. Im Haus wohnte eine Frau, die wurde als Zeugin vorgeladen, aber es erschien niemand auf die Ladung, nicht viele sind auserwählt worden, wird einem dauernd gesagt, deswegen ist mir das ja aufgefallen. Ich bin in das Haus gegangen und habe versucht, mit der Frau zu sprechen. Ich habe zu der Frau gesagt: Siehe, das ist dein Sohn. Aber da war kein Sohn, zu dem ich sagen hätte können: Siehe, das ist deine Mutter. Also die Frau hat mir geöffnet und gesagt, daß sie gar nicht die Frau ist, die ich meine, sondern eine andre Frau, keine Frau eigentlich, sie fragt, ob ich Durst habe. Im Osten waren sie so gastlich, das war fein, da war das üblich. Das habe ich hier erfunden, damit sie diesen Schwamm mit Essig füllen kann, aber es war nur Haushaltsreiniger einer üblichen Marke.

Nichts wurde vollbracht, das ist es ja. Nichts. Aber ich hätte tot sein können, wie ich heute weiß. Sie erschien dann zwei Tage später auf der Dienststelle, und dort sagte sie mir, daß sie nicht sie wäre, sondern eine andre, die sie hier darstellen würde, die aber auch nicht sie sei, sie sprach zu mir, als wäre sie eine Jüngere und ich ein Jüngerer, ich meine: ihr Jünger. Wenigstens sagte sie nicht, sie wäre vom Vater geschickt worden. Das traut sie sich nicht. Sie wurde selbst von ihm nur ausgewählt.

DER RICHTER:
Diese Frau haben Sie vernommen? Welche von ihnen, wir haben hier zwei Namen, die aber beide, wie wir inzwischen wissen, ein und dasselbe bedeuten, eine und dieselbe Person, ein Name für zwei Personen oder sogar für mehrere, das sollten wir vielleicht überhaupt einführen, da könnten wir uns viel ersparen!, wir könnten uns vielleicht sogar die Gerichte selbst ersparen!, vor allem aber müßten wir nicht länger nach Menschen suchen, die es nur einmal gibt, denn der andre, der genauso heißt, könnte kommen, oder sogar ein Dritter, ein Vierter, und wir würden uns diesen ersten Menschen gleich ersparen können, noch bevor er uns genommen worden wäre, ich meine, der Staatskasse, weil jeweils mindestens zwei Menschen unter einem Namen zusammengefaßt wären. Und dafür ein paar andere zur Gänze eliminiert worden wären. Haben Sie Erinnerungen an die Vernehmung?

DER MANN:
Als sie sagte, daß nicht nur sie gar nicht sie selbst wäre, sondern daß dieser Wasserschaden an diesem Vormittag gar nicht in dieser Wohnung, sondern in der Wohnung war, wo diese andere Frau gewesen ist, also bitte, achten Sie auf die Zeitenfolge!, zuerst war ich, dann kamen andre

dazu, jetzt ist die Rede von dieser anderen Frau, die denselben Namen trägt, ein Wasserschaden für zwei Wohnungen also, ein Name für zwei Frauen, nein, umgekehrt, zwei Frauen für einen Namen, danach war die Sache für mich nicht mehr so wertvoll. Haben Sie den Zusammenhang jetzt verloren? Das kann nicht sein, wir haben mindestens zwei Zusammenhänge, die wir zusammengeschlossen, ich meine, zusammengefaßt haben, nur womit die zusammenhängen, das wissen wir noch nicht, es steht doch faktisch überall, aber dort steht nicht, welcher Zusammenhang, und der Zusammenhang ergibt sich aus dem Zufallsfund der Dienstwaffen der Polizeibeamten in dem ausgebrannten Wohnmobil in Eisenach, ja, in der abgebrannten Wohnung auch, glaube ich zumindest; Eisen zu Eisen, das leuchtet mir ein. Mit an Bord also die verräterischen Dienstwaffen der beiden Polizisten, die Frau von ihnen ist schon tot, also ich meinte nicht: ihre Frau!, das würde zwei Frauen ergeben, und die Mörder sind Menschen, von denen es auch mehrere gibt, wenn auch nicht unter demselben Namen, das haben sie sich nicht getraut, die beiden, sich denselben Namen zu geben, damit mal der eine als der andre und dann der andre dem Haus fernbleiben und als der eine auftreten kann oder der andere, hier am Theater wäre das besonders praktisch, auch hier herrscht ja Sparwille, der manchmal sogar durchgezogen wird; also die beiden, egal unter welchem Namen, haben zuletzt sogar die deutsche Ordnungsmacht angegriffen, das verstehe ich gut, das leuchtet mir ein, doch ich tue es nicht, ich zähle nicht zu den Schlimmen, ich kann nicht einmal bis drei zählen. Ich würde mich das nicht trauen. Ich lasse mich lieber von der Ordnungsmacht begreifen, was die nicht hinkriegt, aber nur von einer, von jener, welche für das Finanzielle zuständig ist. Der Staat, dieses leere Grab, die Lumpenhülle, die kaum den Körper bedeckt, das Grab, an dem immer die Falschen wachen, und keiner hat ihn sterben sehen, warum greift man ihn an? Also ich würde den nicht mal mit einer Beißzange angreifen, wie sagt ihr hier dazu? Kneifzange, glaub ich.

Nichts wird vergeben, keiner ist verloren, außer diesen Söhnen des Verderbens, damit die Schrift, natürlich nicht diese hier, erfüllt werde, und Sie endlich schlafengehen können. Ich aber habe einen Auftrag, eine andre spricht ihn für mich aus, gut, dann kann ich es mir ersparen. Der Grund, warum ich nicht anrufe, sondern schreibe, ist, daß der Sohn seine Eltern liebgehabt hat, ein Sohn also, den man nur ungern verliert. Auch wenn ein solches Unglück ein Segen sein kann, man muß nicht jeden Tag aufs Gericht zum Prozeß, der Grund meines Schreibens, der Grund des Anrufs, den die Jungfrau tätigt, ist, daß der Sohn seine Eltern liebgehabt hat und jetzt verstorben ist. Das müssen Sie sich einmal klarmachen. Die Jungfrau hat auch lang gebraucht, obwohl sie keine Zeit hatte, bis sie es kapiert hat. Und was ist mit dem anderen Sohn? Die fragen wirklich noch nach dem anderen Sohn, der hat sich auch in die Luft gesprengt, kommt darauf an, das lasse ich hier so stehen; die Eltern wurden bereits verständigt. Siehe, das ist dein Sohn. Sie, ich weiß nicht, wer sie sind, von denen jetzt die Rede ist, sie haben diejenigen mitgenommen, die durch mein Wort an mich glauben, doch die muß ich jetzt enttäuschen, ich hätte das alles besser sagen und erzählen können, jeder hätte das gekonnt und hätte präzise die handelnden Personen benannt. Ja. Als ich diese Scheiße gefressen hatte, sagte ich: Es ist vollbracht. He, nein, noch lange nicht! Das kommt sicher, wie alles, mindestens noch einmal.

Hätten sie nicht einem Briefträger die Waffe klauen können, einer Kassiererin im Supermarkt, dem Mann vom Schlüsseldienst, dem sie gleich das ganze Leben geklaut haben, aber den Schlüssel, den nicht? Nein, hätten sie nicht, der ist Ausländer, und das ist auch der Schlüssel zu allem anderen, so, hier steht der Richterstuhl, wir brauchen uns gar nicht erst zu setzen, das hier kann noch Jahre dauern. Wir wissen, der muß weg, der muß hier weg, das hohe Roß, nein, nicht die hohe Pforte, die ist schon so lang weg, wie die Türken darüber weinen, nein, ich meine der hohe Stuhl, denn wenn wir den nicht wegräumen, sagt er womöglich noch, also der, der drauf sitzt, er sei unser König, das machen die, wenn man ihnen nur den kleinen Finger reicht. Weg mit dem! Kreuziget ihn! Oder erschießt ihn, das ist einfacher und geht viel schneller und ist weniger personalintensiv, also ausgerechnet den Mann vom Schlüsseldienst knallen sie ab, ein Mann, sonst hochwillkommen in vielen Wohnungen, den haben sie schon vorher umgebracht, bevor er sich noch dagegen sperren konnte. Jetzt, da sie ihn brauchen könnten oder auch nicht, ärgern sie sich natürlich. Den Schlüssel haben sie schließlich nicht verloren, bald werden sie ihr Leben verlieren, und ich werde schon wieder schreiben können: Es ist vollbracht. Besser könnte ich es eh nicht sagen. Und kürzer schon gar nicht. Die Waffe ist der toten Polizistin und ihrem Kollegen geklaut worden, aus der Anerkennung der Polizeimacht bezieht die Waffe ihren Wert, und außerdem: Man kann nie genug Waffen haben, und sie haben ja auch nicht viel Zeit, die beiden Könige, doch soviel Zeit muß sein, die muß man sich nehmen. Sie haben vielleicht eine neue Wohnung, wo sie das alles verstecken könnten, ein Lager, inzwischen in Brand gesteckt, in Brand geschatzt, teilweise explodiert, was bei einem normalen Brand nicht passiert, doch hier wurde großflächig Benzin verschüttet, mit so Löchern dazwischen, eine Benzinspur gelegt bis zur Tür, mit so Zwischenräumen, so wie Hänsel und Gretel ihre Brotspur gelegt haben, und viel Brot hatten sie nicht, die war ja auch nicht ununterbrochen, die deutsche Märchenspur, da hätten sie das Brot nicht essen und gleichzeitig damit vorspuren sollen, und es nützt überhaupt niemand etwas, eine Spur zu legen, wenn man ihr dann nicht folgt oder wenigstens Hoffnung hat, ihr werde gefolgt werden. Doch das Feuer ist ihr gefolgt, der Luntenspur hoppelnd nachgelaufen, die bis zur Wohnungstür ging, von innen nach außen, natürlich nicht von selber, diese Spur wurde gemacht, sie wurde nicht hinterlassen wie andre Spuren, die wir aber nicht deuten können; da hätten viele sterben können, nicht an der Spur, nein, an der Außenwand, die sie draußen auf den Kopf hätten kriegen können, schon ein Brocken wäre unter anderen Umständen als jenen, in die die Jungfrau nicht geriet, tödlich gewesen, und dadurch, daß es das Dachgeschoß kurz angehoben hat, also zu Gott in die Höhe, zur Ehre, nicht zu seiner natürlich, nicht wahr, dadurch hätte auch jemandem geschadet werden können, und auch auf das Nebenhaus hätte das Feuer übergreifen können, doch da war sie bereits, die Feuerwehr. Die war sofort da, auf die ist Verlaß in unserer Verlassenheit. Ist es denkbar, daß diese Person noch nebenan geklingelt und erst dann das Feuer mit dem Feuerzeug entzündet hat? Nein. Seit gestern wissen wir, wir wissen nicht viel, aber das wissen wir: Es war ein Handwerker, der geklingelt hat, ein Rettungsversuch, der so nicht gemeint und nicht versucht worden war und ohnedies auf unfruchtbaren Boden fiel wie die Brotkrumen, welche in eine Richtung zum Pfefferkuchenhaus, in die andre dort wieder hinausführten. Nicht wie das Benzin, welches das Feuer ernährte? Noch wurde keiner glücklich, der Unrecht verübt.

Wir wissen nichts und fragen viel. Wir werden es dennoch nie wissen, wir werden darüber nie etwas wissen, wir haben uns auch nicht sehr bemüht. Außer dem einen Sachverständigen hat sich keiner in dieser Sache angestrengt, mit Ausnahme der unmäßig fressenden und gleichzeitig kotzenden Verschwörungsforen, ja, die sind streng und strengen sich noch mehr an als alle anderen zusammen, aber erst danach, wenn alles wieder finster ist; während sich der Himmel den ganzen Tag mit der Sonne abmüht, um sie in Richtung Sonnenuntergang zu verschieben, bis es endlich auch bei denen finster wird. Strengen Sie sich nicht so an, das machen andere für Sie, stellen Sie sich so an, nein, anders, stellen Sie sich nicht so an: Sie klären nichts auf, Sie gehen schlecht bekleidet herum, Sie fragen, nein, das tun Sie nicht, Sie müssen nicht fragen, Sie können es von Google Earth oder einer andren App ablesen, wo Ihr Weg ist, wo Ihr Haus ist, und das müssen Sie dann nehmen, denn wo meins ist, erfahren Sie nicht, nicht von mir, wo auf der breitstraßigen, fettärschigen Erde ich wohne, erfahren Sie nicht, wo die Titanen wohnen, das kann ich Ihnen schon sagen. Kann ich Ihnen ganz genau erklären, aber Sie wollen ja nicht. Sie erfahren von mir ohnedies immer mehr, als Sie je wissen wollten, ich bin viel zu weitschweifig, ich weiß, Sie sind es leid, das Leid andrer zu erfahren, oder Sie wollen es anders erfahren, überall, nein, so weit wollen wir auch wieder nicht gehen. Doch nicht von mir können Sie das hören; es lohnte sich nicht mehr, wir haben keine Zeit, diese Männer werden nicht mehr lange da sein, ich glaube, sie sind sogar schon weg, das Mädchen tut etwas, das ich nicht genau sehen kann, derzeit jedenfalls nicht, vielleicht später; jetzt haben sie in leidvollen Kämpfen volle zehn Jahre hindurch und länger gestritten und Leute umgebracht, und jetzt weiß eine von ihnen, ihre Gebärerin, die Jungfrau weiß jetzt nicht, wohin mit drei Personen, zwei von ihnen wissen es schon. Das können Sie gern leugnen, wenn Sie es können.

Es gibt keine Lösung, nur ein Lösungsmittel als Brandbeschleuniger, vielleicht hat sie aber auch was andres genommen, die Jungfrau, jetzt haben sie jahrelang geschuftet, und der Ausgang ist endlich nicht mehr in der Schwebe, sondern eindeutig verstopft, und zwar mit zwei Leichen, wir kommen da nicht durch, das ist ein Gestrüpp, kann ich Ihnen sagen, so lange kämpften sie schon Tag für Tag um den Endsieg, damit es keine andren Siege mehr geben muß, nicht in Deutschland jedenfalls, da hatten sie so lange unbesiegbare Arme, eine besiegbare Armee und große Kraft und erwiesen einander Freundschaft, das macht ja auch Arbeit, im Seelischen zumindest, und wer denkt jetzt noch an all ihre Leiden, bevor sie nach ihrem eigenen Entschluß aus der schmerzlichen Haft des Lebens herauskamen, durch die Pumpgun und durch den dunstigen Dämmer des Wohnwagens, in dem es gleich noch düsterer werden wird, nachdem Sie die Mordtheorien alle brav gelesen haben werden. Den Wagen haben sie natürlich auch angezündet, das waren alle große Zündler, ja, durch diesen Dunst kommen wir vielleicht ans Licht, die Hunde kommen, die Brandstoffermittler, die Brandschuttschnüffler wegen dem Brandbeschleuniger, warum den noch beschleunigen?, ein Brand ist eigentlich von Natur aus sehr schnell und will nichts als sich ausbreiten, doch nicht alles brennt gleich gut, ich meine, nicht auf die gleiche Weise. Also wenn die Außenmauer weggesprengt ist, dann kommt doch eh genug Sauerstoff dazu, dann ist alles, was kommt, Sauerstoff und heiße Luft, aber die Feuerwehr, bitte halten Sie mich auf, jetzt, sofort, die aber nicht, die Feuerwehr nicht!, die soll fahren, die soll kommen, tatütata, da kommt sie auch schon, superschnell, wir hatten noch nicht mal Zeit, jede Hoffnung zu verlieren.

DER ENGEL (IN ZIVILER KLEIDUNG):
Bald werden sie also tot sein, so dumm gelaufen, wie ich es erzählt habe, genauso ist es, weil es mir so geweissagt worden ist, damit ich es weitersage, wie üblich viel zu spät, man sollte es nicht Weissagungen nennen, sondern Schwarzsagungen, so tot, wie man es mir ausgerichtet hat, sind sie wahrscheinlich schon lang, aber wieso, das habe ich doch eh erzählt!, ich habe mir wieder einmal selbst eine Pointe vermasselt, keine Pause gegönnt, wollte alles auf einmal erzählen, dabei kann ich es nicht mal ein einziges Mal richtig berichtigen, berichten, und die Zeit kann ich auch nicht aufhalten. Aber noch fahren sie unermüdlich zu diesen Emigrationshintergründen, ein Wort, das ich ständig so oder so ähnlich lese, so ungefähr, ich kann ja nur sagen, was ich gelesen habe, ich erlebe ja nichts und wieder nichts, also alles. Wer reist da eigentlich?, das hat man mir nicht gesagt, oder nein, von denen kommen sie ja her, von diesen fremden Hintergründigkeiten, dort haben sie ihre Pflicht getan und die Gründe ausgelöscht und die Grundlosen dazu. Und ihre Wurzeln haben sie nicht festgehalten. Es ist vollbracht. Schon? Schon wieder? Die Geber des Guten, der Visa, der Aufenthaltsgenehmigungen in ihren Amtsstuben und Behörden, diese Helfer bei grausigem Urteil, die machen dasselbe, und sie machen es immer noch, nein, sie machen eher das Gegenteil, sie nehmen die Hintergründe und stellen sie nach vorn, damit man nicht sieht, wie sie Menschen dahinter entfernen, unter vordergründigen Gründen und hintergründigen Bescheiden, die einmal halten, einmal nicht; so ungestüm sind die, das ist ja nicht einmal mehr Handarbeit, das geschieht maschinell, wie sie Menschen fortbringen, die

sich hier ja nur selber fortbringen wollten, ihr Fortkommen sichern, meine ich, während der Hintergrund wanderte und sie plötzlich hinten runterfielen, weil sie sich nirgendwo mehr anlehnen konnten. Da hatten die keinen Halt mehr. Und während die andren bei dem jeweilig Neuesten angekommen waren, das ihnen in die Ohren tropfte, mußten sie jäh stehenbleiben, die Wandernden, und Papiere einreichen und Verschwiegenes durchführen, im Hinblick auf das Neueste kommen sie ohnedies immer zu spät, weil sie dauernd diese Behördengänge machen müssen. Ja, daß eigentlich Menschen wandern, das sieht man nicht, obwohl es so viele sind, daß das gemeine Interesse an ihnen längst gestorben ist, und man würde nicht glauben, daß die Deutschen ein so langes Wort so oft freiwillig in den Mund nehmen, das Wort selbst ist nicht hintergründig, deswegen können sie es aussprechen, ohne rot zu werden. Doch sie sind ja ein fleißiges und wortkräftiges Volk, ja, mit viel Gewalt in den Worten, ich meine mit Wortgewalt, deswegen haben sie es auch so weit gebracht und können jederzeit durch die Öffentlichkeit hindurch nach vorne treten, dann sieht man die anderen nicht mehr, sie können hervortreten und sich wichtig machen mit all ihren positiven Möglichkeiten, frei zu sein. Sogar Wohnwagen können sie mieten, kaufen und dann einander umnieten, ja, auch Fahrräder umschmeißen, wegschmeißen, ganz wie sie wollen. Aber der Wagen, der rollt. Aber die deutsche Wurzel, die hält.

Das Mädchen, dem ich den schrecklichen Kampf ausgerichtet habe, plant die Hinrichtung, es richtet sich für die Hinrichtung her, eine Theorie einer Freundin, nicht meine, leider ist das mir nicht eingefallen, es richtet der jungfräulichen Mutter des Mörders, beider Mörder, die Richtung aus, wo der Wohnwagen steht, in dem kein

Lebendiger mehr zu Hause ist, das Kind hat sich selbst ein Leid getan, ein Kind dem anderen und dann sich selbst, es waren ja zwei Stück aus dem Leben fortzuräumen, schrecklich, was tut ein Vater, dem man das Kind erschlug, vor allem, wenn es einen andren und dann sich selbst nicht erschlug, sondern erschoß?

Also nein, das Mädchen macht gar nichts, es plant, das glaube ich, es plant, aber es macht nichts, das Mädchen gehört nicht zur Tat, ihm wurde schon genug genommen, als daß es etwas damit hätte anfangen können. Da waren nur noch Reste übrig. Viele andere hätten auch noch tot sein können, sind es aber nicht, der leichte Schritt der Sneakers erschüttert kaum die Erde, ich bin von was ganz anderem erschüttert, das Mädchen schreit nicht schrill, es ist still, die Eierstöcke wurden ihm schon weggenommen, jawohl, haben Sie es sich gemerkt?, nicht nötig, es kommt noch hundertmal, vielleicht wurde aber auch nur einer rausgeschnitten, ob ich das wohl je herauskriege?, etwas mehr Diskretion bitte!, jetzt hat es nichts mehr zu verlieren, das Mädchen, aber da ist noch mehr, da ist eine Kampfgier, die ich nicht verstehe und nur von Göttervätern gewohnt bin, die immer ihre Kraft beweisen wollen, obwohl sie eh schon lang Götter sind.

Es flackert der Blitz, welcher geschleudert wurde aus einem billigen Feuerzeug, die Benzinspur ist jeweils kurz unterbrochen, wird aber immer wieder neu aufgenommen, der Brand läuft dahin, auf seinen eigenen flinken Flammensneakers, das Mädchen sorgt dafür, in die Geschichte eingehen zu können, bald werden Größere als ich – größer als ich ist ja jede zweite Trittleiter – von ihr singen, keine Hintergründe mehr, denn im Jenseits sind wir alle Emigranten, dort war je noch keiner jemals, dort ist jeder neu und muß seinen Platz erst finden, dort werden alle nicht so schlecht sein, wie sie es zu Lebzeiten waren, vielleicht waren sie sogar gut, das weiß ich eben nicht, dort werde auch ich fremd sein, dort werde auch ich meinen eigenen Emigrationshintergrund haben, bin schon gespannt, wie sich das anfühlen wird, gemindert nur dadurch, daß ich den Hintergrund dann gar nicht mehr brauchen werde. Ein tieferer Fall als der Tod geht nicht. Es wird, egal, wo ich bin, dort nur mich geben, dorthin müssen wir alle anreisen, allerdings jeder einzeln und allein, dort bin ich eine unter wahnsinnig, unvorstellbar vielen und doch allein, endlich!, unendlich!, so stelle ich mir das vor, es ist deprimierend, es kränkt mich, aber bald erlischt mein Zorn wieder, ich muß ja noch Stunden reden, immer dasselbe, vielleicht wird es mir helfen, wenn ich lüge, daß ich von weither komme und man mich deshalb reden lassen soll, wenn ich schon soviel Mühe auf mich genommen habe herzukommen, so ist das, wie ist das? So. Was regen wir uns auf, wir sind alle in die Emigration unterwegs, bloß sind die einen schon da, wo sie sein wollen, die anderen noch nicht.

Die Erinnerung ist nicht nur für die Frommen, das kann ich bestätigen. Das Mädchen hat sich gewiß auch ein paar schöne Erinnerungen an seine toten Kameraden aufgehoben, für die kalten Nächte in der Zelle, aus der Untergrundzelle in die Zelle, die wenigstens einen Grund hat, so, und jetzt sind alle sterblichen Menschen echt betroffen, betroffen ist man immer echt, das kann man nicht spielen, doch, das kann man, hier wird dauernd gespielt, wir spielen es ja grade, genau hier, obwohl ich es zu vermeiden suche wie der Stahl die Schädel all dieser Männer plus Michèle, der Polizistin, nicht, die verpatzt mir etwas den Text, weil ich sie immer gesondert vernehmen und extra anführen muß, nein, stimmt auch diesmal nicht, erwähnen muß ich sie, als Frau, von Frau zu Frau, nicht wahr, vor diesen Kugeln zieh ich den Hut, schneller als in der Kugelbahn läßt sichs kaum fahren, Überschall!, das ist bewundernswert, aber auch schrecklich, entsetzlich, ja, und noch so weit ist das Ende, oder es war in Wahrheit schon da und ist wieder abgehauen, die Zeit ist aus den Fugen. Ich habe entweder zu fest an ihr gerüttelt, oder die Explosion hat das Dach etwas gehoben, vielleicht wollte sie es sich aufheben?, und das Haus dabei verpatzt, total verpatzt, so war es ursprünglich nicht gemeint und nicht gedacht, daß es keine Außenmauern mehr hat, das wäre dann ja kein Haus, nicht wahr? Macht nichts, wir reisen längst im Internet herum, in der frischen Luft, wir brauchen gar keine Häuser mehr, wir erwerben an einem Münzautomaten einen Surfcode, und schon gehts raus in die Ferne, wo die Amis immer schon lang vor uns sind; wir surfen dahin, wir recherchieren, wohin wir surfen können, und dann tun wir es, oder wir erforschen, woher wir kommen, da ist die Eingabe komplizierter, obwohl wir das wissen und nicht mehr fragen müssen; wir hören einer längst verschollenen Boygroup mit ihren hellen übergeschnappten Sopranstimmen zu, wir können alles und überall machen, was wir wollen, wir loggen uns ein und machen von unvorstellbaren Weiten Gebrauch.

ICH:
Jeder hier kann jetzt also die Betroffenheit spielen, er kann auf Stellen seines Körpers zeigen, die er für betroffen hält, sogar der darf sprechen, den es wirklich betrifft, an den, den es angeht, das Wort richten und gerichtet werden, das letzte versteh ich letztlich nicht, also wird das Fleisch hier aufgebrochen. Ich fürchte, diese Toten sind es nicht mal wert, daß einer in ihren Eingeweiden liest, weil sie einfach

solche Außenseiter waren, daß niemand die Innenseite zu sehen bekam. Nur der Pathologe, der muß die Anschauung machen, der ist dazu verpflichtet. Gehen wir zurück zu den Telefonaten, nein, um Gottes willen nicht!, bleiben wir lieber hier bei den vielen schlimmen Wunden, schauen wir sie uns an, sie werden uns von dem Herrn Doktor erklärt. Was dieser Mann alles kann!, einen Beamten mit den Einschußdefekten markieren und ihn dann mit Farbmunition beschießen, selbstverständlich hat er diese Schutzkleidung an, wir aber müssen schnell weg, sonst findet uns noch einer, der uns mit echter Munition beschießt, es gibt ja Menschen, die feuern sogar sitzend auf liegende Personen, ich meine aus einem Fahrzeug heraus, was ganz im Interesse dieses Landes und seiner Druckprodukte wäre, die sonst nicht wüßten, wie sie das alles ausdrücken sollen, was sie schreiben sollen über Männer, die früher brav waren, aber da waren sie noch keine Männer. So schreiben sie halt etwas anderes, um mit ihren Druckprodukten solchen Druck auf uns auszuüben, daß wir das Leben in einer alles niedertrampelnden Fluchtbewegung bereits komplett ins Netz verlagert haben, das ist etwas nachgiebiger, gehört ihnen aber auch schon, den hinterbliebenen Zeitungsleuten. Sie haben dort soviel Raum gepachtet, wie sie halt brauchen. Was auch geschieht, es passiert genauso auch im Netz, alles Ausschuß, ich meine zuerst Armdurchschuß, Einschuß am linken Unterarm, drei Millimeter, Ausschuß. So ist es richtig. So wurde es untersucht und für richtig befunden. Jetzt ist Zeit. Die Zeit ist jetzt.

Wir üben unsere Betretenheit aus, bevor uns einer auf die Zehen steigt, wir machen das, nachdem das rote Licht aufgeleuchtet ist, im Studio, bei einer Diskussion, das heißt aber nicht, daß es irgendwen betrifft. Den es getroffen hat, den betrifft nichts mehr. Nein, das heißt es nicht, ich weiß nicht, was das heißen soll, so betroffen sie auch sein mögen, diese Männer, nein, das heißt es nicht. Wen es betrifft, der staunt beim Anblick der Götter, ist er etwa auch schon ins Jenseits emigriert? Mein Gott, ist das alles viel! Was? Ich weiß es nicht.

DER RICHTER:
Sind für heute noch Anträge, Erklärungen? Diese Frau hier ist nicht vernehmungsfähig, dafür vernehmen Sie aber von anderen recht viel über sie. Es herrscht darüber nicht Einvernehmlichkeit, wozu haben wir schließlich Ankläger und Verteidiger? Damit sie sich streiten können und dann einen Dritten kreuzigen oder vom Kreuz wieder herunterreißen, und wenn sie sehen, daß der schon tot ist, brechen sie ihm die Beine nicht. Wie sollte er sonst nach seinem Tod den Jüngern begegnen, wenn er nicht gehen kann? Das ist eine Vorzugsbehandlung, darauf wollte ich hinweisen. Man sticht ihn eher in die Seite, aber dabei kommt kaum was heraus. Das alles habe ich schon viel zu oft gesagt, gefragt, das ist es, worin der Sinn einer Vernehmung besteht. Immer dasselbe. Es herrscht kein Einvernehmen. Denn niemand sagt mir wirklich genau das, was ich hören will. Dann darf ich Ihnen allen erholsame Feiertage wünschen. Die Sitzung ist für heute geschlossen. Ich stehe auf. Ich gehe.

DER ENGEL (WIE VORHIN IN ZIVILER KLEIDUNG UND OHNE FLÜGEL, DIE ER VIELLEICHT UNTERM ARM TRÄGT):
Eigentlich wollte er ja noch hier bleiben, der Richter, es gefällt ihm hier. Würden Sie es glauben, daß ich selbst nicht mehr weiß, von wem ich im Augenblick spreche, ach ja, Hauptsache, ich spreche, dafür werde ich bezahlt; diese zwei Männer jetzt auch im Jenseits, der Mundlose und der Harte, der Böhni, Spiel mit Namen ganz ganz

schlechter Stil, aber ich spiele hier mit allem, was ich kriegen kann, nur mit meinem Stil nicht, und nicht die Bohne haben die sich Gedanken gemacht, während sie auf Böses sannen. Was waren die gierig nach ein paar Kleinunternehmern!, die alles, wirklich alles, für die Steuer aufschreiben müssen, während die Angestellten mit sich baumeln können, die sind schon im Schwimmbad, während der Kleinunternehmer immer noch Zahlenkolonnen addiert und seine Leistung davon abzieht, na und? Hat es sich ausgezahlt? Nein. Ausgezahlt haben stets, wenn auch mit schlechtem Gewissen ihren Eignern gegenüber, all diese überfallenen Banken, von allen Fraktionen werden sie ständig überfallen, von links, von rechts und von denen, die es wirklich können, aber auch nicht mehr erbeuten als die Amateure. Die merken das natürlich, die Banken, aber ihre Besitzer merken sowas gar nicht, natürlich nicht, das schlägt sich nicht im Buch der Bücher, in der Buchhaltung nieder, das alles zahlt sich nicht aus, muß aber ausgezahlt werden, an diejenigen vor dem Tresen, deren Waffen stets Unbehagen vorbereiten und verbreiten. Freiwillig haben sie das nicht gemacht, all die Banken und Sparkassen, die Losung hergegeben, sie haben ja nichts zu verschenken, außer man hält ihnen eine Pistole vor. Ihren Besitzern, also den Besitzern ihrer Aktien, hält man was ganz andres vor, nämlich eine Gewinnwarnung, die sie mehr oder weniger gutmütig aufnehmen.

Deutschland, feiste Mutter, ja, du bringst solche Kinder hervor, da kannst du stolz drauf sein, in bestimmten Gegenden treten sie gehäuft auf, da diese Gegenden ihr ganzes Augenmaß verloren haben und sich immer zuviel auf den Teller laden, weil sie sich für groß gehalten haben, mehr als wir und sie vertragen können. Es war so ein Schock für sie, als sie angekoppelt wurden wie die Schafe an den guten Hirten, der seine Herde nicht mehr überwachen muß, er weiß ja, daß die gar nicht mehr wegrennen will. Wo könnte es denn besser sein? Eben. Das Land lag so lange krank, jetzt ist es gesund geworden, weil keine Hälfte mehr zurückgesetzt wird hinter die andere und jede sich trotzdem an der alten Stelle befindet, das Land mußte nicht umziehen, siehe, das Land, das du liebhattest, ist krank gewesen, doch da kam ein Bundeskanzler und sprach gewichtig, aber natürlich, natürlich sagte er das: Ich bin die Auferstehung und das Leben, ich bin nicht die Leber, die immer wieder nachwächst, die gehört einem andern Herrn. Wer an mich glaubt, der wird leben, auch wenn er stirbt, aber dann bin ich leider nicht mehr Bundeskanzler, die Früchte wird ein andrer ernten, die Schulden wird ein andrer erben, der es nicht so gut kann wie ich und vielleicht sogar eine Frau sein wird, wer weiß, jedenfalls einer, der nicht solche Summen aus seltsamen Vermächtnissen erben kann wie ich, Sie wissen schon, Sie müssen es aber nicht wissen, die Erbleicher, ich meine die Erblasser und die großen Spender, die um ihrer eigenen Sicherheit willen ihre Jagdschlösser woanders erbaut haben, die haben sowieso nie gelebt und wenn, dann nicht lang. Alles Juden. Aber wirklich alle! Hier sind ihre ortstypischen Namen, obwohl es den Ort gar nicht gibt; merken Sie sich die, denn die Besitzer haben nie gelebt, das ist eine schöne Abwechslung zu jenen, die wir noch selber umbringen mußten. Wieder mal in die Irre gegangen und andre auch noch treulich geführt, Elfi, das versteht hier und heute doch keiner mehr!

So. Da hat sich das Land nun im ganzen, im großen und ganzen zumindest, entschlossen, finanziell gesund und am Leben zu bleiben, sogar besser als andere Länder, wo die Menschen immer noch sterben müssen, sie waren alle wieder gesund und blieben es auch, seine Bürger und Bürgen, und sie glaubten, sie würden nimmermehr sterben. Sie hatten es damals nur noch nicht gemerkt, daß sie ewig leben würden, das merkt man immer erst hinterher, wenn es einfach nie aufhört, und dann das. Dann machen die sowas. Aus Langeweile, weil es nicht stirbt, hat das Land mit seinen neuen Bewohnern ein wenig herumgespielt, einiges ausprobiert, angry birds, ja, die mag ich auch, als es hoffte, spielend Anschluß zu finden, so lang hat es das gehofft, es hat schon geglaubt, auch das dauert ewig, doch das war noch nicht die richtige Ewigkeit, die war erst im Anmarsch von schweren Stahlkappenstiefeln. Wer wird da gleich mißtrauisch? Der Engel, der Dornenkronen ausliefern muß, nein, nur eine, dann tun ihm die Finger weh, der wirft nur einen gelangweilten Seitenblick auf die Springerstiefel, er muß ja nicht springen, er kann fliegen. Sehen Sie, wie ich das kann! Sie, nein, nicht die Stiefel, haben noch auf die Auferstehung gewartet, und als der Anschluß dann endlich wieder mal geklappt hat, diesmal anders als beim letzten Mal, aber geklappt hat er, keine Frage, da hat das Land ganz neue Gesinnungsgenossen gefunden, es hat sein reizendes Gesicht gezeigt, und schon kamen die angedonnert, all die verkrachten Existenzen. Da sind sie nun. Was jetzt? Ich sei, gewährt mir die Bitte, in eurem Bunde der Zweite, denn auf die Ösen ist ja kein Verlaß, und die Schweizer wollen auch nicht, die wollen ja nicht einmal uns, wer auch immer das ist. Ja, nur ein einziges anderes Land wollte sie haben, die zwei halben deutschen Portionen, nämlich dieses, und das hatte es ohnehin schon von jeher, man hat es nur nicht gesehen, man hat es höchstens im TV gesehn. Alles immer dasselbe. Nur fügt es sich zusammen. Das ist mir ganz gleich, ich meine, das Land ist jetzt ganz und ganz und gar gleich anderen.

Man spricht deutsch. Alles beim alten. Alles gesund. Jede weitere Mühe verschwendet an ein ewiges Reich, das groß genug ist, daß man mit Kugelschreiber seine Identität darauf notieren kann; niemand kann das lesen, doch es genügt, da es ja so klein ist, was da in der leuchtenden Schrift auf einem Bildschirm geschrieben steht, um in einer Leopardenlook-Handtasche fortgetragen zu werden, nicht die Schrift selbst natürlich. Ja, wer den Glauben nicht hat, der gehe ihm halt entgegen, dann kriegt er ihn schneller. Nur noch so wenige glauben an etwas, die meisten an das Falsche oder an jemanden, den es gar nicht gibt, das kostet nicht mehr als 40 Euro, womit Sie am Fahrscheinautomaten bewirken, daß Sie in ganz Deutschland einen Tag lang herumfahren können, überzeugen Sie sich selbst!

So, jetzt müssen die Bewohner nur noch auf die Gewinnerseite gebracht werden, keine Ahnung, wie stark man ziehen muß, vielleicht auch noch Schiebung dazunehmen?, wohin und wie es dort dann aussieht, wahrscheinlich genauso wie hier, warum so traurig?, weil Sie Ihr Land verloren haben?, nein, echt? Sie haben Ihr Land verloren? Kommen Sie, ich helfe Ihnen suchen, derweil können Sie woanders die beschränkten Einwohner noch weiter beschränken, damit Sie dann vielleicht dort mehr Platz haben. Zumindest vorübergehend müssen Sie dann nicht gehen, sondern können sich setzen, bitte, nehmen Sie Platz, wenn Sie keinen gefunden haben, es sind ja immer zu viele, die bereits dort wohnen, ich glaube, das ist eine Legende, wer will dort schon wohnen außer Ihnen, Sie gehören natürlich immer dazu, Sie zuerst, doch, doch, Sie, ja, Sie gehören stets dazu, Sie sind ein echter Bewohner, zumindest vorübergehend, während Sie im fahrenden Zug sitzen und durch Deutschland brausen, das kann der Zangenstempel des Zugschaffners Ihnen jederzeit bestätigen, da er Ihr Ticket entwertet, und Sie können dann andere ungültig machen, auslöschen, wegmachen von ihren Blumentischen mit den schönen, frisch gebundenen Buketts, aus ihren Internetcafés, aus ihren Dönerbuden und Gemüseläden, aus einem Polizeiwagen herausreißen und ins Nichts schleudern, das ihnen vielleicht ohnedies eine bessere Heimat sein wird. Das alles können Sie. Sie fahren zu schnell mit der Deutschen Bahn, um das mitzukriegen. Kaum getötet, ist es schon vorbei, das Leben, und endlich kommt die Unendlichkeit, und die Endlichkeit kommt Ihnen endlich zu Bewußtsein, da es vorbei ist. Ein Dasein wird erschlossen und dahinter wird wieder abgesperrt. Der Verstorbene gehört nicht mehr Ihnen, obwohl Sie ihn hergestellt haben, der gehört jetzt uns, doch wir wollen ihn nicht einmal tot, nicht einmal geschenkt wollen wir ihn.

Sie waren an der Herstellung dieses Toten beteiligt, das steht für mich fest. Er ist seinen Hinterbliebenen entrissen worden und ist jetzt Gegenstand dessen, daß eine Totenfeier organisiert werden muß und dann ein Gräberkult, sogar ein Gräbertourismus einsetzt, denn der liebe Verstorbene wird woanders begraben als hier. Er ist Gegenstand der Fürsorge seiner Hinterbliebenen, die nicht von ihm lassen wollen, doch besorgen können sie ihm nichts mehr, denn er ist nicht mehr da, erst in der nächsten Welt, woanders, dort werden sie ihn wiedersehen oder nicht. Das Grab bedeutet, daß die Hinterbliebenen noch bei dem Toten sein können, obwohl er nicht mehr da ist. Der Boden ist immerhin noch da. Sie, ja, Sie!, fahren jetzt, die andren kommen schließlich nicht zu Ihnen, Sie sind ja noch nicht tot, Sie gehören sich noch, Sie sind kein Verlust. Sie sind ein Verlustgeschäft, das heißt, andere gewinnen, immer andere. Doch letztlich werden alle weniger, auch wenn es

immer mehr Menschen gibt, manche von ihnen recht
gewinnend, das muß ich sagen, was nützt es ihnen? Wer
fehlt, der fehlt und aus. Suchen Sie was andres, das fehlt,
aber Sie werden es nicht finden, denn Sie haben keinen
Ort mehr, wo etwas fehlt.

Dieses Land ist verlorengegangen, es ist selbst verloren,
ja, wo ist es denn hin?, suchen Sie es nicht, ich bin sicher, dort finden Sie nichts, nicht einmal Hintergründe,
migrantische, touristische, terroristische, persönliche,
die Hintergründe sind inzwischen nämlich längst wieder
woanders, derzeit verreist, ja, genau dort, wo Sie eh schon
diese ganzen Leute umgebracht haben, und jetzt müssen
Sie selber weg, sonst fallen Sie ins Nichts, plattgehämmert auf einem ehernen Amboß, da wollen Sie doch lieber
Hammer sein, oder? Jeder ein junger Siegfried und jeder
ein Hunding, ganz Deutschland ein einziger Hunding,
der die lieben Menschen, von mir aus auch die Liebenden,
verfolgt, darunter und vor allem auch Siegfrieds Papa.
Das sind vielleicht Originale! Den Vater stets zu lieben, das
wäre die richtige Art des Umgangs gewesen. Der junge
Held hätte sich ganz dem Vater hingegeben, das hätte er
aber nicht so gerne gemacht. Mit dem Vater, da ist nicht
viel gelaufen, der Sohn muß zum himmlischen Vater laufen, aber auch der muß nicht laufen, der wird teleportiert,
das Fernsehn ist diesmal leider nicht dabei. Da war nichts,
wir sprechen schließlich vom Unsichtbaren, der Vater
war im Büro, der andre auch, der dritte ganz weg; das
Land, das D-Land, war leer, und Hunde jagen hindurch,
nicht erfreut, wenn ihnen die Beute nicht ausgefolgt wird.
Dann nehmen sie sich, was da ist, dann benehmen sie
sich nicht; ich spüre etwas Heißes an meiner Wade, das ist
ihr Atem, und wenn es nur der Atem ist, dann hat man
Glück gehabt, es ist der Atem der deutschen Hundings,

diese Dings, ja, vorhin wußte ich es doch noch, ach ja: Hunde, das trifft es, geifernd, keuchend, hechelnd, brüllend, so jagen sie, sie jagen alles, wen wundert es, wenn zwei von ihnen sich abgesondert und eine Sonderjagd veranstaltet haben, nicht wie die Reichen in Rumänien, wo es um Bären, Luchse, Wölfe geht, die sie der Natur abluchsen, war das nicht schon mal?, egal, ein seltenes Wort, immerhin ist es mir eingefallen, schauen Sie: Und hier, dieses halb verbrannte Bärli kann auch nicht für sie aufstehen und Zeugnis ablegen, schon die alten Japaner haben ja so gestaunt, als sie Teddybären zum ersten Mal sahen, sie sahen den Sinn, daß etwas so klein und weich ist, einfach nicht ein, aber sie haben die Bärchen dennoch fleißig kopiert, wer weiß, wofür es gut ist, daß man sowas bei sich hat, es kann ja überhaupt nicht stehen, konnte es nie, das Bärli, Bildwerke, Idole, Fetische?, wozu dienen sie? Und warum so weich? Aber es ist immerhin in Sicherheit, wenn auch ziemlich zwecklos und noch dazu angekokelt. Keiner wird es je wieder liebhaben.

Es müssen immer die anderen gejagt werden, sich selbst kann man nicht jagen, man steckt ja in sich drin, das wäre keine Herausforderung. Mehr als ich sollte, reizte auch ich den Hunding, aber nicht diesen, nein, meinen hätte ich aber auch nicht reizen sollen. Und ich habe sie nicht geschickt, die beiden Wölflinge, ich bin auch nicht die, welche ihre Opfer jahrelang durch den Dreck schleift, wo sind die Pferdestärken dafür, mit denen es leichter geht?

Die Familie des Opfers wird zerstreut, das Oberhaupt ist schon weg, ich bin das auch oft, ich bin ganz weg. Abwesend. Es tut nicht weh, nur mein Zorn tut weh, leider nur mir; die Verfolgten sind es, die immer Angst haben müssen. So. Der Hintergrund fehlt jetzt, die Menschen fehlen nicht, die Katzen sind auch noch da in ihren Körbchen und werden dieser Dame hier, bitte treten Sie vor, leider weiß ich Ihren Namen nicht, in die Hand gedrückt, bitte kümmern Sie sich um meine Katzen, die müssen sonst ins Heim, seien Sie so freundlich! Wenn zehn Menschen sterben, müssen diese zwei Katzen doch nicht auch noch in die ewigen Jagdgründe eingehen, es gibt genug andere Jagdgründe, andre grüne Weiden, die man aufsuchen kann. Schau, liebes Land, die Jungen ziehen alle Register, und dann ziehen sie weg, rette sich, wer kann, irre sich, wer will. Omas hast du auch im Angebot, die eine Mutterstelle bekommen oder zumindest eine Vertretung, falls eine frei ist, alles Frauen, alles Frauen, nur der mundlose Vater nicht, der ist ein eigener Fall. Sein Sohn ist in einem Krieg gefallen, doch der Vater will sich das nicht gefallen lassen, denn Deutschland ist schuld, ja, das ganze D-Land, da machen wir keine Ausnahme, da könnte ja jeder kommen, und weil jeder kommt, muß er selbstverständlich auch wieder gehen, also wenigstens ein paar, die zuviel sind, die müssen fort, sagt er, nein, sagt er nicht, der Mann ist total in Ordnung, nur sein Sohn war verrückt, daß er diese Entschlüsse zu Tötungen gefaßt hat, der Grund: sonst nehmen die uns Land und Leute! Aber dort will doch eh keiner hin! Man scheißt nicht dort, wo man ißt, man tötet nicht dort, wo man selber leben möchte. Ist so. Bewiesen. Hiermit durchgewinkt. Und er ißt da jetzt seinen Apfel, der Mann, der Vater, er ißt ihn vor Gericht, seine Eva hat ihm den eingepackt, um der Wahrheitsfindung zu dienen, nein, dafür nicht, die Wahrheit hat oft einen trockenen Mund, dem man abhelfen muß. Der ist ganz in Ordnung, der Papa des Toten, und wird vom Gericht erhört werden, wenn auch mit Schwierigkeiten, denn der Richter ist hier der Vorgesetzte und Vorsitzende. Sowas verkraftet der Vater nicht gut, kommt mir vor. Früher hatten sie in diesem Land keine Vorgesetzten, das ganze Land war Vorgesetzter, jetzt müssen sie sich der Fremdherrschaft beugen. Den Mann, den Vater, wenigstens diesen, den hat Hunding nicht erwischt, der hat seine Vaterschaft noch erleben dürfen, wenn auch nur mit mäßigem Erfolg, gar trotzig tut er jetzt: Wohnte der Sohn, der eingeborene Sohn, nicht, nicht doch!, nicht lang in meinem Haus?, fragt er sich, da muß ich ihn doch kennen, bitte!, und er bekommt auch bereits seine Antwort, es ist nicht Ostermorgen, aber es kann jeder Morgen sein, an dem man eine Antwort bekommt. Denn dieser Mann, den die Hundings nicht zur Strecke gebracht haben, der auch nicht zur Strecke gehört hat, die sein Sohn gelegt hat, bestehend aus zehn Personen, ja, dieser Mann, entschuldigen Sie, aber der fragt, wo haben Sie meinen Sohn jetzt hingelegt? Aber das wissen Sie doch, mein lieber Vater, wo der liegt. Wo er damals lag? Nein, das haben Sie natürlich nicht gewußt.

Der Sohn ist nicht weg, er ist nicht, wie Gottes Sohn, welchen die Hundis nicht erwischt haben, dafür aber die Römer und natürlich die Juden, welche grundsätzlich keine Vorgesetzten wollen, ich werde das hier nicht weiter ausführen, ich war schon viel zu ausführlich und entschuldige mich, der Sohn liegt natürlich in seinem Grab, aber damals, damals war er nicht dort, da war er noch nicht im Grab, da waren die beiden Polizeiwaffen zu verlockend, die Michèle und ihrem Partner geklaut wurden, ich weiß nicht, warum, das wird noch verhandelt, inzwischen weiß man es vielleicht, es gibt mehrere Möglichkeiten, aber nur wenige, die einen nicht gleich umbringen.

Da sitzen die zwei Ordnungshüter in ihrem Wagen, die ihre Brotzeit verzehren und eine rauchen wollen, es könnte aber auch andre Gründe gegeben haben, auf denen sie jedoch nicht standen, es können aber auch andre Personen anwesend gewesen sein, die kein Wesens um sich machen wollten, jawohl, und dann werden sie abgeknallt, die beiden, von Gottes Sohn und einem anderen Sohn, ich weiß nicht, wer welcher ist, die beide besser in ihrem Grab geblieben wären, wo der inzwischen wieder angelangt und sogar wieder verschwunden ist, der Sohn Gottes, ja, klar, keinem bleibt seine Gestalt, keiner will bleiben, wo er ist, im Grab, jeder in seinem, sein Waffenbruder genauso, die können nicht mehr angelangt oder belangt werden von uns, dafür wird es vielleicht andre treffen; niemals wird das wirklich aufgeklärt werden, so viele Jahre nach der Aufklärung wird auch das nicht aufgeklärt werden, gar nichts wird aufgeklärt, nein, von der Partnerorganisation NSA auch nicht, nie!, die haben überhaupt eine superschlechte Bilanz, was Klarheit betrifft, wozu der ganze Aufwand? Aber das gehört jetzt nicht hierher, hier befindet sich das andre Ende, es erfolgt der fremdländische Einschlag, krach, bumm!, ja, hier werden noch richtige Menschen aufgewendet und ausgegeben, es kann sich keiner was für sie kaufen, und sie selbst konnten sich auch nicht viel kaufen in ihren kleinen Leben, welche unterbrochen wurden, bitte entschuldigen Sie auch diese Unterbrechung, ich habe vorhin eigentlich von ganz andren Leuten gesprochen, ich bin verwirrt, am liebsten würde ich Ihnen ins Gesicht schlagen wie dieses Volk, das einen König im Purpurgewand nicht duldete, was ihm später große Schwierigkeiten bereitete, doch das war eh nicht ernst gemeint, also der Mord schon, aber das Gewand war nur Spaß. Sie galt nicht Ihnen persönlich, die Unterbrechung, ich wußte nur nicht mehr, wer wer war, und ich muß diese Dornenkrone ausliefern, ich bin nur die Botin, der Chef spielt im intimen Kreis seine Hinrichtung gerne nach. Sie war ja ein Erlösungswerk. Der Papst liest die

Messe, welche davon handelt, aber beim Lesen bleibt es ja nicht. Und ich habe ganz andere Menschen gemeint, welche aber wohl auch keine waren. Und wohlauf waren sie danach jedenfalls nicht mehr.

ICH:
Da liegen also die Reste von zwei deutschen Jägern, die sich am Ende selbst erlegt haben, wie der Wilderer von Annaberg, wissen Sie inzwischen, wo das ist?, I am from Austria, ich weiß es sowieso, ich war schon dort; seinen Hund hat der wilde Mann vorher erschossen, natürlich ein deutscher Schäfer, ich sagte es bereits, der war aber schon alt. Der Hunding, die deutschen Hundings werden nicht alt, nie, sie sind es nicht, sie sind immer jung, und sie bleiben es auch, sie jagen immer, die werden nicht müde, die müssen auch nicht trainieren, die können es schon, das Verfolgen und das Zur-Strecke-Bringen, zur Hochstrecke, ich zittere schon, bin aber nicht ihr Arm, ich meine einfach bloß: arm, nein, das bin ich nicht, ich verstehe die Schrift nicht, daß da einer von den Toten auferstanden ist, und wenn, dann war es keiner von denen, von denen in der Schrift die Rede ist. Ich sehe es, und ich glaube es nicht, und dann gehe ich wieder heim. Ich habe die Kirche nicht gefunden, die hat im lieben Dorf bleiben müssen. Die Deutschen haben mich gekränkt, und jetzt warte ich zu Hause ab, daß mein Zorn erlischt, den ich allerdings selber in mir angezündet habe. Der Wohnwagen und die Wohnung hier, die aber nicht zu retten waren, das ganze Haus nicht, es ist abgerissen, die wurden beide gelöscht, sind aber hin. Und wer löscht mich? Auf der ganzen Welt gibt es nicht soviel Wasser.

Ja, aber wie war er denn nun so, der eingebrannte Sohn?, der bittere, der ungenießbare? Der Vater ißt vor Gericht seinen Apfel, der von einer Frau angeboten und eingepackt, Sie haben es vorhin ja gehört, einen Apfel, der aber auch diesmal wieder von einem Mann gegessen wird. Dazu gehören immer zwei, nicht wahr? Ja, wie war denn wohl mein Sohn? Sehr lieb, sagt der Vater. Und sehr ehrlich. Diese Kugeln kann man einfach nicht fälschen, sehen Sie die Alureste, die stammen unverkennbar von diesem Geschoß und aus dieser Waffe, sogar in die Unterlippe haben die geschossen, da sind Aussprengungen des linken oberen ersten Schneidezahns, Durchschuß des linken Augapfels, halbrunde Knochenaussprengung im äußeren Drittel der Augenbraue an der Ausschußwunde, alle ehrlich erworben, aber natürlich nicht verdient. Er war ehrlich, der Sohn, wie der Vater angibt, aber diese Waffe lügt nicht, wir haben alles überprüft, so, und die Menschen waren früher auch ehrlicher, vor allem im Osten, da war alles noch echt, sogar der Fruchtsaft. Hier im Westen ist doch das ganze Essen gefälscht und zu teuer. Außer Sie haben das Rezept gestern in der Zeitung gelesen, jeden Sonntag kommt eins in meinem Lieblingsblatt.

DER ENGEL:
Ich möchte jetzt wissen, wer hinter dieser Sauerei steckt, mein Sohn nicht, der steckt im Sarg, zumindest als ich ihn zuletzt gesehen habe, offenkundig entschlossen, nicht mehr in der Welt zu sein. Doch, doch: Das Deutsche Volk wird Ihnen diese Sache nie abkaufen. Das Deutsche Volk kauft eher Sachen, die es brauchen und auch vertragen kann, denen es vertrauen kann, Hauptsache billig, und etwas Billigeres können die Deutschen sich nicht mehr leisten, daher stellen sie es gar nicht erst her, und wenn, dann für den Export, da sind sie Könige in ihrem Reich und in jedem anderen auch, in allen Reichen und selber auch noch reich, und es verkauft noch viel mehr, als es brau-

chen kann, wenn auch nicht mehr, als es herstellen kann, dieses großartige Volk. Wer etwas bringt, wird vielen etwas bringen. Es steht vor keinem Grab und weint, dies Grab zumindest ist in der Türkei, und das ist zu weit, es schickt seine Hunde aus, das Volk, das muß genügen, um eine Spur zu finden oder aber Spur zu werden. Es wendet sich ab, es will die Leichen nicht sehen, die es erzeugt hat, muß es ja auch nicht, schauen Sie in sein Grab hinein, ins Grab des Sohnes, der sein Dasein von Anfang bis Ende selbst verfaßt hat, und merken Sie: Es ist gar keins, das ist kein Grab, Deutschland erzeugt zwar Gräber, aber es legt sich nicht selber rein, und es legt auch andre nicht rein, es ist ein grundehrliches Land, das Löcher in seinen eigenen Grund bohrt, ob dort irgendwas zu finden ist, das Energie spenden könnte, denn der Wind liefert einfach zuwenig, und diesmal bohren sie mit gutem Grund, oder sie erzeugen mächtig Wind, daß alles wegrennt und den Vögeln die Federn vom Kopf fliegen, Platz da!, die Toten brauchen Platz! Sie sind noch viel mehr als diejenigen, die noch leben, da braucht man Platz an diesem Grund, an dieser Stelle, genau die meine ich: Frau, was weinst du um deinen Sohn? Es ist so traurig, das Land hat sich gewendet, und dann war es völlig anders als vorher, es ist grauenhaft, vorher war es das nicht. Frau, was weinst du, wen suchst du überhaupt? Wen immer du suchen könntest, die Hundings haben ihn längst gefunden, sie haben ihn gewittert, erschnüffelt, sie rasten heran wie ein Gewittersturm, aber erst, als es zu spät war, die Hunde haben ihn schon gefunden, als er bereits tot war, leider, der Sohn im Wohn, ich meine im Wahn, nein, im Wohnwagen, nach der Wende erst lernt es das Mädchen kennen, also wer jetzt?

Das Volk ist einmal oder vielleicht öfter total gewendet worden, da sieht also nach der letzten Umwende die Frau ihren Sohn da stehen, aber weil alles gewendet worden ist, erkennt sie ihn nicht, sie erkennt ihren eigenen Sohn nicht, zumindest von hinten nicht, ist das zu fassen? Der Sohn fragt die Jungfrau: Warum weinest du, ich bin doch eh da? Oh, wie schön, sagt die Mutter, endlich! Endlich bist du wieder da, du Meister aus Deutschland, dein Meisterbrief hängt bereits an der Wand, du kannst schon loslegen!, sie sagt nicht, wie bei Jesus: Rabbi. Das steht ihr nicht zu, und der Sohn würde das nicht hören wollen. Sie ist nicht die Jungfrau, die ihn geboren hat, aber irgendwie sind wir doch alle irgendwie Söhne, außer irgendwie den Töchtern natürlich, welche irgendwie trauern, trauern, trauern, ich weiß auch nicht, aber das ist ihre Rolle, und da spricht er also, der Sohn, ich kann so schlecht erzählen, als sie Rabbi zu ihm sagt, was ihn ganz besonders in Wut versetzt, diesen Sohn, der dieses schöne Spiel gegen die Rabbis erfunden hat, denn er ist gegen Rabbis grundsätzlich und dafür eindeutig für Pogromly, ein Spiel, das er selbst erfunden hat, eine irregeleitete Begabung, allerdings nur auf dem Brett und fürs Brett, selbst gebastelt!, und nun soll plötzlich er einer von denen sein! Ein Priester und Dach-Abdecker? Nein, nein, nein! Also er sagt ein entschiedenes Nein zu seiner Mutter, er ist da eh schon aufgebracht von ihrem falschen Zeugnis, daß er ein Meister sein soll, wo er doch nur ein Meister aus Deutschland ist, nicht ein internationaler Meister, aber er hat internationale Freunde, immerhin, er ist im Töten ja weder bei einer WM noch bei einer Olympiade, er darf noch trainieren, er ist noch nicht einmal bei einer Europameisterschaft angetreten, das kommt hoffentlich noch. Und dann vielleicht die WM oder Olympia. Ich fürchte, das wird hier uferlos, das sehe ich schon, kein Prädikat, kein Prädikatstext das hier, ich habe mich ehrlich bemüht, doch Sie reden nicht mit mir, wie Jesus zu Pilatus auch nicht, und der Sohn spricht, ja, jetzt bleiben wir dabei, das Land ist um- und umgewendet, zum wiederholten Mal, und es ist auch diesmal furchtbar unglücklich deswegen, aber eins und ungeteilt, ein Land, gemacht aus zweien, gut so, das hat das Land sich schließlich immer gewünscht, die billigen Toten hat es in Kauf genommen, ich meine billigend in Kauf, und in zehn Jahren sind sie halt wirklich billig geworden, bei Abgabe von zehn Stück, keins davon wird uns abgehen, wage ich zu behaupten.

Die deutsche Mutter, die weiß, seit das Land sautiert worden, will sagen, an die Decke geklatscht und mit der Butterseite nach oben wieder runtergekommen ist, die Mutter also weiß, was es für ihren Sohn geschlagen hat, daß er nämlich so gern andre schlägt, mit der Faust, aber auch so, die fragt ihn also etwas und wird dann prompt gefragt, warum sie denn heult. Warum weinest du, Mutter? Du bist ja gar nicht meine Mutter oder nur nach außen hin! Für die Unterlagen, aber wir nehmen eh falsche! Der Sohn fragt nicht nur: Warum weinest du, er fragt auch, wen suchst du? Dumme Frage. Dich natürlich. Aber sie hält ihn für den Gärtner. Nein. Das war ein andrer. Sie hält ihn für einen Hund. Nein, das war ein andrer, der wieder von einem andren gesucht wurde. Den müssen wir rasch einfangen, weil er sonst beißt. Die zwei Männer wurden ja nie gesucht. Nicht einmal, als sie hätten gesucht werden können. Die Polizei versteht nur Bahnhof, doch von dort kommt die Jungfrau gerade, was für ein Zufall! Jetzt werden wir was zu hören kriegen! Nein. Die können es nicht gewesen sein, unmöglich, weil kein Zusammenhang hergestellt werden kann. Es wurden ja zu oft die Falschen gesucht. Kein Grund, sich zu schämen, sowas passiert andauernd, das kann jedem passieren, daß er den Falschen sucht und in einer Partnerschaft schließlich als genau den Richtigen findet, der endlich Sex richtig findet, auch der

Polizei kann sowas passieren, die findet oft irgendwen und weiß nicht, wer das ist, auch der Sicherheit des Staates, ja, der auch, die sich in ihrer Hängematte wiegt, allen kann sowas passieren. Sogar dem Hunding ist das zugestoßen, aber der hat doch immerhin den Papa des deutschen Heldensohns erwischt, gut, wenigstens einen, und da antwortet der Sohn seiner Mutter, endlich erfahren Sie die Antwort, nach mindestens zehn Minuten, ein einziger Satz für zehn Minuten!, so kann das nicht weitergehen; also er sagt, was er ihr immer schon gesagt hat: Rühre mich nicht an, denn ich bin noch nicht aufgefahren zum Vater. Das ist Unsinn. Der Vater ist nicht oben, er ist immer da, immerdar an seinem Schreibtisch, und heute ißt er hier seinen Apfel, obwohl das nicht sein Schreibtisch ist und er vor dem Richter steht, allerdings nicht seinem, wie kann er da oben sein? Vielleicht gewesen? Ich fahre jetzt hinauf zu meinem Vater, sagt der Sohn, aber dem Vater kann er das nicht mehr sagen.

ICH:
Diese Jungfrau, die nur mit der Eisenbahn herumfährt, das dafür aber ziemlich lang, diese Kilometerfresserin, die aber brav ihre Tickets im Automaten kauft für die Deutsche Bahn, die sie zum Transport ermächtigen, bleibe im Land und nähre dich redlich, aber sie hat nur wenig Geld eingesteckt; die fährt jetzt in Deutschland herum, und aus Furcht vor den Juden hält sie die Tür verschlossen, nein, nicht die zu ihrem Zugsabteil, da kann ja jeder kommen und sich vor den Juden fürchten. Die Türen des Waggons sind also verschlossen, und da steht einer und sagt etwas, das müssen Sie selber nachlesen. Es ist zu unglaublich, was er sagt und was er angeblich bringt. Ich kann es nicht sagen. Meine Augen sind geblendet, meine Seele ist gebenedeit, falls Sie wissen, was das ist, aber immerhin, meine

Finger sind nicht gelähmt, sondern wieder mal fleißig unterwegs. Meine Zunge ist es aber. Ich sage nicht, was der, den der Vater gesandt hat, wovon der überhaupt nichts weiß, jetzt den Jüngern sagt, ich sage ja nicht mal, wer seine Jünger sind und wo.

DER RICHTER:
Hatten Sie nach der Tat, welche Ihren Geschäftspartner traf, noch irgendwelche Kontakte mit seinen Angehörigen, hatten Sie Kontakte?, unser Kontaktmann sagt ja nichts. Er geht im Internetcafé herum, da liegt ein Toter, der grade frisch erschossen worden ist, hatten also auch Sie irgendwelche Kontakte nach der Tat, denn unser Kontaktmann weiß nichts und sagt nichts, nicht einmal mir. Und ich sage hier ausdrücklich nicht, bitte das folgende streichen, ich sage hier nicht, ich sage eher das Gegenteil, aber ich sage nicht: Welchen ihr die Sünden erlaßt, denen sind sie erlassen, und welchen ihr sie behaltet, denen sind sie behalten. Ich wäre ja blöd, ich würde meine eigene Stelle ja wegrationalisieren! Das Deutsche Volk macht das doch auch nicht, im Gegenteil, es besetzt jede Stelle, welche da geschrieben steht, welche ausgeschrieben steht, sofort neu, sogar die von Leuten, die gern nackte Kinder anschauen, so, nehmet hin den Heiligen Geist! Wo hab ich den jetzt wieder hingetan?

DER PROPHET (IN ZIVIL, WIE NUN ALLE):
Das Deutsche Volk mordet auch nicht mehr und öfter als andre Völker, das ist erwiesen, obwohl die Verhandlung jetzt schon geschlossen ist, wenn auch nur für heute, ja, die Beweisaufnahme auch. Wir machen sie morgen wieder auf. Ich kann das jetzt nicht alles voraussagen, sonst sitzen wir übermorgen noch hier, und das will niemand, er muß es aber. Nein, er kann auch fortbleiben. Vielleicht

mordet es lieber als andere? Möglich. Vor der Wende war es anders, ich weiß jetzt nicht, wie, aber es war besser, prophezeie ich hier, was aber schon geschehen ist. Damals wurden die Leute dort begraben, wo man sie zu begraben pflegte. Was, jetzt auch? Da muß mir jemand etwas Falsches erzählt haben. Wieso will mein Sohn immer jemanden umbringen, woher hat er den Drang?, diese Frage bleibt. Warum will er das? Warum wollte er dieses Mädchen? Nur damit er geboren werde, der Sohn, ja, der andre auch? Aber meine Frau, ich glaube, es war meine, hat ihn doch geboren, die hat das seinerzeit besorgt, ich maße mir hier eine Rolle an, die mir nicht zusteht, aber ich habe sie nun mal bekommen, und seither hat sie Brot und Fische für uns alle besorgt, beides hat der Sohn gehaßt, deswegen hat er es anderen weitergegeben, an andre, das weiß ich mit Sicherheit. Die Frau hat ihn als Riesen geboren, hat ihn aber nicht unter die Erde verbannt, unter die breitstraßige, unter die Stadtautobahn, unter das Havelufer, was weiß ich, jedenfalls ans Ende der Welt. Meine Frau hat sich überlegt, daß der allen überlegene Sohn unter der Erde unaussprechliche Qualen leiden würde, daß er in der Tiefe schnell an seine Grenzen stoßen und wieder herauskommen würde wollen. Das sind nicht normale Kämpfe wie sonst zwischen Vater und Sohn, das sind Titanenkämpfe hier in Deutschland! Mein Sohn ist nicht schuld, diese Kämpfe hat es doch schon lang gegeben zwischen den beiden Geschlechtern der Deutschen, ich meine nicht Mann und Frau, und den Fremden, und der Ausgang des Kampfes blieb lange in der Schwebe, es gibt keine Lösung und kein Ende des Streits für beide Seiten.

Also sie behaupten ernstlich, mein Sohn habe das gemacht?, so steht es jedenfalls geschrieben, Sie haben es hier verlesen, und ich habe es ihm selbst vorgelesen, also nicht persönlich, er war ja schon tot, nicht wahr, ich als Prophet mußte ja immer von anderen, von fremden Söhnen sprechen, und er hat es gemacht, er hat die alle umgebracht, im Verein mit dem anderen Sohn, aber zwei Leute sind noch kein Verein, nicht wahr, auch wenn sie sich vereinigen, ja, genau, die Titanen, darauf bin ich stolz, daß mein Sohn ein Titan ist in diesem faden Exportland, in dieser lächerlichen Exportnation, und aus seinen, wessen?, keine Ahnung, Fesseln kamen sie aus dem Dunst, nein, sie hatten wirklich keinen Dunst, aber sie hatten jede Hoffnung verloren, doch jetzt hatten sie auf einmal wieder welche, und sie wollten Deutschland in schrecklichem Kampf zwei Männer gegen jeweils einen einzelnen, und das zehn Jahre lang, nein, länger, die Macht sichern, in einem schrecklichen, wenn auch ungleichen Kampf, schießen kann ja auch immer nur einer, und das war nicht mein Sohn, er kann es nicht gewesen sein, es war der andere, aber verstehen kann ich ihn schon, egal wen.

Sie wollten eine gewaltige Schlacht und den Endsieg. Also verstehen kann ich ihn schon, aber es war nicht mein Sohn. Es war nicht der, den ich aufgezogen habe. Der Himmel ächzt schon, weil der Kampf so schrecklich ist und schon so lange dauert. Ich sehe, gleich wird mein Sohn in diesem Kampf fallen! Vorsicht, treten Sie zurück, er fällt! Das kann er nicht wollen, und daher war er es nicht. Er war beeinflußt von einem, der nicht einmal ein Grab hat, ist es denn die Möglichkeit? Ja. Es ist eine unter vielen.

DER ENGEL (IN SPORTKLEIDUNG, EGAL ...):
Das Deutsche Volk wird Ihnen das nie abkaufen, das ist meine Meinung. Und ganz sicher wird es nicht dafür bezahlen. Ich dachte, das Mädchen würde ihn von diesem Spleen abbringen, von dieser seltsamen Laune, die den

Deutschen in seinem Weltschmerz manchmal überfällt, wenn er grade Brotzeit mit seinem lieben Apfelfreund machen möchte. Zur Unzeit überfällt ihn der Wunsch zu töten, obwohl er so viel dazugelernt hat, vor der Wende hat er gelernt, nach der Wende hat er es verkehrt gelernt, also was jetzt?, aber immerhin nicht verlernt, die Verkehrsregeln waren im großen und ganzen die gleichen wie zuvor, da war nur was mit dem Rechtsabbiegen, zum Glück, also von hinten nach vorn geht der Verkehr hier, deswegen geht auch nichts weiter. Er hat für den Führerschein gelernt, der Sohn, aber wieso bringt er dann immer noch Menschen um? Das hätte er doch gar nicht nötig! Bitte übertreiben Sie nicht, es waren nur zehn Personen, ich glaube, in sieben Jahren, nein, er hatte zwölf Jahre dafür Zeit, ja, hier stehts, vorhin habe ich, glaube ich, zehn Jahre gesagt, zehn Tote in zehn Jahren, aber es waren eher zwölf, dieses Schlupfloch, daß die Zeit nicht stimmt, daß sie aus den Fugen sein könnte, eventuell, und repariert werden muß, habe ich mir offengehalten, zehn Menschen in zwölf Jahren, was haben sie die restlichen zwei Jahre gemacht?, ist das etwa der Beweis, daß sie es gar nicht waren?, das ist doch keine so extrem große Strecke, auch zeitlich nicht. Ich kenne jemanden, der hat Tausende Stück Wild erschossen, den Hirschen hat ein andrer Herr wiederum die Köpfe abgeschnitten und sie auf Zaunpfähle gespießt, und nicht einmal auf die Trophäen legt er Wert, der Unmensch, der wilde Jäger, der Wilderer, der Schwarze, am Schluß hat er dann genauso Menschen umgebracht, wie die Tiere, also wie er die Tiere umgebracht hat. Wer Tiere tötet, tötet vielleicht auch Menschen. Ja, tut er. Der ist jetzt auch hin, wie all diese kopflosen Hirsche und noch ein paar Zerquetschte, also ein paar Leute, die er auch erschossen hat, ja, auch sein Hundi, den alten, treuen Hund, der manchmal Gestalten nur am Geruch erkannte, auch wenn er sie zwanzig Jahre oder so nicht mehr gesehen hatte, den hat er natürlich mitgenommen. Dann hat auch er Feuer gelegt, im hintersten Gemach seines Schlosses, das er selbst ganz alleine gebaut hat, ein fleißiger Mann, da gibts nichts, und dann hat er sich selbst erschossen, nachdem er Feuer gelegt hatte, so machen es alle, so haben es auch die beiden im Wohnwagen gemacht. Immer zuerst das Feuer, zum Zeichen, daß etwas nicht erlöschen darf, was auch immer, ihre Wut vielleicht, dargebracht in mündlicher und schriftlicher Form?, nein, nichts Schriftliches. Dann, als der Ausweg versperrt war, was schon viele Discobesucher das Leben gekostet hat, dann also die Kugel und aus, Schluß, Sense. Selig sind, die nicht sehen und doch glauben. Sie sehen nichts, aber bitte, glauben Sie wenigstens mir! Ich bin nicht aus der Wahrheit geboren, aber bitte hören Sie dennoch meine Stimme!

So, ja, genau wie in: so oft. Ich erhebe Anklage gegen den Staat, den Verfassungsschutz, und zwar wegen der Verfassung, in der mein Sohn war, daß er Menschen umbringen mußte, die haben ihn doch erst in diese Verfassung gebracht, dieser Verfassungsschutz hat meinen Sohn in die Verfassung gebracht, womöglich haben sie es gar selber getan, die beiden. Diejenigen sind schuld, die eigentlich schützen müßten, wenn auch nicht unbedingt Menschen; überhaupt alle sind schuld, glauben Sie, das Deutsche Volk wird Ihnen diese Sache abkaufen? Jetzt fragt er das schon zum dritten Mal und nennt immer noch nicht den Preis! Jeder könnte was zusätzlich aufs Konto kriegen. Zeigen Sie einmal her, welche Sache, dann können wir drüber reden, vielleicht kann ich sie ja brauchen, dann kaufe ich sie Ihnen ab.

ICH:

Allerdings bin ich nicht das Deutsche Volk, ich gehöre zu einem andren Volk, auch wenn Sie es mir nicht glauben wollen, weil ich ziemlich gut Deutsch kann. Das sehen Sie noch nicht? Sie sind selig und überhaupt besser beraten, wenn Sie es tun. Ich schreibe hier noch viele andre Zeichen, obwohl ich so wenige nur habe, ich tippe sie ins Gerät, die Tastatur ist schwer angeschlagen und zu leicht anzuschlagen, das ist ähnlich wie das Sterben, schwer zu erledigen, aber wenn man mal erledigt ist, ist es ganz leicht. Das alles können Sie vergessen, und das haben Sie sicher schon lang. Ich gehöre diesem Volk nicht an. Ich nix Deutsch. Zum Glück sind die Mörder schon tot, sonst hätten sie womöglich mich aufs Korn genommen?, nein, gewiß nicht, so wichtig bin ich nicht, obwohl ich dauernd über sie schreibe. Das haben sie nicht ahnen können. Sie haben mir schon mehrmals gedroht, solche wie sie jedenfalls, aber im Grunde gefällt es ihnen, daß man sich mit ihnen beschäftigt. Vielleicht bedauern sie, daß sie es nicht mehr erleben dürfen.

Ich schreibe Zeichen, ich tippe sie, wenn auch nicht an die Wand, ich wüßte nicht, wie, sonst täte ich es vielleicht, ich tue es ständig, also nicht ununterbrochen, aber doch oft, da wäre die Wand vielleicht eine nette Abwechslung, also noch viele andre Zeichen tippe ich, oft falsch, die nicht geschrieben sind in diesem Stück, weil sie wieder gelöscht wurden; ich weiß, das tut Ihnen nicht leid, Sie sitzen schon seit Stunden hier, was weiß ich, wie lang, das liegt nicht an mir. Nichts liegt mir an mir. Diese Zeichen aber sind getippt, damit ihr glauben sollt, daß diese hier die Söhne Gottes sind, auch wenn er sie nicht haben wollte, auch wenn andre sie, besonders nach ihrem Hinscheiden, schon überhaupt nicht haben wollten, auch wenn sie dreimal verleugnet wurden, bevor der Hund bellte, ja, besonders jetzt sind sie eure Söhne und aus. Wozu hätte denn der Verfassungsschutz so lang dran gearbeitet, daß die hier mit sonderbarem Benehmen Bedeutung erlangen konnten? Er hätte auch abbrechen können, sie hättens verdient. Doch nein, sie wurden weiter unterstützt, auch mit Menschen. Da habt ihr sie nun, nehmt sie, verbrennt sie, erzeugt irgendwas aus ihnen und exportiert es dann, es fällt nicht ins Gewicht, ihr werdet nicht das ewige Leben bekommen durch die Namen dieser Söhne, das ist für mich entscheidend; ihr habt es einfach nicht, ihr habt es nicht drauf. Und ihr bekommt es auch nicht.

Sie haben aber natürlich auch Angehörige, das haben diese Leute so an sich, daß sie nie allein auftreten, deswegen ist es ja so schwer, sie alle wegzuschaffen, es hängen so viele an ihnen dran, all diese V-Leute, es hat keinen Sinn, sich einen Überblick über sie zu verschaffen, denn die holen sich im geheimen dauernd irgendwelche Menschen runter, um sie zu beobachten und erst recht scharf zu machen, nicht wahr. Und mit denen, mit dem ganzen Anhang der Rotte, müssen wir uns jetzt zusammensetzen, nein, auseinandersetzen, egal, wir müssen endlich reden, und bitte, Herr Richter, bedrängigen Sie den Zeugen nicht so, der sagt sonst gar nichts mehr und ißt nur noch, und dabei wollen wir ihm nicht unbedingt zuschauen. Das kennen wir schon. Fressen oder Gefressenwerden. Gut, daß Sie die Verhandlung unterbrechen. Wer war übrigens dieser Uwe? Sehr lieb, sagt der Vater. Danke, sehr lieb. Ich wollte nicht wissen, wie, sondern wer er war! Viele begingen Diebstähle, nach der Wende waren viele nämlich verarmt, mein Sohn hatte das zum Glück nicht nötig, hat es aber dennoch gemacht, sagt der Vater. Ich glaube, das Töten ist das Unnötige an sich, denn die Menschen sterben sowieso, wenn man nur etwas Geduld mit ihnen hat. Der Staat hat keine Geduld, so ist das nun mal. Er will, nachdem er so oft und so weit herumgeirrt ist, nachdem er sich so oft in der Partnerwahl geirrt hat, nachdem seine Beschützer sich noch öfter geirrt haben, was die Täter betrifft, nachdem er immer die Falschen beschuldigt hat, der Staat die Falschen, oder der falsche Staat die Richtigen?, die aber selbst einen furchtbaren Verlust erlitten hatten, der Staat will was?, na, das wollte er, und jetzt will er was anderes, es steht hier, daß er es will, und sein Vertreter ist eigens um die Leiche herumgegangen in diesem Internetcafé, damit er sie nicht entehrt, indem er auf sie einfach draufsteigt, nicht wahr, der Staat will, daß endlich der Wahrheitsfindung gedient wird, deren Dienstboten wir doch alle sind, und wie gern!, nach all der Zeit: Wahrheitsfindung, Achtung, fertig und endlich wirklich fertig! Er will, daß auch ihm gedient wird, er will grundsätzlich, daß die Menschen dienen, auch wenn sie nie gedient haben, und wenn man sie kaputtmacht, dann können sie das nicht mehr, keine Sorge, Staat, es werden eh nur die Diener kaputtgemacht, nicht die Herrschaft und nicht die Staatsdiener, die besonders nicht, die kann keiner antasten, die bleiben, die Herrschaften, die andre zu bösem Tun verleiten, falls gewünscht, reißendes Wasser schlägt ja auch seine Zähne in jeden, der sich hineinbegibt. Die Herrschaft schon auch, was ist mit der?, die paßt sich jeder Situation an, die bleibt ewig, und es ist nicht die des Geistes, den dieser Gottessohn noch spenden wollte, hier der Leib von einem Menschen, den wir nicht kennen, den sollten sie hinnehmen, na, nehmen Sie ihn schon!, und damit ist es erledigt, es ist vollbracht, wie oft noch? Man kann nur einmal sterben.

Zu irgendwas muß das alles doch gut gewesen sein, aber siehe, es war nicht gut, den Geist kriegen wir nicht, nur ums Verrecken kriegen wir den, und die Worte sind bei den Göttern, bei der Herrschaft, bei irgendwelchen Leuten vom Spiegel und von dem Bild, die alle reden, dort sind die Worte, von Anfang an, wenn auch nicht immer bei denselben, es sind auch andre dabei, die heute abend am Wort sind und selbstverständlich morgen auch, und die reden ebenfalls ununterbrochen, im Anfang war also das Wort, aber bitte, wieso so viel davon?, früher wurde im Anfang noch was geschaffen, aber jetzt herrscht eben das Wort, im Neuen Bund herrscht das Wort vor, und es existiert heute immer noch, das Wort ist nicht umzubringen, das sehen Sie an der bösen Wende, als die Menschen immer noch dieselbe Sprache sprachen, aber nicht mehr dieselben waren, so war das ja auch gemeint, nicht wahr. Die Wende, die dieses Land genommen hatte, das war keine zum Guten, das sagen die Betroffenen heute noch, denn die Leute sterben weiterhin, wenigstens damit hätten sie doch aufhören können! Es war so gemeint, daß jetzt endlich das Leben und nicht mehr der Tod offensteht, und vor das Land des Todes machen wir einen Grenzbalken hin, und dann machen wir ihn wieder weg, Europa hat nämlich keine Grenzen mehr. Da ist aber immer noch diese dumme Wende, dabei war gar kein Platz zum Wenden vorhanden!, vor allem, wenn Sie ein dickes Auto haben. Keiner hat nachgedacht, sie wurde gemacht, alle wollten sie, doch keiner wußte, was das ist, sie wurde gemacht, und genauso war sie auch gemeint, wie immer zu unserem Schaden! Eine Wende haben wir nicht gebraucht, eine Rente, das ja, aber keine Wende, sonst hieße es ja Rende, oder?

Nur Geduld, Sie kriegen sie schon, Sie kriegen Ihre Ausweiche zum Umkehren und damit wir an die Fremden im überladenen Lada, gibts die noch?, nicht anstreifen müssen. Das ist so vorgesehen, nur die Toten konnten sich leider nicht davor vorsehen. Hätten sie es gewußt, wären sie nicht vor ihren sogenannten (oder ist das von mir?) Multi-Migrationshintergrund hervorgetreten, ich meine, die waren davor doch schon in vielen andren Ländern, wo man sie rausgeschmissen oder woandershin geschickt hat, und dieses Wort darf ich eindeutig nicht mehr oft benutzen, das ist zu abgenutzt, einmal gehts vielleicht noch, dorthin sind sie also getreten, absichtlich oder weil ihnen nichts andres übrigblieb, weil ihnen überhaupt nichts übrigblieb, und hatten das ewige Leben noch nicht, hatten aber dieses noch, wenn auch nicht viel davon, ich meine, es war nicht viel wert, und sie hätten ein Ziel abgegeben, ein gutes Ziel, sie hätten sich ein Ziel genommen und nicht mehr abgegeben, und das haben sie auch, sie haben sich an ihr Ziel geklammert, kaum daß sie es zu Gesicht bekommen hatten. Es wurde ihnen gezeigt, dann wurde es ihnen wieder weggenommen, bevor sie noch um Hilfe rufen konnten. Sie waren alle tapfere Kleinunternehmer und Familienväter, noch zeugungsfähig, noch zeugungsberechtigt, denn wer zu alt ist, wird einfach nicht umgebracht, der wird von einer Art FKK-Tod genommen, ohne alles, nackt, aber kein Kind mehr, bereits fix und fertig gebaut, und dann sterben die Leute auch noch sehr oft, und nicht daß Sie glauben durch mühsame Anstrengung zweier rasender Radler (ohne jedes Radlermaß, ich bitte um Entschuldigung, streichen Sie das wieder!), nur zehn Stück widerfährt dies; der Mann hier wird vielleicht doch noch beim Todes-Contest genommen und darf dann auferstehen, dazu hätte man ihn aber vorher nicht unbedingt killen müssen, nein, nix, ich habe mich geirrt, der ist nicht würdig, daß er eingeht unter seines Gottes Dach, ja, hier steht es: zu alt. Der ist bitte 60! Was soll der noch zeugen! Der kann ja schon beginnen, sein eigenes Begräbnis zu organisieren. Es hat dem Mann das Leben gerettet, daß er von selber sterben wird, womöglich sogar früher als die andren Getöteten, nein, ich sehe, er ist noch da, unser Saalpublikum sieht es auch. Ich sehe nicht ein, warum die das auch noch sehen müssen.

Es lohnt nicht, den Lebensfaden abzuschneiden, wenn er eh schon so kurz ist. Und bitte, was ich noch sagen wollte, wahren Sie die Unschuldsvermutung, auf alle Fälle, irgend etwas sollte doch bewahrt werden. Wenn man es schon mit zehn oder neun Menschen nicht geschafft hat, die Vermutung zu wahren, sie wären unschuldig, wenn das also nicht so recht geklappt hat, daß die unschuldig gewesen sein sollen, sollen vielleicht schon, man soll ja vieles, aber wahrscheinlich waren sie es nicht, hier steht es ja!, keine Unschuldsvermutung gewahrt, treten Sie zurück!, es gibt keine Gewährleistung, wenn nicht, dann wird das nie klappen. Nie! Man sperrt die Menschen wegen eines Vergehens ein, danach gehen sie erst recht in die Irre. Unschuldig. Die können nicht unschuldig gewesen sein, wenn ihnen sowas passiert ist, daß sie kurz auf- und niederzappelten und dann still liegenblieben, als die blanken Kugeln ihnen entgegenflogen, direkt in sie hinein, als das Licht der Kamera, das Einäuglein des Handys mit seinen vielen Funktionen, die niemals schlafen, sie traf, als sie festgehalten wurden, noch nach ihrem Tod, auf dem Speicher des Handys festgehalten, dort ist es finster, doch das Licht kann für den Hobbyfotografen und jeden andren auch viel bewirken!, also bitte, laßt uns leben, früher hat sogar die Wüste gelebt, ich erinnere mich noch, sie ist manchmal förmlich aufgeblüht. Das konnten sie nicht mehr sagen, daß sie leben wollten, die Männer. Und was sie nicht mehr sagen konnten, wurde im Bild festgehalten, das Bild unserer guten alten Diener, die uns beim Kopieren, beim Telefonieren, beim Surfen, beim Essen, beim Verschönern des Heims geholfen haben. Als Feinde des Staates hätten die Mörder, diese Söhne des Unglücks, die Diener gar nicht erst hereingelassen. Wer braucht Diener, wenn er selber in die Bank eindringen und Geld holen kann? Nehmen Sie sich Land und Leute vor! Wahren Sie und bewahren Sie die Unschuldsvermutung! Ich mahne Sie noch einmal!

DER RICHTER (VIELLEICHT ALS GOTT VATER VERKLEIDET? WOTAN? SONST NOCH WAS? SIE GLAUBEN, SIE BRAUCHEN HIER NUR ANZUSCHAFFEN, UND SCHON MACHT ES DER REGISSEUR? SIE MÜSSTEN ES NUN WIRKLICH BESSER WISSEN!):
Ich kann auch anklagen, aber der Kollege vom gleichen Staat wie ich kommt gleich, das ist seine Aufgabe, jeder Staat hat seinen Anwalt, ich nehme diesen und Sie, nehmen Sie Platz. Da tritt einer auf und beschuldigt diese Dame. Was sie gemacht hat, wird ihr gesagt. Es geht immer um Taten zum Nachteil von jemandem, aber schon auch zum eigenen Vorteil. Ich frage nach der Auffindesituation, es wird alles abgesucht, auch das, was sauber ist, ich frage ausdrücklich danach. Keine Auffälligkeiten, normales Warenangebot, ordentlich, sauber. Warten Sie, ich muß nur noch den passenden Ordner suchen, der oft nichts als Unordnung verbreitet, aber für das Richtfest brauche ich ihn. Der Vater ist jetzt hier, falls Sie ihn sehen wollen, um diese Stellungnahme abzugeben, doch es wird ihm eh nicht erlaubt. Wenn hier jemand eine Stellung hat und sie abgibt oder nimmt, ganz wie er will, dann ist der Richter dazu da. Man darf ihn antasten, aber es hat keinen Sinn. Er wird dann böse. Er ist für die Stellung da, für die Stellungnahme sind andere vorgesehen. Was für ein schöner Satz mir hier gelungen ist. Und so wahr, nicht wahr? Wie ist das Mädchen mit seinen Freunden umgegangen, will gewußt werden. Sie sind nett miteinander umgegan-

gen. Gleichberechtigt, wenn Sie das so hören wollen. Sowas will ich persönlich immer hören, aber außer mir will hier niemand mehr etwas hören, jedenfalls nicht das. So ist es doch immer, seien wir ehrlich, eine Jungfrau muß sich zumindest ernähren, kann sie schon nicht mehr gebären. Dieser Apfel, also ich weiß nicht, wo fällt er hin? Siehe, das ist dein Sohn! Äh, nein, siehe, das ist deine Mutter! Wieso? Wenn ich höflich frage, erwarte ich eine höfliche Antwort. Vielleicht werde ich den Apfel später einordnen und zuordnen können. Aber man kann den Apfel nicht gleichzeitig essen und aufheben, das geht nicht. Zuerst aufheben, dann essen.

Wo waren wir? Vor unserem Hintergrund, wir müssen nur überprüfen, ob es wirklich unserer ist oder nicht, ob der Hintergrund nicht herumfährt, während wir hierbleiben, ob er sich nicht hinter einen anderen gesellt, der nicht hierher gehört, ob dieser Hintergrund nicht von woandersher ist, ob ihn nicht einer billig gekriegt und einfach hier abgestellt hat, ohne daß ich es gemerkt habe, um ihn später mitzunehmen. Weil er zu Hause für einen Hintergrund keinen Platz hatte? Er war wie wir, und jetzt kommt er ins Grab. Er ist tot. Das steht fest. Wer das gesehen hat, der hat es bezeugt, und sein Zeugnis ist wahr, und er weiß, daß er die Wahrheit sagt, damit auch ihr ihm glaubt. Der Sachverständige ist da ganz zuversichtlich, daß ihm nicht widersprochen wird. Kopf-Rumpf-Steckschuß, kräftige Einblutung in Mundboden und Halsweichteile, das Projektil ist deformiert. Sowas kann man nicht erfinden. Das muß man gesehen haben.

DIE JUNGFRAU MARIA:
In der Hand des Mädchens ruht das Glück und ruht die Macht und ruht der Tod, wir steigen ein, also bitte!, ich

bestimme, wer einsteigt, bei mir wars nur einer, und sie zieht ihr Netz an Land, die andre Jungfrau, also ähnlich sieht sie mir nicht. Es wird von den Nachbarn gelobt, nicht das Netz, dessen Zentrum es ist, das Mädchen, es hält auf Ordnung, wie duftet es doch immer so appetitlich aus dieser Wohnung. Für die Söhne wird gut gesorgt. Kochen kann doch unmöglich eine Tarnung sein, oder? Kann ich mir nicht vorstellen, daß sich jemand diese Arbeit antut, nur um sich zu tarnen! Wenn sie die Söhne erst gebären kann, diese Jungfrau, wenn die schon erwachsen sind, na danke!, aber es ist praktisch, dann muß man sich nicht so viel mit ihnen beschäftigen, die wissen schon allein, was zu tun ist. Mama, daß du mich erhört hast!, wahrscheinlich weil du gar nicht wußtest, daß wir kommen, daß wir bewaffnet kommen, egal, sage ich dazu, erhöhen tu ich mich schon selber, dann sollen die Übriggebliebenen, Heldensöhne, die sich aber auch nicht vermehrt haben, zwei genügen schon, zwei sind mehr als genug, dann sollen die wenigstens gut essen, sie haben schließlich gearbeitet, auf daß auch andre sich nicht weiter vermehren können, diese Beteuerung leuchtet ein, die Teuerung nicht, die ist dem Deutschen nicht zuzumuten, und der Deutsche sagt dann gleich, wer nicht arbeitet, soll auch nicht essen. Kein andres Volk behauptet sowas. Hier umgekehrt, wer nicht ißt, soll auch nicht arbeiten, und das stimmt. Deswegen werden die Himmlischen sie noch nicht in den Tod senden, aus einem anderen Grund jedoch schon. Nicht weil sie essen, sondern schon deshalb, weil sie da sind. Nur weil sie da sind, müssen sie doch nicht gleich essen, oder? Vielleicht später? Nein, auch nicht.

DER PROPHET:
Die Täter sehen noch das Blut ihrer Opfer vor sich, und dann werden sie es hinter sich haben; so kommen sie auf

den Panther, nicht auf den Hund, die nicht!, die ziehen zwei Katzen vor, welche dem Mädchen gehören, vielleicht hat sie sie sogar bei YouTube eingestellt?, wer weiß, aber auch von dort muß sie sie irgendwann wieder abholen. Die Mördersöhne, ohne die Herausforderung von Hohen Priestern, aber herausgefordert von Rudolf Heß, das schon, da ist sein Foto, schauen Sie, an der Garagenwand, die wir leider zu spät finden werden, da braust der Inhaber bereits mit seinem Wagen davon, und was jetzt?, also die schauen heute wieder zu, wie ihren Opfern das Blut entströmt, toll, das muß natürlich sofort fotografiert werden, vielleicht hängen wir das Foto dann sogar neben das des Führer-Stellvertreters, das können wir uns leisten, denn wir sind beide gleichberechtigte Führer und Stellvertreter, so, jetzt also das Foto, notieren macht zuviel Arbeit. Sie finden ohnedies keine Worte, fürs Reden ist immer Zeit, für Worte nicht, da strömt es hin, das Blut, man sieht sowas nicht oft, ja, das muß auch gefilmt werden, ganz aus der Nähe. Wie alles, was da ist, immer, alles muß festgehalten werden, was prophezeit wurde, sentimentales Hängen am Leben hat keinen Sinn, wir haben die Macht, kommt, ihr Augen, und haltet das Mahl, haltet das mal, dann halte ich voll drauf.

Nicht wackeln, dummer Toter, du kommst sonst nicht richtig ins Bild! So. Gut getroffen! Den Schuß wiederholen wir, die Kamera hält still, der Verstorbene endlich auch. Das alles und mehr macht man mit dem Telefon, mit dem man früher noch ganz andre Sachen gemacht hat, nämlich hören und sehen, nein, sprechen, das Sehen kam erst später, als man sich die Telefone vor Augen hielt und genau drauf achtete, was sie uns zu sagen hatten. Den rosa Panther tun wir dann am Schluß dazu, damit die Leute eine Freude haben, die sich das anschauen, sie sollen es sich ja gern anschauen und sich die Panther-Melodie gern anhören, die ist nicht von uns, aber die Reime, die haben wir selbst angefertigt, Maßarbeit!, ein rosa Panther, nein, echt?, das muß einem ja erst mal einfallen! Zuerst bringen wir diese Männer um, damit sie sich nicht mehr bewegen können und auch sonst niemanden von den eingebildeten Gutmenschen, und dann machen wir die Fotos, dann machen wir den Film, dann schneiden wir ihn, natürlich ohne ihn dabei kaputtzumachen, Schnittmaterial: noch jede Menge vorhanden! Hier ist es ja. Daraus können wir noch mehr Pantherfilme machen, bloß sind die Künstler jetzt auch tot, oder? Ich weiß es nicht. Ist der Künstler tot, ist sein Werk mehr wert. Ein Grundgesetz, an das sich ausnahmsweise alle halten.

DER RICHTER (KANN SICH AUCH VON ICH VERTRETEN LASSEN): Der Filme sind jedenfalls genug gedreht, die müssen nur noch als Abgesandte fungieren, das werden sie doch wohl können, so fleißig, wie die Bilder sich bewegen, und schlechter als die Abgesandten Europas im Urknall, nein, in der Ukraine, werden sie es auch nicht machen. Da kommt also dieser junge Jesus, dann der andere, sie kommen beide, und keiner wagt, sie etwas zu fragen, sie haben uns ja so viel zu sagen, diese Jünger, wir wissen, daß das unsere Herren sind, darum fragen wir sie lieber nichts, sie könnten es in die falsche Kehle kriegen und uns auch noch wegputzen. Das ist das dritte und letzte Mal, glaube ich, daß diese beiden Erlöser sich mir offenbart haben, wenn auch nur indirekt, nicht persönlich, und das nur widerwillig, jetzt soll ich also auch noch Filmkritiker sein! Nicht schlecht, der Film, saubere Sache, ich verändere kurz meinen Tonfall. Respekt. Nicht übel. Sie wollen durch Paulchen Panther sprechen, gut, das sei ihnen gestattet, immerhin, wenigstens dieser Film sagt uns was: Sie wollen als Plüschtier zum Volk sprechen, dem Deutschen Volk, dessen Vertreter in meinem Gerichtssaal sitzen, aber nur wenige, wir haben keinen Platz. Ich sitze vor, die anderen sitzen nach. Meinen Unfrieden gebe ich euch deswegen noch lange nicht, nicht gebe ich euch, wie die Welt gibt, nein, Unsinn, nur die Bühne, die ist nicht die Welt, die ist gar nichts. Euer Herz muß vor ihr nicht erschrecken und sich auch nicht fürchten, doch ohne mich wärt ihr nicht hier. Wo war ich noch gleich? Dann schicken sie ihn herum, den Paule Panther, eine kleine Abwechslung im Grau des Grauens hier, das ist schön, die bewegten, bewegenden Bilder herumzuschicken, nachdem man selber in den Boden vom Wohnwagen gebissen hat und das Hirn an der Decke klebt, alles ist hier ständig in Bewegung und verlangt nach Betrachtern innerhalb der Mauern.

SO, TUN WIR NOCH EIN PAAR ENGEL DAZU, EIN KLEINER CHOR KANN NICHT SCHADEN, EHRE SEI GOTT IN DER HÖHE UND DEN MENSCHEN KEIN WOHLGEFALLEN IM WOHLWAGEN:
So schmücken wir denn die Toten und singen ein kleines Panther-Lied dazu, das wir selbst gedichtet, aber nicht auch noch komponiert haben. Der Inhalt des Films ist ja eher traurig, nicht wahr, aber so kommt er nicht rüber, es kommt ganz auf den Standpunkt an, ursprünglich war es ein lustiger Film, eine Komödie. Der neue Film mit Paulchen, die Älteren, seine eingeschworenen Jünger, wie ich, erinnern sich noch an das Original?, die Jüngeren kennen das ja gar nicht mehr, denen müssen wir auf die Sprünge helfen, und so hüpft er halt, springt herum, tanzt und paßt dabei auf seinen Schwanz auf, der Panther, daß er nicht drauftritt, mit leichten Sprüngen hopst er mit reizender Anmut herum, so lustig, so listig. Eigentlich müßte niemand erst tot sein, damit der Panther springt und singt und den Sieg verkündet, aber gut, in diesem Fall schon. Da

kann man nichts machen. Wir haben so wenig zu lachen ohne die Diddlmaus, die jetzt leider weg ist und sowieso endgültig eingestellt wird. Ein Jammer! Die hat uns früher auch gut unterhalten, sie hat gekocht, die kleine Hausfrau ohne Haus, die Jungfrau ohne Jugend, und das Nichthaus, in dem sie wohnt, das macht sie am Ende, eigentlich nach dem Ende, trotzdem noch kaputt, obwohl sie dort nie mehr wohnen wird, man kann ja nie wissen, ob es nach dem Ende nicht doch noch weitergeht. Aber erst mal weg von den Pfaden, auf denen die Männer sich auf nicht sachdienliche, aber doch gerichtsverwertbare Weise auf den Feind gestürzt haben, den Mann mit dem wandernden Hintergrund, da ist er ja schon wieder, ja, das ist er, und dort ist noch einer, es kommen ja immer neue herbei. Das Leben dieses Mannes wird uns geschildert, es wird hier ausgeschildert, etwas Langweiligeres haben wir nie gehört, da fangen ja eher noch Panther zu singen an, als daß diesem Mann was Aufregendes passiert, und sogar den Panthern glaubt man das eher!, sie singen, damit man dieses fade Leben nicht mehr sehen muß. So kann man sich irren. Da muß einer erst sterben, damit ein Plüschtier singen lernt. Mit dem Panther machen wir dann noch diesen lustigen Streifen, den ich vorhin beschrieben habe. Und das wird er dann auch. Lustig. Was wird, wird es auch. Alles. Wie alles, was da ist, festgehalten wird und werden muß. Das Festhalten ist immer die Hauptsache. Wenn einer tot ist, macht es weniger Arbeit, und man hat mehr Ruhe fürs Fotografieren, und dafür sind dann die Bilder bewegt und bewegen auch uns, und dann kann er keinem der Unsrigen mehr seine Arbeit wegnehmen, der Verstorbene. Wir setzen uns rasch die Siegeskränze auf, es ist dann einer weniger von den Vielen.

EINER AUS DER ENGELSSCHAR:
Die Speicher sind voll, goldene Ehre steigt aus ihnen auf, die Speicher quellen über vor Menschen, die drauf sind und draufgegangen sind, das Telefon kann keine weiteren Aufträge mehr entgegennehmen. Aber da fehlt etwas, da fehlt noch was im Glanz des Blitzes, des Strahls, da fehlt was, die beiden Filmkünstler und wer auch immer ihnen geholfen hat, die werfen ihre Fackeln, ein Foto braucht doch Licht, na ja, so viel auch wieder nicht, ein Film braucht das auch, die fressen das Licht förmlich, was andres fressen sie nicht, Licht bitte, Licht! Wir brauchen hier Licht, mehr Licht für dieses kleine Licht hier!, die Tat lag im Dunkeln, aber jetzt brauchen wir Licht, damit wir sie beweisen können, die Tat, und daß wir dort waren und ewiger Frühling seither hier herrschen kann, denn wer auch immer diese Fotos sieht, der weiß, daß es hell war, als sie geschossen wurden, es wurde hell gemacht, es wurde erhellt, wenn geschossen worden ist. Wir brauchen Licht. Damit alles draufgeht auf diesen Speicher, der immer kleiner wird, in jeder Generation Handys wird er immer noch kleiner, doch es geht immer mehr drauf, es gehen mehr von denen drauf, die draufgegangen sind, damit das Land Nahrung hat und Nahrung bekommt, den hüpfenden, fröhlichen Panther, unser schöner Siegespreisgesang wird angestimmt zu seinem Tanz, zu Paulchens Tanz, des Panthers Wechselschritt, der soll sich endlich entscheiden, vor oder zurück, hin oder her, und er soll sich entscheiden, was er überhaupt wechseln will; nein, nicht die Parther, das ist eine ganz andre Geschichte, ehrlicherweise kann ich nicht behaupten, wo die waren, aber Gucki wird es schon wissen, wenn ich mir die Zeit nehme nachzuschauen. Es ist immer die falsche Zeit. Es ist immer die falsche Zeit, wenn ich auf die Uhr schaue, die für diese Männer hier abgelaufen ist, und ihre Mörder laufen nicht davon, die nicht,

das müssen sie nicht, deutsche Männer bleiben, wo sie sind, die muß man nicht annageln wie Jesus, die haben ihr Haus bewahrt, das der andren aber nicht, die haben sich bewährt, sie fahren mit dem Rad, mit dem Wohmobil inklusive Fahrräder, die fahren sehr schnell, wahnsinnig schnell, aber ihre Zeit läuft derweil natürlich auch ab, das ist nur natürlich, klar, Ihre und meine und jede andere auch. Sie segnet sie, jetzt weiß ich nicht mehr, wer wen segnet, aber die Zeit, nein, das Zeitliche wird schon wen segnen, gesegnet muß werden, sonst wäre das ja Mord und sonst nichts, gemeiner Mord, der überhaupt immer gemein ist, doch gemeint sind diese freundlichen Kleinunternehmer, die zu Hause fernsehen, vielleicht sogar die zwanzigste Wiederholung von dem Pantherfilm oder türkische Videos, könnte doch sein; dieser Blumenhändler ist gemeint, der Dönerbräter ist gemeint, der Gemüsehändler und der Schlüsseldiener und der Mann mit den Internet-Ställen, geht grad immer nur ein Tier in eine Box, um Schweinereien zu sehen oder Bekanntschaften selber zu machen, ja, der ist auch gemeint, dem das alles gehört und der die Menschen in Ställe sperrt, bloß damit sie dann auch noch ins Netz gehen können.

DER ERSTE ENGEL (IN ZIVIL):
O Tochter! Eben seh ich schon vorm Haus dich, Moment, ich komm aus meiner Herde mal raus, die mich so eng umringt, warte mal, ich mach auch schnell noch ein Foto, noch eins, eins mehr oder weniger, darauf kommts jetzt nicht mehr an. Die Toten sind schon auf dem Speicher, die muß ich nur noch runterholen, ich muß mir auch noch einen runterholen, mein Samen rinnt in die Erde, nutzlos, das wäre nicht nötig, die Erde trägt aber, sie trägt alles, da muß man sich nicht auch noch sonderlich anstrengen. Die toten Männer hätten ihren Samen vielleicht noch nüt-

zen können, so alt waren die noch gar nicht, nein, die lebenden nicht, also ich meine diejenigen, die wir leben ließen, die hätten nicht mehr für sich gezeugt und für uns schon gar nicht. Dieser Satz hat keinen Sinn, egal, und er hat auch keinen Körper. Gut so. Tochter, schmücke jetzt deine Geliebten, was brauchst du überhaupt zwei, andre haben gar keinen und ärgern sich, wahrscheinlich hast auch du in Wirklichkeit keinen mehr, aber führ nicht auf den Reigen, führ ihn nicht an, deine Söhne haben schon einen kleinen Film gedreht, nicht abendfüllend, aber interessant, ihr Stamm herrscht jetzt im Land, also in ihrem Bundesland, das ist skandalös, die dürfen einen Stamm haben, die andren nicht. An denen reibt man sich immer nur. Die können für ihre Kinder hoffen, soviel sie wollen, es wird ihnen der Hoffnungsfaden abgeschnitten werden, noch ein Faden, so, wenigstens ist ein Stück davon übrig, damit man es hängenlassen kann, damit es sich nicht so schnell auftrennt, normalerweise sage ich das über den Schicksalsfaden, beides fast das gleiche, nur die Nornen und Parzen kennen den Unterschied, wetten?, vorher war die Hoffnung ja endlos, die haben geglaubt, ihre Kinder können hier alles werden und alles erreichen, sie können der Stamm bleiben oder vom Stamm abfallen, der schon immer hier herrschte, ganz wie sie wollen, sie können Reben am Weinstock sein, müssen aber drauf achten, der rechte Weinstock zu sein, nicht jeder trägt, nicht jeder erträgt das alles, und mein Vater ist der Weingärtner. Eine jegliche Rebe an mir, die nicht Frucht bringt, wird er wegnehmen; und eine jegliche, die da Frucht bringt, wird er reinigen, daß sie mehr Frucht bringe. Immer noch mehr! Ihr seid schon rein, also nicht reingegangen, sauber!, um des Wortes willen, das ich zu euch geredet habe. Ich weiß, ihr habt schon längst genug von mir und meinem Gerede. Bleibet dennoch in mir, und ich bleibe dann in euch und vergifte euch, weil diese Rebe gar keine Frucht bringen kann, ich habe euch etwas anderes gegeben, etwas, das dauert, aber nicht mich, ihr Männer, ja, auch ihre Kinder, die ihr an uns verdienen wolltet! Sie können Deutsche werden, und wenn sie Deutsche werden, dann können sie alles werden, ihre Kinder, aber nicht, wenns nach mir geht, doch sein können sie es nicht. Sie können einfach nicht Deutsche sein. Der teure Stamm, der hier herrscht, der Stamm, der früher hier herrschte und wenigstens die Landessprache beherrschte und dann alles andre auch noch, der ist der alte Stamm geblieben, veredeln können Sie den nicht mehr. Doch jetzt haben wieder wir recht, jetzt ist es auf unsrer Seite, es ist unser Stamm, allein unserer, der wieder und immer hier herrscht und in ungebrochener Linie hier herrschen wird, wir haben gar nicht gemerkt, daß er schon wieder so groß geworden ist! Er wird immer herrschen, mit Recht schlägt niemand auf ihn ein, er schlägt selbst, ich weiß nicht, wie es momentan steht, er schlägt also auf, erheb den Siegesruf, du Stamm, also ich meine jetzt den anderen, dort drüben, sonst fällen wir dich auch gleich! Ja, komm und herrsche. Teilen nicht mehr nötig, herrschen genügt.

DER PROPHET:
Das gilt für schon geborne Kinder wie für die kommenden, die allerdings gar nicht mehr kommen werden. Die Jungfrau ohne Geschlecht, für die gilt das auch, die Halbfrau, die kann gar nichts tun, da kommt nichts mehr, von der kommt nichts mehr, aber das ist noch nicht entschieden. Wer siegt, der bekommt die Jungfrau, auf den geht sie dann über; falls diese eine weissagen kann, kriegt man noch eine gratis dazu, ja, die mit ihrem überschäumenden Temperament, gleich schlägt sie wieder zu!, ich glaube übrigens, die Nordsee und die Ostsee sind gleich hoch, die Ostsee ist natürlich nicht so hoch wie die Nordsee, was die Him-

melsrichtung betrifft, ich sage ausdrücklich hoch, im Norden, nicht tief, nach unten, aber die Nordsee ist nicht nördlicher, ich schaue gleich nach. In Hamburg weiß man das, auch in Bremen oder Bremerhaven, ich aber weiß es nicht, ich komme vom Gebirge her, und wohin gehe ich? In die Wüste! Ich bin ein Idiot, das erklärt, warum ich nicht alles wissen und über alles schreiben kann, also ich kann es sowieso nicht, aber ich versuche es immerhin. Wenn eins nach dem anderen aufgeschrieben werden sollte, so würde, meine ich, die Welt die Bücher nicht fassen, die zu schreiben wären. Aber nein, was denken denn Sie, ich bin noch lang nicht fertig, stöhn!, überlassen Sie das Denken bitte noch eine Weile mir. Wie soll ich die blöde Landkarte jetzt halten? Modernere Methoden stehen mir nicht zu, also zur Verfügung, ich kenne mich damit nicht aus.

Bitte, kommen Sie nun zum Opfermahl, nehmen Sie doch Platz, bitte haben Sie Verständnis, wenn wir Ihnen die Opfer nicht sofort frisch servieren können, die sind zwar geliefert, aber essen können Sie sie nicht, Sie Frischefanatiker, Sie würden die Auster ja schon essen, solang sie noch an ihrem Stiel im Untergrund hängt!, nehmen Sie statt dessen diesen leckeren Schmorbraten, was Deutscheres gibt es gar nicht, ausgenommen Kohlrouladen oder Reiberdatschi, alles Gerüchte, von denen ich schon gehört, Gerichte, die ich aber zum Glück noch nie wirklich gegessen oder auch nur gerochen habe. In den Ferien hatten die Heiligen, von denen ich spreche, für alle Zukunft sprechen werde, keine Sorge, ich nehme das alles nur nebenbei mit, viel mehr wirds hoffentlich nicht, das ginge dann nebenbei nicht mehr, und ich weiß ja: Morgen sitzen Sie garantiert nicht mehr hier, nein, nicht wahrsagen, das tu ich nicht, da müßte ich ja die Wahrheit sagen, es sind die letzten Stunden der Freiheit, in denen das Mädchen sein reizendes Gesicht zeigen darf, das sich jetzt zwischen zwei Tagen von Freiheit und Unfreiheit hin- und herbewegt, zwischen Gestern und Heute, ja, ich weiß schon, Sie erwarten das Morgen von mir, aber da sitzen Sie eben nicht mehr hier, wie schade!, ich könnte endlos weitermachen, so. Bitte nicht schreien, das hasse ich am allermeisten! Das Morden haben Sie ja schon erhalten, aber ich muß jetzt nachsehen, wo ich es hingetan habe, es kann nicht weit sein, ich rede ja seit Stunden darüber, sehe aber nur Tote, nicht, wie sie hergestellt wurden. Vielleicht sollten die Verantwortlichen einmal eine Führung organisieren? Das mit dem Führer ist schon zu lange her, als daß man nicht Sehnsucht nach ihm haben könnte.

Das Mädchen sehe ich jedenfalls, es läuft zwischen den Häuserblocks hindurch, sie versucht einen Anruf, sie versucht einen Anwalt, sie versucht zu bedauern, daß sie die Oma nicht noch einmal besucht haben wird, aber es gelingt nicht. Nichts gelingt ihr mehr. Die Herausstellung des alltäglichen Lebens zum Tode könnte sie dazu anregen, ihr Sein zum Tode als ein Ausweichen vor ihm bis zum Ende zu sichern. Nein, ich glaube, es hat sich das alles noch gar nicht herausgestellt, ich kann es sogar rückwirkend, also vom Tod her alles auf Anfang!, beweisen, das ausweichende Dasein soll vom Ende her seinen Tod verstehen oder so ähnlich. Diese Toten, alle ein Sein auf ihr Ende hin, ohnehin verfallen, das eigene Dasein stirbt ja auch faktisch jede Minute aufs neue, warum also die Räume dazwischen nicht zusammenschieben auf Null?, bis kein Platz für diese Leute mehr ist? Todesfälle sind doch alltäglich, sie kommen bei anderen ständig vor, warum also nicht auch bei diesen Männern, die in all ihrem kleinen Schaffen, ihren kleinen Beschäftigungen, ihren kleinen Geschäften immer schon für den Tod bestimmt waren, wenn auch nicht für den, den sie bekamen? Uns geht es doch genauso, aber noch leben wir und wiederholen alles, was wir tun, nur besser, morgen machen wir es besser, damit uns kein andres Sein überholt und ungültig macht!

Die Jungfrau wird nach ihrer Reise schmutzig sein, kein Wunder, so lang ist sie schon mit der Lokalbahn unterwegs. Dabei hat ihr der Engel gesagt, was ihr bevorsteht, will sie davor etwa weglaufen? Da steht er ja schon, der Engel des Herrn, und wenn ich ihn wegschicke, kommt er immer wieder und will womöglich seine neueste Prophezeiung loswerden, er steckt eine Packung Ibuprofen in die Handtasche des Mädchens, falls es Schmerzen bekommt, wo auch immer, den Engel haben Sie vorhin ja gesehen, ich würde mich auch vor ihm fürchten, so ein Volumen habe ich bei einer Person noch nie erlebt. Die Kleider des Mädchens stinken, wer würde sich mit ihm einlassen, doch es entkommt der Prophezeiung nicht. Diese Jungfrau, die weiß auch nicht, was sie will, und mir glaubt sie es nicht, ich weiß es ja immer schon vorher, aber sie glaubt mir nicht. Ich habe die Niedrigkeit dieser Magd gesehen, doch ich habe vorsichtshalber nichts gesagt, die schlägt ja immer gleich um sich. Ich habe ihr nicht gesagt, daß niemand sie seligpreisen wird, bloß weil diese beiden Herren große Dinge getan haben, und ob sie sie nicht zufällig auch getan hat, ob sie nicht mitgetan hat, die Jungfrau, das werde ich ausgerechnet Ihnen nicht auf die Nase binden. Der Engel sagt ihr vor, daß die Barmherzigkeit von Geschlecht zu Geschlecht währen wird, aber sie kennt das Wort nicht, also das Wort Barmherzigkeit, nicht das Wort Geschlecht, und lieber übt sie sowieso Gewalt aus mit ihren beiden Armen und ihrer kleinen Armee aus zwei Personen. Wo war ich? Nirgends vermutlich. Nein, ich habe nicht gesagt, daß die Armen oft zerstreut sind, weil sie über ihren Verdienst nachdenken müssen, das müssen sie nicht, denn Gott denkt schon länger, als sie es sich vorstellen können, über ihre Verdienste nach, und jeder andre Gedanke ist hiermit ungültig. Also nicht die Armen sollen zerstreut werden, sondern die Hoffärtigen, die Gewaltigen sollen vom Thron gestoßen werden, nicht die Gewalttätigen, die nicht, das traut sich ja keiner, und nicht die Diener der Menschen und nicht die Dienstleister der Menschen und nicht diejenigen, die den Menschen ganz allgemein Gutes tun wollen, indem sie Wohnungen aufsperren, die verschlossen waren, Tische schmücken, die kahl waren, frisches Gemüse verkaufen, das den Menschen und ihrer Verdauung guttut, Brötchen herrichten, die fein schmecken, andere Menschen frisieren, die vorher schon kahl waren, und andere speisen, nicht mit Broten und Fischen, vielleicht auch, aber zum Beispiel mit einem leckeren Spieß, wie wärs damit!, der sich, die Hände in die Hüften gestützt, fleißig dreht, und sie werden Menschen auch erfreuen, indem sie besonders günstige Internettarife anbieten, ja, was die Hungrigen machen, sage ich lieber nicht, es würde Sie nur deprimieren. Und was mit all den anderen, die ich aufgezählt habe, passieren soll, das ist Ihnen ja klar. Die übrigen Menschen, und es sind nicht mehr gar so viele übrig, wollen bloß einen Döner, bekommen ihn aber nicht.

Und die Jungfrau will auch nicht Jungfrau sein, das war so nicht vorgesehen, sie muß aber, sie muß mit einer gewissen Berechtigung dort verharren, die deutsche Jungfrau, damit ihr die Toten gebracht werden, damit ihr die Toten von unten in die Oberwelt gebracht werden, wo über fünfzig Paar Schuhe herumstehen, die Anzahl variiert, je nach den Lügen der Journalisten, die zehn Jahre gelogen haben, völlig schuldlos selbstverständlich, hätten sie es gewußt, hätten sie es doch gesagt! Hätten sie mich gefragt, hätten sie es ruhig sagen dürfen. Wie hätten sie denn das wissen können!, unter all den Lügen, die sich besonders gern im Spiegel betrachten und ihr Bild in ihrer eigenen Höhensonne anbräunen lassen, stach diese eine dann doch ein wenig hervor, nicht viel, grade nur ein Eck, wo sich die häßlichen Menschen aufzuhalten wagen. So. Da stehen wir also mit Blumen, gekauft beim fliegenden Händler, nicht direkt beim Engel, und wissen nicht, wohin damit, wir kriegen überall Nachschub, nur von diesem einen Blumenhändler nicht mehr, der hätten Sie garantiert nicht sein wollen. Das haben Sie aber erst später erfahren. Und dieses Mädchen wollen Sie garantiert auch nicht sein. Bestellt und nicht abgeholt. Doch das Schaf auf der Brandstatt, das haben nicht sie angebunden, sie sind und waren es nicht, die drei, das sind immer andere und werden immer andre sein. Und die blutigen Tücher, die ihnen ums Haupt gebunden wurden, werden nicht bei den normalen Leintüchern liegen, welche gestärkt aus der Wäscherei zurückgekommen sind. Da ist einer auferstanden, das sehe ich schon von weitem. Die Söhne sinds nicht. Die kennen ihre Väter und wollen daher nie wieder zu ihnen zurück, die werden einander nie wiedersehen, außer sie glauben, es gibt da noch was, von dem ich noch nicht gesprochen habe, das Jenseits, nein, das kann nicht sein, das kann ich nicht behaupten, daß ich irgend etwas nicht mindestens hundertmal gesagt hätte, eigentlich auch traurig, nicht, daß ich nicht sagen kann, was ich will, sondern alles andre auch noch, viel zu oft?, so, jetzt noch einmal, zum Mitschreiben: Ich sage in diesem Fall, und das gilt jetzt, daß die einander nie wiedersehen werden. Ist in gewisser Weise vorteilhaft für mich, wegen der Schicksalswut, die mich endlich loslassen kann, mich endlich verlassen kann, aber ich brauche sie doch noch! Die läßt sich überall und

immer leicht einbauen, und die Leute sind von meiner
Leidenschaft beeindruckt. Nein, weil Sie fragen: Den Hohn
der Bürger fürchte ich nicht. Da es diese Drei gegeben hat,
fürchte ich nichts mehr und für mich schon gar nicht.

DER RICHTER:
Die Mordbereitschaftsleitung hat also die Erkenntnisse
zusammengefaßt und sie an andre Dienststellen weitergeleitet? Das erinnert mich an eigene Aktivitäten. Auch ich
habe schon öfter etwas zusammengefaßt, habe dann aber
keine Rückmeldung erhalten. Nein, überhaupt nicht.
Damals hat es keine Anhaltspunkte für eine Spur in Richtung Tätergruppe Rechtsextremismus gegeben. Die war
erledigt, die Spur. Abgebrochen. Abgelegt. Erst ich habe sie
wieder aufgenommen, und das auch nur, weil man es mir
so angeschafft hat, und bei mir ist sie sicher. So, ich habe
sie, die Spur, ich halte sie fest, kein Problem, sie versucht
jetzt nicht mehr, woandershin zu führen, ich habe sie, sie
hat vorhin noch gezuckt, weil sie auf die Autobahn wollte,
vielleicht, oder noch ein letztes Mal in den deutschen
Wald, doch die rührt sich jetzt nicht mehr, und Sie rühren
sich auch nicht. Daß Sie mir ja nichts anrühren! Jetzt
werde ich fragen, ob jemand diese Leute näher beschreiben kann, und zur Antwort bekommen, daß es sich deutlich um deutsche Staatsangehörige gehandelt hat. Das sind
alles Dinge, die wir bereits wissen. Ich muß es trotzdem
noch einmal fragen. Der Richter ist das Gegenteil des Propheten, er sagt, was alle schon wissen. Was brauchen wir
außerdem noch einen Engel, der uns dann auch noch sagt,
was wir schon wissen? Was brauchen wir einen Propheten, der uns nicht sagt, was wir wissen wollen, sondern
was er will? Was brauchen wir den Einsatz zu verdoppeln?
Der Jackpot ist doch schon geknackt. Mehr wirds nicht.
Wir haben ja uns, und Sie haben mich. Ich bin von Gott

gesandt und spreche Recht. Woran ihr mich erkennen sollt? An meinem Talar, glaube ich, und an meinem Hut oder Barett, also an dem, was ich auf dem Kopf trage, allerdings nicht ständig. Das wäre mir zu schwer. Außerdem sitze ich vorn und vor.

DER ENGEL:
Okay. Einer muß die Strafe für unrechte Taten zahlen, und da ist nur noch sie übrig, die Jungfrau, der ich ursprünglich ganz andre Dinge vorausgesagt habe, doch sie hat nicht geglaubt, daß sie schwanger werden kann, ich habe sie sogar eine Begnadete genannt, aber begnadigt wird sie nicht so bald werden, nicht einmal zu Weihnachten, wage einmal ich mich an eine Prophezeiung; bei dieser Polizei wird sie jedenfalls noch nicht mal aufgenommen, erst heute nachmittag hat sie es versucht, aber viele sind berufen, wenige auserwählt, die Jungfrau zählt offenkundig nicht zu denen, sondern zu den anderen; sie wurde zwar von Gott auserwählt, nicht wahr, ich habe es ihr auch brav ausgerichtet und eingetrichtert, aber gerichtet wird sie jetzt noch nicht, sie wird für die Richtung noch nicht einmal vorgesehen, der Hauptverantwortliche der Aktion kennt sie doch überhaupt nicht!, er weiß nicht, was sie heute den ganzen Tag macht, die Jungfrau, die weiß es aber auch nicht, sie weiß ja nicht einmal, was sie am Nachmittag machen wird, wenn wir den Zeitraum einengen wollen und die Zeit allein dafür wiederum ein wenig dehnen. Die Polizei weiß das alles noch gar nicht. Die Jungfrau behauptet, daß die Polizei ihretwegen hier sei, doch die Polizei ist einfach nur hier, wo sie immer ist, nämlich genau hier, schauen Sie nur!, die Systemansage sagt das auch an, sie sagt, bitte warten, guten Tag, hier die liebe Warteschleife, bitte warten auch Sie! Wir sind nicht die Hauptverantwortlichen für diesen Einsatz hier, wir sind für gar nichts ver-

antwortlich, was für ein Einsatz überhaupt? Kein Einsatz. Wir setzen uns für nichts ein, das ist Tradition bei uns. Wir dürfen das gar nicht. Wir müssen unparteiisch bleiben.

Die Jungfrau sagt, die ganze Stadt wird abgesperrt. Keine Ahnung. Welche Stadt? Kennen wir nicht, die Stadt wird abgesperrt, es ist so. Der Polizist sagt: Das kann ich aber jetzt nicht nachvollziehen. Er selbst befindet sich ja in einer andren Stadt, nicht wahr, dort wissen sie von nichts, nein, auch die Jünger nicht, die sowieso nicht miteinander reden, und wenn, dann wer der Liebling des Herrn ist und wer ihn verraten wird, danach ist es nicht mehr wichtig, und es geschieht dennoch, als sie so redeten und sich miteinander besprachen, daß sie letztlich auch nichts wußten, gar nichts. Dafür redeten sie umso mehr, gerade weil sie nichts wußten, nicht wahr, da erschien ihnen die Jungfrau selbst und ging mit ihnen, das heißt, sie versuchte es, sie hat zumindest telefonisch versucht, die Männer zu erreichen, um mit ihnen zu wandeln, aber die waren nicht zu erreichen, wie denn auch?, die waren längst am Ort der Wahrheit und des Urteils. Es ist Ihnen doch klar, daß für beides unterschiedliche Instanzen und die dazugehörigen Instanzenwege nötig sind, oder? Und so wurden auch die Mitarbeiter des Rechts angehalten, sie wurden gehalten, sie wurden in engen Ställen gehalten, sie waren so eng angepflockt, daß sie die Jungfrau nicht erkannten, weil sie sich dort, wo sie waren, nicht einmal umdrehen konnten. Genau: Die konnten sich nicht einmal umdrehn.

Sie sprach also telefonisch weiter zu ihnen, über den leuchtenden Äther, die Jungfrau, was sind das für Dinge, um derentwillen ich so lang schon unterwegs bin. Sagen Sie es mir!, wie soll ich das denn wissen? Ich könnte es Ihnen schon sagen, hören Sie mir doch zu! Aber sie wollten nicht, die Männer wollen ihr einfach nicht zuhören. Da sprach die Jungfrau: Seid ihr etwa die einzigen unter den Fremden hier, die eigentlich so fremd nicht sein sollten, sondern zuständig und eingeboren, die einzigen, die nicht wissen, also Sie, ja, Sie, der einzige, der nicht weiß, was in diesen Tagen dort geschehen ist, wo ich gerade herkomme? Und der Polizist sprach zur Jungfrau: Was denn? Das waren meine zwei Söhne, die Hohepriester des deutschen Landes, die uns alle erlösen wollten, und über das alles ist heute der dritte Tag angebrochen worden, daß dies geschehen ist, ich muß schauen, ob das überhaupt stimmt, das mit dem dritten Tag, auf einen kommts mir aber nicht an.

Wir haben ja alle gehofft, daß Deutschland erlöst werde, aber doch nicht so und nicht von denen! Nur gut, daß sie tot sind! Was hätten die alles zu erzählen gehabt! In zwei Jahren wären wir noch dagesessen! Einige von uns durften hin zum Grab, welches ein Wohnwagen war, und sie haben die Leiber gefunden, doch wir waren nicht dabei. Ja, sehen Sie denn nicht, daß Sie grade die Erscheinung einer Jungfrau vor sich haben, die das bezeugen kann, und zwar daß sie ihre beiden Söhne schon länger nicht mehr gesehen hat? Mehr weiß sie nicht. Danach jedenfalls nicht mehr, ich fürchte, die könnten sich was angetan haben. Was davor war, fragen Sie bitte den Propheten, obwohl eigentlich der fürs Danach zuständig wäre. Sprechen tut er aber auch davor, falls eigens gewünscht. Was der Herr Polizist nicht sagt, ist: Liebe Jungfrau, bleibe doch bei uns, denn es will Abend werden, und der Tag hat sich geneigt, mindestens um 20 %, wie der Abschleppwagen für den Wohnwagen, und danach war alles ohne Heil, ich meine in heilloser Unordnung. Und der Herr ist uns schon oft genug gezeigt worden. Nein, essen tun sie nicht miteinander. Die Jungfrau ißt bei ihrem Anwalt, den sie noch gar nicht hat. Sie wird aber einen finden, sie wird von einem zum anderen gesandt werden, jeder ist für etwas anderes zuständig und abgesandt, nicht wahr, sie wird eine Gebühr entrichten, dann wird sie vertreten werden, dann wird sie gerichtet werden. Das dauert.

Die beiden Herren des Wohnwagens werden wahrhaftig nicht mehr auferstehen, nicht nötig, noch länger zu warten, wir wissen ja noch nicht einmal, daß die überhaupt tot sind und wo und warum und überhaupt, dafür braucht man keinen Propheten zu bemühen, diese Herren bemühen sich schon selber nicht, und auch die Jungfrau sagt nicht: Friede sei mit euch, da würden die aber ordentlich erschrecken, das sind sie nicht gewöhnt, da würden sie glauben, einen Geist zu sehen, aber die Jungfrau sagt, ein Geist habe nicht Fleisch, nicht Knochen, allerdings angreifen läßt sie sich genausowenig, das geht nicht. Die Jungfrau, auch wenn sie später ihre netten Kleider, die sie oft umschmeichelt haben, im Stich lassen wird müssen, wie Jesus, ein dritter Sohn, den sie aber verleugnet und ihr Leben lang zur Sau macht, ohne ihn überhaupt zu kennen, dabei wär ders gewesen!, der wäre ihr Sohn gewesen!, die muß sich jetzt ausziehen, ausgezogen ist sie schon vorher, aus ihrer Wohnung. Also wenn sie ihre Sachen jetzt hier lassen muß und einen Trainingsanzug der Polizei bekommt, dann schämt sie sich dafür, sowas tragen zu müssen, es ist ihr unangenehm, obwohl die Sachen gar nicht ihr gehören. Und sie wissen alle nichts, von nichts haben sie etwas läuten gehört, außer vom Kirchturm her; die Staatsmacht und ihre Vertreter auf Erden, die sich auf unseren Straßen die Beine vertreten, die wissen alle nichts, außer dem, was es heute in der Kantine gibt, denn das steht geschrieben. Der Mensch muß nicht viel wissen, doch er muß halt ab und zu essen. Und das tut er auch, und das tut auch die

Jungfrau. Von Buße zur Vergebung der Sünden unter allen Völkern, also doch sicher nicht allen!, lese ich hier nichts. Da müssen Sie bis Ostern warten, so, diese sind leider vorbei, also nächste Ostern, dann bekommt ihr das alles vom Papst persönlich, aber nur, falls der für Sie zuständig ist. Der Polizist hier wars für die Jungfrau nicht, er war für sie nicht zuständig. Er war wohnhaft, aber nicht zuständig. Und er hat geglaubt, die Jungfrau habe einen Wahn. Will heißen, die spinnt doch! Das hat er vielleicht geglaubt. Die kann nicht sagen: Siehe, ich will auf euch herabsenden, was mein Vater verheißen hat, denn sie hat gar keinen Vater, jedenfalls keinen, den sie kennt, nicht wahr. Und die Wächter der Stadt, Polizei Jena, guten Tag, bitte warten, dieses Telefon ist derzeit nicht besetzt, deswegen ist ja besetzt, nein, automatische Ansage, die was kostet, die Wächter also sollen in der Stadt bleiben, bis sie ausgerüstet werden mit Kraft aus der Höhe. Aber da können sie lange warten.

Erst jetzt erfahren wir ja, was überhaupt los war, ein Richter hält das Verfahren in Händen, er läßt es nicht fallen, er würde es dann nicht wieder aufheben können; aber fahren muß er nicht mehr, das Mädchen wird zu ihm gebracht, die Spuren werden auch gebracht, alle jeweils in passenden Säckchen untergebracht, diesmal paßt es, diesmal wird ihnen nicht mit kontaminierten Wattestäbchen in den Rillen herumgestochert, von einer hurtigen Wicklerin dort appliziert, Gene auf Wattestäbchen, die sich über ganz Deutschland gezogen und verzweigt hatten, eine einzige Wattearbeiterin hatte ihre Stäbe weitergegeben, ohne am Rennen überhaupt jemals teilgenommen zu haben: Überall Spuren, aber an den und von den Falschen, falsche Spuren von den Falschen, die alle Michèle nachweislich weder sind noch umgebracht haben, erinnern Sie sich?, dieser Mensch existiert gar nicht, schon, schon, aber er ist es trotzdem nicht, er macht Spuren ins Nichts, die er persönlich vorgespurt hat, er war ja überall gleichzeitig oder hintereinander, egal, von nichts kam diesmal nicht nichts, sondern tatsächlich etwas, nur leider das Falsche. Denn wäre es nicht das Falsche, dann wären sie ja richtig gewesen, die Spuren, von den Richtigen für ihre Richter gelegt, wenn ja, dann hätte eine Frau, welche sich offenbar wie ein mehrspuriges Fahrzeug durch die Lande pflügte und Verheerungen in Datenbanken hinterließ, ein paar Hundert Verbrechen begehen müssen, jawohl, alle, schön übers Land verteilt, unter anderem vielleicht sogar an mir, eine Dämonin war das, kann ich Ihnen sagen, in einer Wattefabrik; nein, diese Spur klebte an Michèle fest, auch an Michèle, ja, aber auch an ein paar Hundert anderen, sonst wäre ich jetzt gar nicht draufgekommen. Ich habe mich total verfranzt, soll ich lieber etwas über die Zeit sagen, damit Sie sich wieder fassen können, wenn auch vielleicht erst in ein paar Minuten, die Zeit läuft ja, nicht wahr, leider auch meine, nicht nur Ihre. Nein, über die Zeit finde ich hier nichts, aber über den Ort, und aus der Orientierung an diesem Problemzusammenhang an diesem und jenem Ort wurde in meinen früheren Analysen das Sein des innerweltlichen Seienden gedeutet, natürlich nur angedeutet, bloß wußte ich nicht, wo ich war, da muß ich das Sein fragen, was damals war. Nein, ich glaube, das ist nicht von mir, und es ist auch nicht über die Zeit, sondern über das Sein. Egal. Hier treffen sie sich alle. Sie suchen innerhalb gewisser Grenzen, welche den Spuren nie gesetzt worden waren, diese hinterlassenen, fast unsichtbaren Tritte ins Nichts, die können sie eindeutig feststellen, doch es sind die falschen, am falschen Objekt, das Nichts ist ja kein Objekt, nicht wahr, und das Stäbchen, das rollt. Weiter gehts. Und so weiter.

Die konservierten Spuren, endlich die richtigen, sind jetzt herangerollt, Essen für die Ewigkeit, schockgefrorenes Essen auf Rädern, keine Sorge, das taut schon wieder auf; alles, was war, und alles, was ist, wird endlich zum Richter gebracht, der schon so lange darauf wartet. Wurde auch Zeit. Gott sei Dank. Er ist zu richten gekommen die Lebendigen und die Toten, nein, die Toten nicht. Und jetzt hat er Beweise, es ist nicht so, daß die Jungfrau auf ihn zueilen müßte, so schnell, daß der Richter denkt, sie geht zum Grab. Er nimmt sie auch so.

Es wird verhandelt, was mit den beiden Burschen ja einfach nicht möglich war, jahrelang nicht, keine Verhandlungen, keine Gefangenen, wir töten gleich, und nachher verhandeln wir auch nicht mehr, mit wem denn?, die haben doch keine Rechts-Vertreter bei uns!, es ist also unnötig, jetzt aber wird verhandelt, und dann werden wir weitersehen, aber viel weiter werden wir nicht sehen können. Jetzt will sie zur Heimstatt der Reinen, die Jungfrau, jetzt fällt ihr das ein? Gern auch der Kontaminierten, auf Watte Gebetteten, auf Stäbchen tanzend wie die berühmte Engeltruppe, und das waren erst mal wie viele? Keine Ahnung. Jetzt ist es zu spät. Sie segnet die hochwillkommenen Wörter, sie segnet die Namen ab, wer sterben muß. Mit den Wattestäbchen wären es Hunderte mehr gewesen, überall, da haben wir aber Glück gehabt!, nicht einmal eine Seuche hätte sich so schnell voranbewegen können. Die unheilige Jungfrau unterschreibt irgendwas mit einem andren Namen, sie läßt sich die Zähne aufbohren unter einem dritten Namen, der natürlich auch nicht ihr gehört. Ihr gehören nur die Zähne.

Bald werden die Söhne tot sein, froh den Göttern geopfert, den nordischen, denn Opfer zu werden, das ist für sie nicht so schlimm wie damals für Iphigenie, was damals geschah? Daß so viel Wind gemacht wird wie jetzt, damit endlich ein andrer Wind kommt und die Krieger trägt, das denke ich mir jedenfalls. Die Jungfrau bedauert dieses Selbstopfer, dieses Ganzopfer, diesen Holocaust. Nicht nur ein Stück Keule von einem Tier wurde geopfert, weil das natürlich billiger ist als das ganze Tier, von dem man noch gern was essen möchte, ich meine das, was von ihm übrig ist. Sie sagt das Unsagbare, die Jungfrau, aber sie tut nichts, denn das Untätliche gibt es nicht, und sie hätte nichts getan, wäre sie überhaupt hier gewesen. Ihre Söhne wären nicht gestorben, liebe Jungfrau!, nein, jetzt sagt sie schon lange nichts mehr, sie schweigt, sie hat was zu sagen, sie sagt es nicht, aber sie sagt es jetzt, glaube ich, doch, nein, auch nicht, das ist das Davor, es geschah im Davor, so meine ich das. Es ist einfach noch nicht jetzt, es ist noch nicht Zeit, und die kleine, vormals so gesprächige Diddl sagt, oje, sie sagt in jüngster Zeit nichts mehr, aber sie sagt etwas zu den Vollstreckern der Morde, bloß mir sagt sie es nicht, sie konnte den finster-scheelen Blick dieser Leute vor den wandernden Gründen, deren Preise Sie bei der Gemeinde der Gläubiger erfragen können, gut nachvollziehen, meint sie, welche die geborenen Kinder ins Kommende werfen, und die Kinder, die gar nicht erst kommen können, ins Nirgendwohin. Für die ist kein Platz vorgesehen, auch nicht in den Spalten der Kolumnen, in den Säckchen der Kondome, sie kann denen, die nicht geboren wurden, nachschauen, aber nicht nachgehen. Nachsicht ist von ihr nicht zu erwarten.

DER PROPHET:
Jugend Ostdeutschlands, höre auf diesen Einfluß oder höre nicht auf ihn, mir ist das egal, oder steck den Stöpsel rein in die Ohren, dann fließt nichts mehr, nur schöne

Musik, dann hat dir keiner mehr was zu sagen, wirklich keiner. Der Herr Keiner schweigt aber ohnedies, weil das Land ihm keine Befehle mehr zu erteilen hat und er daher austeilen darf, was oft in ordinäres Prügeln ausartet, manche wollen halt nichts andres teilen, und die Prügel kriegen immer die anderen. Ja, aber den Stöpsel hätte ihnen natürlich jemand geben müssen, damit sie wissen, auf wen sie hören sollen. Nur auf den! Die waren so unselbständig, haben ja nicht mal gewußt, daß, wo etwas zufließt, auch etwas abfließen muß, und ohne den Zufluß vom Verfassungsschutz und den Abfluß an diesen hätten sie auch nichts machen können, denn keiner hätte für ihre Taten bezahlt, auch der Staat nicht, der wissen möchte, wer was tut, immer möchte er das wissen, einmal wird er es fassen müssen, daß sowas möglich ist, dann wird aber die Quelle nicht mehr so wild und ungezähmt sprudeln können, dann werden alle V-Männer in Schweden sein und dort Bauernhöfe bewohnen, weil sie sich fürchten. Das ist nicht weit genug für Deutschland. Oder ihre Bauchspeicheldrüse wird versagen. Achten Sie auf diesen Staat, er wird Ihnen noch furchtbare Dinge antun! Also ohne diese leichte Beeinflüssigkeit, nein, Beeinflußbarkeit, hätte eben nichts fließen können, gar nichts, das ist meine Meinung, und sehen Sie: Die Kleider wurden ihnen geschwärzt, nichts mehr da, was man aufteilen könnte unter die Soldaten, der Rauch schwärzte die Wände der Hütten, des Wohnwagens, des gewagten, nicht angesagten Wohnens im Doppelhaus, also in der einen Hälfte des Doppels; inzwischen gibt es nichts mehr davon, das mußte alles niedergerissen werden, zu kaputt das ganze Haus, zu eingefallen die schlichte Hütte, zu eingeschüchtert die Nachbarn.

Die Opfer sind gebracht, ich weiß nicht einmal, wem. Die Jungfrau selbst sinkt an ihrer Seite des Lichts, das nicht in die Welt kommen will, nieder, sie sieht ja auch nichts, wann wird wieder frei sie sein, wie wird dieses Bad, nein, nicht das in der Menge, das ist alles geheim, wann wird das enden wie dieses verspätete, anmaßende Königshaus der Deutschländler einmal geendet hat? Da bin ich aber froh. Jetzt weht ein andrer Wind, ich meine, jetzt wehn andre Lüfte um dich, deutsches Königshaus, nicht im Bad, in Ruß, Gestank und Dreck endeten einst die, die seine Könige werden wollten, einer nach dem anderen, und immer noch schilt, ich meine schallt das Haus, und immer noch dröhnen die Räder, die rollen für den Endsieg, der längst stattgefunden hat, die beiden Teile haben ja zueinander gefunden, endlich!, aber warum müssen danach noch so viele umgebracht werden?, warum ist dieses Land nie zufrieden?, ich weiß es nicht. Und immer noch schreit es aus den Wänden heraus, ihr Idioten, ihr gemeinen Idioten, warum wollt ihr denn ununterbrochen morden? Warum wollt ihr morden, nachdem ihr erst, so spät, aber immerhin, in euer Stamm-Land zurückgekehrt seid, zwei gab es für eines, es hätte noch mehr dafür gegeben, endlich eines, dafür aber größer, zu werden. Wie bitte? Begeht ihr etwa immer noch die gleichen Fehler? Nach der Vereinigung fängt es für euch erst an?, Mord kommt von Mord, einer nach dem anderen, das endet in diesem Land nie, wenn Sie mich fragen, aber ich bin nicht von hier; es ist nicht die Republik Mordwinien, auch nicht Mordawien, aber es könnte sie glatt werden, mit all ihren Bergen und Tälern, denn wo Berge sind, sind auch Täler, das ist wie mit dem Zu- und Abfluß. Ja, das Feuer gibt es auch, es geht aus, und dann geht es wieder ein, wenn es nichts mehr zu essen bekommt.

Jugendliche Menschen werden abgefangen und weggespült, sie werden von der schmutzigen Flut mitgerissen, je nachdem, wie das Wetter im Osten ausfällt, manchmal fällt es ganz aus, heute kein Wetter vorhanden, da werde ich Meldung machen müssen, tut mir leid!, und dann fallen sie alle ins Nichts, ich meine, wenn man ihnen ihr Ziel nimmt: alles nur Deutsche hier, gut!, mit Haut so weiß wie Schnee, bis sie über den Rand des Schneebretts fallen, sie haben nicht gesehen, wo sie enden und der Schnee anfängt. Jugendliche, die auf einmal merken, sie sind gar keine Heldensöhne und jetzt erst recht die Fäuste schwingen, weil sie sich bewehren wollen, werden abgefangen, bevor sie ganz abgleiten. Ihre Gewißheit ist ihre Überzeugung, in ihr läßt sich ihr Leben allein dadurch, daß sie die einzig wahre Sache für sich entdeckt haben, als solches bestimmen, ja, sie leben noch, eindeutig, und sie haben Deutschland, ihren Gott, ganz neu und frisch für sich entdeckt, sie sind ja auch noch ganz neu, ihre Zeugung ist gar nicht so lange her. Die Zulänglichkeit dieses Fürwahrhaltens bemißt sich nach dem Wahrheitsanspruch, und dieser empfindet sehr stark sein Recht darin, daß das Seiende nicht verschieden sein darf, so. Was machen wir jetzt? Aber sterben darf es schon, dagegen kann man nichts tun. So wandelt sich die Wahrheit und wandelt dahin auf ihren Pfaden, die für mich nicht einsichtig sind, das ist privat, ein privater Forstweg in den deutschen Wald. Gewiß ist nur der Tod, den können wir zubereiten, aber des Lebens können wir nicht gewiß sein, außer es ist so ein gewisses Leben, hat zumindest Ähnlichkeit mit einem gewissen Leben, auf das wir hinunterblicken, dabei sehen wir aber nur einen sehr kleinen Ausschnitt, wissen Sie, wie ein Kopftuch von oben aussieht? Es sieht nach nichts aus. Wir wollen es trotzdem nicht dulden, weil es anders ist, dieses Leben hier ist einfach anders, würde es auf dem Kopf stehen, könnte man es gar nicht erkennen, denn die Schuhe sind alle immer ganz ähnlich. Und diese Möglichkeit, daß wir alle Menschen, oder große Teile von ihnen, also Teile ihrer Gesamtmenge, nicht Teile von ihnen, wegschaffen können, ist eine Gewißheit. Der Tod verdeckt dann das Leben. Ich glaube, die Staatsschützer und Staatsbenützer sind letztlich alleine schuld, obwohl sie doch nur schützen und benützen wollten. Die tragen diesen Namen nicht zu Recht, die verschlüsseln alles, was sie an Eingebungen haben oder machen, aber ein Größerer als sie weiß es schon längst. Die pumpen Steuergelder, wenn der Abfluß verstopft ist, die pumpen mit dem Pümpel noch aus dem Vakuum Steuergelder in die Szene, das habe ich sicher schon irgendwo gesagt, ich erinnere mich ganz deutlich, egal, jetzt haben wir den Salat, zehn sind tot, und unsere Söhne kommen als Opfer noch dazu, wir hätten nicht für möglich gehalten, daß der Verfassungsschutz sowas macht, daß er das zuläßt! Wenn er den Abfluß nicht freikriegt, dann kann ein umwelttechnisches Ereignis eintreten, eine Überschwemmung, eine Übertretung, eine Übertreibung, was weiß ich, das kann passieren, wenn der Stöpsel feststeckt. Es ist aber auch nicht gut, wenn die Badewanne leer bleibt, weil der Stöpsel ganz fehlt, wo ist er denn?, vorhin lag er doch noch auf dem rechten Rand, wo ist er jetzt hin? Links kann er nicht sein, da sind wir, die Guten, die Braven. Niemand hält das jetzt noch auf, jetzt setzen sich endlich die Kinder durch. Die sind jetzt an Wort, Schrift und Tat, schriftlich und tätlich. Bitte, machen Sie ruhig! Ich bin schon weg.

Sehr gut. Die junge Generation muß ran und Außenminister werden, wenn auch nicht bei den Deutschen. Niemand hält irgendwas auf oder wird von irgendwas aufgehalten. Die sind schuld. Die müssen weg, wer?, nein, die andren sind schuld, zehn Leute müssen weg, dann werden auch diese nichtssagenden Hintergründe, die anderen jedoch viel zu erzählen haben, endlich verschwinden, sie werden sich verdrücken, der Berglöwin gleich, und erst wenn sie verschwunden sein werden, diese beiden Männer, werden sie wieder vors Gericht gezerrt, allerdings nur noch in indirekter Rede, etwas spät, finden Sie nicht? Wir hätten sie vielleicht noch einholen können, bei Gott ist ja kein Ding unmöglich, nicht einmal, wenn es verschwunden ist, auch da kann man noch was mit ihm machen, per Fernzündung oder so, man kann an alles glauben, sobald man es nicht mehr sieht. Umgekehrt wird ein Wattestäbchen mit fremden Spuren draus, aber umgekehrt würde es keiner halten, das wäre ja idiotisch: die Watte vor! Wieder kein Tor! Und zwar weil das Stäbchen zwei Enden mit Watte hat, geschieht uns recht! Doppelte Chance, Doppelfehler. Wir werden nie erfahren, was der blöde Hintergrund nun eigentlich war, der hat sich dauernd bewegt, und dann haben wir ihn ganz aus den Augen verloren, ja!, immer wenn ich den Auslöser betätigen will, um etwas festzuhalten, verliere ich es.

Die Jungfrau hat vernommen, daß sie Mutter werden soll, aber das ist unmöglich. Da sie aber dermaßen unerfahren ist, weil sie nie gebar, nimmt sie diese zwei Männer an Kindes statt, und ja, meine These besagt: Sie gebärt diese Kinder ganz allein, genau!, weil man ihr gesagt hat, daß sie es kann, das war eine Herausforderung für sie; und in der Stadt des Kindes lebt sie zehn Jahre und länger, weil sie es konnte, und diese Kinder bringen zehn Menschen um, weil sie es konnten; diese Schreie drinnen im VW-Bus, im Internetcafé, in der Feuerstelle, der Kochstelle, nein, der Döner-Bratstelle, all die Schreie, als würde mit einem Hammer auf Blech geschlagen, auf tönendes Erz, denn sie werden erschossen, die Stimmen mitsamt ihren Besitzern, erschossen, mit scharfer Waffe, mit scharfer Munition, immer mit Schalldämpfer, der seine eigene kleine bescheidene Alu-Spur neben den großen Löchern hinterläßt, deswegen weiß man ja, daß es ihn gegeben hat, den Dämpfer, den sie hatten, aber nie bekamen, von niemandem, und weil man nichts gehört hat. Am Ende dann das Ende mit eigner Hand, der eine bereitete dem anderen sein Ende zu, der er aber auch selber war, als ob es ein einziger Schuß gewesen wäre, durch beide hindurch, und ausgerechnet der Nette, der Mundlose hat zweimal geschossen, davon einmal auf sich selbst. Der Auswurf sind immer nur die armen Hülsen, die nichts dafürkönnen, weil sie nichts getan haben. Es wurde ihnen angetan. Nicht mehr verheerend durchstreifen die beiden Söhne jetzt die deutschen Lande. So ganz von nahen Freunden liegt dieser Wohnwagen entfernt. Eigentlich schade. Den Schrei drinnen, hört ihr den? Den ersten Schuß, hören Sie den? Ja. Nein, wir hörten den nicht, der Wagen stand zu weit weg. Nicht der eine, nicht der andre beklagt, daß sie von eigner Hand gestorben, die können niemanden mehr klagen, die können überhaupt nicht mehr klagen.

ICH:
Ich bin nirgends. Wir aber sind woanders, wir sind noch in der Wohnung, so, wir sind jetzt die Jungfrau, stellen Sie sich das vor, noch ist sie nicht abgereist, aber sie wird es bald sein. Sie wird kilometerweit Deutschland durchmessen, wie diese Wattestäbchen damals, allerdings persönlich, als sie selbst, aber sie kommt auf keine präzise Zahl, diese billigen Regionalzüge machen zu viele Umwege. Man kann alles, was woanders passiert, nur in Radio und Fernsehen verfolgen, bis man selbst verfolgt wird. Wie ich. Nur TV und Verfolgen, bis ich eine Einzelgängerin geworden bin, schrullig, auf die Türklingel fixiert, nur ja nicht auf den Öffner drücken und nur ja nicht mit den Öffis fahren!

Wer achtet je des Armen Freundschaft wünschenswert? Sehen Sie. Meine will auch niemand. Und die Jungfrau hat das ganze Geld in der Wohnung liegenlassen. Das wäre mir nie passiert. Sie war begreiflicherweise zu aufgeregt, um das Geld mitzunehmen, für den Juristen, den Anwalt, den sie sucht wie die Jünger Jesus, so dringend, hätte sie das Geld gut brauchen können. Wie ich. Sie hätte es für alles andere auch brauchen können, vielleicht für ein komfortables Hotel. Wie ich nicht, ich bleibe immer zu Hause. Es waren die Reste vom Banküberfall, und die läßt sie einfach liegen. Diese Anwälte verlangen ja einen Vorschuß, sie bekommen ein paar Hunderter, wenn auch nicht geschenkt. Das letzte Geld der Jungfrau aus dem letzten Versteck. Sie hat jetzt noch 12,23 Euro in Münzen, hier steht es, wenn es nicht stimmt, bin auch ich nicht schuldig.

GOTT SELBST, DAS WURDE ABER AUCH HÖCHSTE ZEIT! ICH HABE MICH TOTAL VERFRANZT:
Ja. Schauen Sie nur, erschauern Sie, daß sowas möglich ist, da ist auf dem Display so eine Kamera, und die wählen Sie, Sie wischen, wisch und weg, nein, nicht Staub, den hoffentlich auch, aber Sie wischen über mein schönes Geschaffenes, und dann drücken Sie drauf, sehen Sie, das können Sie auch, das können heute schon zweijährige Kinder, ich habe es selbst gesehen und selbst geschaffen, allerdings nicht geschafft, noch nicht, und jedenfalls habe ich geschaffen, was da steht, Sie können es nachlesen, so, geschafft! Da ist nichts mehr zu sagen, es kommt aber noch mehr, auch wenn die Menschen hier schon so laut aufstöhnen, als müßten sie gleich sterben, was auch mein Werk ist, alles meins!, alles gut gemeint!, und mein Werk wird auch sein, das Sterben wieder zu beenden, indem ich es vollende, vorher gebe ich nicht Rast, nicht Ruh. Wie mich der Vater gesandt hat, so sende ich euch. Also wenn ich

euch so anschaue, würde ich euch gern wieder zurücknehmen, werde meinem Vater eine WhatsApp oder was das ist schicken. Ich bin wie Paulchen Panther, ja, natürlich, ich komme wieder, keine Frage, der Herr kommt wieder, das hat er, das habe ich auch immer schon gesagt! Bloß: wann? Nur eine kleine Weile, und ihr seht mich nicht mehr, und noch eine kleine Weile, und ihr seht mich wieder, denn ich gehe zum Vater. Den Rest lasse ich euch da. Den Rest erlasse ich euch nicht. Da ist nur noch das Bild und jene, die es wissen: Wo immer wir sind, dort sind wir dann wirklich gewesen, doch dort sind wir nicht mehr, es geschieht nichts mehr heimlich, und wenn es zehn Jahre dauert!, nein, nur sieben, Moment, Irrtum! Zwölf Jahre, aber nehmen wir an, weil man sich das leichter merken kann: Nach zwölf Jahren mit zehn toten Menschen vor zehn wandernden Hintergründen, wahrscheinlich sogar mehr, ja, Gründe und Jahre, nach all diesen Jahren kriegen wir sie endlich, kaum zu glauben! Bitte, leihen Sie mir zur Hilfe Ihr Handy, lieber Greis? Nein, das ist kein Greis, und mein Vater ist es auch nicht, das wüßte ich, denn mein Vater, der mich gesandt hat, ist ja auch ich, er ist in mir und ich bin in ihm, so wie jeder Deutsche jeder andre Deutsche auch ist, das haben sie immerhin erreicht, daß das so ist, auf der ganzen Welt wissen sie das inzwischen. Die sind wieder wer! Ich mache sie verantwortlich, aber wie? Sie wissen ja nicht einmal, wer sie sind.

DER PROPHET:
(*schaut aufs Display vom Mobile*) Das Telos im Sucher des Zellen-Telefons, für das man keine Zelle mehr braucht, ist wie der Hintergrund, vor dem gesprochen werden wird, was ich schon weiß, das Ziel ist der Weg, alles mobil, nur suchen müssen wir nichts mehr, es ist schon da, wir müssen nur draufhalten und abdrücken. Diese beiden Männer

haben das gewußt, denen die Augen gehalten wurden, daß sie den Herrn nicht erkannten, weil der Herr vom Verfassungsschutz kam und gar nicht erkannt werden wollte. Sie haben sich untereinander besprochen, wen erschießen wir als nächstes, jemand unter 60, das ist die Grenze, wir erschießen ihre Söhne, die, in keiner Religion und in keinem anderen Glauben bewaffnet, äh, bewandert, am Tisch der Väter sitzen dürfen. Mit den Söhnen bringen wir auch die Väter um, die dann sowieso nicht mehr weiterleben wollen. So. Die Augen werden ihnen also gehalten, doch es gelingt ihnen trotzdem, das Ziel vor Augen zu stellen, hoffen wir, daß es auch stehenbleibt, dann abdrücken! Das ist schwierig, denn alles bewegt sich, nicht einmal wenn die Menschen stillstehen, sind sie bewegungslos, sie gehören alle zu einer Bewegung, jawohl, genau zu dieser hier, wieso sehen Sie die nicht? Sie sehen doch, daß sich hier was bewegt! Schauen Sie, Sie drücken ab, bevor es zu spät ist, als könnte es je später werden!

GOTT:
Die Zeit bewegt sich, ich bewege den Zeiger, ich bin der Zeiger und der Zeigerbeweger, die Gründe bewegen sich auch, warum wer was tut, das macht es ja so schwierig, das habe ich absichtlich so schwierig gemacht, damit sich nicht alle gegenseitig wegen der Hintergründe umbringen, wo sie doch nicht einmal Gründe haben! Aber diese beiden Männer, die unterwegs ihre Dings, ihre Dinge verhandeln, wen sie umbringen wollen und wieviel Geld und was sie sonst noch dafür brauchen und sich erst noch holen müssen, die lassen sich von der Bewegung leiten, nicht abhalten, sie lassen sich von nichts abhalten, auch von mir nicht. Dieses Telefon wird abgehört, ich hätte es ihnen sagen können, und das dort auch, dieses aber nicht, und das andre nur einen Monat lang, einen Monat lang ist das

Mobile wirklich mobil, es geht nicht nur dorthin, wohin es soll, es geht auch in andre Ohren, in die es nicht gehört, es fließt, es wird angezapft, aber nicht lang. Diese Quelle ist einfach zu unergiebig, und ist sie es nicht, nutzen wir sie nicht. Wenn nötig, bringen wir die Toten selbst zu ihrem Richter, aber ich bin schon da, ich war beim Vater, und jetzt komme ich zu Ihnen, Momentchen!, gleich bin ich bei Ihnen, ich halte meine Versprechen, aber meine Versprecher halte ich nicht zurück, ich sage einmal dies, dann wieder das, ich, der ich soeben gekommen bin zu richten die Lebendigen und die Toten, bei den Lebendigen dauert es noch etwas, manchmal sogar Jahre!, bitte um etwas Geduld! Im Grunde ist das ja überflüssig, eigentlich hätte es genügt, sie in diesen Zustand zu versetzen, die Toten, ich weiß schon, was ich mit ihnen mache in meinem Reich, das sogar bis Deutschland reicht und dort jetzt unbedingt bleiben will.

Die Töne bewegen sich jetzt schneller als vorhin in den Ohren; hat man erst mal welche, dann flutscht es. Hast du Töne! Da gehen sie hin. So und so viel wird für Gespräche, die im Nichts verschwinden, abgebucht, das Sparkassenkonto wird überwacht, dafür braucht man keinen allwissenden Gott, bei dem die Kinder ruhen, wenn sie tot sind, ich würde sie eh nicht haben wollen. Nicht einmal das Geld ruht sicher, das Konto, die Telefone, die wiederum nie ruhig sind, nie schweigen, von 19 Menschen im Umkreis der drei Bären, Mama, Papa, Kind, nichts sehen, nichts hören, nichts wissen. So, die werden abgehorcht, keine Geräusche, nicht in der Lunge, nicht sonstwo, zu sowas muß ich mich nun wirklich nicht selber herablassen, dafür bin ich nicht in die Welt gekommen und wieder aufgestiegen, allerdings nicht aufs Rad, bei dem das Schloß nicht aufgeht, nein, auf kein Rad, man hört die Geräusche, sie sind normal, der Fernseher flimmert, die Tumorzelle vermehrt sich, die Terrorzelle fliegt auf, ein Mensch wird durchleuchtet, ein andrer wieder will noch Sachen aus der Wohnung holen, die Dinge wandern, die Menschen auch, das mit den Hintergründen habe ich schon hundertmal gesagt, das haben sogar andre schon öfter gesagt, wenn auch nicht so oft wie ich, sie haben sie Gründe genannt, von denen kennen sie den Preis. Nichts ist fest, wäre es nicht interessant zu erfahren, wer diese Wohnung nutzt? Es interessiert keinen. Pässe reisen allein, sie wandern von einem zum andern, neue werden ausgestellt, den Menschen, der da auf dem Ausweise, aus dem Ausreisepapier aufscheint, gibt es zwar, doch er ist nicht jener, der das Papier beantragt und auch bekommen hat. Einen Menschen gibt es jetzt zweimal, als Original und als Fälschung, na sowas, so habe ich mir das garantiert nicht vorgestellt, als ich diese Leute schuf, aber der Dritte ist sowieso ein andrer, ich ist auch ein andrer, ein Mensch ist da, kennen Sie den, kennen Sie den schon?, und nicht vor einem Emigrantenhintergrund, was immer das ist, und bitte nicht vor einem verzweigten türkischen Stamm, wenn möglich, warum wäre das ungünstig?, ich glaube, das wurde hier schon tausendmal erklärt, von einer Guten, natürlich nur für die Guten, deshalb haben Sie es vielleicht überhört; immerhin und immer ist ja alles Volk, völlig unterschiedslos, zugegen und schaut und hört zu, nur die Hintergründe wechseln eben, derzeit sehe ich zwei von ihnen, zwei Hintergründe, aus durchsichtigen Motiven, aus hintergründigen Motiven zu zwei Stück Mensch geworden. Ein Hintergrund, der persönlich wird! Wo gibts denn sowas!

Da läuft jemand sogar als er selbst mit einem Paß herum, der auch er selbst ist, zumindest steht es drauf, doch er ist es nicht. Die Person bleibt gleich, der Paß verkündet Alter und Aussehen, beides stimmt nicht, auch wenn die Menschen immer noch sie selbst sind. Die Frau, welche dies hier für mich aufschreibt, ist zum Beispiel fünf Zentimeter größer als in ihrem Paß vermerkt, ehrlich nachgemessen! Egal, ihr Paß ist dieser nicht, sie hat das Alter, in dem man würdig ist, gemordet zu werden, längst überschritten. Die Frauen sind ja immer weiter, als sie sein sollten. Während Männer noch zeugen können, sind sie schon lange für nichts mehr gut, die Frauen. Dieser Ausweis, nein, nicht dieser, der sagt mir gar nichts, aber er verkündet den Tod, der Tod weiß jetzt selber nicht, zu welcher Adresse er soll, das haben ja sogar die blöden Wattestäbchen gewußt, nur waren sie immer falsch, und geklingelt hat dabei nichts. Da klingelt nichts. Das sagt mir jetzt nichts. Der Mann weiß nicht, wer ihn schickt, ich weiß es auch nicht, wer das ist, da sind also zwei Personen dasselbe und derselbe. Selig sind die, die an mich glauben, aber das glaubt mir wieder keiner!

Da ist das Mädchen, das gleichzeitig Greis sein könnte, wie soll das gehen? Fangen wir von vorn an, es ist nicht nötig, so zu schreien oder zu schreiben: Im Anfang war das Wort, und das Wort war bei Gott, und Gott war das Wort. Ich, ich, ich! Nein, das wollte ich hier nun wirklich nicht sagen beziehungsweise abschreiben, sagt diese Frau, der ich diktiere, bis ich heiser bin.

ICH, EGAL, WER ICH BIN, IRGEND JEMAND WIRD SICH SCHON MEINER ERBARMEN:
Es ist ja schon längst alles gesagt, wieso kommt mein Wort dann immer zu spät? Weil es gar nicht meins ist, weil jeder sagt, was ich sage. Ich sollte mir endlich ein eigenes suchen. Mal reinhören in meine Galaxy! Ich sage: Die beiden Engel sind von der Jungfrau geschieden, die davor irr-

tümlich bei einem Scheidungsanwalt gelandet ist, aber gleich an einen Strafverteidiger weitergereicht wurde. Jetzt ist sie an der richtigen Adresse. Doch bevor diese Handreichungen erfolgten, haben sie noch viel mehr dazu gesagt, die Engel, was hier keinen Platz mehr hat, weil ich selbst soviel quatsche, wahrlich, es steht auch geschrieben, falls Sie es nicht mehr hören können, das Mädchen jedoch schweigt, denn Frau ist es nicht und wird es nicht, ich glaube, das ist ihr Geheimnis, das manche für unpassend hielten, könnte ich mir vorstellen. Sie schweigt ungefähr so, genau mit diesen Worten: Ich bin die Magd des Herrn, ich weiß nur nicht, welches Herrn, aber mir geschehe, wie mir gesagt worden ist. Wie kommt sie denn darauf? Ich habe das jetzt nicht verstanden, könnte den Herrn fragen, er ist noch extra geblieben, um sich nachher verbeugen zu können. Schweigen jedoch kann ich auch wieder nicht, das ist Ihnen inzwischen wohl seit Stunden klar geworden. Nicht wie das Mädchen. Das schweigt, und sein Geist freut sich Gottes, seines Erlösers, den es an Kindes statt, anstatt zweier Kinder, zweier Söhne, angenommen, nein, persönlich erzeugt hat; angenommen, das stimmt, ich nehme alles nur an, ich glaube es nicht, vielleicht ist das auch einfach nur so passiert. Sie schaut zwar nicht aus, als würde sie sich freuen, sie schweigt darüber. Aber vielleicht freut sie sich. Keine Ahnung.

Von nichts kommt nichts, eine Frau kommt von den Eierstöcken, die durch Autofahren, also Selbstabholung und Selbstfahren, nicht zu sehr erschüttert werden und einen Geburtenmangel erzeugen sollten, wie viele muslimische Brüder, nein, nicht die Moslembrüder sagen, in diesem Fall aber egal, denn diese fleißigen Stöcke sind selber schon längst rausgekommen aus ihrem Körperhaus, allerdings wurden sie nicht von ihr selber rausgetan, so wie man eine

Brille absetzt, so einfach ist das nicht, und auch nicht von Gott, der ja will, daß die Frauen gebären sollen und sie auch so geschaffen hat, daß das funktioniert, nur seiner Mama gönnt er es nicht, die soll nur ihn haben, wie vorsorglich von ihm! Ein Chirurg nahm sie der Jungfrau ab, die Eierstöcke hatten ihr Coming-out, sie haben es nicht genossen, aber es hat dennoch stattgefunden, jetzt weiß es jeder, sie sind eben weg, da kann man nichts machen. Das Mädchen schweigt, seine Mutter, wo verweilt die jetzt? Sie kommt, und auch sie sagt nichts. Sie sagt ebenfalls nichts. Danke gleichfalls. Sie geht wieder. Die Jungfrau und ihre Mutter sagen beide nichts. Bei der Jungfrau ist es schlimmer, weil sie einfach mehr weiß. Sie weiß, was passiert ist. Sie folgte den toten Männern nicht sogleich nach, was sie gern hätte tun wollen, wurde berichtet. So ein Unglück! Sie kannte ihre Schändlichkeit, und sie legte Holz fürs Feuer nach und dann den Fußboden selbst, den man immer braucht, aufs Dach kann man notfalls verzichten, aber nicht auf den Boden, der Boden wurde gefüttert und getränkt, damit das Feuer hoch auflodern konnte. Und sie folgte ihnen nicht. Sie folgte ihnen nicht nach, ihren Göttern. Hier gibt es niemand, der sie darum schelten wird, denn wir wollen endlich die Wahrheit hören, doch wir hören nichts. Irgendwas stimmt mit der Empfängnis nicht.

Reizbar, zum Tadel aufgelegt ist das Volk, es möchte wenigstens jetzt die Wahrheit, die nicht von seinen Organen kam, und diese Organe hat keiner rausgeschnitten, die sind noch da, noch aktiv, immer sehr aktiv bei diesem Volk, das endlich die Wahrheit möchte, die es jetzt viele Jahre lang gar nicht gemocht hat, es bekommt sie natürlich auch jetzt nicht. Gut. Das Volk und seine vollstreckenden Organe hätten das deutlicher zum Ausdruck bringen sollen. Die Wahrheit bitte, und ich nehme sie bitte mit einem scharfen Senf, Sie können ja süßen nehmen, wenn Sie wollen. Seine Organe haben aber fehlgesprochen. Sie wurden von den Priestern, welche die Organe beschauen und dann voneinander abschreiben, wie ich jetzt von einer Zeitung, begutachtet, große Dinge sollen sie an uns tun, diese Organe, zumindest sollen wir durch sie leben und in ihnen lesen können. Und sie schweigen ja auch nicht wie das Mädchen, ganz im Gegenteil, sie sprechen unaufhörlich, wie ich, wie meine Galle, die mir grade übergeht, damit auch andre Leute sie beschauen können, was hat sie mir zu sagen?, also die kommt mir nicht raus!, muß sie auch nicht. Nein, das stimmt ja gar nicht, was sie sagt, Wut ist kein guter Ratgeber, dafür haben wir die netten Verschwörungstheoretiker, die dafür nicht studieren mußten, weil sie es schon wissen; aber die Priester, jedem den Seinen, können nicht wahrsagen aus Organen, die sie wieder anderen entnommen haben, Presseorganen, die immer pressen, obwohl sie kein neues Leben aus sich herausstoßen können. Ich bin auch schon ganz bedrückt.

Sie stoßen dort die Gewaltigen von den Thronen, in einem schlichten Hefterl tun sie so viel für uns!, deswegen lese ich das ja so gern, wissen Sie, ich schreibe auch selbst!, wenn auch nicht dort und nicht Geschichte, und dann haben sie keine Ahnung, wen sie dorthin und auf wen sie setzen sollen. Im Anfang war das Wort, ich schweige nicht davon, daß ich das schon hundertmal gesagt habe, und zwar nachgesagt, aber was soll ich machen?, man hat es mir hier auf eine Steintafel geschrieben, und so kann ich es nicht ausradieren, es wurde schon so oft gesagt, daß ich es mir nicht einmal vorstellen kann, nicht das Wort, sondern wie oft, und wie so oft war das Wort bei diesem Blatt, das unser Gott ist, jetzt vielleicht nicht mehr, nicht mehr meiner, und das Blatt ist das Wort, das Wort ist das Blatt, und es fällt, es ist gefallen, es gefällt uns nicht, aber es ist gefallen, die deutsche Eiche wollte es nicht mehr und hat es abgeworfen, und wenn das Wort einmal gefallen ist, kann es nicht mehr aufgehoben und gestapelt werden wie Gartenstühle. Nur Sie glauben es noch. Das glauben Sie und mir nicht! Das Licht dieses Worts scheint in der Finsternis, und in diesem Fall war die Finsternis sich nicht zu gut, es zu ergreifen.

VERSCHIEDENE PROPHETEN, DESWEGEN STIMMT JETZT AUCH GAR NICHTS MEHR:
Da sie jetzt nichts anzumerken hat, muß es davor gewesen sein, da sagte sie es, die fröhliche kleine Quasselstrippe, die Jungfrau, nein, sie sagt noch immer nichts, aber das sagen alle, die sie kennen, die kleine Quasselmaus, und auch der ohne Mund hat ziemlich viel gequatscht, das wundert mich aber!, das ist, als würde man unbewußt, nicht bewußtlos liegen, und alles rinnt einem heraus, vielleicht, damit er in näheren Kontakt mit anderen Menschen, vielleicht mit Rettern, kam?, er war ja dem Tod so nah, ohne es zu ahnen, wie jeder Mensch, dieser aber besonders. Da redet man besser vorher soviel man kann, danach hat man keine Zeit mehr. Papa Bär war schweigsamer. Für zwei Söhne, von einer einzigen Jungfrau geboren und angefeuert, bis sogar ihre Behausung in Flammen aufging, sind sie doch recht unterschiedlich ausgefallen, finde ich, der ohne Mund fröhlich und eifrig, dafür ohne Strick, der kleine Galgenstrick, böser Bub!, der nimmt später lieber die Handfeuerwaffe und für sich selbst die Langschaftwaffe, nein, die Pumpgun, die läßt sich mit der Hand, welcher sie am Schluß entfällt, betätigen, nur der Mord entfällt nicht, entschuldigen Sie, ich habe falsch abgeschrieben, aber da alle etwas Falsches, wenn auch Ori-

ginelles geschrieben haben, ist es kein Wunder, wie hätte er das Gewehr, wäre es eins gewesen, bloß bedient? Na, mit der Zehe, wie alle vor ihm. Wenn es eine Pumpgun war, habe ich keinen Grund, daran zu zweifeln, daß er damit alles niedermachen konnte, jederzeit, beehren Sie uns wieder, nicht wie die Jungfrau Maria, als ihr der Engel erschien, da hat einmal schon genügt. Entschuldigung, aber mir erscheint vor meinem Auge, nicht dem geistigen, das habe ich nicht, ich spreche frei!, immer nur dieses Blatt, ich bin davon besessen, wie Sie sehen, es ist zwar das meiste falsch, was da steht, als Prophet weiß man sowas, aber wenn es eine Pumpgun war, dann ist nicht viel übriggeblieben von den Köpfchen der beiden Söhne, und sie war auch nicht schwer zu bedienen, die Pumpe, jedes Kind kann das, die streut wie ein Gartenschlauch, nur kommt nie was Gutes dabei raus. Hat sie ein andrer bedient, die Winchester oder was für ein Typ die war? Nein. Keine Langschaftwaffe, nichts gefunden, das wissen wir inzwischen, schreiben aber wieder das Falsche, sie hören nicht auf mich, kein Langschaft involviert, nur Revolver, ich meine Pistole und Pümpel, und das ist inzwischen erledigt, diese Frage, welche?, stellt sich nicht, auch keine nach dem Opfermesser, auch keine nach einem Korb für die Opfer, die läßt man einfach liegen, nicht wahr, man soll die ja sehen! So ist es gedacht.

NIEMAND:
Das Mädchen, die Jungfrau sagt lieber gar nichts, bevor sie was Falsches sagt. Sie schreibt lieber Briefe, leider an die Falschen. Dieses Buch sagt es auch nicht, ich habe es nicht zu Ende gelesen, es sagt mir nichts. Aber so war das mit diesen großen Gesichtern, die nicht zu großen Geschlechtern wurden, dafür war keine Zeit mehr. Und dann raubten sie einander sich selbst, zuerst der Mundlose den

anderen und dann sich, kein Problem, sie raubten keine Väter, sie hatten ja auch keine Kinder, sie raubten sich nur dem Mädchen, der Jungfräulichen, der einzigen, die sie noch hatten, na ja, mir müssen Sie auch nicht alles glauben!, der jungfräulichen Mutter. In dieser Spalte steht, es war Mord, in diesem Buch dort steht es auch. Ich weiß es nicht. Ihre Schädeldecken zerbröckelten unter dem Ansturm heißer Luft, so wie meine, mit der ich Papier in Worte umforme, Pappmaché, bei mir käme genau dasselbe heraus, heiße Luft, der eine geklebt wird. Kriegen Sie mal eine Pumpgun ins Gesicht, dann werden Sie schon sehen, danach werden Sie allerdings nie wieder was sehen, und nachdem die Jungfrau kein Bett mehr entheiligte, denn ich bin sicher, daß sie am Ende mit keinem der beiden mehr was hatte, was auch immer, wurden die zwei nur noch zum Töten verführt, von keiner Frau mehr verführt, auch von keiner Jungfrau, von Deutschland, das selber nur zu gern unberührt geblieben wäre, ein Hort für die Gebildeten, was er einst war, und was hat es ihm eingetragen?, es hat sich selbst verführt, dieses Land soll nicht so hochmütig sein, sonst hau ich ihm eine rein. In Wirklichkeit lebt es elend, auch wenn es reich ist, auch wenn es glücklich ist, auch wenn es mich noch ein paar Jahre verfolgt: Es ist ein Elend.

Die Jungfrau sagt einfach nicht, wie es war, sie sagt nichts, ich höre: nein, sie sagt überhaupt nichts, ich weiß es auch nicht, ich habe, wie Sie, auch alles nur gelesen, ich kann gar nichts wissen, ich bin die Unschuldigste unter Ihnen, doch ich gebe wenigstens zu, daß ich nichts weiß, ohne daß ich das müßte, ohne daß mich wer zwingen würde; und sie zeigt auf die künstlichen Blumen vor den Fenstern, die Jungfrau, nein, die sehen wir schon selber, die muß sie uns nicht mehr zeigen. Was andre für schöne Blumen hielten, war ein Waffenversteck und ein Kameraversteck, waren künstliche Gestecke, waren Waffen im Plastikbeet, Plastikpflanzen, um die Waffen und Überwachungskameras zu tarnen, damit man sie von draußen nicht sah, nur von drinnen, ein ganzer schöner Blumenwald, dahinter Waffen aller Art, die kein Vater einst im Arme trug, nein, das Mädchen auch nicht, keiner ist im Arm getragen worden, jedenfalls nicht von einem Vater, die Jungfrau hatte keinen, sie hatte mehrere, aber wer ist er?, wer wars?, und die Mutter wußte bis zum Schluß nicht, daß sie Mutter würde, doch sicher wußte sie, wer der Vater war. Keiner weiß etwas, keiner weiß nichts, viele wissen zuviel, dürfen es aber nicht sagen, sonst sind sie selber dran. Das ist meine persönliche Meinung. Die Tochter, die ewige Tochter, die Jungfrau, die ihre Söhne fruchtlos aufzog, denn die sind vom Baum gefallen, bevor die Früchte reif wurden, die Tochter schweigt. Die Tochter einer Tochter, keiner Mutter, nicht wirklich, nur immer Tochter von Töchtern, Töchter, Töchter, nichts als Töchter, außer den beiden Söhnen, und der Sänger? Den schicken wir zur Mama in die Hölle, ich meine in den Hades, dort kann er sich die Seele aus dem Leib schreien, Heil!, von mir aus, der hat seine liebe Tote mitnehmen dürfen, wenn auch nicht für lange, selber schuld, wenn man immer nur zurückschaut, weil Deutschland damals noch stark war, was es noch einmal erleben möchte. Jetzt ist er auch tot, sie sind tot, die Söhne, wie die meisten, doch das Mädchen lebt weiter. Sobald sie weiß, was mit ihren Katzen ist, wird sie mitsamt ihrem Leib in den Himmel auffahren. Nein, das lasse ich Sie zwar wissen, damit Sie den Termin notieren können, weil Sie Katzen auf YouTube fliegen sehen wollen, es stimmt aber auch nicht.

Es hat sich umgekehrt, was sagt Aristoteles über die Wahrheit?, ich weiß es nicht, ich erkenne und urteile, oft urteile ich schon, bevor ich irgendwas erkannt habe. So. Der Bürger fürchtet sich und bleibt, wie ich, daheim, er aber, im Gegensatz zu mir, nur ungern. Er möchte der Frage des Ausgehens nicht ausweichen, ich aber finde immer: Das geht sich nicht aus. Nie im Leben! Vor allem von meiner Garagenauffahrt sage ich das. Was ist, wenn jemand stirbt und trotzdem dableiben muß, weil jemand andrer seinen Paß benützt und er nie mehr er sein darf? Wenn der Falsche stirbt, aber der Richtige hat dann auch nichts davon, daß er selbst noch lebt? Das Mädchen, die Jungfrau, die nicht tot ist, als einzige nicht, irgendwie hat die es geschafft, als einzige oben auf den Dauerwellen, welche die Presse täglich schlägt, zu bleiben und die Übersicht zu behalten, sie verbirgt die geheimen Mysterien des Tötens hinter Kunstblumen und andrem Zeugs und gibt sie bei Bedarf auch weiter, ja, genau die Mysterien, auf die bezieht sich das, und so geht das Sein mit der Wahrheit nicht zusammen, also die gehen mit Sicherheit nicht gemeinsam aus, die hassen sich. Aber selber sterben, das tut die Jungfrau nicht. Sie wacht über das Feuer, das ist nämlich ihr wahres, warmes Plätzchen, wo auch unser rosa Paulchen herumtanzt. Und warme Plätzchen schießen unter ihren Händen aus dem Backrohr hervor, die treffen immer! Sie hat die tausend Rezepte von Dr. Oetker, mehr gibt es nicht, mehr kann ich mir einfach nicht vorstellen, und von dieser köstlichen Schokofüllung nehmen wir noch ein wenig, von dieser Fülle nehmen wir alle ein wenig und stopfen sie in den Marzipanteig, yummi. Von der Fülle nehmen wir nun alle ein wenig, Gnade um Gnade, doch die wird nicht erteilt, die gehört nicht mehr zum Rezept dazu, auch wenn ich es gern mit den Nachbarinnen diskutieren würde: Die Fülle ist nicht verhandelbar. Ob ich das nachbacken könnte?, nie im Leben!, es ist hoffnungslos, das krieg ich nicht hin, das kriegt die Jungfrau aber schon hin, die hat mit dem Backen Erfahrung, das ist an ihr hängengeblieben, das macht sie gern, das Kochen, das Backen, das Braten, das Grillen im Freien, mit freien Gedanken, welche Luft in die Glut hineinblasen, wer kann sie erraten, sie fliegen vorbei, wie nächtliche Schatten.

ICH:
Ja, die Jungfrau weiß, wie es geht, bloß weiß dafür ich nicht, was. Ich könnte es vielleicht von ihr übernehmen, das Wissen? Damit würde ich mich übernehmen, fürchte ich. Mein Backrohr ist noch nie, noch niemals im ganzen Leben, in seinem wie in meinem, benützt worden, das schwöre ich. Sie sagt es nicht, sie spricht nicht über ihr großes geheimes Wissen, die Jungfrau, sie hat es doch selbst grade erst erfahren. Sie würde mir noch nicht einmal ein Plätzchen-Rezept verraten, ich sage nicht, wer ein Plätzchen in diesem Gerichtssaal ergattert hat, nachdem die Gatten, die schöne Söhne waren, nein, die Söhne, die vorübergehend, nein, vorüberfahrend, Gatten waren?, nein, das denn doch nicht!, einander gegenseitig zertrümmert hatten, diese Menschen sind jetzt zu Trümmerbrüchen fragmentiert, ich sage es nicht mehr, das haben Sie vorhin schon selbst gelesen und dazu auch noch mehrmals von mir gehört. Die Plätzchen kommen besser ins Rohr und werden noch besser wieder rauskommen, ich sage auch nichts vom Gas, was ich an dieser Stelle sonst immer tue, reine Obsession, reiner Wahn, aber da ist dieser blöde rosarote Panther, der meinen Platz besetzt hat, auf den ich vorher ein Handtuch gelegt hatte, um ihn zu reservieren, aber das ist dem Panthi ganz egal, der frißt auch Reservisten. Er ist stets heiterer als ich, so heiter wie das Wetter nie, jedenfalls nicht für mich. Diese himmlischen Plätzchen kommen also ins und aus dem Rohr, nein, nicht vors Rohr, und daß schlußendlich doch was Gutes draus

wurde, ist gut für die Deutschen, die arbeiten das jetzt auf, keine Ahnung, wo und was. Sie wenden ihre Mäntel, innen wird außen, und dann schauen diese Idioten dauernd nach, ob das Futter noch da ist und klagen sich selber an, weil das Futter dauernd vorschaut. Oder ganz verschwunden ist. Hätten sie sich nur besser vorgesehen! Ein andres Futter reingenäht, oder? Nichts oder. Oder sie machen gar nichts. Ziehen nur einfach den Mantel aus, weil es ihnen darunter zu heiß geworden ist.

Die Substanz dieser, aller Menschen ist ihre Existenz, aber das verstehen die Deutschländer nicht und machen sie weg, weil sie sich von ihr gestört fühlen, vielleicht einer unter Millionen versteht das, und schon kommt, Hand in Hand mit ihr, die Sorge und die Abgrenzung dieser gegen die Realität, und ich sage, obwohl ich mich das nicht trauen sollte: Die Abgrenzung von allen anderen Menschen, die es auch noch gibt – und schon das ist den Deutschen ja ein Dorn im Auge, neuerdings auch den Schweizern, ist ja egal –, die muß weg, die hat nicht um Erlaubnis gefragt, also nicht uns, die leben allein zu ihrer Belustigung, ja, vielleicht, aber nicht zu unserer, das versteht in jedem Fall jeder. Ich sage nichts. Ich bin schweigsam wie das Mädchen, hahaha!, das sehen Sie hier ja, wie schweigsam, ich bin das Sprechen, ich bin nicht das wahre Licht, das Menschen erleuchtet, ich bin nur ein sehr kleines Licht, und auf die Erleuchtung warte ich derzeit immer noch, und bei Karstadt haben sie neuerdings keine Glühbirnen mehr. Doch, da sind sie ja! Es gibt aber nicht viel Auswahl. Ich bitte dringend um Erhellung, ich meine Erleuchtung.

DIE JUNGFRAU MARIA (IN ZIVIL):
So, da sind sie, die Kekse, noch heiß, mein Gott, wie das duftet, dürfte ich die Mutterschaft nicht wenigstens kurz für diese Kekse eintauschen, ausnahmsweise, wirklich nur ganz kurz, nein, nicht?, wenigstens zum Kosten?, in diesem Moment würde ich das glatt riskieren. Die Menschen sollen mit dem wahren Licht erleuchtet werden und nicht Butterkekse fressen, welche die Form, die Gott für sie vorgesehen hat, zerstören, sonst sind sie es nicht, also nicht selber zerstören, können sie gar nicht, dies mein Einwand. Nein, sie werden nur rausgeschmissen aus der Form, und dann erfolgt die Problemverschlingung durch uns, bis sich niemand mehr auskennt. Diese Menschen gibt es auch. Sie können nicht nachgebaut werden, zumindest nicht, wie Gott sie gedacht hat, denn der hat danach ebenfalls die Form weggeschmissen. Kein anderer sollte schaffen oder nur, solang er auch Häuser baut. Das verstehe ich gut. Ich habe gar keine. Form meine ich. Brauche ich nicht. Ich war damals die einzige, die im Alter noch ihre Form behielt, doch ich bin nicht mehr auf der Erde, mitsamt meiner Form bin ich in den Himmel aufgefahren, wenn auch nicht lebendig. Man ließ mich an der Schranke, vollgepumpt mit alternativer Ganzheitsmedizin, sofort durch, sowas wie mich gabs ja noch nie, daher auch die Alternative bei der Medizin. Hab ich ein Glück!, ich hinterlasse einen Gott, und danach hat man mir alles Weitere verboten, damit dieser Gott keine Einschränkungen durch mich oder andre erfährt. Er sagt, mich dürstet. Die Erledigung seiner Wünsche wäre meine Aufgabe gewesen, aber sie lassen mich nicht. Ein andrer hält ihm den Schwamm an den Mund. Ich hätte Apfelsaft genommen, nicht diesen Essig, das ist ja unmenschlich, aber andrerseits war er natürlich auch kein richtiger Mensch.

Ich bin schon weg. Diese Keksformen jedoch bleiben. Die Kekse nicht. Die andere Jungfrau bäckt, das ist ganz ungefährlich. Sie bäckt Kekse für diese Prediger in der Wüste, für die beiden Rufer in der Wüste Deutschland, das wüste Deutschland, schauen Sie sich nur an, wie die angezogen sind!, schon das würde man unter den Zivilisierten nicht dulden. Dabei sind sie eigentlich ordentlich aufgezogen worden, und jetzt laufen sie so rum, ich meine, sie laufen gar nicht mehr oder getarnt durch Jeans und Kapuzenshirts, wie alle, so wurde es ihnen empfohlen. Dann fallen sie nicht auf. Vielleicht ist ihre Feder gebrochen, wer weiß?, oder die Fernbedienung funktioniert nicht, weil diese beiden nichts und niemanden bedienen wollten? Es ist keine Sorge und kein Bedienen, wenn man alles durchlöchert und kaputtmacht. Und sowas wollen sie für Deutschland!, sie wollen, daß die Menschen solche Stiefel tragen und solche Bomberjacken, alle die gleichen, ich meine: jedem das Seine, furchtbar!, ein Glück, daß nur Auserwählte sie tragen dürfen. Besser Kekse backen, sonst kommt man nicht in die Disco, nein, falsche Zeile. Entschuldigung. Kekse stimmt aber.

Für sie, die andre Jungfrau, die sich neben das Sein gestellt und sich plötzlich hoch darüber befunden hat, zu ihrem eigenen Erstaunen, immer drüber, über allem, sozusagen als Vorgesetzte des Seins, als sein Zeuge mit einem guten Zeugencharakter, der Wegmarke, Flursteine und Sturmbälle, Signale, Fahnen unterscheiden kann, damit er weiß, wohin, genügt es, ein Mädchen zu sein und den Richtigen zu begegnen. Und so geschah es, daß sie an ihrer eigenen Haltung emporsteigen konnte, der deutschen Haltung der Tapferkeit, die aber nie lange hält, da hält sogar die Halterung des Fahrradständers noch länger. Und die Söhne, nein, für sie und Papa Bär und Kind Bärli, beides eigentlich ihre Kinder, des Mädchens Kinder, gilt gemeinsam ein einziger Wunsch: zu morden. Den können sie einfach nicht unterdrücken. Ich verstehe das immer noch nicht, denn ich wurde unterdrückt, ich bin die Unterdrückung selbst, an mir sehen Sie, was andre gedurft haben, sich an mir austoben nämlich, schändlich bin ich und ohne Courage im Zivilen. Die Mutterschaft für Mädchen ist hier Tradition, die Mütter tragen die Hosen am Leib, die Väter werden niemals gesehen, erst vor Gericht, dort trauen sie sich hin, aber nur, weil sie müssen, ja, die beiden Bärenbuben, für die gilt die Tradition des Nichts nicht, die haben nämlich anständige Väter gehabt. Hier hat die Wahrheit ausnahmsweise einmal recht. Das haben sie gemeinsam. Sonst wären sie keine Familie gewesen und hätten sie dann wieder abschütteln können, alles klar, aber die Familie mit der Liese war dann einfach besser. Und die Mama war auch dabei, schau an!, sie führt das erste Wort des Kindes zurück und bindet das Wort an das Kind und erzählt dann natürlich jedem, der es hören will, was das Kind schon alles sagen, erzählen und rechnen kann. Das ist fast der ganze Spaß bei der Elternschaft. Die Eltern sind stolz, das Alter weist ihnen den Weg, den sie zu gehen haben, doch sie hinterlassen etwas, wenn sie an der Wegmarke falsch abbiegen und sich, mit anderen Hilflosen, an dem universellen Bildungsort, nein, Beziehungsort wiederfinden, wo die Toten sind, bevor sie verteilt werden. Die Söhne ersetzen die Eltern, so war das ursprünglich gemeint, doch jetzt sind sie fort. Das ist ein großes Opfer für die Eltern, welches nicht richtig gewürdigt wird. So. Und Zeus heiratete Hera. Danach ist ihm der Weg von der Erde zum finsteren Tartaros gleich doppelt so lang vorgekommen. Ein Glück, daß er gar nicht dorthin mußte. Klar. Aber wen heiratet das Mädchen? Niemand, sonst wär es keins.

DER ENGEL (INZWISCHEN AUCH SEHR ZIVIL):
Es findet heute in der Innenstadt von Leipzig, wo ein Zug angekommen ist, dort kommen ja immer Züge an, der Bahnhof ist riesig, eine Vereinigung statt, ein Mädchen mit einem Postkasten, ich sehe noch nicht recht, zu welchem Zweck, aber da wird etwas eingeworfen, das gleich auch noch unseren Spiegel beschämen wird, er kriegt nämlich keinen, er kriegt nichts, ja, unser lieber Spiegel, diesmal nicht komplett, da komplett uninformiert, weil er das alles nicht wußte und keinen Brief gekriegt hat, nicht vorher, dafür nachher, da kriegt er aber nur eine Kopie und weiß dafür alles umso besser, viel besser als alle, wie üblich. Die, alle, auch ich, schauen aus dem Spiegel, der mir für die Werbung hier bald was zahlen muß, jetzt betreten wieder hinaus, vielleicht haben sie es ja diesmal richtig?, vielleicht haben sie es diesmal ja richtig gesehen?, und sie versuchen, den Stiefel wegzukriegen, von ihrem Nacken wegzukriegen, der da in sie hineingetreten ist. Aber der Stiefel, der steckt. Der Laden, der läuft. Der Wagen, der rollt. So. Und die Liste der Frauen, mit denen Zeus sich vereinigte, die schlagen Sie selber nach, falls es Sie interessiert. Mich interessiert es nicht, ich könnte sie mir auch nicht alle merken. Das Mädchen näht für die Seele ihres Körpers eine Bekleidung. Das wäre doch nicht nötig gewesen, kochen und backen schon nötig, aber nicht eine Bekleidung für Unsichtbares! Völlig unnötig! Verschwendung! Das Mädchen soll sich auf das Sichtbare konzentrieren. Alle haben Spaß, vor allem in den Ferien auf Fehmarn, oder? Keine Ahnung.

Diese jungen Urlauber haben zuletzt vor 72 Tagen eine ebenso junge Polizistin hingerichtet und ihren Kollegen fast, um ein Haar den auch, viel hat nicht gefehlt, warum nur, warum?, wetten, daß wir das erst nach der Uraufführung erfahren werden, wetten nicht einmal dann? Mein Pech, daß ich dieses Wagnis einging und nicht weiß, wie es ausgeht. Doch jetzt, es sind noch Ferien, begeben sich unsere Drei in ein angenehmes Urlaubsverhältnis, das sie aber schon vorher miteinander hatten. Die Pistolen stecken in der Innenverkleidung des Campers, der ja auch was anzuziehen haben möchte, nur trägt er es eben innen. In den Ferien möchte man den Körper möglichst frei präsentieren, das gilt für alle und alle Ferien, möglichst viel davon, man möchte möglichst viel davon haben, jeder einzelne Körper will seine ganz persönliche Waffe präsentieren, er will posieren wie die nackten Knaben, an denen manche interessiert sind, er will vor einem kleinen Telefon posieren, selbst ist der Leib, bloß nach innen sollte es nicht gehen, das ist alles nur äußerlich. Zu weit sollte man überhaupt nicht gehen, man sollte besser surfen und schwimmen und radfahren, man sollte besser immer nur nach außen gehen, damit die Körper gesehen werden können, welche mühevoll an Kraftmaschinen geformt wurden, von innen nach außen, und dann sieht man sie also in ihrer ganzen Äußerlichkeit, von innen wäre es nicht angebracht, das geht keinen was an, das würde gleich ekelhaft werden, jeder weiß, der Pathologe sogar ganz besonders, was in einem Menschen steckt, welches Blatt, und noch eine Runde Doppelkopf, und hier?, gleich zwei Köpfe kaputt, vielleicht wissen wir dann mehr, wir haben doch auch irgendein Recht, keine Ahnung, worauf. Sie erzählen viel, sie sagen nichts, die drei Urlauber. Den Rest der Zeit schauen sie auf den Bildschirm, das ist noch am wenigsten verdächtig, das tun alle. Der Computer ist noch das harmloseste, die Amis wissen sicher längst, wer das gewesen ist, nur wir wissen es noch nicht. Der eine Jungfrauensohn kann ihn reparieren, den Rechner, falls der mal was hat, das Gerät schweigt leider, vielen Dank, der Mundlose kann Computer reparieren, ich bewundere ihn dafür sogar noch nach seinem Tod. Jetzt spielen sie aber wieder, ich sehe nicht, was, ihr selbsterfundenes und ausgeführtes Pogromly? Nein, das glaube ich nicht, da würde die Tarnung auffliegen, und sie würden vielleicht vom Platz verwiesen werden. Rote Karte. Der Siegesgott kommt manchmal vorbei und teilt ordentlich aus, und so gewinnt einmal der eine, einmal der andre. Dem Dritten hat der Sonnengott seinen Wagen überlassen, den der prompt umgeschmissen hat. Das ist Geschichte. Wenigstens ein Ergebnis, das feststeht. Sie waren am Werk, die drei, natürlich nicht beim Sonnengott, den haben sie gar nicht gekannt, nein, seien wir vorsichtig: nur die beiden Knaben, sonst haut mich die Jungfrau auch noch in die Fresse. Denen fielen die Bluttaten zu, da könnte sich der Gott schon mehr Mühe geben und das Wort zu seinem Ausgangspunkt zurückführen, wie es die Mutter tut. Die Mutter kommt, bei Gott, ihr Kinder, mordet nur fleißig weiter!, ach nein, doch nicht die!, die Mutter nicht, mordet lieber jemand anderen! Die Mutter sieht den Sohn nicht, sie sieht ihn schon zum wiederholten Mal nicht, obwohl er ihr verkündet ward, obwohl sie die Botschaft des Herrn erhalten hat, und zwar von mir, dem Engel, eine eingeschriebene Botschaft für einen eingeborenen Sohn, die Botschaft hört sie wohl, doch sie sieht ihn nicht, sie sieht ihren Erlöser nicht, obwohl sie Barmherzigkeit für ihn erhofft, obwohl sie ihre Seele zu diesem Herrn erhoben hat und ihr Geist sich am Anblick ihres Heilands erfreuen würde, sie würde sich so freuen, könnte sie ihn noch einmal sehen, ein einziges Mal, doch er kommt nicht. Er zeigt keine Wundmale, keine Wandmalereien, die muß ein andrer für ihn anfertigen, der damit nicht und nicht fertig wird. Der Sohn kommt auch schon wieder nicht, und schon ist es um sie geschehn. Bitte melde dich! Wie gern stürbe ich, hätte ich dich noch einmal gesehn, dich und nur dich, es kommen dann Worte aus deinem Mund, mein Sohn, es sind nicht die ersten, aber daß es die letzten sein werden, würde ich nicht wissen. Das hat sie mir persönlich anvertraut, die Jungfrau. Ich habe sie nach der Verkündigung noch einige Zeit betreut, nicht wahr. Ich befehle meinen Geist in deine Hände? Nein, das kann es bitte auch nicht sein. Befehlen, ja, immer, falls möglich, aber in keine Hände, es gibt keine Hände, in die der Sohn seinen Geist legen würde. Er hat ihn ja noch nicht einmal erblickt, den Geist. Er hat ihn noch nicht verinnerlicht. Und dann war er auf einmal verschieden.

Das Mädchen hat ja so viel Spaß mit den beiden Auwehs, den beiden Uwes, Spaß, das braucht man als Partymaus, ich habe immer geglaubt, sie ist eine Linke, nein, das hat sie nicht geschrieben und nicht gesagt, das hat der eine Göttervater gesagt, das ist nämlich los, der Bär ist los, den Spaß verleiht nicht die Rache für fremden Tod, der Spaß selbst verleiht nichts, der bleibt bei dem Mädchen, er läßt sich nicht verlocken, einem anderen die Mahlzeit zu bereiten, Spaß, Spaß, Spaß, da ist er ja schon wieder und alle Tage, willkommen bei uns, endlich können wir mal über was andres reden, ich bin richtig erleichtert, die Reihen lichten sich, vorhin bin ich echt gesteckt in diesem Schlamm, in dieser Soße, bis der vielstimmige Geist im Glas, vielleicht sogar im Spiegel, nein, nicht der schon wieder!, über uns kommen wird, jeder etwas andres sagen und wir alle etwas ganz andres reden werden, was dann auch nicht stimmen wird. Ich wußte ja, warum ich den immer gemieden habe, den Geist, falls Sie sich gefragt haben, wen, ich bin ihm ausgewichen, wo ich ihn sah, wenn überhaupt je. Doch bald wird es finster, und Aktenvermerke werden angelegt, warum in Finsternis?, versteh ich nicht, weil sie nicht wissen, was sie da hinschreiben? Aktiendepots auch, werden auch angelegt, warum in Finsternis?, ach so, das Licht kommt aus diesem Gerät, das ein jeder hat, jeder ein andres, jeder ein eigenes! Auch wieder wahr. Vom Geist kommt es nicht. Es kommt nicht aus der Leitung, es kommt von der Führung.

Die Fremden sind immer im Licht, sie sind ein gutes Ziel, sie haben eben diesen beweglichen Hintergrund, manche sogar einen bewegten, und dadurch Grund genug, etwas aus sich zu machen, bis man sie ausknipst, diese kleinen Lichter, und danach alle nur noch auf die Urteilsverkündung, den Urteilsgehalt und das Gehalt warten, sie kommen vom Gebirge her, diese Toten, nein, von woanders. Jeder Tote geht woanders hin, der vom türkischen Stamm wird in den türkischen Wald zurück transportiert, der Ärmste, dort gibt es gar keinen Wald mehr, oder?, jetzt ist er jedenfalls zu Hause. Sie waren nicht immer hier droben, und zwar alle, und auch die Täter: Sie waren unten in den Behörden, der Hintergrund wandert, das Handy wandert, es geht mit uns heute wandern, es hat ja so viele Möglichkeiten, das Foto auf dem Ausweis wandert ebenfalls, wir sagten es schon, von einem zum andern, denn sie kamen ja von wo her, die Fremden mit ihren guten Gründen, die nicht gut genug für uns sind, die Mörder mit ihrer Waffe, aber gehen wollen sie nicht mehr, keiner will mehr gehen, keiner will weichen, keiner will ausweichen, das geht auf Dauer so nicht, daß Sie diese Volkspartei wählen, ist aber auch egal, es nennt sich heute ja jede schon Volkspartei, und das Volk glaubt es auch noch. Sehen Sie selbst, schauen Sie sich die schrecklichen Bilder an. Schwer dafür büßen werden die Menschen, wenn es die Stunde fügt und der Richter die Tatsachen aneinanderfügt und ordentlich verfugt, damit es paßt.

Von den meisten Dingen gibt es zuwenig, von diesen aber zuviel. Zehn Stück, ist es das, was ich meine? Es wird sich erst im weiteren erschließen, ja, auch mir selbst. Dabei ist die Tür längst zu. Die meiste Zeit weiß ich ja gar nicht, was ich sage. So. Hier erleben Sie endlich das Gefühl von Gemeinschaft und Zugehörigkeit, das wollen Sie aber nicht wirklich, oder? Das wollen Sie nicht wirklich erleben. Das wollen Sie niederringen, bis die Fremden als Tote fallen, aber irgendwann wäre es eh zu Ende gewesen, die Existenz ist einfach unmöglich! Die spielt an und mit sich selber herum, doch es kommt nichts dabei raus. Dann sollen lebend sie nicht mehr genannt werden, die Waffe im rollenden Heim wird zurechtgelegt, wenn nur keiner hinter die Verkleidung greift! Warum sollte er? Auf die Idee kommt niemand, nicht einmal im Fasching. Schaut doch nicht schlecht aus, die Verkleidung, doch setzen Sie in dieses fahrbare Haus Ihren Fuß und schauen nach, dann finden Sie so einiges, wenn auch kein frisch vergossnes Blut, das befindet sich stets woanders, die sind doch nicht blöd, Mann. Der Wohnwagen frohlockt, das Blut ist ihm erspart geblieben, der Anblick des Grauens, das muß ein andrer Wohnwagen aushalten, dem kein Freudengruß gebührt, wie schön, er hat sein Geheimnis gewahrt, bis zum Schluß, bis es ihn auseinanderriß.

Soll ich Ihnen erklären, was mit dem Tod geschieht oder danach? Oder wissen Sie das schon? Nein, das mach ich lieber nicht. Habe es noch nicht ausprobiert – kein Vergleich! Wohl auf Erden ist kein Geschlecht unseliger als unseres, außer Sie machen was Schönes draus, diese Plastikblumen vor den Fenstern zum Beispiel hätten auch ein besseres Schicksal verdient gehabt, so haltbar, wie sie sind. Ewig. Sie verkörpern die Ewigkeit. Ich weiß nicht, womit jetzt ein Vergleich, Leben und Tod kann man nicht vergleichen, doch womit Zugehörigkeit und Gemeinschaft vergleichen? Geht auch nicht, nicht wirklich, man müßte die umgekehrte Wegrichtung ergänzend interpretieren, also zum Beispiel meine Richtung, aber bis das passiert, sind Sie schon in der Warteschleife der Irre und hängen dort fest. Das Gefühl, vielleicht auch ein andres, ich weiß es nicht, treibt diese kleine Familie in ihren unglückseligen Bann. Sie sagt, als sie noch was sagt, welche Bräuche ihr Volk hat und welche es bereits verlernt hat, weil zuviel Fremdes ihm beigemischt wurde, und so sehen es jetzt auch die Schweizer, daß das ein ungenießbares Gemenge ist, das sie da fressen sollen; es sind nicht die Bräuche manchen Volks, es gelten hier nur die Bräuche dieses Volks, ja, genau dieses, liebe alte Bräuche, die im Verfolgen und Töten bestehen, das können sie, die Naturdeutschen, die Kleindeutschen, die Großdeutschen, die Löser, die Tadellöser, die Untadelloseren, nein, nicht die Adeligen, das war einmal, eher die Untadeligen, diesen Test werden sie immer bestehen, gehen Sie mir weiter mit den radikalen Alliierten, also ich meine diesen Allah-Anhängern, nicht wahr, die stehen auf einem andren Blatt, das ich noch nicht aufgeschlagen habe, sonst krachts!, doch dafür sind andre Engel zuständig, welche ins Paradies geleiten können, und die wissen natürlich auch, in welches. Ich gleite immer nur aus dem Paradies heraus, man schmeißt mir dauernd die Tür ins Kreuz, doch das nehme ich auf mich, damit ich hier sprechen kann. Leider zu Ihrem Schaden. Ich sehe schon, wie Sie sich gegen die Pforten stemmen, damit die mich wieder zurücknehmen, aber von der andren Seite her ist es fast unmöglich, sie zu öffnen. Oder umgekehrt? Das weiß ich jetzt auch nicht. Aber das schaffen Sie nicht, nichts schaffen Sie, anschaffen, das können Sie, hören Sie zu, dazu kann ich auch was sagen, wie zu fast allem, nur stimmt es nie: So, genauso werden sie immer fortbestehen, die deutschen Bräuche, die guten Lieder, ich meine das Liedgut, diese Fracht, die vor längerer Zeit schon ihren Container verloren hat, die gesamten Menschen dieses schönen und fleißigen Ervolkstums, des Volkssturms, des Erlkönigtums, haben jetzt alle ihren Halt verloren, ich fürchte, sogar alle gleichzeitig, hoffentlich nicht zu zeitig, so daß sie die Wesensbestimmung ihrer Befindlichkeit nicht vornehmen können und sich auch sonst nichts vornehmen, weil sie nichts sehen können. Ich meine das, was sie zusammenhielt, das können sie nicht sehen, und jetzt wollen sie es wiederhaben, wissen aber nicht, was. Ich bitte eindringlich um Verständnis der Weltlichkeit der Welt! Die müssen Sie sich aber woanders besorgen, ich lebe dort nicht, ich lebe in meinem eigenen nicht eßbaren Lebzelt. Ja, fleißig, das sagen alle, nachdem sie einen ersten Blick auf dieses Volk geworfen haben, dasselbe haben sie auch von meiner Mutter gesagt, ja, da sind sie sich einig, die Taten des fleißigen Volks sollen hier nicht aufgelistet werden, denn diesen Triumph gönne ich diesem Volk nicht, dem fleißigsten von allen, so fleißig, daß sie die Sachen sogar schon verkaufen müssen, die sie herstellen, weil es einfach zu viele sind, ja, das kennen wir, dessen bedürfen sie von Tag zu Tag mehr, immer soll es mehr sein, der Tod ist gewiß, warum vorher nicht mehr sein als andere? Danach kriegt man für sich doch nichts mehr.

Hilflos ist ein Flüchtiger, doch diese Flüchtigen sind es nicht. Wehe dem Fliehenden. Also in diesem Fall schon mal nicht. Da kommt nämlich das Weh genau von denen, den Fliehenden, nein, nicht denen in der Kirche, die wollten dem Tod ja ausweichen, nicht ihn hier herstellen, ich meine hierher stellen. Schauen Sie, nein, sehen werden Sie es nicht, aber jetzt wissen Sies. Die sind bewaffnet. Immer bewaffnet. Sie sprechen von ihren Taten, wenn auch nur untereinander, das ist ihre geheime Mission, da spricht das Mädchen noch, da spricht die Mutter als Mädchen immer noch, sie spricht für zwei, fürs Mädchen und für die Mutter, beides Frauen, die sprechen, das Sprechen sind sie fast schon selbst, eine hat es der anderen beigebracht, ja, sie sind, was sie sprechen. Sie sind das Sprechen. Alle andren Menschen sind, was sie essen. Das haben diese schon auch recht gern. Mutter und Mädchen sprechen gar vieles, wenn der Tag lang ist, die Söhne hören ihnen zu, denn sie sind ihnen untertan, natürlich ohne Untertanen zu sein.

DER PROPHET (HAT SCHON DEN MANTEL AN):
Da, schau, Mädchen, wie dein Körper nun hingeschwunden ist, ach nein, das bist du gar nicht, sieh hier deine Mutter, ihr Körper, der schwand nicht, er wurde größer und öffnete sich schließlich. Das Mädchen kam raus, du kamst raus und aus, die Mutter blutete, das war aber noch nicht das Schlimmste, was ihr passiert ist, ich spreche mal wieder in der Vergangenheit, sehe aber schon, daß das mit der Auferstehung und dem Leben, noch dazu in dieser Reihenfolge, nichts werden wird; ich wende mich also zur Abwechslung der Vergangenheit zu, aber Abwechslung ist das keine, ich spreche ja ständig davon, kann mich nicht lösen, die Vergangenheit muß an mir ihren neuen Sekundenkleber ausprobiert haben, daß das so haftet, furchtbar, man reißt ein ganzes Stück von sich raus, wenn man sich lösen möchte, also: Die Helfer verschwanden, der Vater wohnt nicht schmählich in der Erde, sondern der war obenauf und ist inzwischen wahrscheinlich ein rumänischer Zahnarzt oder tot, er könnte aber genausogut in England sein. Am liebsten spreche ich von Dingen, die ich nicht weiß, sie müssen sich nicht erfüllt haben, es genügt mir schon, nichts zu wissen. O Mutter, du tust mir so entsetzlich leid. Diese Frau wurde davon doch total über-

rascht, daß sie gesprengt wurde, ich meine, von der Geburt, ja, sowas passiert öfter. Man weiß es oft nicht, wann es passiert, und manchmal weiß man nicht, daß es überhaupt passieren wird. Aber wenns passiert, pressierts gleich. Am liebsten würde das Mädchen als Mutter aufspringen und mit Steinen nach dem Kind werfen, wo kommt das jetzt auf einmal her, wo kommt dieser Blutfetzen her, dieser schleimige Klumpen, und wie ist er überhaupt hineingekommen, ich glaube, das weiß ich, also ja, nicht so recht. Ich kann mich nicht erinnern, daß jemand den Leib dieser Mutter geschützt hätte, und jetzt haben wir den Salat. Das ist ja die falsche Person! Noch dazu ein Mädchen! Die meisten werden sich scheuen, dieses Omakind anzusehen, damit sie sich nicht dran gewöhnen, die Mutter will es nicht haben. Im Gegenteil.

Alle werden es mögen, das Mädchen, wohin, ach, wird es gehn? Wie soll denn ich das wissen? Eigentlich sollte ich, da haben Sie recht. Zu welchem Tanz, zu welchem Hochzeitsfest? Oje, es wird in die falsche Richtung gehen. Es ist ja schon von Anfang an aus der falschen Richtung gekommen, noch dazu aus der falschen Person, das wird nichts mehr; wer wird es umfangen, welche Gesinnung wird es haben, wie wird es sich nach dem Wind wenden und im Wind stehen, wird es dort womöglich kippen? Was wird es mit dem Feuer machen? Welcher andre ungünstige Wind wird es hierher blasen? So fängt es immer an. Da kommt kein Kind mehr heraus, eine Frau, zwei Männer, einer soll der Freund gewesen sein, der andre der Bruder vom Freund. Na, nicht einmal ich, die es vorher gewußt hat, hätte sowas geglaubt! Bei der Mama hat die Geburt, ohne vorher schwanger gewesen zu sein, also bewußt, meine ich, ohne die ganzen Arzttermine, welche die Fahrzeugüberführung der Leibesfrucht regeln, noch funktioniert, aus Unwissenheit, und es ist ebenso wie seine Mutter vollständig ausgestattet, das Kind, nur die Bekleidung fehlt noch, die Erstausstattung, dann ist es fertig.

Das Zeugengeld wird erstattet, aber nicht daß Sie glauben, Sie können dann von einem andren Gott Zeugnis ablegen! Fühlen Sie sich gebunden! Das mit der Geburt ist immer schwierig, so wie die Schlange aus dem Ei stößt, was sicher auch Arbeit macht, kann es ja nicht sein, wie kann etwas herauskommen, wo davor nichts war und nichts ist? Das sind ja fremde Leiden, die ich fühle, denn von mir können die nicht kommen, die Leiden. Ich wurde hereingelegt, nein, nicht ich, ich jammere bloß darüber, nicht ich, das Kind wurde hineingelegt! Von Gram und Trauer verzehrt, spuckt die Frau etwas aus, wenn auch am falschen Ende, nein, das hier ist noch immer nicht zu Ende, ich kann einfach nicht aufhören, und doch warte ich, daß es endlich aus ist, da staunen Sie, was?! Gott konnte damals lang nicht anfangen, aber dann hat er doch brav alles gemacht, nein, ich kann nicht aufhören. Wo er war, dort sollte sein Diener auch sein, und wer mir dienen wird, den wird das Deutsche Volk ehren, es weiß das nur noch nicht.

Es wird die Tochter herausgewürgt, wer hätte das gedacht. Mir wird auch gleich schlecht. Wie teuer sollte diese wohl sein? Das hat sich die Mutter noch nicht überlegt. Die Tochter hat sie durch ihre Ankunft ja vollkommen überrascht. Worte der Trauer werden nicht vernommen, denn die Frau schreit, es tut so weh. Da kommt eine Stimme vom Himmel: Ich habe dieses Land verherrlicht und mit diesem Land meinen Vater. Oder so ähnlich. Die Mutter schreit, der Vater hat mir ein Leid getan, und er weiß es noch nicht einmal! Ich habe es ja nicht einmal selber gewußt. Und das stimmt. Sie wußte absolut nichts von einer Tochter. Sie wußte nichts von eines Vaters Tod im Badezimmer, in einer andren Zeit, in einem andren Bad, recht geschieht ihm, eine Frau wird ihm zum Verderben, nachdem er einer andren zuvor zum Verderben geworden war, ein Vater, der selbst eine Tochter geopfert hat, wegen der Wegrichtung und des, ich glaube, Antriebs und der Gewißheit, daß man dann dorthin kommt, wohin man will, auch wenn man keinen Treibstoff hat. Dieses Ereignis hat er für sicher angenommen, der Vater, daß er die Tochter opfern muß, nein, halt!, falsches Stück, Hilfe!, ich sollte vielleicht doch endlich Schluß machen, ja, an dieser Stelle dürfen Sie wie immer applaudieren, dann sage ich einfach, das ist das Ende, und das ist der Schlußapplaus oder halt kein Applaus. Dieser Vater wird geraubt, er hat ein Leid getan, er wurde erschlagen von einem, der nie im Feld gedient hat, nie Kartoffeln gezogen, nie Spargel gestochen, wie es die Väter dieses Volks doch so gerne tun, weil sie es müssen, nicht falsches Stück, gar kein Stück, nicht hier, da hat der Vater kein Bett, das entheiligt werden könnte, er geht in die Vorlesungen für Zahnmedizin, dieser Vater, niemand kennt ihn, den Vater, der ein ganz andrer ist, so glücklich wie ich, die ich auch eine andre bin, aber leider den falschen Vater und dazu die falsche Mutter hatte, hoffentlich finde ich mich nie, hoffentlich finde ich wenigstens hier heraus, wo ist bitte der Ausgang?, ich sagte nicht, wie ist er?, ich möchte mir nämlich nirgends begegnen!

Also diese Mutter weiß schon mal nichts und dann noch einmal und dann immer öfter nichts, genau wie ich, sie weiß einiges über Rumänien und die Zahnmedizin, nicht viele von uns wissen überhaupt so viel, was kann ihr werter als die Tochter sein? Rumänien und der Studienplatz sind ihr lieber und werter als die unwerte Tochter, von der sie ja gar nichts gewußt hat, bis diese kam und dann gleich zur Oma kam, klar, durch ihre Schuld wird niemand unglücklich werden, ich spreche jetzt von der Mutter, alles klar? Die Arme! Wie vermochte sies, mit eignen Augen anzusehen, was passiert war? Sie spricht ja selbst nicht, sie schweigt, das scheint Tradition zu sein, sie entschlägt sich, sie schlägt nicht, sie verstieß diejenige, die ihr das Messer in den Leib stieß, nein, falsches Stück, schon wieder, das häuft sich jetzt aber! Einen Bruder gibt es nicht, wer faßt also das Schwert mit an, wer meldet sich? Hier ist das richtige Ende zum Anfassen! So lang haben wir vom toten Jesus gesprochen, kein Wunder, daß die echten Toten alle längst weggegangen sind, die kennen das ja schon! Die Mutter lebt noch und kann noch viel tun, niemand deckt ihre Wunde zu, während bei Jesus gleich etliche Frauen dafür herbeisprangen, ich billige ihr Handeln ausdrücklich, was ihnen sicher egal ist.

Diese Frau jedoch, der ruft jetzt jemand etwas zu, seien Sie doch still, daß ich es hören kann! Jetzt kommt der Bericht von dem Mord, nicht von diesen Morden, diesen Bericht lieferte ich ja schon, ich dämpfe ihn nicht, ich dämpfe keine Zigarette aus, das macht vielleicht die Jungfrau, ich dämpfe auch keinen schweren Sturm auf See, dafür kann die Jungfrau, nein, nicht die, die andre, welche geopfert wurde, nichts, es hätte eigentlich nur ein günstiger Wind aus ihr kommen sollen. Dafür wird an andrer Stelle, und heute ist man froh, wenn man überhaupt eine Stelle hat, schon wieder kräftig gemordet, eine lokale Spezialität, von zwei Spezis, zwei Gottessöhnen, die lieber hätten einander bekämpfen sollen, dann wäre vielleicht keiner übriggeblieben, um fremde Leute umzubringen. Die Mama kann nichts dafür. Die wartet die ganze Zeit am falschen Ausgang, aber es wird wieder so ausgehen, daß irgendwann zehn Leute tot sind. Mindestens. Ich denke, die wollten erhöht werden auf Erden, die Göttersöhne, alle beide, dafür mußten andre eben runter, damit Platz ist, die anderen, die wiederum von ihrem eigenen Gott angezogen wurden, leider in die falsche Richtung, und ich meine mit angezogen nicht: bekleidet. Egal, wir müssen uns beugen, damit man unsere Beine besser sieht, weil der Mini hochgerutscht ist. Wir müssen tun, was das Schicksal über uns beschließt, oder wir sind selber unser Schicksal, ja, das mit dem Schlangenhaar, das ewig keinen Friseur gesehen hat, und beschließen es auch selbst, das Schicksal.

Fern, nicht an ihrer Seite, soll die Tochter weilen, beschließt die Mutter und damit ihr Geschick, der Beschluß ist gefaßt, und für spätere Menschen wird der Brauch bestehen, daß ein Richter das alles erledigt, wirklich alles, auch mich, endlich!, gut so. Von der Mutter war das schon irgendwie prophetisch gedacht, von dieser Tochter wird nichts Gutes kommen, der Vater hat keinen Stamm, nach dem das Kind benannt werden könnte, also wird es nach der Mutter benannt. Die Mutter verliert die Tochter an das Unsagbare, und auch die Mutter sagt nichts. Ihr Körper lernt, daß er in Zukunft zu schweigen hat, und das Mächen lernt das auch, wird dabei aber lustig, das sagen alle, die es kennen. Damals war nichts mit Schweigen, im Gegenteil, solange die Menschen noch nicht sie selbst sind, sprechen sie, dann wird das Gummiband des Todes eingezogen, und sie werden wieder eingeholt, das geht so leicht, wie an einem BH zupfen, am Gummi hinten, ja, manche eilen sich sogar selbst vorweg, und dann holt der Gummi sie wieder ein, der an andrer Stelle Menschenleben überhaupt verhindern kann, bevor sie entstehen, ja, und indem der elastische Gummi einen ein Stück vorauseilen läßt, weiß man doch, man kann immer wieder eingeholt werden. Sich selbst vorauszugehen bedeutet ja, daß das ganze Leben zum Ende hin erst möglich gemacht werden kann oder nicht oder so ähnlich. Ja, da lachen Sie! Ein lustiges Ding auch das Kind, das Mädchen. Also vielleicht so gesagt, aber ich verstehe es trotzdem nicht: Der Mensch lernt nicht etwas, etwas Geheimes, das nur er kennt, obwohl alle es kennen, über das er in Zukunft zu schweigen hat, sondern er macht die Erfahrung, daß bei Stimmengleichheit für die Angeklagte entschieden werden wird, das war aber schon immer so.

Grollend tauchen über der Hügelkette die Rachegöttinnen auf und gehen gleich wieder, weil an ihrer Rache niemand interessiert ist. Die Menschen erledigen das schon untereinander, sie brüllen sich über den Zaun hinweg an, oder sie lassen den Hund in einen fremden Vorgarten kacken. Mensch, ja, von mir aus, auch das Mädchen, das ist ja auch ein Mensch, oder?, Sie finden nicht? Wie soll ich sie denn sonst nennen?, also, das ist wichtig: Der Mensch macht die Erfahrung des Verstummens, auch nicht schlecht, noch nicht das Ganze, das Gelbe vom Ei, aber auch vielleicht recht interessant, das Verstummen. Jedenfalls nicht uninteressant. Er ist nicht einfach still, er verstummt, der Mensch, ich persönlich weiß jetzt nur von einer, die das tut. Aus Ehrfurcht? Ich weiß nicht, warum es verstummt. Man sagt, das Mädchen sei verstummt, damit es sich selbst nicht belastet, damit es andre nicht belastet oder damit es halt einfach nur ruhig ist und aus. Das unsagbare Mädchen, dieser, na ja, Mensch, wir finden keinen Zugang zu seiner Existenz, und so ist das ja auch gewollt. Das Mädchen will nicht, und es muß auch nicht. Es hat keine Brüder, denen es berichten kann, es hat keine Söhne mehr, die ihm berichten, es hat, bitte, von mir aus, auch keinen Papa und keinen dritten Sohn, kein drittes Auge der etwas nachlässig zur Serviette gefalteten Dreifaltigkeit, dem Vater fehlt noch ein dritter Sohn, ein drittes Auge hat er schon, ein Sohn, von dem das dritte Auge im Strahlenkranz berichten könnte, daß es den Vater gesehen habe, der er aber gleichzeitig auch selber ist, also alles inklusive. Die sind beide Zweiäuglein, das dritte ist noch erhältlich. Einer Jungfrau ziemt es hier zu schweigen, ist so, steht hier, nein, sie sitzt und schweigt, der Wahn der Größe nichtig, die Größe weilt nur kurz unter uns, und sie zerstört immer, was sie kann, was sie halt findet. Die Größe ist das, was nicht ewig bleibt, deshalb muß man an ihr arbeiten, um sie zu erhalten, also so zu erhalten, wie sie war, solange man kann.

Vor ihrem Tod gaben sie nicht laut ein Zeichen, nicht Laut noch Zeichen, die beiden Söhne, immer bewaffnet die Söhne, weil sie keines Vaters Tisch hatten, um bewaffnet gerade dort nicht Platz nehmen zu dürfen; der Tisch des Vaters war woanders, er hat ihnen den Tisch sogar angeboten, doch sie wollten ihn nicht. Die haben sich abgesetzt, es gab kein Zeichen für diesen Tod, und doch war er verabredet. Oder war da ein Dritter beteiligt, vielleicht sogar der Staat selbst? Das Gerücht kommt auf, setzt sich aber nicht, es braucht kein eigenes Herrengedeck, es verzieht sich wieder. Ich weiß es nicht. Ich nötige es zum Bleiben, aber es will nicht. Nicht bei mir. Der Wind kommt ja auch auf und verschwindet wieder ohne Spur. Es sind noch viel mehr Menschen tot, ich habe längst den Überblick verloren, obwohl man zehn Stück noch im Auge behalten könnte, nicht aber die Jahre, in denen es geschah. Sie merken es schon, daß ich nichts weiß und nur so daherrede, eine Spaziergängerin der Sprache. Nicht an allen Toten und Taten ist das Mädchen schuld. Nicht an allem sind ihre Söhne schuld. Es ist einfach zuviel. Also für mich auf alle Fälle, für alle zehn Fälle.

Sie haben mir jetzt schon so lange das Wort gegönnt, während ich Ihnen gar nichts gönne! Ich habe nicht vor, diese blutigen Taten wem anderen zuzuwälzen, die sind mir zu schwer. Die Toten sind zu viele, der Taten sind genug getan, hoch lodert die Glut. Wer hegt das Haus, wenn die alle weg sind, wer dreht die Heizung und das Wasser ab? So viele wohnen in Gräbern, erschossen, zwei sogar erschossen und verbrannt, die zählen gar nicht, die haben ihr Werk an zehn anderen Menschen bereits getan, deren dunkle Worte sie nicht verstehen konnten, Menschen von fern, aus der Nähe schaut man sie besser nicht zu genau an, sonst kann man sie nicht mehr erschießen wie der Mundlose den Schweiger. Und von wem bitte ist die DNA eines Dritten? Einen Dritten mußte es nicht unbedingt geben, sowas kann jeder auch allein, oder, wie hier, zu zwein, ob mit oder ohne Staat, eine Ermordung, ein Selbstmord und eine Brandschatzung, wenn nur der große edle Sinn besteht, das zu wagen.

DER ENGEL (AUCH SCHON IM JOGGINGANZUG ODER SONSTWIE, GEMÄSS DER JAHRESZEIT):
Und die Jungfrau ist ruhig, ich kenne sie schon lange, sie hat kurze Zeit geblüht, na ja, immerhin fast vierzig Jahre, das ist nicht nichts, aber jetzt ist sie still. Stolz blähten sie sich auf als Deutschlands Herren, die drei, Deutschlands Herren und eine Dame, um genau zu sein, Sie sind doch auch eine Dame, nicht wahr?, meint die fremde Frau, die Mutter ohne Sohn, im Gericht, wo sie sprechen darf, aber nur ganz kurz. Sie verstehen mich. Ja, Schwester, wir fanden uns so spät, kennenlernen können wir uns jetzt nicht mehr, ich habe Ihnen nichts zu sagen, ich muß gleich wieder gehn, der Richter will es so. Muß Umarmungen fliehen, die eh nicht kommen. Ich muß des heimischen Stammlands Marken entfliehen, meint der jetzt die deut-

schen Markenprodukte? Ja, die sind in der ganzen Welt berühmt und werden dauernd gefälscht, allein die Nivea-Creme, die Waschmaschinen und Autos, die wunderbaren!, nein, die nicht, und wer würde diese Marken fliehen? Im Gegenteil! Oder meint er Gebiete, östliche, westliche, welche Gebiete meint er, wer?, was meine ich? So scheide ich von diesem väterlichen Haus, das zum Glück nicht meins ist, nicht das Haus und nicht der Vater. Ich bin von woanders her. Für mich wäre ein fremdes Gericht zuständig, doch Deutschland hat mich an sich gerissen, und zwar ausschließlich, um mich zu richten oder richten zu lassen, das ist hoffentlich bald raus. Wurde aber auch Zeit, daß das rauskommt. Andre müssen sich mühsam selber richten, weil es sonst keiner tut. Deutschland darf alles. Wenn ich einmal hochfliegende Pläne habe, hält es mich am Boden fest, daß es mir fast die Flügel aus den Altären reißt und die Kunstwerksretter wieder aus dem Ausland kommen müssen. Es ist selbst der Herr, der nichts neben sich duldet und über sich schon gar nicht, ja, Deutschland, das ist sein Geheimnis, es duldet neben sich nur noch Frankreich und Amerika, England hätte es schon auch gern, kriegt es aber nicht!, und beide, welche beiden?, diese beiden sind dafür nicht dankbar, auch wenn sie an die Brust gedrückt werden. Sie alle trennt das Haus der Ahnen, ein Fluch, ein blutiger Fluch, welchen ich jetzt, völlig folgenlos für alle, erneure.

Dieses Land saugt seine Herren ein und wird dadurch nur noch größer. Es bläst sich auf. Die mit Mannessinn Begabten machen es nur größer, dafür haben sie ja diesen Sinn. Sie haben wenigstens einen. Der Mädchenreiz macht gar nichts. Den lassen wir beiseite, der hat nicht wirklich einen Sinn, einen Reiz vielleicht, aber keinen Sinn, und überhaupt, wir halten uns von Festen und Reigen, ja, von mir aus auch vom Regen fern. Wir schützen uns, aber was die fremden Fahrzeuge hinter unserem Haus machen, das interessiert uns nicht.

Dieses Lager wird nie einer anzugreifen wagen. Es ist ein Heerlager, besetzt vom wütenden Zweifraktionen-Heer der Deutschen, bestehend aus zwei Personen plus eine zusätzliche Person, die es gebraucht hat wie ein Loch im Kopf, nämlich mich. Bitte um Entschuldigung. Jetzt spreche ich. Fühlen Sie meinen Haß? Es genügt, wenn ich ihn fühle, aber er zerreißt mich, auch mein Überlegen zerreißt mich, während Deutschland von seiner Überlegenheit noch lang nicht zerrissen wird, da geht noch mehr. Es genießt sie. Und überhaupt. Deshalb ist dies Mädchen Jungfrau, Schmuck nur, aber nein, ich glaube, sie ist mehr, doch, sie ist Jungfrau, obwohl sie zwei Söhne hat. Das Mädchen ist mehr als eine Jungfrau, nein, zwei Jungfrauen ist sie nicht, aber trotzdem, den Leichnam der Söhne kann sie nicht mehr ins Haus schaffen, sie kann nur das Haus selbst abschaffen, eine tüchtige kleine Hausfrau, aber das wichtigste hat sie vergessen, nämlich wie ein Feuer entsteht und wie man es am Leben erhält. So kann sich das Mädchen nicht als Siegerin wähnen, es hat zu viel falsch gemacht. Seine Mutter war schon Jungfrau, obwohl sie wirklich und ehrlich geboren hat, ich sagte es schon wohl tausendmal, es ist trotzdem wahr. Aber auch wieder ein Fehler. Die Jungfrau Maria war auch Jungfrau, die Empfängnis wurde dabei nicht verhindert, es wurde nicht verhütet, es hat sich niemand gehütet, gehütet haben nur die Hirten, als dieser Herr kam, bitte, sprechen Sie, Herr! Na schön: Gelobt sei, der da kommt in dem Namen des Herrn, dann werden wir ihm schon zeigen, wer hier der Herr ist.

DER PROPHET, NORMAL:
Ich übernehme, ich übernehme mich nicht, gesprochen habe ich schon immer, das ist meine Aufgabe. Und die Aufgabe von Lazarus war, wieder aufzustehen. Er war wie ein Weizenkorn in die Erde versenkt worden, wo er alleine lag, da er gestorben war, aber die Gestorbenen bringen auch Frucht, sogar viel Frucht. Wer sein Leben lieb hat, der wirds verlieren, ist so, und wer sein Leben auf dieser Welt haßt, der wirds erhalten, zum ewigen Leben, gut, da melden sich gleich einige, ich werde in ein paar Minuten ihre Namen notieren. Gierige Kinder, die am Leben saugen. Wer dienen will, der muß folgen, nein, das steht hier nicht, wer mir dienen will, der folge mir nach. Eine Jungfrau ist also die Mutter der beiden, denen sie dient und die ihr dienen; hier steht, dafür wird sie der Vater ehren, aber was machen wir, wenn die Jungfrau gar keinen Vater hat? Dann zerbricht die Kette. Eine Mutter als Jungfrau, eine Ehefrau von zweien, als Jungfrau? Wo gibts denn sowas? Hier, wo das Volk durch seine Zeitungen spricht und sich selbst dabei zuhört. Auf einen andren hört es grundsätzlich nicht. Die Jungfrau. Ein Nichts, über das man nicht sprechen kann. Ein Nichts, nicht einmal eine Frau, und die wäre schon fast nichts, nein, nicht: über das man nicht sprechen kann, sondern ein Nichts, das unsagbar ist, etwas, das es gibt, das man aber nicht verraten kann, nicht weitersagen. Das Geheimnis. Unsagbar. Kein Wunder, daß sie nicht spricht. Man hat es ihr zusätzlich auch noch eingeschärft: Die sind alle scharf drauf, daß du sprichst, deshalb darfst du es auf keinen Fall tun! Ich rate dringend ab. An alles andre wurde auch von uns gedacht, doch du mußt schweigen, damit wir denken können. Deutschland soll endlich schweigen, damit ich denken kann, das macht draußen schon wieder soviel Krach in seiner Fanzone. Ich fürchte allerdings, auch dann werde ich

es nicht können. Ich werde nicht können, was Deutschland auch nicht kann. Schweigen. Ich muß mich auf andre verlassen, was die sagen, nein, nicht auf die Mutter, die mich einst gebar. Als sie starb, war das mein schönster Tag im Leben, übertraf noch den von meiner Geburt, an die ich mich nun wirklich nicht erinnern kann, schon damals mußte ich mich eher an den erinnern, der da kommen würde. Vielleicht kann es das Mädchen auch nicht? Das würde einiges erklären. Hoffentlich kommen da nicht noch mehr von denen! Sie ist als einzige übrig und soll die Buße zahlen. Die Rechnung hat man ihr schon überreicht. Da sind die hier so reich und wollen auch noch, daß man Rechnungen zahlt!

Die Deutschen wollen überhaupt immer, daß man ihnen was zahlt. Sie exportieren, glaube ich, nur, damit man ihnen was dafür zahlt. In diesem Haus, fern der Stadt, wohnen sie, nein, nicht alle Deutschen, nur diese drei, und inzwischen wohnt dort niemand mehr, das Haus wurde abgerissen. Und in diesem Wohnwagen, fern der Stadt, am Meer, an der Ostsee, dem Surferparadies, lebten sie manchmal auch, dort lebten sie auf, das ist dann sogar das richtige, das eigentliche Leben für den Urlauber!, wenn auch nicht das ewige, jedenfalls sind sie dort nett zu den Nachbarn auf dem Gestell-Platz. Singen, Tanzen, Spielen, so könnte das endlos weitergehen, aber Uwe ist seinen Mund los, Herr Lacan, bitte übernehmen Sie endlich, ach du Scheiße, Sie sind ja auch tot, wer lebt eigentlich noch? Das würde mich echt interessieren.

ICH (LEBE NOCH):
Über den anderen Mörder/Gemordeten läßt sich weniger sagen, denn der sagt selbst nichts. Keiner sagt was. Die Menschen sind Lebende, die, im Unterschied zu anderen

Tieren, in ihr Leben erst eingewiesen, ich meine, eingeweiht werden müssen, bevor sie wieder ausgewiesen werden; sie sind solche, die sich zuerst im Menschlichen verlieren müssen, um sich im Lebenden wiederzufinden und umgekehrt, was soll das jetzt wieder heißen? Am Ende findet hier keiner keinen, ich bin ja keine Partnervermittlung. Hier findet keiner was, hier finden nur zehn Menschen nichts Besseres als den Tod. Alle umzubringen, das hätten nicht einmal diese beiden geschafft, obwohl, wenn ich ans Oktoberfest damals denke, da kann man viel mehr auf einmal wegmachen, denn dort sind viel mehr Menschen an der mörderischen Haufenbildung beschäftigt gewesen. Bis heute wird darüber geschwiegen. Die Söhne töten aber hier, und sie haben hier getötet, schauen Sie, wir haben eine Karte für Sie vorbereitet, hier, hier, hier und hier, das Ganze zehnmal, das wird ihnen von ihrer bleichen Mutter, na, sagen wir: vom Haus beigebracht, das geht aufs Haus, das Töten, das lernen sie gern.

Die Leichname sind nicht in ein Dunkel gehüllt, nein, auch nicht in mehrere, es wird jetzt hell. Die brauchen Licht für die Fotos und für den kleinen Panther-Film. Oft genug scheitert ein Kunstwerk auch, weil man selbst zuwenig helle ist, während man es betrachtet. Wenn man oft genug getötet hat, dann geht am Schluß nichts mehr daneben. Direkt ins Gesicht, ganz genau, mitten hinein, ins Auge, in die Wange, den Mund, ins Gesicht, das ist gesichert, das ist sicher, das sagt der Arzt, da wechselt kein Sonnengott deswegen die Bahn, außer sie ist schon zu abgefahren und die Felszacken schauen schon raus, fast, gerade so weit, daß man sie nicht sieht, also nicht weit, da muß man dann halt daneben fahren, da wechselt kein Passant deswegen die Seite, da wechselt kein Agent den Platz im Internetcafé, der geht einfach weg, er hat nichts gesehen, da durstet die Wüste weiter, obwohl es anderswo Regen gäbe, sie nimmt ihn sich nicht, er wäre so nah!, das Regengewölbe treibt, wo treiben wir einen Schirm auf, auch ein Gewölbe, ein kleines, eins schiebt sich übers andere, eins ins andre, aua, so passen Sie doch auf, wo Sie hintreten, das war mein Schienbein!, alles wandert, der Hintergrund sowieso, ich sagte es schon zu oft, es sind ja auch zu viele da, die es nicht hören wollen, so, dem recherchieren wir jetzt hinterher, holen es aber nicht ein: Der Migrationshintergrund besagt, daß einer bereits gewandert und seine Wanderung jetzt womöglich beendet ist, aber wirklich!, ich frage mich, wozu die Mühe, wenn er ja doch umgebracht wird, am Ende wird diese Wanderung gestoppt. Der Wanderer fällt einfach um. Diese metallischen Schläge können nicht eingeordnet werden. Ich habe keinen Tau, keinen Dunst. Ich kann diese Wüste nicht zum Leben erwecken, weiß nicht, wie das geht. Ich gehe ins Netz, ich gehe ins Internetz, doch kein Tau netzt diese Wüste, habe ich das falsch verstanden? Ich habe das sicher falsch verstanden. So, es ist jetzt hell. So lange habe ich durchgehalten, ich habe das Wasser zurückgehalten, bis es hell war. Bis jetzt.

ENGEL, PROPHET, AUTORIN, ABER AUCH DER RICHTER SELBST ZIEHEN SICH PLÜSCHKOSTÜME AN (NICHT PAULCHEN! ANDERE! SIE SPRECHEN ABWECHSELND, AUS DIESEM FETZENHAUFEN KANN SICH JEDER SELBER AUSSUCHEN, WAS ER SAGT):
Was glauben Sie, warum der eine, der alte Gott so viele Tiergestalten für sich gewählt hat, als wollte er Brehms Tierleben mit sich illustrieren? Dieser illustre Mann und kommt als Schwan oder was weiß ich. Wenn der Gott Menschen ficken will, muß er zum Tier werden, das geht doch vielen von uns so, seien wir ehrlich. Aber auch, weil

die Frau ihn sonst nicht sehen könnte. Eine Wolke war er aber auch schon. Eine Wolke! Dufte, hat man früher gesagt, wer kennt das Wort noch, ich habe es nie gekannt, es kommt aus dem Ausland, für viele: Inland, und kann vom Schrecken nichts sagen, also jedenfalls mir nicht! Und es verschwinden die tötenden Menschen auf ihren Rädern, die Česká wird eingepackt, rein damit in den Rucksack, die dürfen wir nicht liegenlassen, eher noch das Geld, aber nicht die Waffe, damit noch genetisch analysiert wird, woher sie stammt, nicht zurücklassen wie die Jungfrau das ganze Geld, 70 000 oder so, vollkommen übergeschnappt! Die beiden Helden würden ihre schöne Česká nie irgendwo hinterlassen, bitte, würden Sie ein paar Minuten auf meine Pistole aufpassen?, bin gleich wieder da! Nein, sie wird zur Hauptperson, also nein, auch nicht, sie wird zum Hauptrequisit in einem lustigen Film, die brauchen wir, der Mann vom Fassungslosigkeitsschutz verläßt rechtzeitig den Ausschuß, also nicht diesen Ausschuß, nicht wahr, dieser Ausschuß ist zwar groß, für manches aber wieder zu klein. In seinem Schutz-Haus herrscht die Not, daß es bald eine Person mehr geben wird, und da muß er jetzt woanders nachschauen gehen, ob da auch noch Menschen anzutreffen sind, ich meine das Internetcafé. Dort ist der Tote bereits erschossen und eingetroffen oder ist gerade in Arbeit, ich meine getroffen worden, so, und der Agent geht, er kann immer gehen, er hat stets freie Bahn, er soll den Toten nicht erblicken, bevor er selber stirbt, und danach sieht er ihn auch nicht. Blödsinn, der Geheimagent lebt immer noch, er wollte bloß seine schwangere Frau, die er zu Hause liegen hat, schonen, und zwar mittels der Pornos, die er sich vom Bildschirm reingezogen hat, im Flirtforum, diesem Marktplatz der Schönheiten, die man nicht zu kaufen braucht, man kriegt sie geschenkt, bezahlen Sie später all die Körper dort, falls die endlich auftauchen und auftauen! Seine Seele, ich meine die von dem Beamten, ja, dem, aus dem Amt, ist diesfalls kein Fremdes auf Erden, wir kennen das alle gut, unsere Seelen sind vertraut damit, fremd zu sein, die einen mehr, die anderen weniger, und ich verstehe das alles auch sehr gut, wie immer genau dann, wenn sowieso nicht viel zu verstehen ist. Alles Irdische ist vergänglich, und soeben ist hier jemand vergangen, er ist beiseite gegangen, er ist endlich weggegangen, einer weniger von diesen Stämmigen aus der Türkei, der gehört gar nicht auf die Erde, er wurde ihr zurückgeschickt, obwohl die Adresse ja nichts dafürkann, ich kann sie nicht lesen; die Erde hat ihn jedenfalls nicht geschickt, da sehe ich keine Rücksendeadresse, er war nicht vom rechten Schlag, er bekam keinen Schrot, kein Korn, er bekam nämlich eine Kugel. Ihr Schall war gedämpft, wie hätte der Herr vom Fassungsschutz, fasse es, wer kann, der Rest lasse es, also etwas hören können? Überhaupt nicht. Er hätte es nicht gekonnt, er hat dieses Fremde, das da im selben Raum saß, ja gar nicht registriert, er hat sich selbst registriert, damit er Pornos schauen kann, fern von der Frau. Einmal Amateur, immer Amateur, also Liebender, nein, das nicht.

Hilfe, meine Seele ist in meinem Körper gefangen! Würde ich die Mutter sehen, die mich einst gebar, wäre das ein Wunder, in derselben Sekunde allerdings würde ich gar nichts mehr kapieren, das ging mir schon immer so bei ihrem Anblick, vieles trieb mich zum Mord an der Gebärerin an, aber am Ende habe ich es doch sein lassen, die Zeit erledigt das kostenlos, ich hätte dafür zahlen müssen; die Seele hat nur Aussicht zu entweichen, ich sehe es voraus, in die andre Richtung geht gar nichts mehr, und aus dem Grab hätte sie überhaupt keine Aussicht mehr zurückzukommen, das Grab ist tief unten. Das wissen wir.

So, die Česká ist eingepackt, die Handys sinds auch, die neuen Apps, vollkommen gratis, einfach vollkommen!, denn wir zahlen nichts, wir zahlen nie was, die sind aktiviert wie Laktobazillen, deren Kraft von Gott persönlich kommt, damit uns geschadet werden kann, und schon rollen sie wieder mal fort, die Söhne. Sie zischen ab. Ihre Beute bleibt da, sonst wäre sie ja keine.

Die Toten bleiben gleichzeitig immer da, obwohl ihre Zeit längst gekommen und wieder gegangen ist. Es ist nicht wahr, daß sie unsichtbar neben uns herlaufen, ob sie von uns was abstauben können, sich was abschauen, ob sie den Arm um den Bruder, die Mutter, die Schwester, den Onkel schlingen können. Sie können es nicht. Sie sind nur Verwesende, ich sage jetzt nichts vom Verweser, zu wenige wissen, was das ist. Doch zum Beweis, daß sie da sind, werden die Panther-Filme zusätzlich ja auch verschickt. Die Toten müssen noch fotografiert werden, zum Beweis, daß es sie gab und sogar lebendig, bitte recht freundlich, es war doch nicht alles schlecht, oder? Sie haben sich bloß in der Bestimmung geirrt, daß sie auch hätten anderswo hingehen und dann dort bleiben können, von mir aus dort, wo der Hirte die Herde antreibt und der Diesel den Lastwagen.

NIEMAND:
Sie gingen uns mitten ins Netz hinein, wir mußten nur noch die Pistole ziehen, und gut wars. Ihr Wandern ist zu einem Ende gelangt, das Ende darf gern bei uns sein, der Anfang: soso lala, gemischt, nur das Dazwischen lehnen wir entschieden ab. Diese Seelen haben die Erde noch nicht gesucht, werden sie aber finden, dann werden sie allerdings schon weggeflogen sein, diese allgemein und besonders Fremden auf der Erde, überall fremd, sogar mir selbst fremd, also in Düsseldorf bin ich einmal wirklich

fremd gewesen, wenn auch nicht mir selbst. Fast hätte mich dort die Straßenbahn überfahren, weil ich so fremd war. Da bauen wir und wohnen wir auf der Erde, und dann wollen wir die Erde auch noch retten, klar, wir wollen ja nicht ständig durch Dreck waten, unsere Seelen sehnen sich danach, daß wir eine reine, gepflegte Erde haben, ungefähr wie Haut, aber es ist nichts zu retten, die kann nicht rein sein, wo doch die Luft so belastet ist. Als erstes werden wir alle draufgehen, dabei sind wir so eine gute Haut! Es soll so und so sein, ich habe es jetzt vergessen, wo das Fremde wohnt, einmal so, einmal so. Da darf nichts gerettet werden, nur das Gegenteil, nur das ergreifende, wenn auch gut aufgelegte Gegenteil, da liegt es jetzt, kann nicht mehr fliehen wie die Seele den Körper.

ICH:
Der Söhne Fahrräder rauschen kühn dahin, der Fahrtwind kühlt brav. Diesmal in die andre Richtung, mit Kühlung plus, fast schon Kälte. Der Tod wurde gebracht, das Foto wurde gemacht, wir haben alles beisammen. Die Söhne halten stolz in blutbefleckter Hand die Griffe von dem Fahrrad, nein, sie selbst sind nicht ergriffen, den Lenker umklammern sie, nein, sie halten ihn einfach nur, der Fremde folgt ihnen ja nicht, sie können ganz gemütlich dahinrollen, ich weiß nicht, wie man das nennt, und gebe in dieser Frage den Göttern das Wort, die wollen aber nichts sagen, ich soll das selber erledigen, doch ich bin ja die einzige Person Europas, die nicht Fahrrad fahren kann, obwohl es an Fahrrädern nicht gefehlt hätte in meiner ansonsten fehlbaren Atridenfamilie, nur ohne Tote, die kamen erst später dazu, und vorher schon haben sie sich ordentlich durch ein paar Vorläufer des Lebens-Slaloms angekündigt, aber sonst, dazwischen war alles exakt gleich wie bei allen Toten. Ich habe gefehlt, als sie verteilt wurden, die guten Räder. Als

ich meinen Papa umgebracht habe, war ich da, naturgemäß, er hat mich ja vorher gemacht, ich habe ihn nachher abgeschafft, er wurde ja nicht mehr gebraucht; sogar sein Rad war noch da, ein altes Steyr ohne Waffe, es wurde bei uns ja nichts weggeworfen. Ich wurde zwar nicht weggeworfen, im Gegenteil, ich wurde immerzu gerufen, doch ich habe bei allem gefehlt, als die Verteilung stattfand. Ich habe nicht rechtzeitig aufgezeigt, als das Leben verteilt wurde, vielleicht hab ich mir viel erspart, ich weiß es nicht. Wenn ich die Zeitung lese, glaube ich das sogar.

Diese Söhne haben ihr Werk noch nicht ganz vollendet, wagen sie vielleicht auch den Muttermord? Nein, mit dem Wagen nicht, der kommt erst am Schluß, wenns gar nicht mehr weitergeht. Sie wagen es nur, Fremde zu ermorden, und zwar genau deshalb: weil sie Fremde sind, die keinem was getan haben, also müssen dafür diese Söhne etwas mehr tun als in Familien sonst üblich. Auch sie sind für das gemeine Wesen Gemeinwesen mit verantwortlich. Und nein, um den Scheiterhaufen müssen sie sich nicht kümmern, um die Gräber auch nicht, auch nicht, wenn sie selber zu Asche geworden sind. Das muß sie nicht kümmern. Das Nachher ist für sie einfach nicht interessant.

DER PROPHET:
Trunken springt ihnen das Mädchen, die herrliche, herrische Gemahlin, also fast Gattin jedenfalls, wir haben sie hier die herrliche Mutter genannt, in die Arme. Die Mutter wurde nicht gemordet, das war nicht nötig, sie war doch immer weg, sie ist doch immer ewig, die Mutter, egal, wo sie sich aufhält, trotzdem, aus den Augen aus dem Sinn, ein Nichts von alledem ist die Tochter und doch wieder vorhanden, ein Drehpunkt, eine Angel für zwei Söhne und doch keine Mutter und zeugt und wird gezeugt und zeugt

und wird gezeugt. Nein. Nicht schon wieder dieses Zeugs! Wir können es nicht mehr hören. Die haben sie ja gern, diese Mutter! Der würden sie nie was tun, die tut es schon selber. Die beiden Götter bekommen keinen blutigen Fluch von ihrer stillen Jungfrauenmutter. Sie sind der Fluch. Sie sind geweiht, sie sind Götter, sie sind vom Deutschen geweiht, das so viele Dinge gesehen und geschaffen hat, daß es damit schon unter die Erde gehen muß; das, was die Deutschländer aus ihnen gemacht haben, streng nach Fähigkeiten geordnete Gebilde, Totmacher, ja, auch, runter damit, denn oben ist einfach kein Platz mehr bei so vielen Toten. Ich habe sie jetzt zusammengezählt: Mehr geht wirklich nicht! Dieses Land irrt nicht umher, obwohl es sich eine Zeit lang sehr geschämt hat und sich manchmal gern unsichtbar gemacht hätte, aber nicht oft. Jetzt bleibt es an dem ihm zugewiesenen Platz und verdient Geld, es bleibt bei uns, bitte, Deutsch, bleib bei uns, so viele beherrschen dich nicht mehr, vor allem, wenn sie fremdstämmig und noch dazu aufgeregt sind, ich kanns aber schon, bitte, widersprechen Sie mir nicht, ich kanns auch wieder lassen; und erst vor drei Jahren habe ich gemerkt, bis dahin nicht, daß es leider mich beherrscht. Bei so vielem, das man sagen könnte, aber nicht sagt, ist das Deutsche sehr praktisch, nur ich sage es, ich sage es vielsagend, obwohl so viele andere es auch könnten, noch dazu viel besser, und viel mehr davon, denn daß ich es Ihnen sage, ist Ihnen auch schon zuviel, das verstehe ich, wohin geht mein Schritt? Aha, dorthin geht er, wo man mich auch nicht will, nur mein Geld, jetzt weiß ich es wieder, Geld will der Deutsche ja immer, und er verdient es auch.

Schau, das ist praktisch: Bei den Toten ist noch viel Platz, wir rücken zusammen; deutsche Menschen haben sie rechtzeitig unter der Erde angeliefert, wo blieben da ihre

Manieren? Auf der Strecke? Ich weiß es nicht. Wo die sind, dort ist noch mehr, das weiß ich, dort gehen noch mehr rein, bloß gehen können sie nicht mehr. Oben sind immer nur wenige, was können die schon schaden?, was stört Sie an denen denn so?, die kann man doch nicht alle dort offen liegenlassen. Tut man ja auch nicht. Sie werden abtransportiert, ihre Familien werden schikaniert, und dann begräbt man sie. Oder umgekehrt. Das geht auch.

Was sagt dieser Mann, den die Deutschen jetzt auch verleugnen wollen, aber zum Glück wenigstens nicht umgebracht haben, das hätte er nämlich nicht verdient? Der Seele ist das ihr Ungemäße und darum Befremdliche zugestoßen? Sie ist schon von ihrem Wesen, vom Grundzug ihres Wesens, den das Mädchen nicht versäumt hat, sie stand bereits am Bahnhof, die Seele aber nicht, die war schon abgefahren, die Seele also, die ist von diesem Grundzug, wenn auch nicht dem ihres Wesens, nach Zwickau mitgenommen worden, ich glaube, es war Zwickau der Zielort, nein, übers Zwicken sag ich jetzt nichts, ich halte mich besser zurück, nein, besser kann ichs noch nicht, und da war jedenfalls die Seele in dem Mädchen und das Mädchen mitsamt seiner Seele schon Tage am Laufen und Fahren, eine letzte Reise nach Jena, wo alles einst begann, oder?, muß ich noch einmal nachschauen. Also eine letzte Reise geht sich noch aus, wenn auch nicht hier, nicht von hier, nicht hierher, ich bin weit über dem Zeitlimit. Aber da das Mädchen ja nicht tot ist, geht sich noch eine Reise aus und noch eine, und seine Seele breitet weit ihre Flügel aus, kann aber nicht fliegen wie der Engel, den Sie doch auch schon öfter hier gesehen haben, oder haben Sie da immer weggeschaut?, jetzt ist er zum Beispiel wieder da, wenn auch verkleidet. Die Jungfrau kann nur zum ermäßigten Tarif in dem faden Lokalzug sitzen und am Daumen drehen, das Geld hat sie ja leider liegenlassen, doch es passiert nichts, das Mädchen plus Seele wollen beide unbedingt zur Oma, die weint, wenn sie den Namen des Mädchens nur hört. Das Mädchen möchte das einmal persönlich erleben, so, der vierte Tag auf der Flucht ist vorüber, ein Jahr Prozeß für mich inzwischen auch, zum Glück muß ich da nicht dabei sein, ich habe kein Los gezogen für einen Sitzplatz, ich gewinne nie was, und weiter gehts, wenn auch nicht viel weiter.

Die Stunden werden verbracht, die Seele kann nicht gesehen werden, die Himmlischen fühlen keinesfalls der Lebenden Mühsal, es ist nicht sehr mühevoll, in deutschen Lokalzügen herumzufahren, doch in deutschen Lokalen herumzusitzen und zu speisen wäre feiner. Draußen fällt die Temperatur, berührt aber noch nicht den Boden und geht natürlich auch nicht darunter, also nicht unter den Boden, wo es jedoch bald frieren wird, alles, außer den Toten, wird frieren, die Toten können es nicht mehr.

Das Innere des Bahnhofs ist nicht wohnhaft, hier können es nicht viele lange aushalten und dürfen es auch nicht, das sagt mir mein inneres Wohlbefinden, ich möchte nicht dort sein, aber ich möchte ja nirgendwo sonst sein, nichts und nirgends möchte ich sein, ich möchte in der Schwebe bleiben oder so, aber um mich gehts ja nicht. Furchtbar tönen Worte, die den Menschen entfliehen, die Halle hallt dermaßen, man versteht sein eigenes Wort nicht und auch keine Fremdsprachen mehr. Wenn das Nichts nichtet, kann auch die Halle hallen, das ist klar. Zehn Seelen wurden in den Untergang gerufen, wo sind die Gräber bitte? Nein, das will ich nicht wirklich wissen. Ich sehe sie niemals wieder und habe sie nie gesehen.

Das Grab soll sich schließen wie der Mund des Mädchens. Das Deutsche ist einfach die Vollendung, oder?, es ist die Vollendung des Lebens, es ist der Tod. Das Deutsche ist das einzige Volk, das wirklich eins ist, wenn auch nicht einig, und es ist das Ende zugleich. Es bringt alles unter die Erde, es selbst aber bleibt oben und fährt Rad oder Auto oder Eisenbahn. Oder es fliegt überhaupt weg. Ich sage hier nicht: Es gibt allen anderen dauernd Radschläge, wobei es mit dem Kopf genauso oft oben wie unten ist, einmal obenauf, einmal unten, das habe ich vorhin schon angedeutet, es gibt ja nicht einmal Fahrunterricht dafür, oder doch?, wahrscheinlich war ich bloß zu faul, sonst könnte ich es ja inzwischen. Alle fahren sie Rad, nur ich nicht. Es donnert unterirdisch, aber oben schon auch. Gesegnet und glücklich gehen sie in den Tod, die Opfer, die man gebracht hat, und jetzt bringt man sie nicht fort. Im Gegenteil. Man soll sie ja sehen! Sowas muß man doch festhalten! Das kommt noch, warte nur, balde! Das kommt noch, die unschuldig Schuldigen an diesen Morden, welche nötig waren, kommen auch dorthin, und sie gehen auch dorthin, wo ihre Opfer schon sind, nur woanders. Nicht an derselben Stelle, doch es geht abwärts, hier ist der Liftknopf, Sie müssen Kellergeschoß drücken, also K. Wenn Sie nicht büßen, neben allen anderen büßen, also neben keinem, bleiben die Morde ungerächt. Erst muß aber noch fotografiert werden, damit es sie überhaupt gab. Erst, nur Geduld, muß das alles fotografiert werden, sonst glauben die Eltern der Toten an das Leben, wie sie es schon immer getan haben, und das wäre sinnlos. Die beiden Radfahrer sind verstrickt in denselben Schicksalsfaden, aber mehr als ein Topflappen wird aus diesen stolzen Männern nicht, diesen eingefleischten Deutschen, so eingefleischt ist bei ihnen das Nachahmen ihrer streng nach Gliedmaßen geordneten Teile ihrer Kleidung, daß man sich, auch wenn sie sie ausziehen, immer noch leicht ein Bild von ihnen machen kann, die Hosen fast immer dunkelblau und die Gestalt eben noch lang bewahrend, weil sie immer so eng anliegend sind.

So. Sie gehen hinein, zum zehnten Mal oder schon öfter?, die Bank ist ausgeraubt, das wird ihr hinfort nicht mehr passieren, das wird das letzte Mal gewesen sein, hoffe ich jedenfalls, für alles gibt es ein erstes und, noch wichtiger, ein letztes Mal, und danach passiert das mit der Seele, was ich schon angedeutet habe, wo war ich stehengeblieben, bin aber erschrocken und davongerannt?, das Tiefsinnigwerden liegt mir und meinesgleichen ja, unbedingt, ich gebe Ruh, aber ich fürchte mich immer. Ich geh in Ruh unter, in Schweigen aber nicht, das wissen Sie inzwischen. Sie gehen hinein, die Fahrer, die Kuriere des Todes, diesmal aber holen sie das Geld, bringen tun sie nichts, sie steigen auf die Räder, und sie werden beobachtet, diesmal ja, wie sonst nicht, denn wer beobachtet schon Radfahrer?, dabei wäre es interessant, sie sind so leise wie ein Baum, der noch nicht gefällt wurde, dessen Sägespäne noch nicht in ein Plüschfell gefüllt wurden, um einen Tierkörper zu modellieren, doch heute nehmen sie was ganz andres dafür, ja, das hier, das ergibt ein Bärli, die fahren also und fahren, und es läutet nicht bei ihrem Schritt, nur manchmal klingeln sie, das müssen sie aber extra machen. Sie werden beobachtet, obwohl die Räder keine Nummerntafeln haben, das ist es ja! Sie werden dennoch beobachtet. Das grausame Werk ist getan, den Göttern hat es zehnmal so gefallen, nicht zehnmal so oft, wie ihnen etwas anderes gefallen hätte, nein, einfach nur zehnmal sahen sie, daß es gut war, die Fremden sind tot, die nahe Polizistin, so nah wie je eine von uns, wenn sie parkt oder in der Kolonne feststeckt, auch, allerdings Jahre davor, und tot ist sie immer noch; ihre Handschellen liegen noch da und können gefunden werden, aber erst danach, wenn man sich keine Mühe mehr geben muß, sie sind einfach da, sie selbst wurde fortgebracht, die Michèle, ihr Kollege schwebt in Lebensgefahr, nein, jetzt schwebt er zum Glück nicht mehr, er ist gelandet, in der Zeit, die uns ihrerseits entgleitet, weil sie immer stur voranschreitet, hat er sogar studiert. Ich gratuliere ihm herzlich.

Diese Männer irren nirgendwo herum, sie wissen, wohin sie wollen, sie fahren, und auf einmal, nein, eher auf zweimal liegen sie da, wer hätte das gedacht, wer hätte gedacht, daß die das waren, einfach so, da liegen sie nun, nein, nicht einfach, sie verendeten gegenseitig, durch alleinige Schuld von einem, der sich und dann den anderen mit sich nahm. Jetzt sind sie unerreichlich, sogar fürs Ohr kaum merkbar, dafür beginnt ein Blätterrauschen im Urwald Deutschland, das einen hinwegfegt, kaum daß man sich ein wenig zusammengenommen und aufgesammelt hat. Und das alles, weil es den deutschen Göttern so gefallen hat. Sie haben es allerdings nur diesen drei Personen anvertraut, was ihnen gefallen würde, Wotan und Adolf Hitler beim Schafkopfen, da haben sie sich ausgemacht, was ihnen gefallen könnte, nämlich der Dritte und Vierte im heiligen Bunde zu sein. Irgendwas muß sich die Geschichte ja für später aufheben, und jetzt ist schon später, sie kann nicht alles auf einmal schlucken. Irgendeinen Dummen oder mehrere Dumme werden sie dafür schon finden, um in der Geschichte einzugehen, was eh jeder tut, nur ist für jeden nicht Platz. Und opfern müssen sie den, den sie gefunden haben, opfern wie eine Jungfrau für nichts als Wind, doch diesmal ist es nicht diese Jungfrau, die Gebärerin, zum Mord an der hat keiner jemand angetrieben, und niemand hat ihn ausgeführt. Süß und bitter wird der Kampf für die beiden sein, aber sie werden ihn zehnmal gekämpft haben, und einmal ist Schluß; mehr geben die Götter ihnen nicht, mehr geben sie nicht her, und danach schneiden sie den Faden ab, wie sie es immer tun. Nein, das müssen diesmal die Ärmsten selber machen, sich den Faden abschneiden, einer dem anderen und dann sich selbst. Jetzt ist keine Zeit mehr, an die Pfade zu denken, die er fröhlich entlanggeradelt ist, der kahle Mann und der mit den Segelohren, auch einer, der um gut Wetter und guten Wind bittet, die er beide mit den Ohren auffangen und in die richtige Richtung lenken könnte, nein, der bittet um nichts. Ein Vogel hat zum Untergang nicht gerufen, aber sie haben es trotzdem getan. Sie kamen ungerufen und gingen dann unter. Jetzt sind sie selber tot, unberufen, nur die Schwester, nein, die Mutter, die jungfräuliche Mutter dieser Söhne des Zeus, die Beherrscherin des ostdeutschen Landes, die lebt noch. Hier sitzt sie ja, wo haben Sie denn Ihre Augen! Was redest du da daher, das war doch nicht mal eine Eigentumswohnung!, die war doch nur gemietet, zur Miete und doch Herrscher, alle drei Herrscher über deutsches Land, den Osten lassen wir weg, obwohl der noch deutscher war als deutsch, sie haben ja im Westen gemordet, allerdings nicht dort gewohnt. Das verstehe ich nicht, dort haben sie sich doch gar nicht ausgekannt, die haben bloß Landkarten benutzt, manche wollten ihnen schon helfen, ihnen den Weg zeigen, wenn auch nicht den durch die Nacht, ich hätte ihnen GPS empfohlen; wäre ich eine von ihnen gewesen, dann hätte ich mich auch nicht ausgekannt, aber das bin ich nicht. Ich habe mit denen nichts zu schaffen, nicht einmal mit ihrem Land. Das Land der Schaffer ist nicht meins, ich schaffe nichts, und ich schaffe nichts fort, ich schaffe aber auch nicht an, also nicht in dem Sinn, daß ich anschaffen gehen würde, wer würde mich denn benutzen wollen?, sondern in dem

Sinn, daß ich keine Befehle erteile wie Mama damals, über die ein fremdes Gericht geurteilt hat, ich kenne das Urteil nicht, meins wäre auf jeden Fall härter ausgefallen.

Die aber, die wohnen derzeit noch im Lichte, im Glanze, dort muß es nett sein, an der Ostsee-Küste muß es auch nett sein, wahrscheinlich sogar netter, in einem Camper muß es sich gemütlich wohnen, nichts davon kenne ich, ich werde es nie kennenlernen. Auch den Tod noch nicht, vielleicht heute nachmittag, das Herz, was sonst, aber jetzt noch nicht, da bin ich aber froh. Nicht wie diese beiden, die wohnten im Licht, ich sagte es schon, man kann das nicht oft genug sagen, daß die im Lichte waren, und dennoch hat sie keiner gesehn, weil alle anderen hier ja auch recht helle sind. Die silberne Nacht war nicht so ihres, nur die Jungfrau war eine, die sich in weichen Schuhen in die Clubs begeben wollte, die hat Spaß gehabt, das ist jetzt vorbei. Sie steht jetzt also allein in diesem guten, schönen Licht, die Mörder standen dort nicht. Keine Zeit mehr. Ihren eigenen Tod haben sie nicht fotografiert, das eine Gesicht ist ganz violett angelaufen, mehr habe ich darüber noch nicht gelesen, das wäre ein interessantes Motiv gewesen, also ja, sie waren von Gestirnen umstrahlt, aber nicht von Kameras umzingelt, die gelten jetzt – hätten die nicht warten können, bis es auch bei der so weit war? – allein dem Mädchen, ihrer Mutter, der Lebenden, die nicht spricht. Die Toten sprechen zwar auch nicht, es ist eine alte Tradition, daß die den Mund halten wie der Mundlose, der aber ordentlich was zusammengequatscht hat, wenn er mal nicht allein war, sondern zu mehreren, unter Freunden, das sagen alle, die ihn kannten. Ein netter Kerl. Immer unterwegs. Das Bärenkind. Freundlich. Gesprächig, ruft mir einer zu, der kein Dichter ist, aber unbedingt auch selber mal sprechen möchte, obwohl er es überhaupt nicht kann. Die Mutter der tapferen Söhne des Zeus, nein, Blödsinn, einfach nur die Mutter sitzt jetzt da und spricht, die andre spricht dafür überhaupt nicht, die Jungfrau schweigt genauso, sie verschweigt ihre Mutterrolle, aber anders, denn sie hätte was zu erzählen, tut es aber nicht.

Die Toten hatten Mütter, beide leben noch, aber die wahre Mutter ist diese Jungfrau, so lautet meine kurze, überschaubare Theorie, die Sie jetzt auswendig können, aber Theorie war noch nie meine Stärke. Abgenutzt, dafür gutmütig muß die Theorie sein, damit ich sie mir zu eigen mache, sie muß alles aushalten können außer Widerspruch. Die Jungfraumutter: Deswegen hakte es in ihrem Leben ja so, weil das nicht stimmen kann, aber was stimmt schon?, es wogte hin und her, das Meer, die Ostsee wogte unter dem Surfbrett, unter dem Boot, dessen Außenmotor einmal repariert werden mußte. Jetzt ist Schluß damit. Kein Sport mehr, keine Kondition mehr, die in das Wesen dieses Menschen noch eingebracht und verbessert werden könnte, alles umsonst. Man läßt sie hier im Wohnwagen liegen, obwohl sie vorher doch so fit waren, das sagen alle. Es werden jetzt zur Abwechslung sie fotografiert, sogar als Bilder gemalt, später, dann bringt man sie fort, alles ist nur allzu entschieden, jetzt wissen sie es ja, ihr Schmerz verschwindet, die Morde sind geklärt in dieser Klärgrube Deutschland, die alles aufnimmt, und dann versickert es, obwohl es doch hätte vorher gereinigt werden sollen. Weil das Land eben doch nicht alles aufnehmen kann, es hat sich geirrt, die Anzahl hat nicht gestimmt, ich weiß aber nicht, was die Anzahl ist. Eine Primzahl, das weiß ich. Der verschwindet einfach, den sie nicht wollen, jetzt sehen sie es alle, daß jemand fehlt, doch sie wissen nicht, wer. Die Gesichter dieser Männer sind jedenfalls ausgelöscht, die können wir abhaken; also das vorn, woran man einen Menschen erkennt, ist kaputt, der Skalp von der Hand des Todes abgelöst, der Hinterkopf in kleinen Stücken davongeflogen, alles bezahlt, das nimmt ja alles, da geht viel hinein, da gehen viele hinein. Da kommt keiner zurück, so lautet das Gerücht, ich kann es nur bestätigen.

Was habe ich vorhin gesagt, und auch früher habe ich es schon öfter gesagt, wie üblich, weil es mir schon bei dem Gott im Phaeton so gut gefallen hat? Der Sonnengott hat seine Bahn gewechselt? Das Fleisch auf den Grill geworfen? Also deswegen riecht es hier so nach Fleischerei und Fleiß! Mein Mann wird mich vermissen, aber jetzt noch nicht. 76 Bronzeglocken spielen das Lied An der Saale hellem Strande, ja, das kenn ich!, hab ich als Kind am Klavier gespielt, mein Papa, den ich auch nicht geliebt und daher getötet habe, mochte am liebsten Ännchen von Tharau, ich habe es ihm meist verweigert, dieses Lied zu spielen, obwohl er mich so darum gebeten hatte. Wir Menschen sind so entsetzlich, ja, alle, dies mein Urteil und meine Kern-Aussage, obwohl ich gar keinen Kern habe, jedenfalls keinen guten, aber diese Aussage ist unsinnig wie das meiste von mir, denn der Mensch ist ja noch gar nicht als Tatsache konstatiert worden, er bringt sich aber gern überall ein, als wäre er eine, ja, auch in sein Wesen, er bringt sich ein, er postet, er sagt, ich möchte mich jetzt einbringen, und dann ist er über negative Bewertung entsetzt, er schreibt Leserbriefe, wenn auch nicht so oft wie früher, eher tut er posten, da blockt er lieber ab oder zwitschert, womit er jetzt verkauft wurde, das geht alles viel schneller, und man muß nichts mehr abschicken, so, ich checke das alles mal kurz, nein, mit Geschick kommt jetzt nichts. Wieso rede ich eigentlich noch? So halten Sie mich doch auf! Wieso konstatiere ich noch etwas, das gar keine Tatsache ist, obwohl ich sie doch konstatiert habe? Gerade eben? Eine Schande ist das nicht, aber unnötig.

Ja, das hat er leider getan, die Bahn gewechselt, falls Sie es vergessen haben, was ich Ihnen eh nicht erlaube, dieser eine Gott diese eine Bahn und dann die andre, ja, der andre dann auch, der die richtige Formel Nummer eins kannte, klar?, also eine wechselt die eine, der andre die andre Bahn, jeder seine, die nimmt er sich, aber dann gefällt sie ihm nicht mehr, er will lieber die andere nehmen, so, der Wechsel ist ausgestellt, er muß irgendwann eingelöst werden. Da muß man sich eben zusammenreißen wie das Mädchen, das die Bahn, aus der es nicht mehr herauskommt, Strecke um Strecke ganz alleine mühsam abfährt, tagelang, so weit das Ticket reicht, und jetzt regnet es auch noch, während der Gott, der deutsche Einsiedegott, der hier eingekocht worden ist, damit er sich hält, auf einer andren Bahn mit dem Bike unterwegs ist, wo er scheint, wie es scheint. Nein, jetzt nicht mehr. Ich weiß nur, daß die alle gefahren sind, mehr konnte ich nicht in Erfahrung bringen, mehr gibts nicht zu lesen, ich habe jahrelang darüber das Falsche gelesen, was nicht meine Schuld ist, und mehr gefährliche Erfahrungen konnte ich selbst leider auch nicht machen. Es scheint, als wäre das alles passiert, wenn auch nicht allen. Ich kann es nur bestätigen, ich kann alles bestätigen, wie diese Zeitung, die wieder mal nicht recht hat, macht nichts, aber mehr kann ich persönlich nicht tun, als sie trotzdem zu lesen, während ich die blöde Regenwolke verschiebe, die eigentlich über der andren Bahn stehen sollte. Der Gott könnte es sich wirklich etwas früher überlegen und es vorher ankündigen, wir sind schließlich in den Ferien und wollen vorausplanen, wie und wann wir lustig sein werden.

Es sind jetzt alle tot, die tot sein sollten, aber vielleicht schaffen wir es, noch ein paar mehr in die Gesichter zu schießen, wegen der Sterblichen Schuld, die sich aus dem falschen Grund vor der falschen Kulisse aufgestellt und nicht gemerkt haben, daß die inzwischen gewechselt hat. Ja, jetzt weht ein anderer Wind. Mein Gott, da sind irgendwelche Geschwister gezeugt worden. Von denen schweige ich ausnahmsweise. Das Mädchen hat keine, das genügt, das genügt sich selbst, es hat ja sonst niemand außer der lieben Oma, die schon wieder weinen muß, jeden Tag hat sie Grund dazu. Die zwei Männer radeln davon. Ihre Gesichter fallen auf, denn sie haben gar keine Haare, deshalb sieht man ja die Gesichter so gut. Trotzdem werden sie nicht erkannt und nicht gefunden werden. Andere als sie werden erkannt werden, sie werden als andere nicht erkannt werden. Ihre Opfer sollen froh sein, es wird ihnen ein schöneres Leben eröffnet, und Deutschland ist rein. Es ist jetzt endlich rein. Niemand darf mehr rein, sonst wird alles wieder dreckig. Jetzt können Sie dafür hier reinmachen, was Sie wollen, da ist noch viel Platz. Die Reinigungskräfte sind schließlich nicht von hier. Nein, auch die Religion nicht. Aber arbeiten, das können sie, von uns aus können sie das.

ICH:
Es wurde aber auch brav geputzt, nicht von mir, von der kleinen Hausfrau, vom Mädchen, es wird immer reiner und reiner, das Land, man rutscht schon auf der Blutlauge am Boden aus, der immer reiner wird, obwohl immer mehr Blut dazukommt. Bloß kein Deutschen-Bashing, das machst du hier und auch anderswo viel zu oft, dauernd machst du das! Ach was, wurst, mir glaubt ja eh keiner! Das Mädchen hält den Haushalt in Schuß, aber die Schüsse fallen stets woanders, das hat sie sicher zur Bedingung

gemacht, die kleine Hausfrau. Der deutsche Boden als Jungfrau, aber eine, die noch einiges aufnehmen kann, sie weiß ja nicht, wie das dann sein wird. Bald wird sie es wissen. Die verträgt schon was, aber der Boden verträgt mehr, der verträgt jetzt noch mindestens zwei Meister Proper und einen Meister-Propheten, der alles im vorhinein weiß! Also das bewundere ich, wieviel der Boden dieses Landes aufnehmen kann, das Bärli in seiner ganzen Tierhaftigkeit, ohne die wir es ja nicht erkennen könnten, und seine Hülle und seine Fülle dazu. Und was er mal hat, der Boden, das gibt er nicht mehr her. Heidegger würde mich jetzt fragen, wieso die Tierheit dieses unbestimmten Tieres nicht im Tierischen, sondern in einem schauenden Gedenken beruht, nach dem der Dichter ruft, ein Größerer als ich natürlich, wieder einmal, klar, alle sind immer größer. Der liebe Schuldt, mein Kollege, würde sagen, daß es innen dunkel und die Luft stickig war. Daraus erklärt sich die Fahlheit ihrer Haut. Erst viel später wird sich herausstellen, daß der gesunde gelbe Ton der Japaner-Haut auf die Länge ihres Gedärms zurückzuführen ist, die die eines Westlers um eine ganze Menge, um vier oder fünf Fuß, Moment, das ist ja mehr als ein Meter fünfzig!, übersteigt. Ich zitiere das hier nur, weil auch Schuldt größer ist als ich. Und er würde alles auch selbst beantworten, wäre er jetzt hier. Mir würde er das zu Recht nicht zutrauen. Die Faulheit meiner Haut, auf der ich liege, wird natürlich nirgends erklärt.

Als Retter werden die Falschen gefeiert, um die Fülle des Glücks wird beneidet wer? Jeder Füllige! Aber besser, er ist schlank. Das Mädchen, seine Mutter, auch ein Mädchen, das nicht weiß, daß es Mutter wird, es kommt zum Arzt. Wo gehen sie alle hin? Wo treffen sie sich alle? Nein, sie treffen sich nicht, jedenfalls nicht hier, sie gehen nicht gleichzeitig, und sie gehen oft auch nicht unter ihrem eigenen Namen hin. Hoffentlich gehen sie wenigstens unter ihrem eigenen Namen ein, dereinst. Zum Arzt gehen sie! Ständig. Da sind krampfartige Schmerzen im Unterleib, sie wird sich doch nichts geholt haben? Sie hat sich die Tochter geholt. Sie bekommt ein Kind, na sowas. Das Mädchen bekommt ein Mädchen, die Geschichte geht weiter, die hat jetzt einen Lauf, und dann geht sie zurück, und dann kommt sie endlich an, ich sehe bereits, wo sie endet, dazu darf ich aber dir nicht ins Auge sehn, Mama, dazu muß ich den Blick dorthin richten, wo dieses andre Mädchen sich aufhält und Bretter vor dem Kopf hat, nein, die sind schon bis zur Unkenntlichkeit zerkleinert, Sägespäne wie früher beim Teddy, nicht doch!, das sind eindeutig die Schranken des Gerichts, das blüht mir vielleicht auch bald, angezeigt bin ich schon. So kommt zusammen, was zusammengehört, und geht in die Disco, die man heute Club oder Berghain nennt. Ich war nie dort. Nicht einmal in der Umgebung. Keiner will beschimpfen der Eltern Stamm, tut es aber ständig. Aber was soll diese Kette von Mädchen? Was machen wir mit der? Die soll sich ein andrer umhängen. Behandeln wir sie so gut wie ein Tier, die Jungfrau, also mindestens so gut? Ja, das machen wir. Wie ein Tier, so gut behandeln wir sie! Auch die zwei Katzen, die ihr gehören, Lilly und Heidi, samt Impfpässen, werden, wenn auch unter falschem Namen, unter den Namen Miez und Maunz, der besten Behandlung teilhaftig, die zu kriegen ist, sie werden in ihrer eigenen Tierhaftigkeit denn doch von allen sehr anerkannt, für die das Mädchen persönlich haftet, also für die Behandlung, nicht wahr, das Mädchen haftet, was allgemein anerkannt wird, es ist noch nicht verhaftet, und es wird hier unter einem anderen Namen als Tierhalterin treulich geführt, als Impfherrin sozusagen, wenigstens die Katzen sind jetzt immun, ja, so eine tolle

Behandlung bekommt nicht jeder. Stimmt schon, die Namen der Katzen sind natürlich die alten geblieben, nur der Name der Besitzerin ist mir jetzt ganz neu, gestern erst gehört, noch nagelneu. Mandy wer? Mandy S. Hier steht es geschrieben. Daß einer als Tier auftritt und zum Beispiel Frauen vergewaltigt, das können wir hier nicht dulden und anderswo auch nicht, wie komm ich jetzt drauf?, von wo die herkommen, aber mit Frauen nicht viel am Hut haben, dort kann das nicht geduldet werden.

Bitte passen Sie auf meine Katzen auf, die hab ich so lieb, machen Sie das, bitte? Sie leben unter einem andren Namen, aber sie sind es, das schwöre ich. Sie sind es selbst! Danke, daß Sie das für mich tun, Sie kennen mich ja nicht und auch meine lieben Katzen nicht, ihre Tierheit ist in diesem Fall nicht fern und sehr gut zu erblicken, sehen Sie sie? Keine Ahnung, weshalb ich das erwähnt habe. Aber alles klar. Wird gemacht. Alle machen alles, was das Mädchen sagt. Möchte wissen, wie die das geschafft hat. Es tut keiner, was ich sage. Aber die drückt diese Katzen einer wildfremden Frau in die Hand, kümmern Sie sich drum?, ja, natürlich kümmert sie sich drum. Wie macht die das? Auf mein Wort hat niemand weiter acht, aber das Mädchen, das muß gar nichts sagen, es wird sogar gemacht, was es nicht sagt, und wenn es mal etwas sagt, dann erst recht.

Daß man jemand wird wie ein Gott, jemand wird, dem das Tierische und das Heilige und das heilige Deutschland vertraut sind, wie es der Schauspieler im Kampf um sein Publikum nennt, und nicht nur der!, der hat das ja auch irgendwo gelesen, weil es ein andrer gesagt hat, daß die alle einem zugänglich sind, nicht aber das Menschliche, das kommt mir alles irgendwie sehr sonderbar vor. Aber was verstehe ich schon! Das Menschliche ist nichts Eigenes. Das Menschliche gibt es nicht, denn man kennt es nicht, es wird in keinem Land offiziell anerkannt. Es hat keine Eigenständigkeit, es ist einfach nichts, was sich gehört. Es gehört sich nicht. Der Mensch muß umkehren. Der Gott und das Tierische, die gehören sich, aber das Menschliche nicht, und der Mensch gehört sich sowieso nicht. Er stört, und zwar immer dort, wo er grade ist. Das ist ja das Blöde: Wir wurden von einem Schöpfer, gemacht aus einer Jungfrau, vielleicht war das ja das Problem?, eine Jungfrau hat doch recht eingeschränkte Erfahrungen, also aus einer Art der Gattung Jungfrau, nicht aus einer Art Jungfrau, echt aus einer Jungfrau gemacht!, nur echt, wenn von der Jungfrau!, vom Tier wie von Gott getrennt, untrennbar getrennt, das ist fatal. Zumindest hat es sich so ausgewirkt. Das ist nun wirklich Quatsch, aber gleich ist Schluß, ehrlich. Wir sind zum Menschlichen verdammt, wenn auch nicht alle von uns, verdammt noch einmal und noch einmal, damit es hält! Verdammte Scheiße! Das Mädchen wird nicht angerührt und bekommt dann letztlich doch ein Mädchen. Eine Jungfrauengeburt, von der ich die ganze Zeit fasle, bis alles ganz zerfasert ist? Ist es etwa schon so weit? Nein, das heißt es auch wieder nicht, es ist ein Dazwischen; diese Schmach tat irgendeiner der Mutter an, das steht fest.

Nicht jede Frau, die gebären kann, ist deswegen gleich die Jungfrau Maria, aber sie weiß es nicht, was?, sie weiß nicht, daß sie gebären muß, die Schlange hat es ihr auch nicht gesagt, die hat nur was vom Schmerz gesagt, kein Wunder, es ist ihr jemand auf den Kopf getreten, das tut man nicht mit einem Tier, dessen Tierheit ja nichts Festes ist und auch nicht ins Feste gebracht werden kann, beim Bärchen auch nicht gebracht werden soll, da ist ja grade das Weiche das Wesentliche, nicht wahr, diese Tierhaftigkeit möchte immer in das Einheimische ihres verhüllten Wesens gebracht werden, in diesem Fall: Katzen unter falschem Namen, haben wir wenigstens das richtige Kostüm für sie? Kann ja nicht so schwer sein, ein Katzenkostüm aufzutreiben und sich als Tier auszugeben, Bären aus Plüsch habe ich allein mindestens acht, alles meins. Cats haben sie Tausende Male gespielt, überall, da ist sicher was zum Überstreifen übriggeblieben. Und die Jungfrau, welche gebar, damit danach eine andre gebären konnte, ein seltenes Ereignis!, eigentlich unerhört, und es ist auch niemand da, der sie erhört, studiert ja nicht Tier-, sondern Zahnmedizin. Ja, genau wie die Frauen dieses Volks, das niemanden nackt sehen darf, sie studieren immer Zahnmedizin, das ist ihr Traum. Beim Zahnarzt müssen die Menschen sich nicht ausziehn. Deswegen ist das der ultimative feuchte Traum der Frauen, die niemanden nackt sehen dürfen. Says God. Jetzt verstehe ich das endlich! Bin ganz von alleine draufgekommen! Ist hier das einzige, was ich allein entdeckt habe! Sicher stimmt es nicht. Die Väter werden umgebracht. Die Jungfrauen, auch die, die gar keine sind, studieren Zahnmedizin, das macht sie dann wieder jungfräulich, auch wenn man manchmal was an- oder einnähen muß, das Schild Jungfrau, sonst würde man es nicht glauben, und daß sie in diesem Zustand verbleiben, die Jungfrauen, wenn auch nicht verbleichen, weil sie bei diesem Beruf eben keine nackten Menschen sehen müssen, das ist genauso vorgesehen, das ist eine Feststellung, nämlich meine, Moment, ich drehe noch mal an dieser Feststellschraube, vielleicht glauben Sie es mir dann.

Jetzt verstehe ich. Die ganze Zeit, die ich geschrieben habe, habe ich es nicht verstanden. Diese Jungfrau ist, auch wenn sie das sicher nicht gerne hört, wie die andren Jungfrauen, die ihrem Idol der Zahnmedizin nachstreben. Obwohl sie grade zu denen keinesfalls gehören möchte. Da schauen sie den Menschen nur in die Münder, nicht zur andren Seite rein ins Fensterlein, jetzt verstehe ich, jetzt verstehe ich es! Wieso nicht HNO, nebenbei bemerkt, da müssen sie doch durch eine Phase hindurch, in der sie nackte Menschen betrachten müssen, um zu lernen. Beim Zahn des Propheten müssen und mögen sie das nicht. Das ist ihr Ideal und aus: Zahnmedizin. Aber das meine ich nicht. Das vermittelt nicht zwischen den Polen Mensch und Tier und denkendem Tier, ich meine Schimp oder Krähe oder Delphin und so weiter, und Gott. Das vermittelt nichts, es ist nur das Erlaubte. Wenn die Jungfrauen sagen: Zahnmedizin, unser Ideal, dann geht ein heiliges Glühen von ihnen aus, das ist ihnen erlaubt, damit fühlen sie sich wohl, sie haben Abitur und werden bald Akademikerinnen, ohne Nacktheit ansehen zu müssen! So. Nichts wird angezündet, kein Zündfunke, nur bei mir hats endlich gefunkt. Die sie gebar, die Mutter, läßt dieses Studium zu und übt es auch selber aus, obwohl sie keine Tochter des Propheten ist, ist ja egal. Es gibt auch andre Zahnärzte, die keine Jungfrauen und keine Töchter sind und den Propheten gar nicht kennen, ist ja egal. Irgendwas werden sie schon sein, was mir nicht zugänglich ist, sie sind ja auch nicht zugänglich, also nicht sehr. Ich jedenfalls bin ganz sicher unzulänglich, aber Jungfrau bin ich keine, vielen Dank.

DER ENGEL:
Diese Jungfrau, nein, jetzt wieder die andre, schöpft also aus der Quelle, die ich zum Glück nicht kenne, die scheint mir recht trüb zu sein, und sie bekommt nun dieses Mädchen, von dem jetzt nichts mehr kommt. Es schweigt. So hat es begonnen, so endet es. Gut so, das wäre sonst endlos

weitergegangen. Da wären wir, da wollten wir nicht hin, aber da waren und sind wir. Wir waren nicht in Bukarest bei der Lehre für Zahnmedizin, wir waren hier bei dem Kind in der Krippe, Jesus, nein, nicht du! Da liegt doch schon das Mädchen drin! Die Mutter äußert sich nicht, das Mädchen schweigt auch, die Mutter als Mädchen schweigt, das Mädchen als Mutter schweigt. Alle schweigen sie, wenn auch leider nicht hier, nicht wenns nach mir geht, und bluten, die Männer am Boden und bluten, das Mädchen im Eisenbahnzug, aber wieso blutet es? Es hat keine Eierstöcke mehr, wahrscheinlich hat es noch einen, also ein Stück, normalerweise hat man ja zwei, bitte, ich schreibe hier, was überall steht, machen Sie mich für nichts verantwortlich, ich bin unverantwortlich in dem, was ich sage, mir muß es selber jemand vorher gesagt haben. Das Blut ist auf dem Boden, einer, der dem andren ins Gesicht schießt, mit der Pumpgun, und dann das Feuer legt und dann sich selber durch den Mund abschießt, anders wäre es ja nicht möglich, ja, der ist auch da, beide sind da, überall das Blut, aber wieso bei der Frau? Das lasse ich hier offen, die Frau ist offen, das Mädchen geschlossen, und treu werden sie sich weiter verschweigen, die Toten, die schweigen. Ihre Mörder schweigen auch. Ich höre nichts, verstehe aber nicht, wieso das Mädchen auf seiner Flucht ausgerechnet die 70 000 Euro liegenlassen, die Tampons aber mitgenommen hat. Sie werden es mir schon sagen. Irgendwann. Es wird aufgekreuzt, aufgekratzt gelacht, getrunken, ein lustiges Mädchen jedoch ist heute ernst und gedrückt, in sich gekehrt, in sich ausgekehrt, das Blut, das muß alles raus, sie kehrt das Blut in sich aus, sie kehrt ihre gute Seite heraus, die Nachbarinnen lachen, aber es fällt ihnen etwas auf. Es ist ihnen etwas aufgefallen. Das Mädchen drückt die Nachbarin an sich, beide weinen. Etwas geht zu Ende, das ist eine Trennung, es steht fest, das ist eine Trennung, so wie sich das Blut vom Körper trennen muß, und danach geht es nicht mehr weiter, falls es zuviel Blut war. Warum? Ich frage warum? Keiner sagt mir was. Dieses Blut, ausgerechnet dieses, demütigt das Mädchen. Die Zeit der Jungfrau geht kreisförmig, von Monat zu Monat, die Zeit des Mannes ist unregelmäßiger, er wird getötet, auch nicht regelmäßig, doch immer wieder, nicht jeden Tag, aber immer wieder gern, nicht jeden Monat, aber immer wieder, über Jahre hinweg, immer wieder.

DER PROPHET:
Die Frauen treffen sich in Augenblicken großer Stärke und großer Schwäche. Das Mädchen ist auf ihrer Seite, der Blick in ihr Inneres wird allerdings verweigert. Die Frage ist, ob sie etwas gewußt hat, doch wenn ja, werden wir es nicht erfahren. Das Mädchen gibt nichts preis. Zunächst einmal hat es nicht denselben Körper wie der Mann und muß daher auch nicht morden, es ist vom Morden befreit wie vom Turnunterricht. Es steht von Natur aus über dem bürgerlichen Gesetz, es ist nicht das eine und nicht das andre, nicht Mann, nicht Frau, es kann nicht bestraft werden, dieses Mädchen. Sie sitzt vor Gericht, die Jungfrau, sie hat sich die Haare gewaschen, sie ißt Bonbons, schaut auf den Laptop, der schaut auf sie, beide schauen einander an, leere, abradierte Schirme. Vom Radiergummi ist jetzt buchstäblich nichts mehr übrig als ein paar Fussel, die eigentlich weggesaugt gehören. Das gehört sich so, sonst sind die überall. Das Gute am Bildschirm ist, daß er nicht fusselt oder flust. Das Nichts ins Nichts. Das heißt nicht, daß sie unschuldig ist, die Jungfrau, sie ist kein Kind, und sie hat kein Kind, das geht nicht, daß Mädchen Kinder haben, ich komme noch darauf zurück, wenn das Buch über die Jungfrau Maria kommt, noch ist es nicht da, so, inzwischen ist es eingetroffen und bestätigt mich voll, und im Hinblick

auf etwas, das nicht da ist, kann ich nicht zurückkommen und nicht hinblicken, da habe ich keinen Zugriff, dieser Satz stimmt nun gar nicht mehr, denn ich habe das Buch bereits von der Post erhalten, die es wiederum von den Amazonen bekommen hat.

Die Polizei hatte ihn zehn Jahre lang oder so ja auch nicht, sie konnte den Zugriff nicht machen, weil sie ihn nicht hatte, was, dieses Gesicht soll so aussehen? Also so ein Gesicht gibt es nicht, deswegen suchen wir es natürlich auch gar nicht erst. Ich, ich, ich bin außerdem noch gar nicht aufgebrochen, und ich wurde nicht aufgebrochen, da ist nichts. Nicht einmal das Mädchen, das einen Jesus und dann eventuell noch einen zweiten ungewollt, unwillig und unwissend empfangen hat, ungefähr so, wie die Nachbarinnen das Mädchen zu Wein und Kuchen empfangen haben, was steht hier, was steht hier? Die haben es gemütlich im Hof, im Hintergarten, da sitzen sie und feiern. Die Bestrafung des Mädchens hört in dem Augenblick auf, nein, seine Menschlichkeit hört im Augenblick der Bestrafung auf, wie die eines verkleideten Gottes, auf den wir noch zurückkommen würden, hätten wir Zeit, nein, als Teddybär hat er sich nicht verkleidet, da würden ihm heute nicht einmal die Japaner mehr glauben, daß er ein Gott ist!, oh, kämen wir endlich mal weg von ihm, wir kommen aber immer auf ihn zurück, ohne je fortgewesen zu sein, haben wir erst das heilige Buch von der heiligen Amazone erhalten, ich darf Ihnen heute sagen: Es ist bereits da, und ich kann es abschreiben, wie alles andre auch!, deswegen wird das hier so lang, weil es so viel gibt; dann erst kann ich es sagen, weil die Bücher oft zu spät kommen, aber ich habe es doch grade gesagt und gleich wieder vergessen, ist denn die Zeit diesmal wirklich aus den Fugen geraten? Nein, das nicht, aber ein Spachtel und ein wenig neue Fugenmasse könnten jetzt nicht schaden, sondern Gutes bewirken. Derzeit kann ich es noch nicht sagen, denn ich habe alles schon gesagt, ich habe das Buch bekommen, ganz einfach, der Bote mit den Federfüßen, nicht Sprungfedern, also so mit Flügeln an den Fersen, von der deutschen Zustellgemeinschaft, genau, einer von denen, der hat es mir schon gebracht, ich sage etwas trotzdem nicht, aber dafür mit den meisten Wörtern, die es je gegeben hat, mit denen je etwas gesagt worden ist, ich übertreibe! Dafür weiß ich nun nicht mehr, was ich sagen wollte, etwa dies, aber nur ungefähr: In diesem Augenblick hört die Bestrafung auf, wie die eines verkleideten Gottes, mit einem Lendenschurz verkleideten Gottes, der sterben mußte, nicht eines mit weichem Stoff verkleideten Tieres, das für einen Gott gehalten und in seinem richtigen eigenen Laden feilgeboten wird, aber genauso sterben muß, nein, natürlich nicht das Bärli, der Laden selbst ists, mit dem es jetzt aus und vorbei ist, der Laden, klein, aber einmal mein, der über seinen schönen Blumen zusammenfällt, mit dem ist jetzt Schluß. Oder schauen Sie: der andre Laden dort, der den Dönerspieß birgt, aber immerhin nach dem Tod öfter fotografiert wird als im Leben, als wir Werbung gut hätten brauchen können, und wir werden außerdem später etwas zu beweisen haben, nicht wahr, sonst glauben es uns das Deutsche Volk und seine Verteilerköpfe nicht, daß wir einst so ein Geschäft hatten! Alles aus und vorbei. Oder jener andre, ja, der mit den Telefonen und Computern, dort sitzt ein mit diesen winzigen Kabinen verkleideter Gott, der dort drinnen irgendwas macht, was ich derzeit nicht sehen kann, weil es schon Vergangenheit ist. Da hätte er auch gleich im Sarg bleiben können. Wir müssen weiter. In dem Augenblick hört die Bestrafung also auf, da dieser andre verkleidete Gott in seinem Lebensmittelgeschäft auch irgendwas macht, das vom Gericht später festgestellt werden muß, später, während er schon längst keine Brötchen mehr belegt in seinem Gemüseladen, immer ist alles klein, aber frisch, sehr klein, richtig klein ist die Umgebung, in die andre Kirchtürme hineinbauen würden, wenn sie ihnen gehörte, so klein ist diese Umgebung! Ohne Umgehungsstraße. Man kommt direkt hin.

Und doch gehen zwei Mörder noch mit hinein, arbeiten, fotografieren, filmen, gehen wieder, aber die Räder können sie nicht mitnehmen, die Brüder, nicht wirklich, aber wie Brüder sind sie, die den Arm umeinander schlingen, die Räder, die lassen sie draußen angelehnt, vor den Läden.

Mehr hatten sie nicht, die Toten, eher weniger, nur diese paar eng begrenzten Räume, in denen man nicht mal herumfahren könnte, und die sind noch in Kabinen unterteilt, wo die Staatsschützer surfen anstatt zu schützen, die glauben wohl, das Meer gehört ihnen, und sie können es daher überallhin mitnehmen.

So, in diesem Augenblick, ich weiß nicht, welchem, hören die zwei Götter wirklich auf, bestraft zu werden. Als man es noch gekonnt hätte, hat man die Bestrafung nicht vorgenommen, jetzt hören sie von selber auf, da ihnen der Tod droht und sie den Tod lieber freiwillig einander schenken, mit dem Pumpengewehr, da bleibt nichts übrig vom Gesicht, vom Kopf; und der Mundlose schießt los, der Denker, der im Augenblick seiner größten Schwäche seine Andersartigkeit preisgegeben hat, als wäre er eine Frau, und dabei ist er doch genau wie jeder, sein Anderssein als Denker wollte er hervorstreichen, nein, eher das als Macher, denn wer hier denkt, ist schon mal anders, und dabei ist er wie jeder und will auch jeder sein, während der Böhni, der kleine Glatzerte mit den abstehenden

Ohren also, gefangen in seiner Zeit, in einer andren hätte er sich besser gemacht, da wäre er besser angekommen, die andre Zeit wäre auch besser für ihn gemacht gewesen, während der also nur schlug, hindrosch, immer nur zuschlug, nur in die Fressen hineinschlug, in diesem Augenblick, was weiß ich, der Bestrafung, der Todesstrafe, die man verhängt, während der Staat gegen den Wohnwagen vorrückt, spät genug, eigentlich schon zu spät, würde ich sagen, in diesem Augenblick wird aus dem Gott wieder einer, allerdings nicht der einzige, wir haben hier kein Eingottunternehmen. Es sind zwei Stück. Die Verschwörungsforen toben, in sich eingeschlossen, denn andre als sich lassen sie dort nicht hinein, wie die Hornissen herum. Sie schließen den Staatsschutz auch noch mit ein. Das sind jetzt schon sehr viele in diesem Gefängnis! Doch die Verkleidung wird heruntergerissen, ein ganzer Berg wird aufgeschlossen, es ist alles klar, oder? Die Verkleidung verbirgt noch mehr Waffen, aber sie wird bald auch fallen, alles fällt, jede Verkleidung fällt letztlich, auch wenn man sich noch so geschickt anstellt; die Krieger fallen, einer nach dem anderen, sie bieten ihre Körper an, und sie werden wieder ein Gott, da ihnen der Tod droht, aber mit mehr als sich selbst kann der nicht drohen. Wir fürchten uns trotzdem. Das ist seine Schwäche, da wird der Tod zur Frau, die sich durch sich selbst erklärt und immer nur sie sein kann, ohne daß sie je etwas andres würde.

DIE PLÜSCHTIERE:
(*ziehen langsam ihre Kostüme aus, abwechselnd, verschiedene Stadien des Aus- und Angezogenseins*) Es wird verschwiegen, was gesprochen wurde. Wie kann man nur soviel reden über eine, die überhaupt nichts sagt? Ich weiß nichts, aber ich schreibe, ich erfahre nichts, aber ich schreibe, ich fahre nirgends hin, nicht einmal mit einem Rad, wie könnte ich

irgend etwas wissen, aber ich schreibe. Ich verstehe ja nicht einmal, wie die Jungfrau eine Tochter geboren haben kann, die keine Eierstöcke mehr hat oder bloß noch einen, so muß es wohl sein, wozu sonst Tampons mitnehmen, bitte erklären Sie mir das einmal, auch zweimal, bis ich es kapiere. Sie können ruhig auch mal was sagen, nicht immer nur ich!, überhaupt verstehe ich die Jungfrau Maria jetzt besser, was Ihnen aber egal sein wird, allen egal. Alles. Hier rede immer nur ich, hier spricht Frau Sibylle vor ihrer Tasse Kräutertee. Die Natur kann sich an meiner leidenschaftlichen Erregung ein Beispiel nehmen, die hält immer viel zu lange vor, nein, nicht die Natur, die ist hin. Noch Jahre nach dem Ereignis ist sie wie ein Projektil, das in der oberflächlichen Rückenmuskulatur steckt, sie wandert nicht zu anderen, sie bleibt bei mir, diese hochgradige Erregung, ja, die!, immer!, auf die kann ich mich verlassen. Oder haben Sie gedacht, die Natur?, ich kann mich irgendwie nicht runterschrauben. Da fängt es schon mal an, und ich schreibe gleich weiter, bevor man mir in die Arme fällt. Moment. Ich verstehe es nicht, nichts verstehe ich, aber ich schreibe es auf. Jungfrau bleiben, damit aus ihr kein Mann entstehen kann? Damit kein Sohn entsteht? Ist auch besser so, mit den beiden letzten haben wir nur Pech gehabt. Der ganze Aufwand hier, damit sie keine Söhne gebären und ich mich in der Öffentlichkeit dann damit spreizen kann, daß sie es eben doch getan hat. Aber die Tampons hat sie eingesteckt, daraus leite ich nichts ab, alles rinnt hinein in den Propfen mit dem Docht, die Lunte glimmt zwischen ihren Beinen, doch fürs Brennen ist es zu feucht. Das Papier ist aber gerettet worden.

ICH:
(schäle mich auch aus meinem Kostüm, endlich! Mir war schon ordentlich heiß) Bei meinem Papier werde ich das verhin-

dern, das wird ordentlich geschnetzelt. Sind ja nur ein paar Kartons, das wird nicht teuer. Wenn nötig, esse ich es auch noch selber. Inzwischen hat sich der Sachverständige mit seinem Sachverstand, die beiden treten immer gemeinsam auf, geäußert, doch ich verstehe ihn nicht, auch ihn nicht. Hätte die Jungfrau die Fenster geöffnet, wäre alles verbrannt, weil das liebe Feuer so scharf auf den guten Sauerstoff ist, den braucht es einfach. Ich brauche noch ganz andre Sachen, aber das Feuer benötigt bloß Nahrung und Sauerstoff, es will schließlich atmen, nicht wahr, die gute Luft, die braucht und verbraucht es gern, das Feuer. Und was eine Jungfrau braucht, das sagen Ihnen andere, die das besser können.

Sie glauben, nur weil die Knaben radfahren, sieht man sie nicht?, weil sie so schnell unterwegs sind? Man hat sie aber nicht gesehen, oder man hat es nicht gesagt! Aber da sind sie doch, zumindest waren sie da, zehn Tote können nicht irren! Also die Söhne sind eindeutig da, schnell, schnell, gleich sind sie wieder weg! Wie geht das? Mit Trekking-Radios, nein, -Rädern geht das. Fragen Sie nicht mich, fragen Sie das heilige Deutschland, dort geht einfach alles, denn es geht auch wieder weg!

Machen wir einen Überschlag, wenn wir es können, stellen wir eine Überschlagsrechnung an, wenn wir es können. Vor der Wohnung des Mädchens öffnet ein Schlüsseldienst die Tür, eine Nachbarin wird als unabhängige Zeugin geholt, es wird Beute gemacht, die keinem mehr nützt, Gasrevolver, Luftdruckgewehr mit Zielfernrohr (also das ist doch besonders sinnlos, oder?, na ja, für arme Vögelein vielleicht?), ein Wurfstern, eine Armbrust (Brustersatz?), eine Zwille und zwei Messer, die man als Jagd- oder Buschmesser beschreiben kann. So. Hakenkreuz an der

Wand, das will ein Beamter selber gesehen haben, doch wir wollen das nicht. Das Spiel Pogromly, wo wieder mal die Juden drankommen, unter dem Sofa, da liegt es, das haben die drei selbst gebastelt. Die dazugehörigen ungehörigen Spielkarten nicht unterm Sofa, sondern im Schrank, jawohl. SS-Runen auf dem Spiel, das hat einer gesehen. Die das Mädchen gebar, die Mutter, ließ dieses zu? Kann ich mir nicht vorstellen. Bei all diesen vielen Vorstellungen kann ich mir überhaupt nichts mehr vorstellen. Darunter kann ich mir nichts vorstellen. Ich fürchte, das war keine richtige Geburt, die zählt gar nicht. Das Mädchen hatte in der Zeit was anderes zu tun. Gern auch ausgehn. Spaß haben. Die Frauen sind den Gatten, nicht den Kindern, aber auch der Musik, wenn es die richtige ist, hold. So ist das nun mal. Ich hoffe, ich sehe dich niemals wieder, sagt die Mutter. Und dann sagt sie es dem nächsten Gatten, von dem sie auch hofft, sie sieht ihn niemals wieder, und dann noch einem, einer geht sich immer noch aus, aber der sieht dafür sie nicht.

An den Seiten erhellt es sich, man kann einen oder den anderen Pantherfilm spielen, die sind eh schon öfter gelaufen, man kann es aber auch anders machen. Keine Ahnung, auch keine, wer da sprechen könnte, ich habe ja alle schon verbraucht.

Das scheint das Ei des Kolumbus zu sein – dem Paul fällt zum Glück doch immer was ein. Und weil der Paul von Uniformen nicht viel hält, gibt er, ganz prophylaktisch, schon mal Fersengeld.

Wieder der Plüschaufgang. Vielleicht kann man die Stimmen verzerren, daß sie wie Trickfilmstimmen klingen?

Sie lenken. Sie lenken die Schritte, der Weg faßt einen Wohnwagen, und der faßt genau zwei Räder plus zwei Personen, ich fasse es inzwischen ganz gut, nachdem ich es Hunderte Male gesagt habe, verstehe sogar ich es. Fremdlinge! Aus welchem Land kommt ihr denn? Also fremd sind wir schon mal nicht. Wir kommen von gar nicht weit, aus einem Wohnwagen, der vorübergehend Behausung war, und wir sind gekommen, um ein paar Opfer zu bringen, um ein paar Männer zum Opfer zu bringen, wenn auch nicht alle auf einmal, wir hatten viele Jahre Zeit. Keiner hetzt uns, keiner drängt uns, wir wissen ja noch nicht einmal, wen, aber Sie werden schon sehn, die Opfer wird es geben, Sie werden es doch noch erwarten können! Da liegen sie. Und Sie, Sie werden Unkenntnis und Unkenntlichkeit doch unterscheiden können! Müssen Sie aber nicht. Es würde sich keiner dafür erkenntlich zeigen. Aber in diesem Forum darf ja jeder schreiben, der es nicht glauben kann, daß einem toten Schützen die Hand auf die Brust fällt. Die Hand sollte ihm wahrscheinlich abfallen, nicht die Waffe.

Sie sollten bitte nicht zu alt sein, die Opfer, die Männer, 60 ist zu alt, sie sollen zeugungsfähig sein, damit sie das danach nicht mehr tun können, womöglich mit unseren Frauen auch noch, und dann scheiden wir wieder voneinander, so habt ihr euch das vorgestellt! Den Opferstock füllen wir aus den Banken, denen wir das Geld entbergen, natürlich nicht unseres. Nein, wir wollen nicht, daß sich diese Leute vermehren, womöglich um unser Geld!, wir brauchen keine Gäste beim Opfermahl, wir essen irgendwo irgendwas, vielleicht beim Türken, aber diese Männer müssen weg, sonst zeugen sie noch wen, nein, nicht von uns, doch, von uns werden sie schon noch Zeugnis ablegen, wenn auch kein gutes, die mußten weg, sonst zeugen sie womöglich etwas aus sich selbst, mit ihrer jeweiligen Partnerin. Aber wo nichts mehr ist, hat der Herr Bundespräsident sein Rederecht verloren, er wird es aber später wiederbekommen, vor einem anderen Gericht. Wir führen diese Männer, bevor wir sie zum Opfer bringen, nirgendwohin, das ist nicht nötig, wir kommen selbst, wir sind Selbstabholer und Selbstbringer, und opfern sie, wir wissen nur noch nicht, wem wir sie opfern sollen. Doch Deutschland hat selbst genug Opfer gebracht, das kennt sich damit aus.

Der Opferaltar ist ein Klapptisch, auf dem die Blumen schon vorher aufgebreitet sind, ein offener Stand, ein nicht abgeschlossener Wagen und kein Mensch weit und breit, das Opfer ist vorhin bereits gebracht worden. Ein Blick in das leere Führerhaus des Mercedes Sprinter, ein Essenskorb mit Vesper, Bananen, Streichkäse. Eine Kaffeekanne. Eine Plastiktüte mit Münzgeld, zum Wechseln. Brötchen, die gerade mit dem Eiaufstrich des Kolumbus hergerichtet werden. Zu spät hat der Sohn mittendrin gemerkt, daß die Oliven zur Neige gingen, Herr, bleibe bei uns, denn es will Abend werden, der Tag ist schon recht widerwillig, noch lange weiterzumachen, rasch den Vater losgeschickt, dem man die Seele empfehlen kann, damit er sie endlich einmal annimmt, vielleicht diesmal?, damit er endlich ankommt und die Seele nimmt und den Geist in die Hände nimmt, es wird Zeit, daß der Vater den Kopf seines Sohnes in den Schoß nimmt, das geschieht auch in andren kleinen Läden für Obst und Gemüse, für Telefone und Gespräche, fürs Surfen und Brausen. Der Vater ist zu alt, um getötet zu werden, dafür liegt nun sein Sohn in seinem Schoß, Lippen und Zunge sind ganz bewegt, aber es kommt keine Stimme mehr aus dem Sohn, aus dem anderen schon, der hängt dort oben, sehen Sie ihn? Jesus Christ on a stick? Auf dem gerippten Metallboden ein Mensch in Fleisch und Blut, das Blut ist aber zum großen Teil schon draußen. An der Wand Blutspritzer. Einer liegt da jetzt auf dem Rücken, der Kopf blutüberströmt, das Gesicht verschwollen. Das soll kein Beispiel dafür sein, daß ihr tut, wie ich euch getan habe, wird dem Vater erklärt, nachdem man es in seiner Biographie nachgelesen hat. Der Vater wäre nicht dran gewesen, der Sohn hat schon übernommen, und der Vater übernimmt den blutigen Kopf des Sohnes, er hat erst vor kurzem erkannt, daß die Flüssigkeit Blut war.

Wir erheben uns vom Lager, andre bleiben liegen. Ihre Sache ist zurückgestellt worden, weil andre Dinge vordringlicher waren; in die Garage dringen wir zu spät vor, das Bild von Rudolf Heß sehen wir zu spät, aber wir erkennen es grade noch. Wir setzen uns ungehindert, von niemandem gehindert, ins Auto und dann auf die guten Räder, und schon bringen wir wieder einen um, damit der genausowenig zeugen kann wie der andre vom vorigen Jahr, höchstens von uns, aber der sagt nichts mehr. Das dürfen sie also. Von uns Zeugnis ablegen. Nicht verweigern dürfen sie uns ihren Tod, zur Sicherheit bringen wir ihn gleich mit, wir bringen die Česká mit, damit geht es schnell, zehnmal die Česká, und da ist Ihnen nichts aufgefallen?, von dem Haus wehrt jetzt keiner die Not mehr, jetzt ist es heraus, doch das Haus bleibt da. Nein, nicht noch schnell ein Bad vorher, auch kein Weihwasser, sowas kennen die nicht, das Wasser ist überflüssig, und wir haben keine Zeit. Entsündigen brauchen sie sich nicht, die Sünde begehen schon wir, die ist unsre Sache, und dann abdrücken, aber nicht bloß auf ein Bild, Herrgott!

Das Mädchen bleibt zu Hause und macht Lärm mit den Nachbarinnen. Frauen sind so. Mädchen womöglich noch mehr, die machen noch mehr Lärm miteinander. Sie bakken, essen und trinken. Die Frauen werden bezwungen, geöffnet, und dann müssen sie etwas in die Welt setzen. Das ist ihre tiefe Andersartigkeit, ich verstehe das nicht, sie ist auf die Wirkung eines einzigen Organs, der Gebärmutter, zurückzuführen. So, und was ist mit den Eierstöcken? Weiß man denn nicht, daß ohne Eierstöcke schon mal gar nichts geht, außer man kriegt was gespendet, als eine Sachspende? Die Gebärmutter als tiefes Organ, aber eins, das nicht spricht, als tiefes Organ wie der tiefe Staat im Staat. Wir sehen nur die Auswirkungen. Und wer sichert den Fortgang der Geschichte? Die Frauen. Und wer sichert das Ende der Geschichte? Die Männer. Hier bei uns sterben die aber zuerst. So. Das Kind ist da, ein Gatte jedoch ist nicht da. Aber hold ist niemand. Wer das tat? Das Geschick! Dieses Leiden erschuf der Verhältnisse Macht, nein, der Verhängnisse, einer muß ja etwas verhängen, hier sind es zwei, die mit Vorhängen und Verdunkelung den Wohnwagen verdüstern, also zumindest seine Fensterlein. Das Kind kommt in die Krippe, es ist diesmal ein Mädchen, es ist nicht Jesus, aber es ist ein Erlöser, und es tut sich natürlich mit andren Erlösern zusammen. Die Söhne sind angekommen, von anderen geboren, aber jetzt suchen sie eine Jungfrau als Mutter. Das kann dauern. Diese Jungfrau ist keine Jungfrau, die Mutter ist keine Mutter, nichts ist, was es ist, nichts ist irgendwas, und schon gar nicht das, was es sein soll. Und doch entsteht ein lebenslustiger Mensch, der unter der Dusche und in den Ferien singt. Nur die Toten bleiben immer übrig, was bleibt ihnen übrig, für sie wird gesungen und werden Gedichte aufgesagt, zum dreitausendsten Mal: Es trifft diese Menschen kein traurigeres Los, als daß sie tot sind. Das ist es ja, was ich nicht verstehe. Daß es traurig ist, wenn einer stirbt, das verstehe ich schon, aber daß es noch trauriger sein soll, in ein fernes Land zu ziehen und dann erst tot zu sein, das ist schwer zu verstehen. Vielleicht weil man mit dem Transport so viel Arbeit hat? Besser, man stirbt vorher, dann erspart man sich das Scheiden vom väterlichen Haus, verabschiedet sich und verscheidet einfach nur.

Andre sagen: die Gebärmutter!, bitte, sie haben ein Recht auf ihre Meinung, doch ich teile sie nicht. Die Eierstöcke bringens immer zuerst! Und die sind weg. Keine inneren Organe mehr oder nur die nötigsten. Das Mädchen ist irgendwie hohl, doch sprechen könnte es schon noch. Es spricht aber nicht. Es kommt bisher nicht zum Äußersten, zum Sprechen. Es kommt in keiner Weise zum Äußersten, wie kann man so leben? Ich weiß es nicht. Vielleicht wird das Sprechen ja noch nachgeliefert, manchen Leuten trägt man sogar ihre Stimme nach. Anderen trägt man alles nach, was sie tun, es wird ihnen nichts verziehen, nicht einmal der Ort, von dem sie kommen. Ich kenne das Äußerste selbst nicht, nur das Äußerliche. Ich sehe nur das Außen, das hat mir Mama immer schon vorgeworfen. Ich sehe nicht das Innere der Personen. Wie können die beiden Söhne der Jungfrau all diese Menschen töten? Bitte, sprechen Sie! Sagen Sie es uns! Sie sagt es ja nicht. Die Jungfrau schweigt. Sie sagt nicht, wie die Söhne kühn an den Feind sich gewagt, den Blumenhändler, den Internetcafé-Besitzer, den Fabrikarbeiter, den Änderungsschneider, ja, der, den hätten wir fast vergessen! Nach des Tages Mühen sitzt er da in Pullover und Pantoffeln, damit wenigstens seine Füße sich ausruhen können. Vergessen haben wir nicht den Obst- und den Gemüsehändler, den Dönerladenbesitzer, den Schlüsseldienst-Mitinhaber, den Kioskbesitzer. Wer fehlt da noch? Mindestens einen vergesse ich immer, ich habe aber nicht zehn, elf, zwölf Jahre Zeit, mich zu erinnern. Ich müßte den einen oder den anderen vergessen haben, weiß aber jetzt nicht mehr, wen. Ich schließe ihn hier mit ein, jetzt ist er drinnen in seinem Schicksal und wird nicht eigens genannt. Das geht den meisten so. Das Mädchen wird es nicht sagen. Das Mädchen schweigt. Alle tot. Alle tot. Alle im Niemandsland. Kind noch, wurde die Mutter vom Kind getrennt, und was machen wir mit diesem Kind? Wir müssen nichts mit ihm machen, das macht schon selbst was, das nicht von selbst kommt.

Gern würde es der Mutter Blut vergießen, aber wie geht das? Ich sehe nur der Söhne Blut, das die Väter ausbaden müssen. Gern würden andre Söhne das Blut von Fremden vergießen und tun es auch. Bitte, das geht schon. Sogar mit ihrem eigenen können sie es machen. Blut. Das geht. Das rinnt, und irgendwann stockt es, wie mein Sprachfluß nicht. Niemand mehr da, der diese Männer erkennen würde, und sie sind ja selber tot. Mit Gram erfüllt fremdes Leiden der Menschen Herz, aber da sind welche, die grämen sich überhaupt nicht, das lese ich in ihren Gesichtern. Die Worte der Trauer, wir würden gern sie vernehmen, doch es herrscht Einvernehmen, daß: selber schuld. Die haben das selber gemacht, ohne daß ein Lehrer es ihnen beibringen mußte. Die Jungfrau hat nichts getan, sonst wäre sie keine. Die Jungfrau hat nicht geboren, doch, nein, doch, nein!, meine Rede!, sie wurde geboren. Wo ist das Grab? Ich weiß es nicht, aber es muß eines geben. So flieh, Fremdling, wenn du uns siehst, wenn du die Jungfrau siehst, wenn du ihre Söhne siehst, flieh, Fremder, oje, zu spät, aber deine Frau, deine Tochter, die spricht, die Tochter, nein, die andre!, die wird zur Rede gedrängt und spricht. Die eine spricht, die andre nicht.

ICH (GANZ IN PLÜSCH, ABER DAS FELL HALB HERUNTERGEZOGEN. EINE HYÄNE WÄR ICH GERN, TOTES WEGPUTZEN, ICH GLAUBE, DAS WÜRDE MIR LIEGEN):
Das Mädchen aber schweigt. Es ist mächtig, weil es schweigt. Es schweigt, weil es die Macht hat. Wir schweigen nicht, weil wir die Mehrheit haben. Bitte, scheuen Sie sich vor Unrecht, sonst werden Sie nicht gerettet, wenn Sie einmal in die Lage kommen, ich weiß nicht, in welche. Ich behüte kein Schiff, ich bin keinem ein Schutz. Ich gehe mit entsetzlichem Schritt darüber hin, und dabei bin ich mir sicher, daß Sie zwar mich entsetzlich finden, nicht aber meine Schritte. Die können Sie bloß nicht nachvollziehen. Das ist mir nur recht. Folgen Sie mir nicht nach! Ich will nicht, daß mir einer nachgeht, er soll seinen Beschäftigungen nachgehen, aber nicht mir. Nicht mir. Und sie sollen an meinen Schritt nichts heften, sonst werde ich noch behindert, und das geht nicht. Ich muß gehen. Denn fahrradfahren, das kann ich nicht. Ich bin unterwegs. Ich bin hier.

So, lange Liste, ich ziehe mir ihre Fleischfasern zwischen den Zähnen heraus, das dauert, es muß ohne Zahnstocher gehen:
Süddeutsche Zeitung Magazin (3.1.2014)
Christian Fuchs, John Goetz: Die Zelle
Semiya Şimşek: Schmerzliche Heimat
Euripides: Elektra
Neues Testament und Psalmen (Luther-Übersetzung)
Altes Testament: Das Buch der Richter, Das Buch der Sprüche
Gerd Lüdemann: Jungfrauengeburt?
Martin Rösel: Die Jungfrauengeburt des endzeitlichen Immanuel
Hesiod: Theogonie (übers. v. Otto Schönberger, ja, mein Reclam-Heftl)
Giorgio Agamben, Monica Ferrando: Das unsagbare Mädchen
Heidegger, wie fast immer.
und: Schuldt! Danke!

Elfriede Jelinek bei Rowohlt und rororo

Bambiland

Die Ausgesperrten

Die Kinder der Toten

Die Klavierspielerin

Die Kontrakte des Kaufmanns. Rechnitz (Der Würgeengel). Über Tiere

Die Liebhaberinnen

Ein Sportstück

Gier

Lust

Macht nichts

Michael

Oh Wildnis, oh Schutz vor ihr

Rein Gold

Stecken, Stab und Stangl. Raststätte. Wolken.Heim.

Theaterstücke

Totenauberg

Winterreise

wir sind lockvögel baby!

Wolken.Heim.
(nur als E-Book erhältlich)